介護職員初任者研修テキスト

全文ふりがな付き

1

第4版

太田貞司（おおた　ていじ）
上原千寿子（うえはら　ちずこ）
白井孝子（しらい　たかこ）

● 編集

介護のしごとの基礎

中央法規

はじめに

日本では高齢者の数が増えている一方で，若い世代の人口は減ってきています。そうした状況のなか介護人材をどのように確保していくかは大きな課題です。

国は，実際にどのくらいの介護人材が必要になるのかを試算しています。「第8期介護保険事業計画に基づく介護職員の必要数について」によると，2019（令和元）年度に従事している介護職員約211万人に比べて，2023（令和5）年度には約22万人，2025（令和7）年度には約32万人の介護職員を増員する必要があり，そのためには年間5万3000人増のペースで介護人材を確保する必要があると発表しているところです。

もちろん，介護人材の量だけを増やせばよいわけではありません。介護現場で働く職員の一人ひとりには，利用者に提供する介護の質も求められます。その質の向上をめざすための方策の1つが，「介護職員初任者研修」の実施です。

2013（平成25）年より刊行している『介護職員初任者研修テキスト』全2巻は，文字どおり，この「初任者研修」においてご活用いただくためのテキストです。

このテキストを編集・刊行する最大の目的は，これから介護の仕事にたずさわろうとする方，また，介護現場で働きはじめて間もない方に向けて，介護の魅力を伝え，基礎的な知識と技術を身につけていただくことにあります。このたびの改訂にあたっても，そのための工夫に留意しながら，編集作業を進めました。加えて，広く外国人介護職員にもご活用いただくことを想定して，全文に「ふりがな」をつけました。

本書は，その2巻シリーズのなかの1冊であり，研修科目における「職務の理解」「介護における尊厳の保持・自立支援」「介護の基本」「介護・福祉サービスの理解と医療との連携」「介護におけるコミュニケーション技術」「老化の理解」「認知症の理解」「障害の理解」を収載しています。

わかりやすく，学習しやすい2冊のテキストをもとに，介護現場で必要となる基礎的な知識と技術を身につけたあとには，長く介護実践を積み重ねていただき，やがては，より幅広い領域の専門的な知識と技術をもった「介護の専門家」になられることを期待するものであります。

編者一同

介護職員初任者研修テキスト

 第1巻 介護のしごとの基礎［第4版］

目次

第1章 職務の理解

本書を活用していただくにあたって

特　徴

- 各章の冒頭には，厚生労働省が示す初任者研修各科目の「ねらい（到達目標）」を明示しています。
- 本文中の「重要語句（キーワード）」を，太い色文字で明示しています。
- 本文中の「専門用語」などは，必要に応じて**参照ページ**（➡第○巻 p. ○参照と明示）を掲載しています。該当ページをみると，より詳しい内容や関連する情報が記載されています。
- 本文中，「専門用語」や「難解な用語」を**太字（強調書体）**で明示し，章末に「**用語解説**」を掲載しています。また参照ページを明示していますので，用語解説から本文，本文から用語解説を必要に応じて確認することができます。

本文表記

- 「障害」という用語には否定的なイメージがあり，「障がい」と表記するなどの取り扱いが広がっていますが，日本の法令用語としては「障害」が用いられています。こうした動向をふまえつつ，本書におきましては法令との整合性をはかるために，「障害」を用語として用いています。
- 法令用語と同様に，本書におきましては医学関連の用語についても，学会等での議論や医学辞典における表記にもとづいた用語を用いています。

Web動画

- 第1巻第1章「職務の理解」の科目内容に相当する視聴覚教材を Web で公開しています。研修に先立ち，介護職がどのような場で，どのような利用者に対して，どのようなサービスを提供するのか，具体的なイメージをもつことができるように，実践的な取り組みを紹介する内容となっています。
- 具体的には，①訪問介護，②通所介護，③認知症対応型共同生活介護，④小規模多機能型居宅介護，⑤介護老人福祉施設，⑥障害福祉サービスを取り上げています。

- 視聴覚教材には，以下よりアクセスしてください。

  https://chuohoki.socialcast.jp/contents/522

- パソコン，タブレット，スマートフォンでご視聴いただけますが，お客様の接続環境等によっては一部の機能が動作しない場合や画面が正常に表示されない場合があります。また，本書の改訂や絶版，弊社のシステム上の都合などにより，予告なくサービスを終了させていただく場合があります。何卒ご理解いただき，ご容赦いただきますようお願い申し上げます。

今後の介護人材キャリアパスと介護職員初任者研修

1 今後の介護人材キャリアパスのイメージ ::::::::::::::::

❶ 介護人材をめぐる養成体系の見直し

　日本においては，介護保険制度が導入されて以降，介護サービスの量的拡大がはかられています。また，利用者本位の視点が重視され，サービス利用者の権利意識やコスト意識が芽生えているなかで，サービスの質的向上も求められています。

　こうした状況に鑑み，厚生労働省は，「今後の介護人材養成の在り方について──介護分野の現状に即した介護福祉士の養成の在り方と介護人材の今後のキャリアパス」（平成23年1月20日）と題する検討会報告書のなかで，介護人材のキャリアパスについて図1のようにとりまとめています。

　そして，養成体系を簡素でわかりやすいものとし，多くの介護職が現場で生涯働きつづけることができるという展望をもてるように，介護人材の養成体系を表1のように見直しました。

■表1　介護人材の養成体系の見直し

- 今後のキャリアパスは，「初任者研修修了者⇒介護福祉士（実務者研修修了者を含む）⇒認定介護福祉士」を基本とする。
- 訪問介護員（ホームヘルパー）2級相当の研修を初任者研修と位置づけ，訪問介護員1級相当の研修と介護職員基礎研修は，実務者研修に一本化する。
- 実務者研修は，研修時間を450時間とし，働きながらでも研修を受講しやすい環境を整備する。

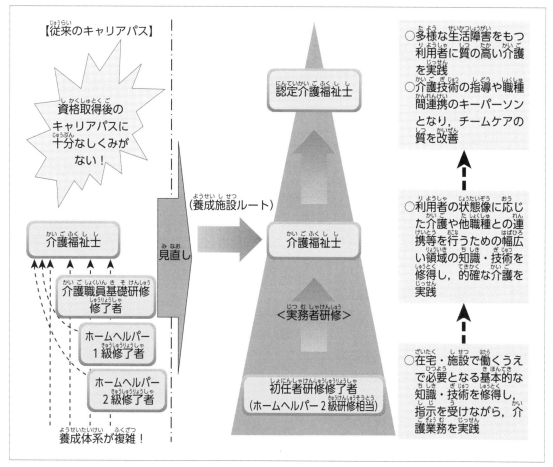

資料：厚生労働省資料を一部改変

❷ 介護職とキャリアパス

　一般的に，キャリアパスとは，企業などにおける昇進，昇給のモデル，あるいは人材が最終的にめざすべきゴールまでの道筋のモデル，仕事における専門性をきわめる領域に達するための基本的なパターンのことをいいます。

　企業がキャリアパスを示すことで，従業員は中長期的に身につけるべき技術や専門性を理解できるとともに，自己のめざすべき道を自分で考察する材料ともなり，自己啓発意識の熟成，モチベーションの向上に資することができるといわれています。

　介護職においても，自分自身の介護職としてのキャリアについて目標をもち，能力開発のための研修に参加し，キャリアを形成していくことが必要とされています。

2 初任者研修とは ∷∷∷∷∷∷∷∷∷∷∷∷∷∷∷∷∷∷∷∷∷

❶ 初任者研修の位置づけとねらい

「今後の介護人材養成の在り方について」と題する検討会報告書のなかで，初任者研修は，介護職への入職段階における研修であり，また，介護福祉士の資格取得へといたるキャリアパスの入口段階の研修でもあると位置づけられています。

この段階で求められるのは，在宅・施設を問わず，職場の上司の指示などを受けながら基本的な介護業務を実践する能力であり，その基盤となる基本的な知識と技術です。同時に，介護業務を実践する際の考え方のプロセスについても身につけることが求められています。

そのうえで厚生労働省は，初任者研修を通した到達目標として，表2の事項を示しています。

■表2 初任者研修を通した到達目標

❶ 基本的な介護を実践するために最低限必要な知識・技術を理解できる。
❷ 介護の実践については，正しい知識とアセスメント結果にもとづく適切な介護技術の適用が必要であることを理解できる。
❸ 自立の助長と重度化防止・遅延化のために，介護を必要とする人の潜在能力を引き出し，活用・発揮させるという視点が大切であることを理解できる。
❹ 利用者ができるだけなじみのある環境で日常的な生活を送れるようにするために，利用者一人ひとりに対する生活状況の的確な把握が必要であることを理解できる。
❺ 他者の生活観および生活の営み方への共感，相手の立場に立って考えるという姿勢をもつことの大切さについて理解できる。
❻ 自立支援に資するサービスを多職種と協働して総合的，計画的に提供できる能力を身につけることが，みずからの将来の到達目標であることを理解できる。
❼ 利用者本位のサービスを提供するため，チームアプローチの重要性とその一員として業務に従事する際の役割，責務等を理解できる。
❽ 利用者，家族，多職種との円滑なコミュニケーションのとり方の基本を理解できる。
❾ 的確な記録・記述の大切さを理解できる。
❿ 人権擁護の視点，職業倫理の基本を理解できる。
⓫ 介護に関する社会保障の制度，施策，サービス利用の流れについての概要を理解できる。

❷ 初任者研修のカリキュラム

2007（平成19）年に，介護福祉士の根拠法となる社会福祉士及び介護福祉士法が改正されたことにともない，介護福祉士養成課程の見直しがはかられました。その結果，介護福祉士養成課程は，「尊厳の保持」や「自立支援」の考え方をふまえ，①生活を支えるための【介護】，②介護を学ぶための基礎となる教養や倫理的態度の涵養に資する【人間と社会】，③多職種協働や適切な介護の提供に必要な根拠としての【こころとからだのしくみ】の3領域に再構成されました。

初任者研修は，この介護福祉士養成課程との整合性をはかる観点から，表3に示すカリキュラムとなっています。

従来のホームヘルパー2級相当の研修と比較した場合，研修時間数は同じ130時間ですが，研修内容は明らかに異なっています。異なる背景には，介護福祉士養成課程との整合性をはかるという理由があるのですが，このことからも，初任者研修が，在宅・施設を問わず，基本的な介護業務を実践する介護人材を養成する入職段階の研修であることがはっきりとわかります。

■表3 初任者研修のカリキュラム

研修科目	時間数
❶ 職務の理解	6時間
❷ 介護における尊厳の保持・自立支援	9時間
❸ 介護の基本	6時間
❹ 介護・福祉サービスの理解と医療との連携	9時間
❺ 介護におけるコミュニケーション技術	6時間
❻ 老化の理解	6時間
❼ 認知症の理解	6時間
❽ 障害の理解	3時間
❾ こころとからだのしくみと生活支援技術	75時間
❿ 振り返り	4時間
合 計	130時間

注1：講義と演習を一体的に実施すること。
2：「❾こころとからだのしくみと生活支援技術」には，介護に必要な基礎的知識の理解の確認と，生活支援技術の習得状況の確認を含む。
3：上記とは別に，筆記試験による修了評価（1時間程度）を実施すること。
4：「❶職務の理解」および「❿振り返り」において，施設の見学等の実習を活用するほか，効果的な研修を行うため必要があると考えられる場合には，他のカリキュラムにおいても施設の見学等の実習を活用することも可能。
5：各カリキュラム内の時間配分については，内容に偏りがないように，十分留意すること。

職務の理解

●研修に先立ち，これからの介護が目指すべき，その人の生活を支える「在宅におけるケア」等の実践について，介護職がどのような環境で，どのような形で，どのような仕事を行うのか，具体的イメージを持って実感し，以降の研修に実践的に取り組めるようになる。

多様なサービスの理解

学習のポイント

●介護保険による居宅サービスの種類と，サービスが提供される場の特性を理解する
●介護保険による施設サービスの種類と，サービスが提供される場の特性を理解する
●介護保険外のサービスの種類と，サービスが提供される意義や目的を理解する

1 介護保険による居宅サービス ::::::::::::::::::::::::::::

訪問系サービスの提供の場とその特性

　人は地域のなかでの生活者として存在しています。たとえ年老いて，病気や障害があったとしても，住み慣れた環境（地域社会）やなじみの関係のなかで，生活しつづけたいと願っています。

　居宅サービスのなかでも，訪問系サービスはそのような地域社会のなかで生活している人の家に訪問し，サービスを提供します。

■表1-1-1　訪問系サービスの種類

・訪問介護（ホームヘルプサービス）	・訪問看護，介護予防訪問看護
・定期巡回・随時対応型訪問介護看護	・訪問リハビリテーション，介護予防訪問リハビリテーション
・夜間対応型訪問介護	・居宅療養管理指導，介護予防居宅療養管理指導
・訪問入浴介護，介護予防訪問入浴介護	・介護予防・日常生活支援総合事業の訪問型サービス

訪問介護（生活援助サービスによる生活環境の整備）

訪問入浴介護（移動入浴車で訪問）

通所系サービスの提供の場とその特性

通所系サービスは，それぞれの目的に応じて通所施設でのサービスを組み立て，在宅生活の維持・継続に向けて支援するものです。

利用者は虚弱な高齢者（予防給付対象者）や要介護度の高い高齢者などさまざまです。いろいろな状態にある利用者が，同じ空間のなかで日中の時間をともに過ごすことで，社会との接点をもち，社会参加の場としての役割をになっているのが通所系サービスです。

■表1-1-2　通所系サービスの種類

・通所介護（デイサービス），地域密着型通所介護
・認知症対応型通所介護，介護予防認知症対応型通所介護
・通所リハビリテーション，介護予防通所リハビリテーション
・介護予防・日常生活支援総合事業の通所型サービス

短期入所系サービスの提供の場とその特性

短期入所系サービス（ショートステイ）は，あくまで在宅生活の延長線上にあることを忘れてはなりません。生活空間が家から施設に移っただけで，生活はできるだけ変わらないことが望ましいのです。

サービスを利用している人にとっては，急な環境の変化にとまどうことも多く，認知症の人の場合は，とくに，環境の変化に配慮する必要があります。環境の変化は，利用者の心身に過重な負担となり，BPSD（行動・心理症状）（➡第1巻 pp. 368-371 参照）を引き起こしたり，抑うつ状態を招いたりすることにもなりかねません。

そのためにも，利用者が在宅でどのような日常生活を営み，何にこだわっているのかなどをしっかり把握しておくことが大切です。施設での生活であっても個別性を重視し，生活を組み立てる必要があります。

介護職は生活支援の観点から，利用者の生活リズムや生活スタイル，生活におけるこだわりの部分に重きをおきながら，その人の過去・現在・未来を考えて支援していきます。

■表1-1-3　短期入所系サービスの種類

・短期入所生活介護（ショートステイ），介護予防短期入所生活介護
・短期入所療養介護（ショートステイ），介護予防短期入所療養介護

2 介護保険による施設サービス ::::::::::::::::::::::::::::::::

入所系サービスの提供の場とその特性

　介護保険における施設サービスと地域密着型サービスは，表 1-1-4，表 1-1-5 に示したとおりになります。これらは生活の場としての居住環境の提供だけでなく，生活支援（移動，食事，入浴，排泄，整容等），医療，そして 24 時間の見守りといったサービスとしても提供されています。さらに入所者の看取りまでを，家族も含めて支援する施設も増えてきています。

　これらのサービスでは利用者のこれまでの生活空間から切り離されてしまうと同時に，集団生活を送ることによる利用者一人ひとりの自由が制限されることになってしまいがちです。しかしそのような状況であったとしても，その人らしい生活が実現される自立支援をめざし，可能な限りこれまでの地域での生活と変わらないようにサービスを提供することが理想とされています。

規模の大きい入所系サービスの提供の場の理解

　入所者が 100 人ほどの大きな規模の施設になると，そこで働く介護職やその他の専門職も多くなり，どうしても入所者と介護職（支援者）とのあいだに距離感が生まれがちになってしまいます。そういったことが起きないように，入所者を 10 人ほどの単位としてユニットケア[1]（➡ p. 40 参照）が導入される等，機械的な介護ではない，一人ひとりを大切にした介護サービスが提供されています。また，地域とのかかわりのなかで地域包括ケアの拠点となったり，多様な地域交流，そして地域貢献といった役割も求められるようになっています。

■表 1-1-4　施設サービス（都道府県が指定・監督）の種類

・介護老人福祉施設
・介護老人保健施設
・介護療養型医療施設（～2024（令和 6）年 3 月）
・介護医療院

■表 1-1-5　地域密着型サービス（市町村が指定・監督）の種類

・定期巡回・随時対応型訪問介護看護
・夜間対応型訪問介護
・地域密着型通所介護
・認知症対応型通所介護，介護予防認知症対応型通所介護
・小規模多機能型居宅介護，介護予防小規模多機能型居宅介護
・認知症対応型共同生活介護（グループホーム），介護予防認知症対応型共同生活介護（グループホーム）
・地域密着型特定施設入居者生活介護
・地域密着型介護老人福祉施設入所者生活介護
・看護小規模多機能型居宅介護

居宅に近い（小規模）入所系サービスの提供の場とその特性

　街角に溶けこむような形でつくられる居宅に近い（小規模）施設では，入所者と介護職との距離感も近く，なじみの関係性を大切にしたサービスを提供することとなります。これにより入所者一人ひとりに寄り添うことができ，円滑なコミュニケーションから入所者の落ち着いた心理状態を支えることにもつながります。住み慣れた地域で可能な限り暮らしつづけることをめざすという観点からも，身近な環境を変えることなく支援を行うことができます。さらに，地域のボランティア等ともいっしょになって，入所者の生活を支えていきます。

地域密着型施設の整備

　地域密着型施設は地域住民がより身近なところでサービスが受けられるように，2005（平成17）年の介護保険法の改正により整備されました。住み慣れた地域で，地域の特性に応じて多様で柔軟なサービスを受けることで，入所者の自立した日常生活を支えることを目的としています。小規模多機能型居宅介護では，中重度の要介護者でも，自宅を拠点に訪問や短期間の宿泊などを状況にあわせて柔軟に提供します。また，認知症対応型共同生活介護のように5～9人の定員で，利用者の家族や地域住民との交流もできるようにサービスを提供します。

多世代による入居者との交流

3 介護保険外のサービス ::

介護ニーズに対応する介護保険外のサービス

　近年の介護ニーズの拡大にともなって，福祉ミックスという考え方が重要視されています。これは，介護保険をはじめとした公的部門（フォーマル部門）によるサービスだけではなく，民間団体や企業（民間市場部門），ボランティアや家族（インフォーマル部門）といった領域でのサービスをバランスよく組み合わせるという考え方です。これは，地域包括ケアや地域共生社会でよくいわれている「**自助**② （➡ p. 40 参照）・**互助**③ （➡ p. 40 参照）・**共助**④ （➡ p. 40 参照）・**公助**⑤ （➡ p. 40 参照）」へとつながっています。

■図 1-1-1　介護ニーズと介護保険外のサービスの関係図

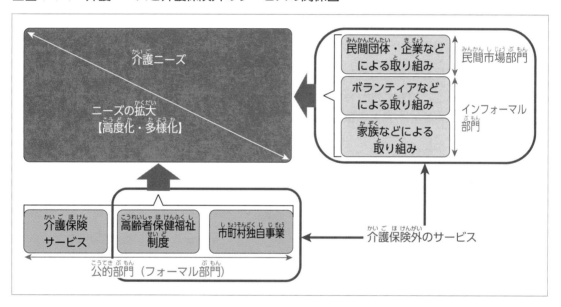

民間団体や企業などによる取り組みの例

　清掃業を営むＡ社は，家事から介護まで全般的にサービスを提供しています。具体的には，そうじや電球の交換，食事づくり，買い物などの外出の付き添い，夜間の滞在型見守りサービス，通院介助や入退院時の付き添いサービスなどを行っています。

　私鉄のＢ社では，高齢者や障害者を対象とした移動支援を行っています。駅では切符の購入から改札，乗車，そして降車までを駅員が援助します。電車に乗っているあいだも車掌の近くに席を確保したりして見守りを行います。降りるときには，駅員がホームで待機して援助します。また，乗り換える場合は乗り換える電車に乗るまで，駅を出る場合は駅周辺までの援助を

行います。

　介護用ベッドを製造・販売しているＣ社は，要介護認定で非該当となった高齢者に対して，低額な料金でベッドをリース提供するサービスを行っています。

　Ｄ市の**シルバー人材センター**⑥（➡ p. 40 参照）では，仏壇のそうじ，犬の散歩，植木や庭の手入れ，電球の交換，衣替えといった実費サービスを，社会参加に意欲的な高齢者が提供しています。

民生委員やボランティアなどによる取り組み

　Ｅ市の**民生委員**⑦（➡ p. 40 参照）は，高齢者を対象とした配食サービスを行っています。弁当づくりと配達は地域のボランティアとともに行います。

　Ｆ市では，社会福祉協議会のボランティアセンターが福祉協力員をボランティアとして組織化し，民生委員の協力者として位置づけています。福祉協力員は，地域の一人暮らし高齢者や障害者だけではなく，子育て世帯など，福祉ニーズをかかえやすい世帯を幅広く見守ったり，声かけをしたりする活動を行っています。

　認知症の親を自宅で介護し，最期まで看取ったＧさんは，自宅を開放して地域の認知症高齢者のための**宅老所**⑧（➡ p. 41 参照）をつくりました。地域のボランティアセンターや校区社会福祉協議会の支援を受けて，その運営にもボランティアが参加しています。

市町村による独自の取り組み

　厚生労働省は，選定された市町村において，安心生活創造事業を実施していました。これは孤立死や虐待などを１例も発生させない地域づくりをめざしたものです。この事業では，見守りや買い物支援などを必要とする人の日常生活におけるニーズを把握し，支援を必要とする人がもれなくカバーされるよう地域の支援体制を構築し，そしてこれらを実施するために必要な，安定的な自主財源確保に取り組むことを柱としていました。

　これとは別に，Ｈ市では地域包括支援センターに見守り活動を支援する人員を職員として配置し，民生委員などと連携・協力しながら，見守りができるコミュニティづくりを支援する独自事業を行っています。

　またＪ市では，自宅で介護サービスを利用している高齢者を対象に，おむつを必要とする人に対して，市の独自財源でおむつを無料提供しています。

介護職の仕事内容や働く現場の理解

学習のポイント 📝

●各種サービスの内容や利用者像などを通じて，介護職の仕事内容や働く現場を理解する
●ケアマネジメントを通じて，介護サービス提供にいたるまでの流れを理解する
●チームアプローチの必要性と，具体的な連携方法を理解する

1 介護サービスを提供する現場の実際 ::::::::::::::::

❶ 訪問介護

どのようなサービスなのか？

　訪問介護（ホームヘルプサービス）は，介護福祉士などの訪問介護員が，利用者の居宅を訪問し，入浴・排泄・食事などの介護，調理・洗濯・そうじなどの家事等を提供するサービスで，介護保険法に位置づけられます。

　訪問介護の始まりは，1956（昭和31）年に長野県の上田市や諏訪市など，13市町村で行われた「家庭養護婦派遣事業」にさかのぼります。

　その後，1962（昭和37）年に国庫補助事業となり，老人福祉法の制定により，「老人家庭奉仕員派遣事業」は国が費用の一部を負担する事業となり，「老人の家庭を訪問して老人の日常生活上の世話を行う者」として法でも示されました。

　1989（平成元）年には，**高齢者保健福祉推進十か年戦略（ゴールドプラン）**⑨ (➡ p.41 参照)で，緊急に整備すべき施設サービスと在宅サービスの数値目標が定められました。そして，このときから「老人家庭奉仕員」はホームヘルパーという名称が用いられるようになりました。

　そして，2000（平成12）年に開始した介護保険制度では，ホームヘルプサービスは，「訪問介護サービス」として制度化され，ホームヘルパーは**訪問介護員**と改称されました。介護保険制度では，民間企業などの参入もはかられ，サービスは利用者と事業者間での契約によって始まるようになりました。

どのような人たちが利用しているのか？

　訪問介護は，介護保険制度の要介護認定において，要介護１以上の認定を受けた人が対象です。対象となる人は，一人暮らし，夫婦二人暮らし，子ども夫婦と同居などさまざまな暮らしをしています。また，認知症や身体機能疾患，精神疾患のある人など，症状もさまざまです。それに加えて，今までの生活歴は一人ひとり違い，自宅内の生活習慣は個々により大きな差があります。こうした利用者のニーズとしては，外出が困難になったことによるごみ出しや買い物の支援などがあげられます。

　具体的にどのような人が利用しているのか紹介します。

事例１ ▶ 自宅でできることをしながら暮らすＡさん（85歳，男性，要介護１）

　妻と二人暮らしのＡさん。妻は要支援２の認定を受けており，そうじなど家のことをすべて行うことがむずかしくなってきていました。２人とも以前は社交的な生活を送っていましたが，もの忘れなどにより生活リズムが変わり，外出機会が少なくなっていきました。

　そのような生活のなかで徐々にＡさんの認知症も進行し，妻といっしょに外出した際に自宅への戻り方がわからなくなることが多くなり，訪問介護を利用することになりました。

　Ａさんは，認知症の症状として記憶障害があるため，先ほどまでやっていたことをおぼえていません。また，片づけなどの方法や段取りが１人ではむずかしい状態になっています。そのための訪問介護員による支援として，そうじ，調理，体調把握などを行っています。

　ただ，Ａさんは自宅のそうじや片づけなどをする体力は十分にあります。そのため，近隣に住む２人の娘の協力もあおぎながら，Ａさんの同意を得ていっしょに取り組んでいます。

　このように，訪問介護は，利用者がどのような状況になっても住み慣れた家で生活を送ることができるようにサービスを提供しています。

夫婦でテレビを観ている様子

いっしょにそうじをしている様子

どのようなケアを行っているのか？

訪問介護でのケアは，生活援助と身体介護に分けられます。

① 生活援助

生活援助の内容は，そうじ，洗濯，調理，買い物，ごみ出しなどがあげられます。

たとえば洗濯をする場合，どのような作業がむずかしいのか，担当の介護支援専門員（ケアマネジャー）と共有します。そのなかで，洗濯機を動かしたり，洗濯物を干したりする作業がむずかしいのか，または洗濯物を取りこむ作業，たたむ作業など，どのような作業がむずかしいと感じているのかを把握する必要があります。こうした情報は，訪問介護や通所介護（デイサービス），医療機関などの関係事業所や関係者が参加した話し合いの場で確認することが多いです。そして，共有した情報を細かく分類し，把握した利用者がむずかしいと感じる部分，転倒などのリスクが高い部分を介助します。

また，訪問介護員は日ごろから利用者の自宅へ支援に入ることで，継続してその人の生活を見ていくことができます。

継続して見ていくことで，今までできていたごみの分別ができなくなっていたり，冷蔵庫の中に同じような物ばかり買っている様子がみられたりすることにいちばんに気づくことができます。そのような視点が生活援助では大切であり，その視点で気がつける観察力や考察力をもっているのが訪問介護員なのです。

② 身体介護

身体介護の内容は，食事介助，排泄介助，入浴介助，移乗や移動介助，通院などの介助などがあげられます。とくに，日常生活のなかで利用者自身の力ではむずかしいことや，家族の介護では負担が大きい場合に行います。

介護を行う際には，決まった時間に決まった訪問介護員が対応することが多いです。利用者のふだんの様子を把握している訪問介護員が対応することで，ふだんと違う状態を感じたときに必要な対応ができます。それには，いつもより立位動作が安定せず，転倒のリスクが高い状態になっている場合や，逆に徐々に身体の動きがスムーズになり安定してきた場合などに，早期に気づく観察力が必要になります。

また，多くの場合は1人での訪問になるので，訪問介護員個人の介護技術や知識が必要になります。それぞれの自宅の環境は施設のようなバリアフリー（➡第1巻 p.108 参照）や，専門的な器具などがない場合も多いです。個々の環境に合わせた対応を考え，最善策で介護を行うことができる力を身につけておく必要があります。

利用者や家族が不快な思いや苦痛を感じずに過ごせるか，工夫して介護していく視点が身体介護には大切になります。

❷ 通所介護

どのようなサービスなのか？

通所介護は，一般的にデイサービスと呼ばれています。

高齢になると家に閉じこもるようになり，気づかないうちに運動機能もおとろえ，心身機能の低下による**廃用症候群**⑩（➡ p. 41 参照）などを引き起こし，社会的にも孤立することがあります。

通所介護はそのような利用者がもっている能力に応じて，可能な限り自立した在宅での日常生活ができるよう必要な介護を日帰りで行うサービスです。また利用者だけではなく，在宅で生活を支えている家族の介護負担軽減をはかる役割もになっています。数ある介護保険サービスのなかでも在宅介護をしていくうえで必要とされるサービスの1つです。

高齢者の通所介護は，1979（昭和54）年に在宅で寝たきり等の人を対象とした通所サービスが始まりとされています。2000（平成12）年に介護保険制度が開始されてからは，居宅サービスの1つとして位置づけられました。2005（平成17）年の介護保険法改正では，介護予防重視の観点から介護予防通所介護が創設されました。

また，高齢者が要介護状態になっても可能な限り住み慣れた地域で生活を続けられることを目的に地域密着型サービスも創設され，そのサービスの1つとして，認知症の症状がある人に対して少人数で質の高いケアを実践する目的で認知症対応型通所介護も開始されました。

2014（平成26）年の介護保険法の改正で介護予防通所介護は，介護予防・日常生活支援総合事業へ移行されました。市町村が中心となって地域の支え合いの体制づくりを推進し，多様なサービスを総合的に提供することができるしくみづくり（地域包括ケアシステム）を目的としており，要支援者と介護予防・生活支援サービス事業対象者を対象としています。

事業所の規模は，10人以下の小規模なものから100人を超える大規模なものまでさまざまな事業所があります。

2016（平成28）年からは，定員19人未満の小規模な通所介護は地域密着型サービスに移行し，地域密着型通所介護となりました。おもなサービス内容は，自宅からの送迎・入浴・食事・日常生活上の介護・機能訓練・レクリエーションなどがあります。

どのような人たちが利用しているのか？

　通所介護の利用者は要介護1以上の認定を受けた65歳以上の第1号被保険者および40〜64歳の第2号被保険者（特定疾病に該当し，介護が必要と判断された人）が対象となります。利用には，介護支援専門員からのサービスの提案に加え，利用前に利用者は事業所を見学することもでき，利用者の自己決定にもとづき事業所と契約をし，サービスを利用します。

　利用者のニーズには，たとえば，「自宅で入浴が困難なため，からだを清潔に保ちたい」「ふらつきに注意して転ばないようにしたい」「他者との交流の機会を増やしたい」などがあります。そのほかにも，日常生活上の介護・機能訓練に加え，社会的な交流を通じた認知症予防，または利用者の家族の介護負担の軽減などがあります。

　具体的にどのような人が利用しているのか紹介します。

事例2 ▶ 週6回通所介護を利用するBさん（80歳，女性，要介護5）

　Bさんは夫と二人暮らしをしています。20代前半で結婚し，すぐに夫は仕事の都合で遠方に単身赴任することになりました。家族のもとに帰ってくるまでの10年ほどは，5人の子どもを育てながら，義母の身のまわりのこともBさん1人でお世話をしていました。

　Bさんは70歳を過ぎてからアルツハイマー型認知症を患い，2年間は夫が自宅で介護をしていましたが，介護負担軽減を目的に通所介護の利用を始めました。利用当初は夫を探しに「うちへ帰る！」と1日に何度もフロア外へ出て行きました。介護職は「お父さんは仕事に行っているので，終わったらお迎えに来ます」と言葉かけを統一し，対応していました。しかし，その言葉かけにBさんも窮屈さを感じたのか「嘘をつくな！」と言うことが増え，介護職への怒りがつのり，手を振り払うなどの行動が目立つようになってきました。介護職間で話し合いの場を設け，Bさんの「うちに帰りたい」という思いに対する解決策を考えるのではなく，その言葉に秘められている不安な思い（夫や家族を心配する気持ち）に寄り添い，Bさんが安心する環境をつくるようにしました。まずはフロアの出入り口近くに，Bさんのお気に入りのソファーを置き，フロア外から帰ってきたときに，介護職がいっしょにソファーへ座りひと休みできるようにしました。利用者への対応はそれぞれ違いますが，Bさんの場合はソファーがあることで落ち着けるという発見がありました。3か月後，Bさんはフロア外へ出て行くことはなくなり，お気に入りのソファーでほかの利用者や介護職とともにおだやかな時間を過ごすようになりました。

どのようなケアを行っているのか？

通所介護では，食事・入浴・排泄などの日常生活上の介護や，身体機能・精神機能・ADLの維持を目的とした機能訓練やレクリエーション，自宅への送迎などを行っています。

食事の介護は，自宅でとる食事の形状・好みなどを聴きとり，嚥下の状態を確認し，その人にあわせた食事の提供をします。利用者全員が安全に食事ができるように，食事のペース・姿勢・一口の量などに目配り，気配りできることが大切です。

入浴の介護は，施設・事業所によって設備の違いはありますが，その人の身体の状態にあわせて歩浴・座浴・寝浴で介護を提供します。

排泄の介護は，その人の排泄リズムにあわせた案内が必要です。通所介護は日中ほかの利用者といっしょに過ごす場所です。言葉かけのときは，羞恥心への配慮も大切です。

介護サービスのなかでは，グループで行うレクリエーションと個別で行うレクリエーションがあります。グループで行うものは「ふれあい」や「つながり」が生まれ，よい人間関係が築けるという利点があります。その一方で，自分の思うようにできない，やらされているという感覚も生まれ，グループで何かを行うことが苦手な人もいます。そのような人のために必要になるのが個別レクリエーションです。個別レクリエーションでは，自分のできることの再発見や自分らしさを取り戻し，その人の生きがいにつながるようなアプローチが必要です。

送迎は安心・安全に乗ってもらえるように，運転技術の向上に努めます。ここで重要なのが家族とのコミュニケーションです。自宅での様子をうかがい，そこで得た情報は事業所内で共有され，その日のケアにいかされます。また家族からの相談も聴き，助言を行ったり，不安や悩みを受けとめたり，家族とともに解決策を見つけていくのも重要な役割になります。

すべてのケアにおいて重要なのは，利用者の情報です。ケアを提供する際は必ず利用者の状態・体調・気分などを観察します。事業所での様子や状態の変化・気づきを家族や訪問介護・訪問看護・介護支援専門員などの関係事業所へ適切に報告・連携することも重要なことです。

送迎時の様子

食事の配膳の様子

❸ 認知症対応型共同生活介護（グループホーム）

どのようなサービスなのか？

　認知症対応型共同生活介護はグループホームとも呼ばれ，医師から認知症の診断を受け，在宅生活が困難となった人が介護サービスを受けながら共同で生活する場所です。

　介護保険制度上では原則，1つのユニットの入所定員数が5～9人，同一敷地内に3つのユニットまでと定められています。少人数制により顔なじみの関係を築きやすく，個室での生活は利用者の環境の変化にともなう混乱を緩和します。そして，一人ひとりの今までの生活スタイルを尊重し，それぞれのペースで生活が続けられるサービスとなっています。

　認知症の人を介護や日常生活支援の対象とする考えは，約40年前から始まりました。それまでは，認知症の人は，精神疾患として精神科病院へ入院することが多く，特別養護老人ホームの入所対象にさえなっていませんでした。1980年代，スウェーデンをはじめデンマークなどの北欧諸国ではグループホーム，グループリビングの実践が始まっており，その取り組みは日本にも大きな影響を与えました。スウェーデンでの実践を参考に，認知症の人には小規模の生活の場が重要として，1991（平成3）年に日本で最初のグループホームが開設されました。

　その後，1997（平成9）年度に「痴呆対応型老人共同生活援助事業」として，グループホームが制度化されました。小規模（5～9人）で家庭的な環境のなか，家事等の役割を果たしながら認知症の人が共同で暮らす場が広がりました。さらに2000（平成12）年度に介護保険法が施行され，「痴呆対応型共同生活介護」として居宅サービスの1つに類別されました。

　2005（平成17）年の介護保険法改正時に「認知症対応型共同生活介護」（2004（平成16）年に痴呆は認知症に名称変更）は，地域密着型サービスとして新たに位置づけられました。今後も認知症の人の尊厳を大切に，できる限り住み慣れた地域で生活するための拠点として活躍が期待されるサービスです。

季節の花を見ている様子

みんなで体操をしている様子

どのような人たちが利用しているのか？

　利用者の要件としては，①主治医から認知症の診断を受けていること，②要支援2または要介護1～5であること，③共同生活が可能であること，④グループホームのある市町村に住んでいることがあげられます。

　上記の要件を満たし，かつ在宅生活の継続が困難と判断された人が利用しています。認知症の人も多くの場合，家族や近隣の人のサポートのもと，在宅サービスをいろいろと組み合わせて在宅生活を継続しています。しかし，認知症の症状が重度化していくと，在宅サービスを区分支給限度基準額（要介護・要支援状態区分別に，介護保険から給付される限度額）の上限まで利用してもサービスが足りない状況になります。また，老老介護により介護者が入院したりして不在になった場合，昼夜問わずくり返される同じ言動やBPSD（行動・心理症状）（➡第1巻 pp. 368-371 参照）によって介護者の負担が過度になった場合などには，在宅生活は困難になる場合が多くあります。このように，途切れることなく24時間の見守りや365日のサポートを必要とする場合に入居となることが多いです。

事例3 ▶ 長い入院生活から日常の生活を取り戻したCさん（86歳，女性，要介護2）

　Cさんは若いころに統合失調症を患い，加齢とともに認知症の症状が出現してきました。80歳を過ぎ，入院生活が30年以上となりました。野菜を切る音，そうじ機の音などさまざまな日常生活音が聞こえるあたりまえの暮らしのなかで好きな食べ物を買ったり，おしゃれをしたり，時には季節を感じたりするなどの満足を得られる生活をCさんに味わってもらいたいと，施設等と連携をはかる病院の地域連携室より相談を受け，入居が決まりました。

　Cさんは言葉がはっきりしないため，最初は意思疎通がむずかしく，「バカ」と大きな声が飛び出す場面も多くありました。

　介護職はCさんの言葉にしっかりと耳を傾け，Cさんのできることを探していきました。また，きれいなものを見たり，おしゃれをしたり，外食に出かけたりと，楽しみや喜びを多く感じ，豊かさのある生活を提供できるように心がけました。そうして職員の顔を見慣れたころになると，少しずつ怒る回数が減り，笑顔の時間が増えていきました。今では洗濯物をたたんだり，野菜の皮むきや料理の盛りつけを手伝ってくれたり，居室のそうじをしたり，買い物に出かけ自分の好きなアイスを選んだり，あたりまえの日常生活がCさんのもとに戻っています。

どのようなケアを行っているのか？

　グループホームでのおもなケア内容は，食事・入浴・排泄・そうじ・洗濯など日常生活上の介護，主治医・看護師・薬剤師等の関係各所との連携をとりながらの日々の**健康管理**，関節の可動域・下肢筋力等を意識した日常生活のリハビリテーションなどです。また，精神面の安定をはかったり，レクリエーション等の楽しみのある活動をしたりします。そのほかには，チーム内の情報共有およびケアカンファレンス，家族や地域との連携，ケアプラン（介護サービス計画）をもとに実際のサービス提供が実施できているか評価することも利用者をケアしていくうえで大切です。

　利用者が主体となる生活の流れにそって，ケアは生まれてきます。朝起きたら服を着替えます。衣類の着脱がうまくできないときは服の準備や着脱の介護もします。その後，顔を洗います。必要に応じて洗面所まで案内し，水道から水を出し，顔が洗えるようにサポートします。トイレも同じです。場所がわからなければいっしょに行き，スムーズに排泄ができるよう一連の流れをサポートします。

　入浴では，「入りたくない」「家で入っている」など断られることがよくあります。相手の言葉だけを聞き入れてしまうと，入浴できない日が続く可能性があります。このときに大切なことは，なぜお風呂に入りたくないのか，言葉の裏にある背景を想像し考えることです。健康面，精神面，環境要因などを検討することで，いつもと違う状況が起きていることに気づく可能性があります。

　利用者が断るのには理由があります。その理由を探るために，ヒントとなる日々の観察やかかわりがとても重要です。

　いつもより顔色が悪い，表情がいつもよりかたい，できていたことがいつもよりできなくなっているなどのように，「いつもより」と気がつけるのは，日ごろの状態をしっかり把握していないとできません。これはすべてのケアにおいて共通です。「いつもより」何か違うことが，利用者とかかわるときのヒントとなるのです。

　介護は，食事・入浴・排泄の介助の三大介護が主であるとよくいわれます。たしかに生理的欲求が満たされることは最低限必要で，いちばん大切なことになります。しかし，住み慣れたわが家，家族と離れ，突然ほかの人との共同生活を強いられたとき，不安で落ち着かない気持ちになることも事実です。本人の不安な気持ちに寄り添い，専門職として常にさまざまな状況に配慮することも必要です。

　また，グループホームは大きな施設と比べると，介護職が家族と直接かかわる場面が多くあります。働く側にとっては1人の利用者かもしれませんが，面会に来る人にとっては大切な家族です。介護職として目の前にいる利用者だけをケアするのではなく，そのあとにいる家族や地域も含めてケアする気持ちを忘れてはいけません。

❹ 小規模多機能型居宅介護

どのようなサービスなのか？

　小規模多機能型居宅介護（以下，小規模多機能）は，2005（平成 17）年の介護保険法の改正により，2006（平成 18）年に地域密着型サービスの 1 つとして創設されました。

　小規模多機能のモデルとなったのは，一軒家等で介護を必要とする少人数に対して，それぞれのニーズや困りごとに細やかに対応する取り組みをしている宅老所だといわれています。また，2003（平成 15）年に報告された高齢者介護研究会「2015 年の高齢者介護——高齢者の尊厳を支えるケアの確立に向けて」では，在宅で安心して過ごせるように望む要介護高齢者に対して，さまざまな介護サービスが切れ目なく提供されるように小規模・多機能サービスの拠点の必要性が提案されました。このように小規模多機能は，宅老所の実践例や高齢者介護研究会の影響を受けて創設されたといえます。小規模多機能は，利用者を中心としたニーズにこたえ，可能な限り自立した日常生活を送ることができるよう，通いや訪問，泊まりを組み合わせて介護サービスを提供しています。これらのサービスを同じ事業所で働く介護職や看護師等で行うため，利用者の小さな変化に気づきやすく，きめ細やかな介護サービスが提供できます。

　「通い」は，利用者を主体にしつつ，家族の生活状況も把握したうえで，必要によっては，一時的に訪問回数を増やすなどの対応をして「通い」につなげます。

　「訪問」は，「通い」につなげるためと，通わない日あるいは「通い」をする前の起床から出かけるまでの支援や「通い」から帰ったあとの支援，就寝にかかる訪問など幅広くあります。

　「泊まり」の多くは家族の疲れをためないための定期的・一時的泊まりであるレスパイトケアになることが多く，長期利用や，冠婚葬祭など急な出来事にも対応できるものです。

　この 3 つのサービスを，利用者一人ひとりの暮らしにあわせて，自宅で，地域で，暮らしつづけられるように話し合い，組み合わせられるのが小規模多機能の特徴となります。

ラジオ体操をしている様子

いっしょに昼食をとる様子

どのような人たちが利用しているのか？

小規模多機能は，原則として事業所が所在する市町村の指定を受けて実施できる介護サービスです。市町村に住所を有し，かつ，要支援1・2や要介護1～5の認定を受けている人が利用できます。小規模多機能は利用者が暮らしている住まいから近いところにあるのが特徴です。地域によって違いはありますが，徒歩や車いす，歩行器，あるいは車の送迎で5分～10分程度の場所から利用する人が多いです。そして，「最期まで住み慣れたわが家で暮らしつづけたい」という思いが利用につながっています。

具体的にどのような人が利用しているのか紹介します。

事例4 ▶高次脳機能の障害があっても散歩を続けたいDさん（85歳，男性，要介護1）

小規模多機能を利用させたいと相談があったのは地域包括支援センターの職員からでした。自宅は足の踏み場がないほどごみが散乱している状態で，1年前に高次脳機能障害と診断されていることや，視力低下もあることから自宅内でも転倒をくり返していて，一人暮らしで何を食べているのかわからないため，小規模多機能を利用し，環境の整備と食事の確保をしてほしいという依頼でした。Dさんにも同意をとり，80歳のとき利用を開始しました。

自宅を訪問してまず片づけをいっしょに始めてわかったことは，Dさんはお寺・神社めぐりが大好きでよく歩いたということ，そして，ハーモニカの名奏者だということでした。また，退職をする2，3年前から視力の低下があり，設計の仕事も途中からできなくなったことや，明るいときでも自宅や外の段差に気づかずに転びそうになることがたびたびあるとわかってきました。Dさんは朝も夕方も6時ごろ，慣れない杖を振りながら，昔からの散歩コースを変わりなく歩いていました。Dさんの生活のリズムや，散歩コースについても介護職同士の情報をつなぎあわせることで徐々にわかってきました。

しかし，Dさんは散歩中に転倒することが続き，転倒のたびに見えづらさがあることを話したり，病院の医師から脳挫傷で脳内に少しずつ血液がたまっていると言われていました。それでもDさんは歩くことをやめず，ハーモニカで，事業所内のみんなと演奏をしていました。在宅医療の医師が本人や元妻と話し合い，また，病院と話した結果，手術にいたりました。手術後はみずから寝返りもできなくなり，病院側が自宅に戻ることはむずかしいと判断し，転院しながら長期の入院生活を送ることになりました。Dさんの気持ちをはかると，最期まで支援しつづけたい強い希望はありましたが，Dさんへの支援は終了となりました。

このように，利用者がかかえている生活課題にだけ対応するのではなく，大切に積み重ねてきた利用者の価値観や生活を大切にして，利用者が暮らしを継続できるように支援しています。

どのようなケアを行っているのか？

　小規模多機能はほかの介護サービスと違い，小規模な介護の場に多くの機能（「通い」「訪問」「泊まり」）をもっている介護サービスです。介護職はみずからの役割を認識したうえで，コミュニケーションを大切にして「24 時間 365 日，切れ目のないサービス提供を行うことで，住み慣れた地域での暮らしの継続を支援する」専門職だといえます。そして，3 つのサービスのどれを利用しても，顔なじみの介護職がかかわるので安心して自然体の関係を築けるという特徴があります。

　小規模多機能は，要支援1・2や要介護1〜5まで認定された人が利用するため，一人ひとりの利用者の心身状態の変化に気づき，配慮しながらケアにかかわります。

　小規模多機能では，「通い」「訪問」「泊まり」のそれぞれの場面で，食事，排泄，入浴，散歩や個々が楽しみにしているレクリエーションといった**日常生活上の介護**を行います。淡々と流れ作業のように行うのではなく，利用者一人ひとりの生活習慣のほか，健康や希望にも配慮した介護を行っています。

　朝に始まる送迎は「通い」の利用者一人ひとりとコミュニケーションをはかる場です。車のほかに，徒歩や車いす，歩行器で送迎しながら利用者とふれあう時間を大切にしています。また，帰宅準備では，利用者それぞれが持ち帰る荷物の点検をします。連絡ノートや持参した薬のケース，入浴前に着ていた衣類は入っているか，排泄で失敗した下着などは洗った状態で入っているかなどです。点検はおもに担当の介護職が行いますが，いくつかの目で確認することが大切になります。状況により遅い時間まで帰りを待つ利用者については，利用者一人ひとりの能力を見きわめ，そうじや台所の整理の協力をお願いし，いっしょに行い，気持ちのよい帰宅につなげます。

　一人暮らしの起床時の「訪問」では，おもに整容，着替え，朝食の準備，服薬確認などがあります。また，夕方から夜にかけて多い「訪問」では，服薬確認，夕食づくり，就寝介助などを行います。日中は，洗濯やそうじなどを含むこともあります。毎日，介護職のうちの1人が職場の携帯電話を持ち帰り，夜間の電話に対応し，必要と判断した場合は訪問をすることになります。

　「泊まり」では，夜間にトイレへ誘導し介助します。眠りの浅い利用者の場合は，話し相手になり，様子を見ながら再度ベッドへ誘導します。利用者の様子や時間を見ながら，静かに朝食の準備をし，順次，利用者へ言葉をかけて起床へとつなげていきます。

　このように 24 時間 365 日を支える介護サービスとして，「通い」「訪問」「泊まり」がありますが，そのサービス全体を支えるのは日常生活の延長線上にある，いつもと変わらない介護であることを理解しておきましょう。

❺ 特別養護老人ホーム（介護老人福祉施設）

どのようなサービスなのか？

特別養護老人ホーム（以下，特養）は，老人福祉法の第5条の3に定められている老人福祉施設のなかの1つとして創設された施設です。おもに身体上，または精神上いちじるしい障害があるために常時介護を必要とし，在宅での生活が困難となった高齢者が長期的に入所できる施設として位置づけられています。2000（平成12）年3月までは，入所について，市町村が老人福祉法にもとづく措置制度によって判断し，決定されていました。

2000（平成12）年4月から介護保険法が施行されたことにより，老人福祉法で設置されていた特養が，都道府県より指定を受け運営を行う形となり，その名称も特養から指定介護老人福祉施設に改められました。介護保険制度の要介護認定では身体の状況や介護の手間，医師の意見をもとに介護が必要であるかどうかを検討し，介護保険制度ではその要介護度に応じて利用できるサービスに制限を設けました。特養は要介護1以上の認定を受けていれば，入所を希望する人が直接施設と契約し入所できるようになりました。

特養では，利用者が認知症や疾病にともなう障害があっても安心して生活を送ることができるよう，食事，入浴，排泄などの介護と日常生活における医療サービスを提供します。現在は従来の多床室のほかに，個室を中心とした従来型個室，全室個室で1ユニットおおむね10人以下の小単位で生活するユニット型個室などさまざまな形で介護の提供がなされています。2006（平成18）年4月からは，入所定員が29人以下は地域密着型介護老人福祉施設となっています。また，2015（平成27）年の介護保険法改正の施行により，入所の基準が，原則として要介護3以上に限定されました。

施設の形態も増え，より状態の重度な人が入所する施設となりましたが，入所後もその人の意思や人格を尊重し，必要なサービスを提供するとともに，その人らしい生活の維持と，自立した生活を営むことができるよう支援していくことが求められています。

どのような人たちが利用しているのか？

特養の入所者は原則として，要介護3以上の認定を受けた65歳以上の第1号被保険者および40～64歳の第2号被保険者（特定疾病に該当し，介護が必要と判断された人）が対象です。

入所者には，認知症の悪化や急な病気による状態の変化により自分1人での生活が困難な人，同居する家族の都合により在宅での生活が困難な人，また入院治療を終えたものの在宅に復帰することができない人，1人での生活に不安を感じ，相談機関を通して入所する人など，さまざまな理由をもつ人がいます。

通常は，入所を希望する人または家族が直接施設に申し込みを行い，契約を行ったあとに入所となりますが，それ以外にも災害や市町村において虐待の認定を受けると，措置による入所となる場合があります。また，要介護1・2であっても重度の認知症や精神障害等で日常生活において生命の危険がある人や，やむを得ない理由により在宅生活の継続が困難な場合に，市町村により入所の必要性があると判断されれば，特例入所として特養に入所することが可能です。

具体的にどのような人が利用しているのか紹介します。

事例5 ▶アルツハイマー型認知症と診断されたEさん（79歳，男性，要介護5）

Eさんは若いころからきょうだいで自営業を営み，結婚し子どもが2人います。市議会議員，県議会議員を務め，議員退任後はボランティア活動や保育園の理事等を務めていましたが，車を運転している途中に目的地がわからなくなったり，銀行の暗証番号がわからなくなったりしたため，病院を受診し，アルツハイマー型認知症と診断を受けました。

その後，通所介護やショートステイ等の介護サービスを利用していましたが，もの忘れは進行し，不眠や介護職員への暴言，徘徊，介護への抵抗が強くなったため，医療機関へ入院しました。妻はEさんをなるべく自宅で生活させたいと希望していましたが，妻1人で対応することはむずかしく，医療機関と協議した結果，特別養護老人ホームへ入所することとなりました。

入所後は環境の変化により落ち着きがなく，介護職員への暴言や介護への抵抗も見られましたが，Eさんの状態に応じた介護の提供と多職種で連携を行ったことで，少しずつ落ち着きを取り戻し，安定した生活を送ることができています。

どのようなケアを行っているのか？

特養では，日常生活上の介護全般を介護職が提供しています。

介護といえば食事，入浴，排泄と思われがちですが，それ以外にも衣類の準備や着脱，移動の支援，車いすを利用する人であれば車いすへの移乗・移動，歯みがき，髪をとかす，顔を洗うなど，その業務は多岐にわたります。直接的な介護以外にも入所されている人の身体状況を確認し，異変があれば看護職員に連絡したり，会話のなかで精神的に落ちこんだり，不安を感じたりしているような発言があれば，利用者に寄り添った言葉かけを行う必要があります。介護の技術だけでなく，入所者の変化に気づく観察力も求められます。

介護サービスを提供するうえで，情報の共有も重要です。介護支援専門員が在宅から特養への入所前に事前に自宅または病院，施設等に訪問調査を行い，作成した**施設サービス計画**にそって介護サービスの提供を行います。施設サービス計画は入所者に必要と思われる介護サービスを，どの介護職がたずさわっても共通して提供できるよう書面化したものであり，必ず確認してからケアを行う必要があります。

近年，在宅支援と同様に，自立支援の視点が大きく求められるようになりました。介護職は入所者の生活のすべてを介護すればよいという視点ではなく，できることはなるべく自分で行ってもらうという側面的な介護を提供することで，入所者自身に自分でできる喜びを感じてもらい，そのことにより生きる気力を感じてもらいます。できる能力があるにもかかわらず，すべてにおいて介護を行うと，残された能力も失い，状態の悪化につながることが予想されるので，介護職は入所者がもつ意欲と，その残された能力をしっかりと把握し，入所者一人ひとりに応じた介護を提供することが求められています。

入所者にとって特養は，自宅と同じです。介護職はこの点をしっかり理解し，その人らしい生活を送ることができるようケアの視点を見きわめながら，個別ケアの提供を行います。

趣味の園芸をしている様子

リビングで体操している様子

❻ 介護老人保健施設

どのようなサービスなのか？

　介護老人保健施設（以下，老健）は 1986（昭和 61）年の老人保健法改正にともない，老人保健施設の名称で病院と施設，あるいは病院と在宅の中間施設として新設されました。その後，2000（平成 12）年の介護保険法施行とともに，**介護保険施設**の 1 つとして位置づけられ，介護老人保健施設という名称になりました。

　病院と施設，あるいは病院と在宅の中間に位置する施設で，短期入所療養介護，通所リハビリテーション，訪問リハビリテーションが併設されています。

　しかしその後，国の政策が地域包括ケアシステムの構築へとシフトされ，老健は 2018（平成 30）年 4 月から，①リハビリテーションを提供することで機能維持・機能回復をになう施設，②在宅復帰支援と在宅療養支援のための地域の拠点となる施設と介護保険制度のなかで定義が改正されました。

　在宅復帰支援とは，病院など医療施設にいた人が，在宅に戻って生活ができるよう支援することです。たとえば，骨折で入院した人が病院から老健へいったん入所し，在宅生活へ向けた支援を受けることです。具体的には，リハビリテーションや機能訓練あるいは住宅改修や福祉用具の検討等の環境整備を行い，在宅で暮らすための準備をします。

　在宅療養支援とは，老健で在宅療養に向けて治療やリハビリテーションや機能訓練を実施すること，在宅療養中に家族などの介護者のケア等必要なサービスを提供することです。たとえば，在宅療養中に利用者に体調不良や身体機能の低下がみられ，在宅療養が困難になりかけた場合，また，介護者が体調不良となり在宅での介護の継続が困難な場合等に，いったん老健に入所することでサービスが提供されます。

　老健は医師が常勤で配置され，夜間は看護職員または介護職員が配置されます。また，理学療法士・作業療法士・言語聴覚士も常勤で配置されています。そのほかにも介護支援専門員や支援相談員などが配置されています。そのため，リハビリテーションが必要な在宅復帰・在宅療養支援の役割や一定の医療的な対応が期待されています。

どのような人たちが利用しているのか？

老健は，要介護1以上の65歳以上の第1号被保険者と，特定疾病により要介護状態となった40〜64歳の第2号被保険者が入所の対象となります。老健には，治療やリハビリテーション，機能訓練を受けることで，もう一度在宅生活に戻りたい人が入所してきます。

具体的にどのような人が利用しているのか紹介します。

事例6 ▶ 大腿骨頸部を骨折した認知症のあるFさん（87歳，男性，要介護1）

杖歩行のFさんは，平日の週3日老健の通所リハビリテーションを利用していました。ある日，庭の花壇を見に行こうとしたところ玄関口で転倒してしまい，救急車で市内の総合病院に運ばれました。右大腿骨頸部骨折と診断され入院し，翌日には手術を行い経過は順調でしたが，急に環境が変わったことですっかり生活意欲がなくなってしまいました。面会の家族もだれかわからない等，もの忘れの進行がみられはじめました。妻は心配になり病院の医療ソーシャルワーカーに相談しました。

その結果，術後のリハビリテーションは，以前利用していた通所リハビリテーションのある老健に入所して行うこととなりました。入所すると，見おぼえのある場所とスタッフに囲まれFさんの表情はみるみる明るくなり，リハビリテーションに精を出した結果，2か月後には無事退所し，以前と同じ生活を自宅で続けています。

このように老健は，病院から自宅への在宅復帰支援や在宅療養中に起きた体調不良や体力低下の回復，介護者の**レスパイトケア**⑪（➡ p.41 参照）などの在宅療養支援の役割をになっています。

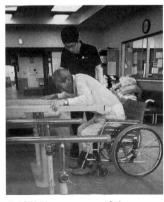

歩行訓練をしている様子

筋力低下予防や改善をはかるためにリハビリテーション機器を使用している様子

どのようなケアを行っているのか？

　介護過程の展開で導き出された介護計画（➡第1巻 p.35 参照）にそって，一人ひとり個別にケアを行うことが基本です。具体的にどのようなケアが行われているのか，日課表にそって紹介していきます。

① 離床・整容

　入所者は，目覚めが早い人やゆっくりな人などさまざまです。夜間の熟睡状態や眠剤等の内服薬も影響します。ふだんの様子と比較しながら体調を観察し，入所者のペースで行動できるように心がけます。

② 排泄

　離床すると，多くの人がまずトイレに行きます。夜間は居室でポータブルトイレを利用していた人も共有トイレを利用する場合があります。トイレまでの安全な移動，排泄動作の見守りや支援，排泄後の手洗い等，一人ひとりが保有する能力を使えるよう，自立支援を意識して介護をします。また，プライドを傷つけないようにプライバシー保護にも配慮します。

③ 食事・口腔ケア

　整容や排泄がすんだ人から食堂へ集まってきます。食堂で会話をしたり，聞こえてくるラジオやテレビの音，あるいは職員の配膳準備の物音等，周囲からの刺激や情報が脳を覚醒させ，心身が「食事をとる」準備をします。そのため，体調不良の人を除き，居室ではなく食堂で食事をとるようにします。

　食前は一人ひとりの食事形態が間違って出されていないかを確認し，食事中は誤嚥などの事故予防に注意をします。食後は食事摂取量の確認をし，食事を終えた人から洗面所で口腔ケアを行い，肺炎予防に備えます。

④ 入浴

　入浴はからだの清潔さを保つだけではなく，皮膚状態の観察，精神的なリフレッシュ効果，また介護職にとって，利用者とゆっくりコミュニケーションがはかれる情報収集の場になります。人柄や本音等，利用者をより深く知ることができるので，それが退所支援に結びつくこともあります。安全に配慮しながら，自立支援の視点で利用者にできる動作をうながします。体調の変化や気になる皮膚状態を発見したら看護職員へ連絡します。

⑤ リハビリテーション

　機能訓練室で行う運動機能や ADL の改善は理学療法士・作業療法士の業務ですが，リビングや食堂，居室での生活動作への支援にもっともかかわるのは介護職です。

　リハビリテーション専門職のアドバイスを参考にしながら，機能訓練室のリハビリテーションが生活場面で実際にいかせられるように支援します。

❼ 軽費老人ホーム（ケアハウス）

どのようなサービスなのか？

　ケアハウスとは，老人福祉法に規定される**軽費老人ホーム**の1つです。

　老人福祉法第20条の6には「軽費老人ホームは，無料又は低額な料金で，老人を入所させ，食事の提供その他日常生活上必要な便宜を供与することを目的とする施設」と規定されています。自治体からの補助金により運営されていることから，営利法人が運営を行う有料老人ホーム等と比較して入居費用が安価であることも特徴です。

　軽費老人ホームの歴史は古く，1963（昭和38）年の老人福祉法制定時に，特別養護老人ホーム，養護老人ホームとともに老人福祉施設の1つとして規定されました。

　当初，軽費老人ホームは家庭環境などの理由により，自宅で生活できない高齢者のための施設として創設されましたが，高齢者の増加や高齢者の住まいに対するニーズの変化にともない，その制度も変わっていきました。そして，1989（平成元）年に，軽費老人ホームA型，軽費老人ホームB型に続く軽費老人ホームの新類型としてケアハウスが創設されました。当時は安価でかつ元気な高齢者向けの住居をさすものとして，多くの高齢者が利用をしてきました。サービス付き高齢者向け住宅等，比較的安価な高齢者向けの住居が増えてきたため，高齢者の住まいの選択肢も多くなりましたが，現在でもケアハウスの需要は多くあります。

　一般型のケアハウスは，ある程度，自分の身のまわりのことができる人を対象とした施設であり，日常的に介護の必要な人が生活するには困難な施設です。しかし，2000（平成12）年に介護保険制度が始まって以降は，一般型のケアハウスの入居者は，介護保険サービスを利用することができるようになりました。ケアハウスは老人福祉法上「施設」ですが，介護保険上は「居宅」の扱いとなっています。そのため，居宅サービスである訪問介護や通所介護等を利用することができるのです。入居者は自身の心身の状況により，介護支援専門員と相談をしながら必要な居宅サービスを選択し，ケアハウスでの生活を続けていくことが可能です。

　また，介護保険サービスの1つである**特定施設入居者生活介護**の指定を受けている**介護型**のケアハウスもあります。介護型のケアハウスでは，入居者は施設から提供される介護サービスを定額で利用することができます。一般型のケアハウスと比較し，介護職の配置が手厚く規定されているため，日常的な介護を要する人でも利用ができます。一般型のケアハウスや介護型のケアハウスのほか，その両方の機能をもつケアハウスもあります。

どのような人たちが利用しているのか？

ケアハウスの入居対象者は，原則として次にかかげる要件を満たす者とされています。

① 身体機能の低下等により自立した日常生活を営むことについて不安があると認められる者であって，家族による援助を受けることが困難な者。

② 60歳以上の者（ただし，その者の配偶者，三親等内の親族その他特別な事情により当該者とともに入居させることが必要と認められる者については，この限りでない）。

特別養護老人ホーム等の施設と比較して，心身の状況や年齢等における入居の条件がゆるやかであり，また，入居生活上の制限も少ないため，ある程度元気な人が自身の判断で入居を申し込むケースも多くあります。なお，介護型のケアハウスの入居対象者は，介護予防特定施設入居者生活介護の指定も含めると要介護または要支援の認定を受けている必要があります。

具体的にどのような人が利用しているのか紹介します。

事例7 ▶ 見守りの必要なHさん（84歳，女性，要支援1）

3年前に夫を亡くしたHさんは，その後，一人暮らしをしていました。一人暮らしになってからは地域とのつながりはあっても，家に1人でいるときに何かあったらどうすればよいかと，漠然とした不安を抱くようになりました。遠方に住む息子夫婦も，母親の一人暮らしを心配し，同居をしようと呼び寄せようとしましたが，Hさんは住み慣れた地域を離れるのはいやだと，一人暮らしを続けていました。将来のことを息子夫婦もHさんも不安に思い，悩んでいたところ，近所にケアハウスができました。地域とのつながりを強くもてる施設と感じ，入居を決めました。住み慣れた地域で，これまでと同様に地域の人々とのつながりを密にしながら生活することができるためHさんも満足し，遠方に住む家族も見守り機能のあるケアハウスで母親が暮らすことにより，安心することができました。

入居者の部屋の様子

居室をそうじする訪問介護員

どのようなケアを行っているのか？

　ケアハウスには，前述のとおり，一般型のケアハウスと介護型のケアハウスがあります。それぞれの施設で利用者の状況もサービスの提供方法も異なるため，介護職の役割も異なります。一般型のケアハウスが入居者に提供するサービスは食事の提供や入浴等の準備，相談および援助，社会生活上の便宜の供与等，その他の日常生活上必要な便宜の提供などがあります。

　一般型のケアハウスでは身体的に自立した入居者が多いため，基本的に身のまわりのことは入居者自身でしてもらいます。食事は職員がつくりますが，入居者が自分で食堂に行き，自分で食事をとります。浴槽のそうじやお湯はりは職員が行いますが，入浴における介助は原則行いません。共用部分のそうじは職員が行いますが，自室内のそうじは原則として入居者自身が行います。

　このように，自分でできることは自分で行い，自分ですることが困難な部分や不安な部分については，助言・支援をしていきます。身のまわりのことについて日常的な支援が必要となったときは，訪問介護や通所介護などの居宅サービスを利用することもできます。

　そのため，一般型のケアハウスにおける介護職の業務は，身体的な介護よりも相談援助業務のほうが主となります。今後も自立した生活を維持してもらうために，体力低下の予防や日常生活上の助言など，いわゆる介護予防の視点をもった支援が必要となります。介護職は依頼があれば何でもケアを行うのではなく，入居者自身が行えることについては，見守ったり助言をしながら，必要に応じたケアを行っていくことが大切です。ただし，高齢者の心身の状況は急激に変化していくことも多いので，身体的な介護の知識や技術をもっておくことは当然必要です。

　一方，介護型のケアハウスでは，要介護・要支援認定を受けた人が入居しているため食事，排泄，入浴などの介護が日常的に必要な人が多くいます。入居者への日常的な介護はケアハウスの職員がすることになっているので，職員の業務は一般型のケアハウスと比較し，身体的な介護の比重が高くなります。なお，介護型のケアハウスでは，計画作成担当者が入居者またはその家族の希望，入居者について把握された解決すべき課題にもとづいて，ほかの職員と協議をします。そのうえで，サービスの目標およびその達成時期，サービスの内容ならびにサービスを提供する際の留意点等を盛りこんだケアプラン（特定施設サービス計画）を作成します。介護職はこの特定施設サービス計画にもとづいた介護サービスを提供していく必要があります。

❽ 障害者支援施設

どのような場所なのか？

　障害者支援施設とは，障害のある人に対して，主として夜間における入浴，排泄，食事などの介護，生活などに関する相談および助言その他の必要な日常生活上の支援（施設入所支援）を行うとともに，施設入所支援以外の施設障害福祉サービス（生活介護，自立訓練，就労移行支援または就労継続支援 B 型）を行う施設をいいます。これは，2006（平成 18）年の障害者自立支援法（現・障害者の日常生活及び社会生活を総合的に支援するための法律（障害者総合支援法））の施行にともない，従来，身体障害者福祉法など障害福祉関係の各法により設置運営されていた施設が一元化されたものです。ただし，障害児施設に関しては，児童福祉法に設置根拠を残しています。

　障害者支援施設では，利用者の意向，適性，障害の特性などをふまえた個別支援計画を作成し，この計画にもとづいてサービスを提供することになります。また，その効果については継続的な評価を実施するといった措置を講ずることにより，利用者に対して適切かつ効果的に施設障害福祉サービスを提供しなければならないことになっています。

どのような人たちが利用しているのか？

　利用者の多くは，**身体障害者手帳**[12]（➡ p. 41 参照）1 級，2 級の重度身体障害者で，その起因疾患別では，脳性麻痺，**脳血管障害**[13]（➡ p. 41 参照），脊髄損傷，頭部外傷後遺症，進行性筋萎縮症など，さまざまな障害のある人たちです。

　実際に入所している利用者の現状は，そのような状態の人も多いうえ，知的障害や精神障害をともなう重複障害者も増加傾向にあり，また，難病者を受け入れている施設も増えてきています。

　そして，施設利用者の多くが高齢傾向にあり，それにともなって認知症をともなう場合や情緒不安定な状態を呈する利用者も増加傾向にあります。

事例 8 ▶ 高次脳機能障害のある J さん（43 歳，男性）

　J さんは交通事故にあい脳内出血を起こし，その後遺症として右片麻痺，失語症，記憶障害が残りました。1 年半の入院生活を経て退院しましたが，その後，病院でのリハビリテーションを継続しながら，両親といっしょに在宅生活を続けていました。しかし，両親が高齢ということもあり，在宅での介護が困難となり，施設入所となりました。

　施設での取り組みとしては，ADL は一部介助と見守りを要しますが，とくに排便に関してコントロールができず，緩下剤の使用と記録をとることで排便の管理をしています。

　また，記憶の部分でも，ときに自分が何をしているのかわからなくなったりすることもあるため，日々の暮らしを整えることを目的に，週間個別支援計画表にもとづいて生活を支援しています。

　その際，介護職は，J さん本人が生活しやすくなるように声かけや援助の工夫を行い，各部署の専門職との連携を密にして業務にあたっています。

事例 9 ▶ 頸髄損傷により両上下肢機能が全廃になった K さん（67 歳，男性）

　K さんは階段から転落して頸髄を損傷したため，両上下肢機能が全廃し，生活のすべてにおいて介助が必要になりました。入院生活のあと，在宅では介護が困難となり，施設入所となりました。

　入所の段階では手動の車いすに乗っていたため，行動範囲は限られていました。K さん本人の「自分で動きたい」との思いを職員が受けとめ，顎を使って操作するタイプの電動車いすの使用へと切り換えることとしました。

　施設での取り組みとしては，受傷後の時間経過が短いため，障害を受容するための精神的ケアに重点をおき，日々の生活のなかで K さん本人が前向きに生活できるように支援しています。

　また，電動車いすの使用にあたっては，医師（➡第 1 巻 p. 99 参照）や看護師（➡第 1 巻 p. 99 参照）のほか，理学療法士（➡第 1 巻 p. 100 参照），作業療法士（➡第 1 巻 p. 100 参照）の指導のもと，段階をふんで練習を行い，スムーズに操作できるようになりました。

どのようなケアを行っているのか？

　障害者支援施設は，障害のある人の生活の場としての役割と機能を備えていなければなりません。つまり，利用者の生命維持を保障しつつ，なおかつ利用者が求めている，人間らしい生活をも保障するものでなければならないのです。

　そのためには，利用者の意向，適性，障害の特性，その人が生きてきた人生そのものを理解し，情報の収集と課題の明確化を十分に行い，利用者の思いと具体的な生活課題を柱にした個別支援計画を作成し，それにもとづいて支援を行うことになります。

　日常生活においては，入浴，排泄，食事，移動，更衣，整容などの基本的な生活支援技術にもとづいた質の高いケアの提供はもちろんのこと，利用者が精神的にも心理的にも安定した状態で生活していけるようめざしていくことになります。また，利用者一人ひとりが，自分らしい生活を保障できるよう，自立を支えるという視点をもって接するように心がけています。

　個別のニーズに対応し，利用者がもっている能力を最大限に引き出し，意欲や自信，希望を導き，自分らしく生活してもらえる**エンパワメント**⑭（➡ p. 42 参照）の視点から支援することが大切です。そして，他職種との連携を通して，チームによる援助を展開していくことが重要となります。

施設内でのレクリエーション場面

絵画教室の様子

2 介護サービスの提供にいたるまでの流れ ::::::::::::::

ケアマネジメントとは

　ケアマネジメントとは，高齢や障害があることによって地域社会における自立した生活が困難になったとしても，医療・保健・福祉などのさまざまな社会サービスを利用することで，その人らしい生活が継続できるように支援するしくみのことをいいます。

　支援が必要な状態になることから生じるさまざまなニーズに対して，複数のサービス提供機関から各種サービスを総合的・一体的に提供することで，利用者の地域生活を社会的に支えるしくみとして開発されたのがケアマネジメントです。

　ケアマネジメントの中核的な役割をになうのがケアマネジャーであり，介護保険法上では介護支援専門員（➡第1巻 p. 97 参照）と呼ばれています。

ケアマネジメントの構成要素

　ケアマネジメントを構成する要素は，図1-2-1 のようになります。

　①の利用者とは，日常生活を継続していくうえで，何らかの支援を必要とする人をさします。

　②の社会資源には，制度として整備されているフォーマルサービスと，家族や友人，ボランティアなど利用者の個人的な資源であるインフォーマルサービスの2種類があります。

　③のケアマネジャーは，利用者と社会資源の調整役です。たとえ社会資源が充実していたとしても，利用者のニーズに応じてサービスを調整するケアマネジャーがいなければ，利用者の多くは複雑な制度のしくみや利用方法に関する知識が十分でないために，社会資源の活用ができず，生活の継続は困難になります。

■図1-2-1　ケアマネジメントの構成要素

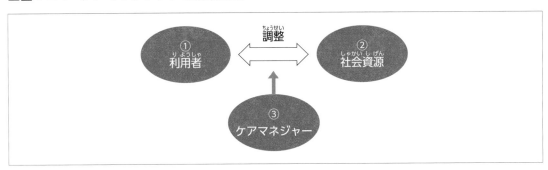

ケアマネジメントの流れ

ケアマネジメントは，図 1-2-2 に示すようなプロセスにそって行われます。ここでは，介護保険制度による居宅サービスを利用する場合を例に説明します。

介護保険制度の居宅サービスにおいて保険給付を受けるためには，利用者がサービス利用の申請を行い，要介護認定（➡第 1 巻 pp. 148-149 参照）を受け，介護支援専門員にケアプラン（居宅サービス計画）の作成を依頼する必要があります。利用者の申請を受けた市町村は，要介護認定・要支援認定を行います。その結果，「要介護 1 ～ 5 または要支援 1・2 に該当する」と認定されると，状態に応じた保険給付を受けることが可能になります。

■図 1-2-2　ケアマネジメントの流れ

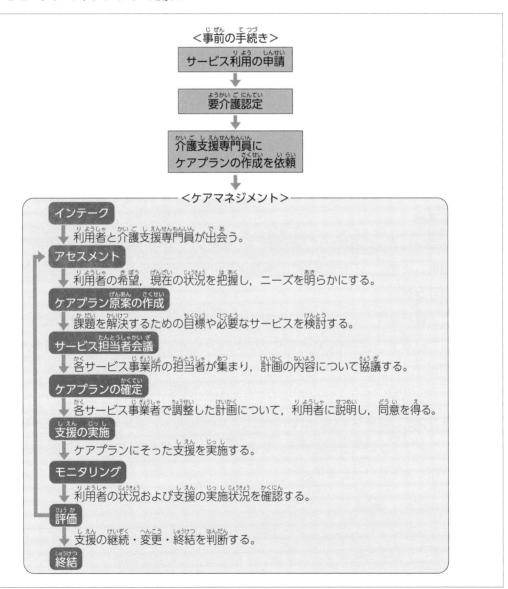

① インテーク（相談・受理）

　インテークでは，支援を必要とする利用者の状況など，必要事項を確認したうえで制度上利用できるサービスなどを説明し，サービスを利用する意志の確認をして契約を結びます。

② アセスメント（課題の明確化）

　アセスメントでは，利用者の希望，日常生活上の能力や家族介護者の状況，生活環境などさまざまな情報を収集し，分析することにより，利用者が家庭や地域でその人らしい自立した日常生活を営むために解決すべき課題を明らかにします。

③ ケアプラン原案の作成

　利用者・家族の希望をふまえ，アセスメントにより明確になった利用者にとっての解決すべき課題（ニーズ）に対してどのような解決方法があるかを検討します。具体的には，目標や必要なサービスを相談・検討し，ケアプラン原案を作成します。

④ サービス担当者会議

　サービス担当者会議（➡第1巻 p. 263 参照）では，利用者や家族と，ケアプラン原案に組みこまれた各種のサービス事業所の担当者が集まり，計画の内容を協議します。

⑤ ケアプランの確定

　サービス担当者会議を経て調整したケアプランについて利用者・家族に説明し，内容について同意を得ます。利用者・家族の同意を得ることができてはじめてケアプランとして確定します。

⑥ 支援の実施

　ケアプランにそって各サービス事業所は，個別サービス計画⑮（➡ p. 42 参照）を立てて支援を実施します。ここで事業所の介護職は利用者と出会い，介護過程を展開します。

⑦ モニタリング

　介護支援専門員は，ケアプランに位置づけた目標の達成に向けて，①計画どおりに支援が実施されているか，②目標に対する達成度はどうか，③サービスの種類や支援の方法は適切か，④利用者に新しい課題や可能性が生じていないか，などを確認します。

⑧ 評価

　モニタリングの結果などを評価し，利用者の状況に応じて支援の継続・変更・終結を判断します。ケアプランの修正・変更が必要な場合には，再アセスメントを行い，ケアマネジメントのプロセスをくり返します。

ケアマネジメントと介護過程

　介護支援専門員が作成するケアプラン（居宅の場合は居宅サービス計画，施設の場合は施設サービス計画という）は，利用者の生活全体を支える計画です。

　ケアプランに位置づけられたサービスを提供する事業者（施設の場合は「職種」）は，ケアプランの目標達成に向けて援助を実施します。このとき介護職の場合は介護過程（➡第2巻pp. 316-318 参照）を展開することになります。介護に必要な情報を収集し，情報を解釈・関連づけ・統合化し，課題を分析したうえで介護計画を立案します。その計画の目標の達成に向けて，個別的な具体策にそった介護を実践します。

　ケアマネジメントのプロセスと介護過程の関係は，図1-2-3に示すとおりです。

■図1-2-3　ケアマネジメントと介護過程の関係（ケアプラン（居宅サービス計画）に「訪問介護」が位置づけられた場合）

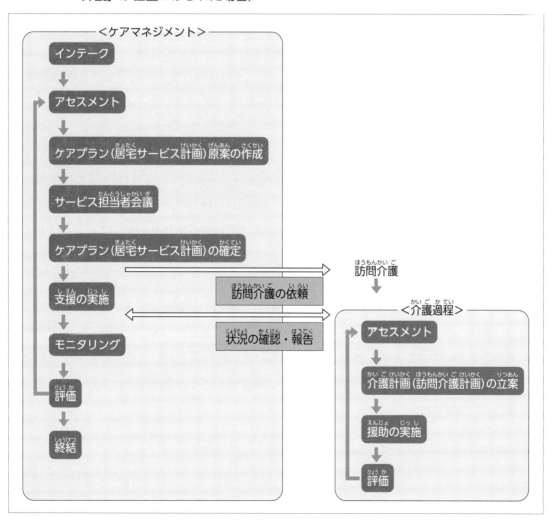

3 介護過程とチームアプローチ ::::::::::::::::::::::::::::::::

❶ チームアプローチにおける介護職の役割

チームアプローチの必要性

　利用者の生活の支援は，ケアマネジメントの流れ（➡第1巻 p. 33参照）にそって行われます。したがって，そこには利用者を中心とした**ケアチーム**が形成され，**チームアプローチ**が実践されます。

　専門職がそれぞれの役割を果たしていたとしても，各専門職間の連携がとれていなければ，利用者の生活はよりよい状態にはなりません。たとえば，医師が利用者に「心臓が弱っているので，今は少し安静にしておくように」と指示したとします。それに対して，もしも介護職がその情報を十分に把握していなければ，「家に閉じこもってばかりでは，廃用症候群になってしまう」と散歩に誘ったり，関節を動かすことをすすめたりするかもしれません。そうなると利用者は，安静にしたらよいのか，からだを動かしたほうがよいのか迷ってしまいます。したがって，専門職のあいだで十分に情報を共有し，それぞれの専門性を発揮することが重要です。

チームによる総合力

　人の生活は多面的であり，健康上の問題，経済的な問題，心理的な問題，住居の問題など，数えあげればきりがないほど多くの要素から成り立っています。したがって，1つの職種だけでかかわるよりも，多職種でかかわるほうがより適切な支援が可能になる状況があります。つまり，介護職や介護支援専門員だけではなく，さまざまな関係者が利用者のニーズに即して支援体制を組み，ネットワークが強化されることにより，総合力が発揮され，問題解決に向けた大きな効果が期待できるのです。

　高齢者では，病気の症状がはっきりとあらわれない場合や，痛みやだるさなどの自覚症状をはっきり表現しない，あるいは表現できない場合も少なくありません。そのため，利用者の生活にもっとも近い存在である介護職には，「ふだんとは何か違う」という小さな変化を見逃さない**気づきの力**をもち，介護支援専門員や医師，看護師などの関係職種と十分な連携をとることが求められます。

チームケアにおける介護職の役割

　チームで利用者の生活を支える場合，とくに介護職は，利用者の生活にもっとも近い存在であることから，利用者の変化にいち早く気づき，ほかの専門職につなぐことが求められます。

事例 10 ▶利用者の生活にもっとも近い存在である介護職

　Lさんのケアプラン（居宅サービス計画）には，家事などの生活支援と入浴介助が位置づけられています。ある日，10 時に訪問介護員が訪問すると，いつもはテレビの前のいすに座ってテレビを観ているLさんが，ベッドに入ったままうつらうつらしていました。訪問介護員は気になって話しかけてみましたが，会話はふだんどおり交わすことができました。

　念のためLさんの夫に「Lさんに昨日から変わったことはありませんでしたか」とたずねても，「特別変わったことはない」と言われ，また体温や脈拍などの変化もみられませんでした。ただ，その日に予定していた入浴は，Lさんが「今日はやめておきます」とくり返したため，夫，事業所と相談して中止しました。

　14 時にはかかりつけ医の訪問診療が予定されていたので，訪問介護員は，次の訪問先に向かいました。念のため担当の介護支援専門員にLさんがいつもと違う様子であり，予定していた入浴を中止したことを伝えておきました。

　介護支援専門員は，訪問介護員が「いつもと違う」と感じたときの変化の情報を大切に考えていました。そのため，予定を調整してLさん宅を訪問しました。するとLさんは，ベッドのなかでいびきをかきながら意識を失っている状態でした。そのとき夫は，Lさんの変化に気づかず庭に出ていました。介護支援専門員は，かかりつけ医が不在だったので，すぐに救急車を呼び，Lさんは一命を取り留めることができました。14 時ごろに訪問した医師によると，この時点では，脈拍，血圧などにとくに異常はなかったため，10 分程度で訪問診療を終えたとのことでした。

　このように，介護職は，利用者の生活にもっとも近く，もっとも高い頻度でかかわるため，利用者に対する**観察力**，連携のための**判断力**が求められます。

❷ 地域連携とは

地域連携の意義と目的

　地域連携は，生活をしている場所や地域で，利用者の求める生活を支援するために行います。介護職が地域連携を行うことによって，チームアプローチが具体的に進み，協働の姿がみえはじめます。

　地域連携を行う際は，所属している職場の役割や機能について考えましょう。専門職は皆，所属する職場機能を背景として仕事をしています。所属する職場によって，期待される役割も仕事の内容も異なります。地域連携は，「○○事業所で○○として働いている○○さん」として，職務を通しての連携が求められます。

地域における生活支援の実践

　介護職には，介護職だからこそできる地域における生活支援の実践の方法があります。たとえば，訪問介護員であれば表1-2-1のように，地域と利用者とのつながりをつくっていくことが可能です。

■表1-2-1　訪問介護員による「地域における生活支援の実践」の例

❶　利用者宅で訪問看護師と出会うときに，最近の利用者の状況を伝える。
❷　通所介護の朝の送迎の際に，通所介護事業所（デイサービスセンター）の職員と帰りの送迎時間を確認しつつ，必要なことを伝え合う。
❸　薬局に薬を受けとりに行って，薬剤師から指導された新しい薬の飲み方について利用者に伝える。
❹　近隣の人と顔見知りになって，ごみの出し方について打ち合わせをする。

地域連携の形

　地域連携には，個人レベルの地域連携，組織間レベルの地域連携，制度レベルの地域連携という3つの段階があります。

　個人レベルの地域連携とは，利用者を取り巻く地域の関係機関担当者や関係者が，利用者の支援のために互いに連絡を取り合って連携する段階です。

　組織間レベルの地域連携とは，関係機関のあいだで，「このようなときには，このような連携を結びましょう」という約束事を取り決めて対応する段階の連携です。

　制度レベルの地域連携とは，特定の組織と特定の組織で結ばれる連携を超えて，制度となった段階の連携です。

■図1-2-4　個人レベルの地域連携の例

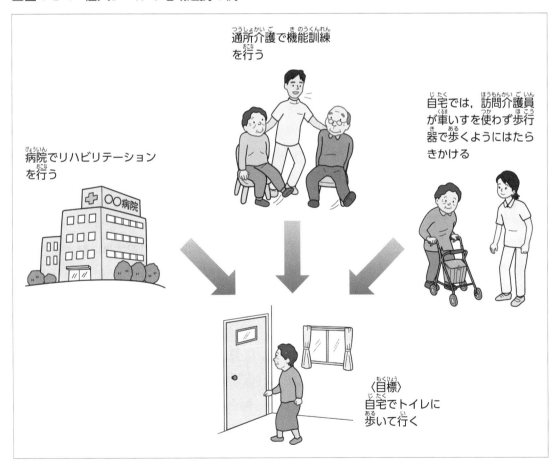

通所介護で機能訓練を行う

自宅では，訪問介護員が車いすを使わず歩行器で歩くようにはたらきかける

病院でリハビリテーションを行う

〈目標〉
自宅でトイレに歩いて行く

1 ユニットケア

ゆにっとけあ
→ p. 4 参照

特別養護老人ホームなどにおいて，居室をいくつかのグループに分けて1つの生活単位とし，少人数の家庭的な雰囲気のなかで行うケアのこと。ユニットごとに食堂や談話スペースなどを設け，また職員の勤務形態もユニットごとに組むなど，施設のなかで居宅に近い居住環境をつくり出し，利用者一人ひとりの個別性を尊重したケアを行う試みといえる。

2 自助

じじょ
→ p. 6 参照

高齢者自身がさまざまな支援に頼るのみでなく，自分自身でできることを実施すること。あるいは，制度などを活用せずに，費用を自分で負担して必要なサービスを活用すること。

3 互助

ごじょ
→ p. 6 参照

近隣や知人，親族などによるさまざまな支援。ボランティア組織・地域の団体・非営利団体による支援や社会貢献的なサービスも含まれる。

4 共助

きょうじょ
→ p. 6 参照

社会保険制度，すなわち介護保険制度や医療保険制度・年金保険制度による給付（サービス）をさす。

5 公助

こうじょ
→ p. 6 参照

租税を財源とし，行政の責任により実施される支援策をさす。たとえば，老人福祉制度や生活保護制度によるものなど。

6 シルバー人材センター

しるばーじんざいせんたー
→ p. 7 参照

高年齢者等の雇用の安定等に関する法律にもとづき，都道府県知事が市町村（特別区を含む）に1個に限り指定する公益法人。その能力や希望に応じて臨時的・短期的な仕事を提供するほか，就業に必要な知識および技能の付与を目的とした講習を実施する。

7 民生委員

みんせいいいん
→ p. 7 参照

民生委員法にもとづき，各市町村の区域に

おかれる民間奉仕者。住民の生活状態を適切に把握することなどが，おもな職務である。

8 宅老所

たくろうしょ

→p.7 参照

民家などを改修し，家庭的な雰囲気のなかで，一人ひとりの生活のリズムにあわせて，デイサービスやショートステイ，ホームヘルプサービスなどさまざまな形態の介護サービスを提供する事業所。

9 高齢者保健福祉推進十か年戦略（ゴールドプラン）

こうれいしゃほけんふくしすいしんじゅっかねんせんりゃく（ごーるどぷらん）

→p.8 参照

1989（平成元）年12月に厚生・大蔵・自治の3大臣のもとで策定された在宅福祉・施設福祉等の事業について新たな整備目標や上乗せなどを盛りこんだ1990（平成2）年度から1999（平成11）年度までに実現をはかるべき具体的目標をかかげた十か年計画。

10 廃用症候群

はいようしょうこうぐん

→p.11 参照

安静状態が長期にわたって続くことにより，身体的には筋・骨の萎縮や関節拘縮な

どが，精神的には意欲の減退や記憶力低下などがあらわれること。

11 レスパイトケア

れすぱいとけあ

→p.24 参照

介護をする家族がショートステイやデイサービス等を利用して，一時的に介護から離れて，心身のリフレッシュをはかること。

12 身体障害者手帳

しんたいしょうがいしゃてちょう

→p.29 参照

身体障害者福祉法にもとづき交付され，同法に規定する更生援護を受けることができる者であることを確認する証票。障害の程度により1級から6級の等級が記載される。

13 脳血管障害

のうけっかんしょうがい

→p.29 参照

血管不全による脳障害で，多くは突発的に発症し，脳障害の部位，程度によりさまざまな神経症状が生じる。脳血管の閉塞で虚血が続けば脳梗塞の過程が進み，脳の軟化が起こる。また，出血により，脳実質内に血腫をつくるものを脳出血，くも膜下腔に出血するものをくも膜下出血という。

14 エンパワメント

えんぱわめんと

→ p. 31 参照

社会的に排除されたり，差別されたりして
きたために「能力のない人」とみなされ，
自分自身もそう思ってきた人々が，みずか
らについての自信や信頼を回復し，みずか
らの問題をみずからが解決することの過程
を通して，身体的・心理的・社会的な力を
主体的に獲得していくこと。

15 個別サービス計画

こべつさーびすけいかく

→ p. 34 参照

介護支援専門員（ケアマネジャー）が作成
するケアプラン（居宅サービス計画や施設
サービス計画）の目標を実現するために，
専門職ごとに立案された，利用者にかかわ
るより詳細な計画のこと。利用者一人ひと
りの状態をふまえ，その人らしい生活をす
るための援助ができるように，各専門職の
視点からアセスメントを行い，課題の解決
に向けた目標や具体的な援助の内容・方法
を決定する。介護職が立案する個別サービ
ス計画は，介護過程にもとづいて作成する
もので，一般に介護計画と呼ばれる。

介護における尊厳の
保持・自立支援

ね　ら　い

● 介護職が，利用者の尊厳のある暮らしを支える専門職であることを自覚し，自
立支援，介護予防という介護・福祉サービスを提供するにあたっての基本的視
点を理解する。

人権と尊厳を支える介護

学習のポイント

●介護を必要とする人が有する権利とは何かを学ぶ
●介護に関する基本的な視点(ICF，QOL，ノーマライゼーション)について理解する
●利用者の権利を擁護するための制度の種類や内容について理解する

1 人権と尊厳の保持

❶ 介護における権利擁護と人権尊重

専門職としての人権意識を高く保つ

　介護が必要な人々は，他者と違った特別な存在ではなく，現在まで思い思いに人生を送ってきており，現在も人間としてあたりまえに生活を営んでいます。ただし，現在はさまざまな背景から介護を必要とする状況になり，他者の支援を必要とする状況にあります。

　しかし，他者の支援を必要としてはいても，**権利の主体としての存在**は，今現在もこれからも何ら変わるものではありません。まず介護職は，この根本を理解することが重要です。

　日本国憲法第13条では，一人ひとりが人格を認められ，個人として尊重されること，人としての生命の保持や自由が確保されていること，幸福追求についての権利がすべての国民に保障されていることが規定されています。これらは，すべての個人にとって共通なことであり，介護の必要性のある・なしを問うものではないのです。

■表2-1-1　日本国憲法第13条

第13条　すべて国民は，個人として尊重される。生命，自由及び幸福追求に対する国民の権利については，公共の福祉に反しない限り，立法その他の国政の上で，最大の尊重を必要とする。

人間らしい生活を送る権利の国家的保障

　介護職は，利用者がそれぞれの日常生活においてその主体者であることを理解することが重要です。それは，利用者一人ひとりが権利の主体として生活を営んでいるということを理解することです。日本国憲法第25条では，国民の権利として生活を保障し，国にその推進，充実の責任があることが規定されています。

　介護をはじめとして，福祉，保健，医療などのサービスや，それを支えるさまざまな制度は，公的責任において保障されるべきものであり，国が人々の生存権を保障するものでなければならないことが示されています。

　介護が必要な利用者は，まず日常的に安定した人間らしい生活を送ることが保障されます。そして，個人や家族などの支援のほかにその人らしい生活を実現するために，必要な介護保険制度などの諸サービスを利用することが権利として保障されています。

　そして，利用者は，サービスの利用を通じて，自立生活を営むことをめざし，望む豊かな生活を実現できることが「権利」として保障されなければなりません。

■表 2-1-2　日本国憲法第 25 条

> 第25条　すべて国民は，健康で文化的な最低限度の生活を営む権利を有する。
> ②　国は，すべての生活部面について，社会福祉，社会保障及び公衆衛生の向上及び増進に努めなければならない。

利用者の権利が侵害される例

　介護職が利用者の生活を支援するうえで不利益を生じさせることは，利用者の権利をおかすことになります。

　第1は，生活環境や生活条件の不適切さ，不十分さによって，利用者の生活の安全性や快適性がおびやかされる場合です。

　第2は，対人関係において，直接的に生活上の権利が侵害される場合です。

　代表的な例として，身体的虐待，心理的虐待，性的虐待，ネグレクト，経済的虐待という虐待があげられます。虐待は，介護職によって起こり得ることを視野に入れることが必要です。

　また，利用者やその周囲の人々が，悪質商法（➡第 1 巻 p. 206 参照）などによる財産の搾取や不当な売買契約を結ばされること，また，巧妙な詐欺などの犯罪が社会問題化しています。このような問題に対しては，法律等による保護制度や犯罪防止の観点からの対応が求められます。

権利擁護の視点

　利用者がもつ権利を確実に行使できるように支援するため，介護職には，表 2-1-3 のような視点をもつことが求められます。

　介護職は当然，みずからが利用者の権利を侵害しないために，細心の注意を払い努力を積み重ねていくことが求められます。同時に，他者からの権利侵害に対して的確に把握し，利用者の権利擁護のために対応していくことも求められます。「権利の代弁，擁護」という意味でアドボカシー（advocacy）という用語が使われます。

■表 2-1-3　介護職に求められる権利擁護の視点

❶ **利用者主体を徹底的につらぬく**
　利用者を，1人の人間として，生活者として，権利の主体としてとらえて，その人らしい生活の実現へ向けて，その人の権利と意思を尊重していく。

❷ **潜在的な権利侵害を防ぐ**
　権利の侵害を現に受けていたり，受けやすい状況にある利用者本人や家族の抑圧された意識を取り除き，みずから権利侵害を認識し，それに対して立ち向かう力量を獲得していくための支援（エンパワメント）の視点をもつ。

❸ **家族の権利擁護をともににない**
　介護を必要とする利用者本人の権利擁護を中心にすえながらも，家族全体としての福祉の実現に寄与する。

❹ **多職種連携のもとで支援する**
　多くの専門職と連携をはかりながらも，利用者のいちばん身近な生活支援の専門職として役割を果たすという認識を高めておく。

❷ 介護における尊厳の保持の実践

尊厳のある暮らしとは

　私たちにとって尊厳のある暮らしとは，具体的にはどのような暮らしの状態をいうのでしょうか。これを2つの側面から考えてみたいと思います（表2-1-4）。

■表2-1-4　尊厳のある暮らしを支えるための2つの側面

・人間らしさの側面
・その人らしさの側面

人間らしさの側面

　1つは人間らしさという側面です。ここでいう「人間らしさ」とは，現代という時間と，人々が暮らす地域社会の歴史的・文化的背景を基盤として，その社会のなかで生きている人間にとって，ごくあたりまえの暮らしを実現するという意味です。

　たとえば，日本では，ご飯やおかずは，箸などの道具を使って食べることがあたりまえであり，手で直接食べ物をつかんで口に運ぶことは望ましい食べ方ではないと教えられています。そこに日本という地域社会の歴史・文化を背景とした食事のあり方の特徴があらわれています。それが日本の食事における「人間らしさ」ということにつながります。

　また，気候や環境に応じて衣服を調節すること，適切な食事によって必要な栄養をとることができること，入浴，排泄などの機会が保障されていること，衛生的で安全な住居があること，人間同士の親しみや愛情を基盤とした結びつきと交流があることなど，日常生活における基本的欲求を満たせることが人間らしい暮らしの基礎となります。

　単に「人間らしさ」を求めるといっても，一人ひとり，その求める内容や方法が違います。「人間らしさ」を基盤としつつ，一人ひとりの違いを認めたうえで，もう1つの側面からの視点がさらに求められます。

その人らしさの側面

　もう１つは，一人ひとりのその人らしさ（➡第１巻 p.74 参照）という側面です。利用者も介護職も，それぞれ一人ひとりの人間としての個性や価値観をもっています。介護職は利用者の暮らしを支援するときに，その人が介護職自身とは異なった考え方をもち，異なった暮らし方を望み，それを実現しようとしていると理解することが重要です。介護職は，利用者一人ひとりのその人らしい暮らしの実現に向けて，努力することが求められています。

　その人らしい暮らしとは，利用者本人にとって日々の暮らしのなかで安心感，満足感，充実感をともなうものでなければなりません。それは，単に利用者の希望が実現されているかどうかだけでは判断できません。利用者が何を望むかは利用者のもつ自由であり，権利といえます。他人に危害を加えるなど反社会的な行動に対しては，社会的規範やルールにもとづいて制限されるのは当然ですが，利用者が物理的，身体的，精神的，社会的に何を求めているかについて，十分に理解することが求められます。

　また，利用者の抱く望みは現実的にかなうことばかりではありません。入所施設で暮らす利用者が，その場所から離れた自分の生まれ故郷で一人暮らしをしたいと望んでも，その暮らしが実現できるとは限らないでしょう。しかし，利用者にとっては，その望みが介護職によって十分に理解され，大切なこととして受け入れられたと感じることで，実現されなくても安心感や満足感を得ることにつながると考えることができます。また，ある場合には，その希望の実現に向けて介護職がさまざまな努力をすることで，利用者は自分の気持ちが尊重されていると感じ，自分の存在価値や有用感を感じることができるかもしれません。

　人間は自分の希望が実現できないことが明らかになっても，希望を変化させることで実現を可能にすることや，新たな希望を見いだすことができる力をもっています。このような心理的適応機制の肯定的な面に注目して利用者を支えていくことが，介護職には求められます。

　利用者一人ひとりにとっての「その人らしい暮らし」の実現とは，利用者自身が１人の人間として受け入れられ，そのなかで利用者自身が自分らしさを発揮できていると感じることができることです。そして，利用者が望む暮らしをみずから見いだし，それに向かって前進していけることをみずから確信できるような状況ということができます。このような状態を利用者とともにつくり出していくことが，介護職が介護実践を通じて利用者の尊厳を保持することにつながると考えることができます。

❸ 介護職に求められる人間観と生活観

介護職に求められる人間観

　介護職がもつべき人間観をとらえるうえでは，まず人間それぞれに固有の人間観があることを理解しましょう。そのうえで，人間観の基本的な3つの要素を考えてみます（表2-1-5）。

■表2-1-5　人間観を構成する3つの要素

> ❶ 一人ひとりをかけがえのない存在として尊重し，受けとめていくという人間観
> ❷ お互いにつながりをもち社会を形成することで生きようとする存在であるという人間観
> ❸ みずからや環境にとってよい方向へ導く，変化や成長の可能性をもった存在であるという人間観

　❶の人間観では，人間の尊厳が，一人ひとりのもっている能力や言動の内容にあるのではなく，人間として存在し，生きていることそのものに由来していると理解することが大切です。利用者がどのような状況でも，1人の人間として尊重し，その人らしく生きることに寄り添い，見守り，支えるという強い意思が介護職には求められます。介護職の使命がそこにあることを自覚して，誇りをもって利用者の生きることに向き合うことが介護実践の本質ともいえるでしょう。

　❷の人間観では，一人ひとりがばらばらに生きているのではなく，社会というつながりのなかでお互いの生命や生活を支え合い，また頼り合って生きている存在であるととらえることが大切です。

　❸の人間観では，本人がみずからの変化や成長の可能性を信じるだけでなく，他者に対しても同様にその変化や成長の可能性を信じることが大切です。

介護職に求められる生活観

　私たちは日々の生活のなかで，何をめざし，何を重要と考えるのか，また，何をして何をしないのかを判断する基準をもっています。それらを生活の価値観（生活観）ということができます。

　介護現場は利用者にとっての生活の場であると同時に，介護職にとっては，仕事を通して生活を営むための糧となる大切な場と考えることができます。その意味で介護現場は，利用者と介護職がともに生活を営む場であるととらえることが重要ではないでしょうか。また，利用者の生活と介護職自身の生活はそれぞれに影響を及ぼし合います。利用者の生活の充実が介護職自身の生活の充実にもつながり，介護職自身の生活の充実が利用者の生活の充実に影響を及ぼします。このように，介護現場は相互的な関係の場であると理解することが大切です。

　以上のことを念頭におき，介護職はみずからの人間観と生活観を常に問い直しましょう。

❹ エンパワメントの視点

エンパワメントとは

　介護の原則である「利用者主体」「自立支援」に向けて，介護職は，利用者がいつまでも生活の主人公として，自分の生活や自分の人生を送ることができるように支援していくことが大切です。そのときに求められるのが**エンパワメントの視点**です。

　エンパワメントの考え方は1960年代以降，アメリカを中心に発展してきたものですが，現在は社会福祉援助活動の1つとして日本にも定着しつつあります。

　エンパワメントとは，みずからの課題をみずから解決していくことができる能力や技術を獲得していくこと，またはそうしたことをうながす支援方法をいいます。「自立しましょう」「がんばりましょう」と単純に元気づけるのではなく，利用者の**ストレングス**①（➡ p.80 参照）に着目し，内にある力にはたらきかけることがエンパワメントです。

　日ごろから，利用者の言動を注意深く観察し，利用者の思いや気持ちを読み取り，コミュニケーションをはかっていくことが大切です。

　エンパワメントは，利用者の人生に寄り添い，思いを尊重することから始まります。利用者の生活歴や暮らしぶり，これまでの生活のなかで獲得してきた力，人間関係に着目し，今ある力（残存能力）やエネルギー（意欲，希望など）を引き出し，活用して利用者が望む生活を継続していけるよう支援します（表2-1-6）。

　利用者を取り巻く社会資源を活用しながら他職種と連携・協働して，生きる意欲につなげる支援をしていくことが大切です。

■**表 2-1-6　エンパワメントに向けた利用者理解の視点**

❶ 利用者の描いている生活がどのようなものなのか
　……希望，要望，意欲 など（例：トイレ（下の世話）だけは介護されたくない，孫と過ごす時間を楽しみにしている）
❷ ❶の実現のために利用者自身が「している」ことは何か
　……ADL，活力，活動，参加 など（例：箸は使いにくいのでスプーン，フォークを使って食事をしている，施設のスケジュールを確認して，自分でレクリエーションなどに参加している）
❸ ❶の実現のために利用者自身が「できる」ことは何か
　……潜在能力・残存能力，可能性，才能，知恵 など
❹ 利用者が介護サービスを利用するまでの生活はどのようなものであったか
　……生活歴，生活習慣，生活のこだわりや嗜好，価値観，他者とのかかわり（地域の人々，友人，仕事仲間など）など

❺ 利用者のプライバシーの保護

プライバシーの権利とは

　在宅であれ施設であれ，介護は利用者の生活の場で行われます。そこでは，介護職は利用者のプライバシーに接する機会が多くなります。

　法律上では，プライバシーの権利とは，個人や私生活上の事柄が他人から干渉されたり，侵害を受けたりしない権利を意味しており，基本的人権の1つです。また近年では，「自己の情報をコントロールできる権利」という意味も加えられるようになってきました。

　利用者の尊厳の保持と守秘義務が課せられている介護職には，このプライバシーの権利について生活支援という視点からとらえ，行動しなければなりません。

　なお，個人情報とは，個人の氏名，生年月日，住所などの個人を特定する情報のことです。プライバシーと個人情報という2つの言葉は深く関係していますが，厳密にいえば異なります。

プライバシーの保護

　本人にとって有益になる場合，つまり，利用者自身の権利や意向が秘密保持によって守られる場合，プライバシーは確実に保護されなければなりません。契約にもとづくサービス利用において，利用者保護の観点からもプライバシーの保護の視点は大切です。

　たとえば介護現場では，排泄や入浴の介護におけるプライバシーの保護について，手順書やマニュアルなどを用意して，介護職に周知しています。介護職には，「見られたくない」「恥ずかしい」など，利用者にとって他者に介入されたくない部分への配慮が大切です。どんなことをされたり，言われたりすると不快感や羞恥心をもつか，自分の身に置き換えて考えてみましょう。

　また，個人の生活の自由を保障する必要もあります。集団生活の場である施設においても，利用者が1人になれる時間や空間をつくり，思い思いの過ごし方ができるよう環境を整えていくことが大切です。

2 ICF ::

❶ ICF の考え方

　ICF とは，2001 年に**世界保健機関（WHO）**②（➡ p. 80 参照）から提唱された International Classification of Functioning, Disability and Health という概念の略称であり，国際生活機能分類と訳されています。

　ICF の考え方は，福祉や介護などのせまい領域だけではなく，教育や医療等といった対人支援サービスにかかわる広い分野で共通言語として理解していくべき大切なものだとされています。具体的には，「障害」の問題を考えていくときに，それをただ個人的な問題として考えるのではなく，「障害」という概念自体を当事者本人の生活や社会との関係性のなかからとらえ直し，当事者本人の生活状態や支援のあり方を考えていくものです。

　「障害」の概念に関しては，世界保健機関（WHO）が「国際障害分類（ICIDH）」という考え方で一度整理しました（➡第 1 巻 p. 393 参照）。それは障害の概念を「impairment（機能障害）」「disability（能力障害）」「handicap（社会的不利）」に分けて考え，障害問題を個人的な問題から社会との関係性のなかで考え直すものでした。この ICIDH の考え方は，福祉やリハビリテーションのなかで「障害」の概念の変革に大きく寄与してきました。

　しかし，この概念ではまだ障害を個人の問題としてとらえすぎているのではないかという批判があり，2001 年のWHOの総会において，ICIDH の改定版として，「ICF（国際生活機能分類）」が採択されました。ICF の考え方としては，それが「相互作用モデル」といわれるように，「障害」についての視点のもち方として，一人ひとりの「生活」や「社会」との関係性のなかでの課題としてとらえ直していく考え方です。

■図 2-1-1　国際生活機能分類（ICF）の構成要素間の相互作用

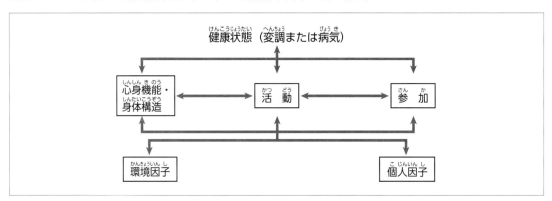

出典：障害者福祉研究会編『ICF 国際生活機能分類——国際障害分類改定版』中央法規出版，p. 17，2002年

52

心身機能	身体系の生理的機能（心理的機能を含む）
身体構造	器官・肢体とその構成部分などの，身体の解剖学的部分
活動	課題や行為の個人による遂行
参加	生活・人生場面へのかかわり
環境因子	人々が生活し，人生を送っている物的・社会的態度，人々の社会的な態度による環境
個人因子	個人の人生や生活の特別な背景

　こうした「障害」に対する理解の変化から教えられることは，「障害」とはただ一個人に属する客観的な事実ではなく，「生活」や「社会」との関係のなかで考えるべき，「相対的な概念」であるということです。それゆえに，「障害」のある人への支援では，「何のために」「どの程度」の支援やどのような道具が必要とされるのかについて，個別的に一人ひとりの状況を把握し，整理していく必要があります。

❷ ICFの視点と介護

障害者スポーツを通じて考える

　具体的にICFを理解していくには，障害者スポーツを例に考えてみるとわかりやすいでしょう。

　障害者スポーツにおいては障害の程度や状態に応じてさまざまな道具やルールが定められており，障害の程度にかかわりなく競技を楽しめるように工夫されています。それが今やパラリンピックとして世界中の人たちを感動させています。

　しかし，こうした障害者スポーツの振興が図られたのは，そもそも競技の順位を競うことが目的だったのではなく，障害のある人たちのリハビリテーション（ICFでいう「活動」）や社会参加（同「参加」）をうながしていくことでした。そのためにルールを見直し，道具も工夫していくことで，それまで「障害」を理由に制限されたり，さまたげられたりしていた活動の幅を大きく広げることができたのです。

高齢者介護の現場にあてはめて考える

　こうした発想を高齢者介護の現場にあてはめてみれば，利用者の残されている心身機能や身体構造，能力（「活動」「参加」）に着目し，介護のあり方を工夫していくことで，利用者自身がより自分らしく，納得できる生活を過ごしていくことも可能となります。

　たとえば，片麻痺のある利用者にとっては，普通の食器では食べにくかったり，食べこぼしが多かったりします（ICFで見た「身体構造」（片麻痺）が「活動」（食べにくい）につながっている）。しかし，取っ手のあるコップを用意し，食事用の福祉用具を用いることで「活動」（食べにくい）はずいぶんと改善するでしょう。

　もう1つの例として，身体の傾きのある利用者が食事をする際のことを考えてみましょう。このとき，車いすのまま食事をとるのではなく，きちんといすに座り直し，必要であれば傾きのある側にパッドなどで姿勢を補正すれば，食べこぼし（「活動」）はずいぶんと改善されます。

　歩行に関しても，今の時代，いろいろと工夫された歩行器などがあります。たとえば転倒の不安があるからとすぐに車いすに乗せるのではなく，本人の状態にあった歩行器などを用意することで，利用者の立位や歩行機能を維持していくことが可能になります。

　入浴に関しても，立位保持に不安があるから機械浴槽をすぐに利用するのではなく，さまざまな福祉機器を活用していくことで利用者による自力入浴が可能になります。また，同じ機械浴槽といってもリフト浴やチェアインバスといったように，今では利用者の残存機能にあわせたさまざまな入浴機器も開発されています。

ICF の視点を取り入れた介護サービスを提供する

　このように ICF の視点を重ねあわせて，介護保険法の基本理念である「要介護状態の軽減または悪化の防止」に努めた介護サービスを提供していくには，利用者の「できないこと」ばかりをアセスメントするのではなく，「何がしたいのか（参加の視点）」「何ができるか（活動の視点）」といった本人の意欲や能力を把握していくことが重要となります。

　知的もしくは身体的，精神的に障害のある人たち，あるいは高齢になってさまざまな不自由をかかえる人たちの「障害」とは，本人にとっての現実であり，そのすべてが治癒や改善できるものばかりではありません。たしかに，治癒や改善の可能性がある限りは，それに向けての専門的な支援も必要となりますが，治らない状態となっている「障害」に関しては，それを「受け入れていく（受容）」ことや「付き合っていく」ことの発想も大切です。

　ICF の視点を取り入れた介護サービスをきちんと提供していくことができれば，利用者自身が日常生活のなかで自分の「できること」や「やりたいこと」を広げていくことを可能にします。また，それが利用者の「要介護状態の軽減または悪化の防止」という介護保険法の基本理念にもつながってくるのです。

3 QOL ::

❶ 利用者の QOL

QOL とは

　これまでに，利用者の尊厳ある暮らしについてみてきましたが，実際に介護の場において利用者の尊厳ある生活を支えていくには，一定の指標を立てて実践していくとわかりやすいものです。その際に役立つ視点に QOL があります。

　QOL とは，Quality of Life＝生活の質，生命の質といった意味の言葉の頭文字をとった略語で，必要な支援を見いだしていく際にも，個々の介護行為を実践していく際にも大切な考え方です。

　介護サービスの仕事とは，介護を必要とする高齢者や障害のある人への生活支援だといわれます。では，介護サービスが支える「生活とは？」とたずねられればどうでしょう。

　従来の介護施設の現場では，入浴，排泄，食事の介助のことを三大介護という呼び方をしてきました。しかし，そうした身体介助だけをもって，生活支援だと思う人はいないでしょう。人は生きるために食事や入浴を必要とするのであって，食事や入浴そのものが生きる目的でないのは当然のことです。

介護の場における QOL の具体例

　殺風景な居室と，その人がなじんできた生活用品や記念品に囲まれている居室を比べてみるとどうでしょう。自分なりの生活空間を実感できることは，QOL の高さにつながるといえます。

　同様に，食事においては，割れないからという理由で一律にプラスチック製の器が使われ，おかずまでいっしょに盛られて出てきたら，食事の質が高いとはいえません。日本は食文化の発達した社会です。季節や食材に合わせた食器で食を楽しむことができれば，それが生活の質の高さにつながることはいうまでもないでしょう。

　介護とは，利用者が介護を要する状態であったとしても，その人らしい生活が送れるよう支援していく意味をもちます。利用者が障害や要介護の状態をかかえて生きることを支え，その人の QOL を高めていくことが，介護職として提供すべき専門的なサービスに求められる役割です。

❷ QOL を広げる視点

QOL と ADL

　生活支援の介護の目的とは，利用者の QOL を高めていくことにあります。介護の主たる目的は，利用者の身体的機能，つまり，立ち，座り，歩く（移動），何かを手で取る，入浴する，排泄する，食事をするなどの ADL③（➡ p.80 参照）のみを向上させていくわけではありません。

　QOL という概念は，「生活の質」「生命の質」といった言葉で説明されることが多いのですが，高齢者介護においては，QOL を人生の質ととらえることができます。ADL の向上は，QOL を高める手段にはなりますが，QOL を高める手段として，だれに対しても ADL の向上が求められるわけではありません。

　人はそれぞれであり，高齢者を一律にとらえて考えることは望ましくありません。それぞれの高齢者は，長い人生を過ごしたあと，いわば人生の総仕上げの時期を生きる人たちでもあります。ですから，高齢者である利用者の生活支援に際しては，未来にばかり目を向けるのではなく，その人の人生の歴史を共感的に理解し，そこから解決すべき課題をいっしょに考えていく姿勢も求められます。

　たとえば，施設に入所したことで，生活への意欲をなくしている利用者を見かけることがあります。しかし，施設という場であってもその人らしい生活の再構築をはかり，まずは生きる意欲につながるはたらきかけをしていくことが求められます。

求められる共感性と想像力

　利用者を共感的に理解していくためには，介護職の側が想像力をはたらかせることが大切です。しかし，その想像力が視野のせまいもので，独りよがりであっては，利用者にとって利益になるどころかマイナスの影響を与えかねません。だからこそ，介護職には豊かな感性だけではなく，幅広い知識や教養も大切になります。

　介護の仕事は，一見すると，体力勝負と考えられがちな面があります。しかし，利用者のこころ豊かな生活を支援するためには，介護職のこころの豊かさも不可欠といえます。想像力をより豊かにしていくためにも，介護職のみなさんは，読書や映画，旅行など，イメージを豊かにつちかう趣味をもつことも大切です。

4 ノーマライゼーション ::::::::::::::::::::::::::::::::::::::

❶ ノーマライゼーションの2つの大きな流れ

ノーマライゼーションとは

　ノーマライゼーション（normalization）とは，あらゆる障害者にふつうの（ノーマルな）生活状態を保障すべきであるという考え方です。障害があることで他者と差別され，隔離されたり除外されたりするのではなく，障害を支援することで障害がない人と同様に場を共有し，共感して，ともに生活を営んでいくというものです。

　つまり，障害があっても人間として平等であり，人間として尊厳のある生活を営む権利をもっており，可能な限り障害のない人と同じ生活条件のもとにおかなければならないということです。

　ノーマライゼーションの理念を最初に提唱したのは，デンマークのバンク‐ミケルセン（Bank-Mikkelsen, N. E.）④（➡ p.80参照）といわれています。「知的障害者のために可能な限りノーマルな生活状態に近い生活を創造する」という精神が基礎になっています。

　こうした考え方が出てきた背景には，デンマークにおいて当時，多くの障害者が施設に隔離されるなど，ふつうに生活を送ることが困難な状況がありました。知的障害のある人たちに必要なサポートを行うことにより，その人たちの生活状態をふつうにしていくという考え方は，現在では，知的障害以外の領域でも広く普遍化した思想として広がっています。

ノーマライゼーションの2つの流れ

　今日のノーマライゼーションは，北欧で生まれた考えとアメリカで生まれた考えの2つの大きな流れが，徐々に1つの方向になって形づくられてきました。

　2つのノーマライゼーションの流れとは，バンク‐ミケルセンや**ニィリエ（Nirje, B.）**⑤（➡ p.80参照）などが提唱したものと，**ヴォルフェンスベルガー（Wolfensberger, W.）**⑥（➡ p.80参照）のものです。バンク‐ミケルセンやニィリエは，ノーマルな生活環境の提供に重点をおき，制度改革に焦点があてられていますが，ヴォルフェンスベルガーは初期のノーマライゼーションの考えを発展させ，障害者の「社会的役割の価値付与」という考え方に変化させていったことが特徴的です。

❷ 近年のノーマライゼーションの展開

国際障害者年をめぐる動き

ノーマライゼーションの考え方が紹介され，日本の障害者福祉制度の転換点になったのは，国際障害者年（1981年）です。これは国連が定めたもので，障害者の権利宣言[7]（➡ p.81 参照）（1975年）における障害のある人の基本的な人権を確認するとともに，基本的な権利の保障を各国に求める運動でした。このとき，主題としてかかげられたのが「完全参加と平等」です。

国際障害者年の理念にもとづき，日本では1984（昭和59）年に身体障害者福祉法が改正されました。そこでは第2条第2項に「すべて身体障害者は，社会を構成する一員として社会，経済，文化その他あらゆる分野の活動に参加する機会を与えられる」ことが加えられました。

障害者基本法の制定以降の動き

1993（平成5）年に障害者基本法[8]（➡ p.81 参照）が制定され，精神障害者が障害者として位置づけられ，政府に障害者基本計画を，都道府県や市町村に障害者計画を策定することなどが求められました。

2004（平成16）年には障害者基本法が改正されました。このときに「何人も，障害者に対して，障害を理由として，差別することその他の権利利益を侵害する行為をしてはならない」と差別禁止が明文化されました。また，都道府県と市町村の障害者計画の策定が義務化されたことは重要です。

2006年には障害者の権利に関する条約が国連総会で採択されました。日本は2014（平成26）年に批准[9]（➡ p.81 参照）し，障害当事者中心で，国内法の整備に向けた議論が行われました。

その結果，2011（平成23）年には，障害者の権利に関する条約の理念を意識した障害者基本法の改正がなされました。さらに，2013（平成25）年には，障害を理由とする差別の解消の推進に関する法律（障害者差別解消法）が成立し，2016（平成28）年から施行されました。

5 虐待防止・身体拘束禁止 ::::::::::::::::::::::::::::::::::

❶ 高齢者虐待の実態

高齢者虐待の実態

「令和3年度『高齢者虐待の防止，高齢者の養護者に対する支援等に関する法律』に基づく対応状況等に関する調査結果」によると，高齢者虐待の実態は次のとおりです。

養介護施設従事者等による高齢者虐待の実態

養介護施設従事者等[10]（➡ p.81 参照）による高齢者虐待の相談・通報件数は，高齢者虐待の防止，高齢者の養護者に対する支援等に関する法律（高齢者虐待防止法）（➡第1巻 p.62 参照）が施行された2006（平成18）年度以降，増加傾向にあります（図2-1-2）。また，実際に虐待と判断された件数も増加傾向にあります。相談・通報件数に対する虐待と判断された件数の割合も，近年は25%を超えています。

高齢者虐待と判断された虐待の種別（複数回答）については，「身体的虐待」が50%以上ともっとも多く，次いで「心理的虐待」「介護等放棄（ネグレクト）」となっています。養介護施設従事者等によるこれらの虐待の実態は，深刻に受けとめる必要があります。調査では，要介護度が重度になるほど「介護等放棄（ネグレクト）」の割合が高まる傾向であること，虐待の発生要因は「教育・知識・介護技術等に関する問題」がもっとも多いことなども報告されています。

■図2-1-2　養介護施設従事者等による高齢者虐待の相談・通報件数と虐待判断件数の推移

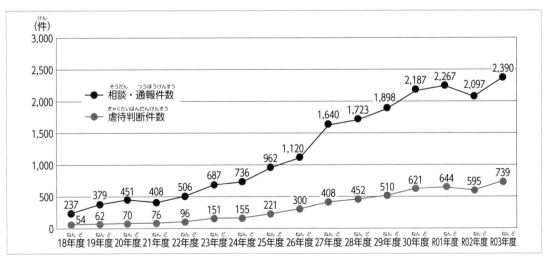

資料：厚生労働省「令和3年度『高齢者虐待の防止，高齢者の養護者に対する支援等に関する法律』に基づく対応状況等に関する調査結果」

養護者による高齢者虐待の実態

養護者[11]（➡ p.81 参照）による高齢者虐待の相談・通報件数および虐待と判断された件数は，2012（平成24）年度以降は増加傾向にあり，2021（令和3）年度には相談・通報件数が3万6000件を超えています。相談・通報件数に対する虐待と判断された件数の割合は，近年は50％を下回り，減少傾向にあります。

高齢者虐待と判断された虐待の種別（複数回答）については，「身体的虐待」が60％以上でもっとも多く，次いで「心理的虐待」「介護等放棄（ネグレクト）」「経済的虐待」の順となっています。また，「経済的虐待」が15％弱であることにも注目する必要があります。

虐待の程度（深刻度）については，軽度が約40％ともっとも多いものの，重度・最重度で25％以上を占めていることに留意する必要があります（図2-1-3）。また，養介護施設従事者等による虐待と比べて，深刻度は高い傾向にあります。

調査では，要介護度が重い場合に虐待の深刻度が高まる傾向があること，また重い認知症がある場合に「介護等放棄（ネグレクト）」の割合が高くなり，「心理的虐待」の割合が低くなる傾向があることが報告されています。

■図2-1-3 養護者による高齢者虐待の程度（深刻度）の割合

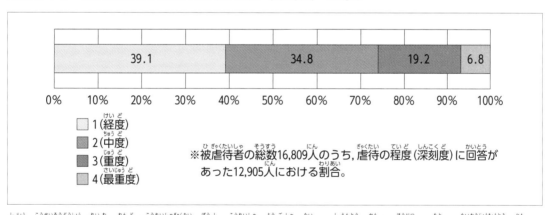

1（軽度）	2（中度）	3（重度）	4（最重度）
39.1	34.8	19.2	6.8

※被虐待者の総数16,809人のうち，虐待の程度（深刻度）に回答があった12,905人における割合。

資料：厚生労働省「令和3年度『高齢者虐待の防止，高齢者の養護者に対する支援等に関する法律』に基づく対応状況等に関する調査結果」

❷ 高齢者虐待防止法

高齢者の虐待防止

　介護を要する高齢者は権利や尊厳がおかされやすいです。そこで高齢者虐待を防止し，高齢者の権利利益の擁護と養護者の支援の促進を目的として，2005（平成17）年に高齢者虐待の防止，高齢者の養護者に対する支援等に関する法律（高齢者虐待防止法）が公布され，2006（平成18）年から施行されました。法律制定の背景と求められる対策は表 2-1-8 のとおりです。

■表 2-1-8　高齢者虐待防止法制定の背景と求められる対策

❶　背景：高齢者に対する虐待が深刻な状況にある。
　　　：高齢者の尊厳の保持にとって虐待を防止することがきわめて重要。
❷　求められる対策：虐待防止のための国などの責務を定める。
　　　：虐待を受けた高齢者に対する保護のための措置を定める。
　　　：養護者の負担の軽減をはかることなど，養護者に対する支援のための措置を定める。

高齢者虐待の定義

　高齢者虐待は，「養護者による高齢者虐待」と「養介護施設従事者等による高齢者虐待」の2つに分けられています。

■表 2-1-9　高齢者虐待の種類

❶身体的虐待	高齢者の身体に外傷が生じ，または生じるおそれのある暴行を加えること
❷ネグレクト	高齢者を衰弱させるようないちじるしい減食または長時間の放置，その他の高齢者を養護すべき職務上の義務をいちじるしくおこたること（※）
❸心理的虐待	高齢者に対するいちじるしい暴言またはいちじるしく拒絶的な対応，その他の高齢者にいちじるしい心理的外傷を与える言動を行うこと
❹性的虐待	高齢者にわいせつな行為をすることまたは高齢者をしてわいせつな行為をさせること
❺経済的虐待	高齢者の財産を不当に処分すること，その他当該高齢者から不当に財産上の利益を得ること

※：養護者の場合，養護者以外の同居人による「身体的虐待」「心理的虐待」「性的虐待」を放置することも含む。

高齢者虐待への対応

　高齢者虐待については，①未然防止，②早期発見，③虐待事案への迅速かつ適切な対応が重要です。介護職は，一連の業務を通して，利用者の身体的状況や心理的状況，経済的状況，家屋や部屋などの環境の変化を把握しやすい立場にあるとされています。

　高齢者虐待防止法では，養介護施設，病院，保健所その他高齢者の福祉に業務上関係のある団体および養介護施設従事者など，医師，保健師，弁護士その他高齢者の福祉に職務上関係のある者は，高齢者虐待を発見しやすい立場にあることを自覚し，高齢者虐待の早期発見に努めなければならないとされています。発見した際にはすみやかに市町村に通報することが求められています。このとき，守秘義務などをおかすと考えてしまいがちですが，高齢者虐待防止法では虐待の通報を優先するとしています。

　虐待を受けたと思われる（疑われる）高齢者を発見した場合は，表2-1-10のような点に留意してください。

　また，法律の特徴となっているとおり，介護職には養護者が虐待をしないように支援する役割も期待されています。被害を受けた高齢者の保護と養護者の適切な支援のためには，関係機関の連携と協力体制の整備が不可欠です。専門職や専門機関に対しては，与えられた役割と業務内容のなかで虐待の防止と解決に向けた取り組みを行い，市民や家族もできる範囲で見守りを行うことが求められています。日ごろからさまざまな変化をキャッチできるようにしてください。

■表2-1-10　虐待を受けたと思われる（疑われる）高齢者を発見したときの留意点

❶　1人でかかえこまないようにする。
❷　1人で判断せず，上司や所属長に相談する。
❸　自分の判断で情報収集を行わない。
❹　プライバシーに十分配慮して行動する。

❸ 身体拘束の禁止

法令上の身体拘束の禁止

　介護現場においては，人間の尊厳をおびやかす状況がさまざまな場面で起こり得ます。なかでも，利用者の行動の自由をうばい，制限すること（**身体拘束**）は，その禁止が制度上でも明確に示されています。

　介護保険制度では，短期入所サービスや施設サービスなどを提供する際の基準を定めた省令において，表2-1-11のように規定されています。また，障害者総合支援法にもとづく障害福祉サービスや障害者支援施設における運営等の基準を定めた省令でも，同様の規定がなされています。「緊急やむを得ない場合」には認められることもあるという例外がありますが，介護サービスを提供する際には，身体拘束は全面的に禁止されています。

■表2-1-11　介護保険指定基準における身体拘束禁止に関する規定

- ・（前略）サービスの提供に当たっては，当該入所者（利用者）又は他の入所者（利用者）等の生命又は身体を保護するため緊急やむを得ない場合を除き，身体的拘束その他入所者（利用者）の行動を制限する行為（身体的拘束等）を行ってはならない。
- ・（前略）身体的拘束等を行う場合には，その態様及び時間，その際の入所者（利用者）の心身の状況並びに緊急やむを得ない理由を記録しなければならない。

身体拘束ゼロへの手引き

　厚生労働省・身体拘束ゼロ作戦推進会議は，2001（平成13）年，「身体拘束ゼロへの手引き」（以下，手引き）を示して，介護の分野において身体拘束禁止をめざしています。

　手引きでは，従来の介護の領域においては，身体拘束はやむを得ないものとして認められてきた背景を示し，身体拘束を許容する考え方を問い直しています。さらに，多くの場合には，身体拘束は利用者の尊厳はもちろんのこと安全をもおびやかす援助方法であることを示して，廃止に向けた努力と決意を施設・事業所の責任者と職員全体に求めています。

　介護現場では，身体拘束を廃止できない理由として，スタッフ不足がよく取り上げられます。これに対して手引きでは，介護方法の改善などで解決する努力を行うとともに，施設・事業所として「どのような介護をめざすのか」という基本的理念や姿勢を問い直し，施設・事業所の責任者と職員全体で取り組むことを求めています。

　また，手引きでは，介護保険指定基準において禁止の対象となっている行為を表2-1-12の

ように示しています。さらに，身体拘束をせずに行うケアの原則を示すとともに，緊急やむを得ない場合としての切迫性・非代替性・一時性の要件をあげて，手続きや記録についての方針等について具体的に示しています。

■表 2-1-12　介護保険指定基準において禁止の対象となる具体的な行為

❶ 徘徊しないように，車いすやいす，ベッドに体幹や四肢をひも等で縛る。

❷ 転落しないように，ベッドに体幹や四肢をひも等で縛る。

❸ 自分で降りられないように，ベッドを柵（サイドレール）で囲む。

❹ 点滴・経管栄養等のチューブを抜かないように，四肢をひも等で縛る。

❺ 点滴・経管栄養等のチューブを抜かないように，または皮膚をかきむしらないように，手指の機能を制限するミトン型の手袋等をつける。

❻ 車いすやいすからずり落ちたり，立ち上がったりしないように，Y字型抑制帯や腰ベルト，車いすテーブルをつける。

❼ 立ち上がる能力のある人の立ち上がりを妨げるようないすを使用する。

❽ 脱衣やおむつはずしを制限するために，介護衣（つなぎ服）を着せる。

❾ 他人への迷惑行為を防ぐために，ベッドなどに体幹や四肢をひも等で縛る。

❿ 行動を落ち着かせるために，向精神薬を過剰に服用させる。

⓫ 自分の意思で開けることのできない居室等に隔離する。

資料：厚生労働省「身体拘束ゼロへの手引き」2001年

身体拘束をしないための介護職の工夫と努力

　介護保険制度導入以降の介護現場では，身体拘束の禁止は常識的な事柄として理解され，定着してきていると考えられます。しかし，現在，身体拘束が介護の領域において本当に減少し，ゼロに近づいているか，私たちのまわりの介護現場の状況をもう一度見直す必要があります。

　介護職としては，「身体拘束の禁止がルールだから，それを守らなければならない」と考える以前に，もう一度，なぜ身体拘束が利用者の尊厳をおびやかすのかについて考えることが大切です。そのうえで，介護職は実際の介護場面でさまざまな工夫をすることが求められます。

　具体的には，利用者主体の理念のもと，介護職はもちろん，他職種とも連携を十分にはかって議論を重ね，利用者の安全と生活の豊かさを求めた介護を実現できるようにします。

　また，個々の利用者の状況を的確にとらえ，身体拘束をしなくても利用者が安全で快適に生活できる環境をつくり上げることが求められます。それは，利用者一人ひとりの状況によって異なるため，個別ケアの視点で取り組むべきものです。

　そうした工夫と努力は，単に身体拘束をしないための工夫と努力として消極的にとらえるのではなく，新しい介護を創造していくための活動として，積極的にとらえることが重要です。

❹ 障害者虐待防止法

障害者の虐待防止

　虐待は，高齢者のみならず，障害者においても問題となっており，障害者の自立や社会参加を実現するうえでも虐待の防止はきわめて重要です。

　障害者虐待をめぐっては，障害者が心身を傷つけられたり財産侵害を受けたりする事件があとを絶たず，みずから声を発することがむずかしい障害者を虐待や権利侵害から守るための法律がないことが懸念事項とされていました。そのため，2011（平成23）年に障害者虐待の防止，障害者の養護者に対する支援等に関する法律（障害者虐待防止法）が公布され，2012（平成24）年から施行されました。

障害者虐待の定義

　障害者虐待防止法の対象は，障害者基本法に定められている障害者です（表2-1-13）。

　また，障害者虐待防止法では，障害者虐待とは，①養護者による障害者虐待，②障害者福祉施設従事者等による障害者虐待，③使用者による障害者虐待，と規定されています。該当する虐待行為は，表2-1-14のような5つに類型化することができます。

■表2-1-13　障害者基本法における障害者の定義

身体障害，知的障害，精神障害（発達障害を含む。）その他の心身の機能の障害（以下「障害」と総称する。）がある者であって，障害及び社会的障壁により継続的に日常生活又は社会生活に相当な制限を受ける状態にあるもの

■表2-1-14　障害者虐待の類型

❶　身体的虐待：身体を傷つけたり，傷つけるおそれのある暴行を加えたり，拘束したりする行為
❷　性的虐待：わいせつ行為をしたりさせたりする行為
❸　心理的虐待：暴言を吐いたり拒絶したりする行為
❹　ネグレクト：食事を与えなかったり長時間放置したりする行為（※）
❺　経済的虐待：財産を不当に処分したり不当に財産上の利益を得たりする行為

※：養護者の場合，養護者以外の同居人による「身体的虐待」「性的虐待」「心理的虐待」を放置することも含む。

障害者虐待を防止するための施策の概要

　障害者虐待を防止するための施策として，国や地方公共団体ならびに国民の責務，早期発見，通報などが障害者虐待防止法に規定されています（表2-1-15）。

■表2-1-15　障害者虐待を防止するための施策

❶ **国および地方公共団体の責務等**
　障害者虐待の防止，障害者虐待を受けた障害者の迅速かつ適切な保護・自立支援，養護者への支援を行うため，必要な体制の整備に努めなければならない。

❷ **国民の責務**
　障害者虐待の防止，養護者への支援などの重要性の理解と施策への協力に努めなければならない。

❸ **障害者虐待の早期発見等**
　専門の機関や団体，専門職は，障害者虐待を発見しやすい立場にあることを自覚し，早期発見に努めなければならない。

❹ **障害者虐待の防止と養護者に対する支援等**
　障害者虐待の防止に対する取り組みについては，「養護者」「障害者福祉施設従事者等」「使用者」の3つの区分がある。

① **養護者による障害者虐待の防止，養護者に対する支援等**
　養護者による虐待を受けたと思われる障害者を発見した場合は，すみやかに市町村に通報しなければならない（※）。

② **障害者福祉施設従事者等による障害者虐待の防止等**
　障害者福祉施設従事者等による障害者虐待を発見した場合は，すみやかに市町村に通報しなければならない（※）。また，従事者等は通報をしたことを理由に解雇その他不利益な取り扱いを受けない。

③ **使用者による障害者虐待の防止等**
　使用者による障害者虐待を受けたと思われる障害者を発見した者は，すみやかに市町村または都道府県に通報しなければならない（※）。

❺ **その他**
　市町村・都道府県の部局または施設に，障害者虐待対応の窓口等となる「市町村障害者虐待防止センター」・「都道府県障害者権利擁護センター」としての機能を果たさせる。

※：守秘義務に関する他法の規定は，通報をさまたげるものではない。

自立に向けた介護

1 自立支援 ::

❶ 介護における自立

自立とは何か

　自立支援と聞くと「自分でできるようにするための支援」と思いがちですが，介護職に求められる自立支援は，自分でできるようにすることのみを目標に行うものではありません。介護においては，まず何のための自立なのかを正確に理解する必要があります。

　「人の手助けを借りて 15 分で衣服を着，仕事に出かけられる人間は，自分で衣服を着るのに 2 時間かかるために家にいるほかない人間より自立している」（定藤丈弘・北野誠一・岡本栄一編『自立生活の思想と展望──福祉のまちづくりと新しい地域福祉の創造をめざして』ミネルヴァ書房，p. 8, 1993 年）という有名な **IL（自立生活）** 12 （➡ p. 81 参照）の考え方があるように，自立のとらえ方は，ADL（➡第 1 巻 p. 57 参照）を向上させる考え方から，QOL（➡第 1 巻 p. 57 参照）を充実させる行為としてとらえる考え方へと進展してきました。

　つまり，「つらい思いをして自力でできたとしても，それだけで日々が過ぎていく生活よりは，自分の意思で人の手を借り，仕事や社会参加をして充実した生活を送るほうが，より自立的な生活である」ということです。

自立と依存のあり方

　介護職にとって重要なことは，**自立**か**依存**かの二者択一的な判断をしてはならないということです。利用者は「積極的自立」と「消極的自立」を行きつ戻りつしていて，仮に目線を依存に移したとしても，そこでも「積極的依存」と「消極的依存」を行きつ戻りつします。

　たとえば，すべての生活場面に介助が必要であるから「自立していない」のではなく，介護関係や介護環境をよい状態に変えれば，自立と依存を選択的に操作し，多くの選択肢からみずからの行動を決められるでしょう。

　このように，介護関係や介護環境をよい状態に変えようとする介護職のはたらきがあれば，たとえ認知障害（認知症など）があっても，多くの選択肢からみずからの行動（自立と依存のあり方）を決めていけると考えられます。

自立と自己決定・自己選択

　自分がしたくないことを他人から強制されたり，逆に自分がしたいことを他人に制限されたりするのはだれにとってもいやなことです。また，自分でできることでも人に頼ったり，自分の意思でしなかったりということはだれにでもあることです。

　しかし，介護を必要とする人の場合，「できることを自分の意思でしない」のではなく，「したいという意思があるのにできない」ことがほとんどです。

　みずからの理性や価値観，社会規範などに照らし，行動するか否かを自己決定することを**自律**といい，**自己決定**にもとづいて福祉サービスを利用したり，介護や支援を受けたりして生活することを**自律生活**と表現する場合もあります。

　要するに，**自立**とは，他者の援助を受けるにしても受けないにしても，自分の行動に責任を負うことであり，同時にみずからの能力に合った生活を自分で選択し，実践することです。

❷ 自立への意欲と動機づけ

動機と欲求

　自立支援の意義は，介護を必要とする人の生活意欲を高め，その人らしい尊厳のある暮らし（➡第1巻 pp. 47-48 参照）を支えることにあります。では，生活意欲を高める支援とは，どのような支援なのでしょうか。

　人が何らかの行動をするとき，その行動のもととなる動機が存在します。「おなかがすいたから食事をしたい」「疲れたから横になりたい」など，人の行動には前提となる動機があり，その動機をもとに「食事をしたい」「横になりたい」という欲求が生まれます。

意欲と行動

　人はみずからの欲求に対して，それを満たすために必要な行動が自力で可能なことが明らかであれば，欲求はそのまま意欲としてひきつがれ，行動へとつながっていきます。また，自力で可能かどうかが明らかでない場合にも，意欲が高ければ行動を試みます。

　介護が必要な人の場合には，その困難な部分に協力・支援してもらえる環境があるかどうかが，その後の行動に大きく影響します。

■図 2-2-1　意欲と行動の関係

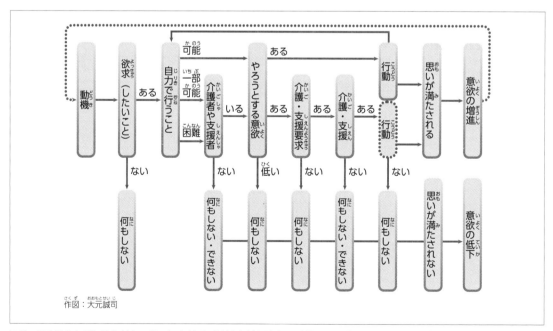

作図：大元誠司

出典：介護福祉士養成講座編集委員会編『最新 介護福祉士養成講座1 人間の理解 第2版』中央法規出版，p. 66，2022年を一部改変

行動の結果と意欲

　行動の結果，期待どおりに欲求が満たされたときは，次に同じような行動を必要とする動機と欲求が起こったときの行動への自信となり，ほかの事柄への意欲も増進して新たな動機と欲求を活性化させます。結果が期待どおりにならなかったときには自信を失い，こうした不満足のくり返しはほかの事柄への意欲も低下させ，動機と欲求を衰退させていくことになります。

　たとえば，「ベッドから離れて，たまには散歩でもしましょう」と誘ったとしても，本人にとって，ベッドから離れる意味や散歩をする目的がわからなければ，簡単には行動に移してはくれないでしょう。

　その人が「ベッドから離れる」という行動を起こすためには，まず動機と欲求の過程でベッドから離れる意味が認められることが前提となります。そのためには，介護職はその人の生活に即した「ベッドから離れる意味」やその内容を考え，介護が必要な人の場合には，その困難な部分に協力・支援していく環境があるということをきちんと伝えます。また，生活の具体的な場面を演出し，はたらきかけていくことも大切です。

　意欲をもたないままの自立支援は自立の強要になりかねません。そのため，自立支援では，本人のやろうとする意欲を高める直接的・間接的な支援が重要です。

自立した生活を支えるための援助の視点

　人の行為や行動は，動機から生じた欲求と，それを満たそうとする意欲を前提として成り立ちます。

　支援の基本姿勢として，このとき理解しておかなければならないのは，生活の主体者は利用者であるということ，そして，生活は利用者の意思にもとづいて営まれているということです。

　介護を要する人の欲求や意欲に目が向けられず，単に機能的に動作が可能か困難かだけの評価に頼った介護を行うことは，その人の意思にもとづかない行為・行動の押しつけにもなり，人権や尊厳をいちじるしくそこなう可能性があります。

　自立支援では前提として，まず行為・行動を本人が行おうとする意欲を高めるための支援であることが重要です。その意欲と意思にもとづいた生活づくりを支援するという視点を大切にした援助でなければなりません。

❸ 残存能力の活用

「している活動」と「できる活動」

　これまでの介護では，介護職が一生懸命に支援してしまうがゆえに，利用者ができることまでうばってしまっていたこともありました。

　そこで介護職は，利用者が現在していることと，できる可能性があることを具体的に把握する必要があります。そして，その両者の差を見きわめることが大切です。なぜなら，利用者の実行状況（している活動）の具体的なやり方をきちんとアセスメントしたうえではたらきかけることによって，能力（できる活動）も増えてくる可能性があるからです。

　介護職は高齢者や障害のある人の失われた機能に目を向けるのではなく，今現在ある機能に注目し，どの能力ならば発揮することができるのかを検討することが大切です。

　アセスメントを通じて利用者ができることをきちんと見きわめ，本人が行っていることを見守り，できないところを介助する，これが介護の基本です。

　「自分が手伝ったほうが早い」「利用者本人が行うと時間がかかる」と介護職が考えてしまっては自立支援につながりません。

残存能力とは

　残存能力とは，高齢者や障害のある人がみずからに残されている機能を活用し，生活の場面で発揮することができる能力をいいます。残存能力は環境条件を整えたり，福祉用具などを活用したりすれば，発揮することが可能になります。

　個人の体力や生活習慣，既往歴などによって，残される機能はさまざまです。そのため，介護を利用する人にだれでも同じように残されている能力ではありません。だからこそ，介護職は一人ひとりの状況を見きわめ，アセスメントする必要があります。

❹ 重度化の防止

介護予防の考え方

　介護保険法第4条では，国民は，みずから要介護状態となることを予防するため，常に健康の保持増進に努めるとともに，要介護状態となった場合においても，進んでリハビリテーション等を行い，その有する能力の維持向上に努めるものとしています。この考え方をふまえ，2006（平成18）年には，予防重視型システムを取り入れた制度改正が施行されました。

　以降，何回かの制度改正が行われ，団塊世代が75歳以上となる2025（令和7）年をめどに，重度の要介護状態となっても住み慣れた地域で自分らしい暮らしを人生の最期まで続けることができるよう，住まい・医療・介護・予防・生活支援が一体的に提供される**地域包括ケアシステム**の構築も打ち出されました。

　このことからも，**介護予防**は，従来の心身機能を改善する目的の機能訓練重視型ではなく，国際生活機能分類（ICF）（➡第1巻 p. 52 参照）でいうところの「活動」と「参加」に焦点をあて，地域全体にアプローチすべきであるという方向転換が示されていることがわかります。

　つまり，介護予防という考え方が，本人へのアプローチだけでなく，その人を取り巻く生活環境，その人が暮らす地域（まち）へとアプローチの範囲を広げているのです。

重度化の防止と自立支援

　利用者の要介護状態を重度化させず，自立した日常生活を継続してもらうためには，介護職ができるだけ現在の心身の状態を維持できるようにはたらきかける必要があります。「利用者本人が自分で行うと時間がかかるので，介護職が行ったほうが効率がよい」といった考えは，**重度化の防止**の方向に反します。そのためには，ふだんから利用者の心身の状況を観察することが大切です。

　介護職は，ADLを含めた利用者に関する情報を常に把握し，利用者の変化にいち早く気づき，細やかな配慮ができるようにします。そうすることで，現在どのような状態で介護を行っているのか，過剰な介護になっていないか，本人の意思による自立支援になっているかを確認することができます。

❺ その人らしさの理解

「個別ケア」の考え方

　利用者には，一人ひとりの思いがあり，家族や友人などとの思い出があり，人生の歴史があります。個別ケアという言葉には，実際的な介護場面での「個別的な介護技術」という意味合いと，一人ひとりの人生の歴史をふまえた「個別的な生活支援」という2つの意味合いが含まれているといえます。

　介護職の専門性としては，その両方の個別ケアの意味するところを理解し，介護技術としての個別ケア，生活支援としての個別ケア，それぞれに対応していくことが求められます。

介護技術としての個別ケア

　介護技術としての個別ケアの意味を，事例を通して考えます。

事例1 ▶ 認知症により食事を上手にとれない利用者への対応
　認知症の進行により，食事の途中で集中力が途切れるのか，食べることをやめてしまったり，食器や食べ物で遊んでいるような動作や，いらだちをぶつけるような動作がみられたりするようになってきたAさんです。だからといって，食欲が落ちてきているわけではありません。また，プライドが高いためなのか，余計に混乱するからなのか，Aさんは介護職が手を出す形の食事介助については拒否的であり，できる限り自分で食べようとします。

　さて，Aさんに落ち着いて食事をとってもらうためには，どのような工夫や配慮が求められるでしょうか。

　食事をとるのが困難といっても，その人の障害の状態や思い，残された能力によって，介護職が行うべき工夫や配慮，必要とする専門的知識や技術は異なります。認知症のあるAさんの場合，Aさん自身の行動の裏側にある思いを理解するだけではなく，食事の摂取量やバランスなどに関する観察も必要とされるでしょう。

　さらに，食器や食べる場所，環境といったことも検討すべき課題となります。場合によっては，看護師や家族との連携も必要かもしれません。

74

生活支援としての個別ケア

　利用者の人生の歴史をふまえた個別的な生活支援の事例を通して，個別ケアの視点を考えます。

事例 2 ▶ 在宅での生活を継続したい B さん

　在宅で暮らす B さんは，1 年ほど前に**脳梗塞**[13]（➡ p. 82 参照）で倒れました。一時は命も危ぶまれたものの，手術後は順調に回復し，麻痺は残りましたが，家に戻って生活ができるようになりました。

　娘 2 人に恵まれた B さんは，若いころから家族思いの人であり，妻や子どもたちとの時間を本当に大切にして過ごしてきました。

　しかし，B さんの介護で疲れがたまったのか，妻が倒れてしまいました。がんの疑いもあるとのことで，検査も含めて 1 週間の入院をすすめられました。あわてたのは B さんです。これまでほとんど家事などしたことがありません。また，娘 2 人も仕事があり，身動きがとれません。介護支援専門員（ケアマネジャー）に相談すると，B さんはとりあえず近くの特別養護老人ホームでショートステイを利用し，そのあいだに妻が検査入院するのはどうかということでした。

個別性の多様化

　高齢期における要介護状態での生活とは，一面では，老いにより障害をかかえて，死を迎えるまでのあいだをどのように生活していくのかということでもあります。その意味では，介護職は，利用者に適さないかかわりをすることで，その人の人生の最期の時間を台なしにするようなことがあってはなりません。

　要介護状態での生活においても，生理的な欲求が満たされることは，生きていくうえでの前提になりますが，それと同様に「こころの豊かさ」「こころの安定」といった精神的な価値も重要な意味をもちます。

　利用者理解とは，単に身体機能の把握にとどまらず，心理・社会的な側面からの支援課題について考えていくことも必要です。そのためには，利用者の生活を管理や支配するのではなく，利用者の気持ちに寄り添い，人生という長い時間のなかで，今，必要な「生活支援」を考えていく姿勢が求められます。

2 介護予防 :::

❶ 介護予防と介護保険

介護予防とは

　介護予防とは，単に高齢者の運動機能や栄養状態といった特定の機能改善をめざすものではありません。これらも含む心身機能の改善や環境調整などを通じて，一人ひとりの高齢者ができる限り要介護状態にならないで，自立した日常生活を営むことができるように支援することを目的として行われるものです。

　具体的には**表 2-2-1**を意味しており，一人ひとりの生きがいや自己実現のための取り組みを総合的に支援し，QOL（➡第1巻 p. 56 参照）の向上をめざします。

■表 2-2-1　介護予防とは

❶ 高齢者が要介護状態になることをできる限り防ぐ（発生を予防する）。
❷ 要介護状態になっても状態がそれ以上に悪化しないようにする（維持・改善をはかる）。

介護予防と介護保険

　2019（令和元）年の国民生活基礎調査によると，65歳以上で介護を必要とする状態にいたる原因は「認知症」がもっとも多く，次いで「脳血管疾患（**脳卒中**⑭（➡ p.82 参照））」「高齢による衰弱」となっています（**図 2-2-2**）。とくに要介護度の軽い人については，「関節疾患」や「高齢による衰弱」の割合が高く，多くが**廃用症候群**⑮（➡ p.82 参照）に起因するものと考えられています。廃用症候群が生じると，身体機能のみならず，生活機能もじわりじわりと低下させる結果になります（**表 2-2-2**）。したがって，脳血管疾患などの要因となっている生活習慣病（➡第1巻 pp. 306-307 参照）の予防と，廃用症候群の予防が重要になります。

　以前，介護保険では，要支援，要介護1などの軽度者が増加し，介護予防事業が必ずしも要介護度の維持・改善につながっていないことが問題となりました。そこで2015（平成27）年の介護保険制度改正では，地域支援事業（➡第1巻 p. 156 参照）が拡充されました。

　具体的には，地域支援事業を，①介護予防・日常生活支援総合事業，②包括的支援事業，③任意事業の3つで構成し，なかでも①は，介護予防・生活支援サービス事業（要支援者，基本チェックリストで判断された者，継続利用要介護者を対象）と一般介護予防事業（すべての高齢者を対象）の2つに再編されました。

■図 2-2-2　介護が必要となったおもな原因（対象：65歳以上）

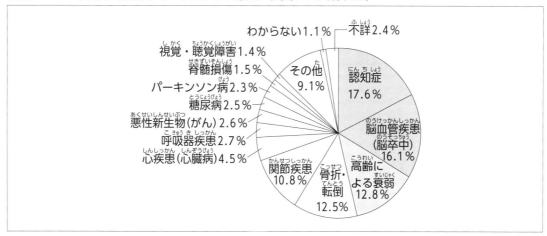

資料：厚生労働省「令和元（2019）年　国民生活基礎調査」2020年

■表 2-2-2　おもな廃用症候群

項目	内容
起立性低血圧	自律神経障害の1つで，血管のコントロールが低下するため，身体を起こすと，下肢や腹腔臓器に血液が降りて貯留し，脳にいく血液が不足してしまうこと。その結果，寝た姿勢から急に座ったり，立ったりすると，めまいや頭重感，ひどいときには吐き気などを起こす。
関節拘縮	関節を構成する靱帯や関節包，筋や皮膚などの短縮により，関節がかたくなる状態。そのため，関節の動きが制限される。
筋萎縮	筋線維が細くなる状態で，筋力の低下がみられる。
骨粗鬆症	臥床が続くと，骨に対し重力による機械的刺激が減少し，その結果，骨が弱くなり，折れやすくなる状態をいう。
褥瘡	過度の持続的圧迫により，その部分の組織が壊死を起こしてしまう状態。とくに，褥瘡となりやすいところは骨の突出部で，仙骨部や肩甲骨後方部，踵部，大腿骨上外側部などである。
静脈血栓症	静脈がつまる状態で，下肢に生じやすく，うっ血やむくみが出る。
知的・心理的障害	長期臥床により，身体的にも精神的にもあまり刺激がない状態が続くと，知的能力の低下や依存性のほか，興味・自発性の低下，食欲低下，睡眠障害などが起こってくる。

❷ 生活における介護予防の視点

廃用症候群の予防と自立支援

　高齢者は病気や障害がなくても，加齢により視覚，聴覚，循環器，呼吸器，消化器，泌尿器，骨格系，神経・筋など，さまざまな機能が低下します。この加齢にともなう生理的な機能低下は，すべての人に起こります。しかしながら，廃用症候群は生活の不活発を原因とするため，予防することや早い時期からの適切な対処によって維持・改善することが可能です。

　廃用症候群の予防には，できることは自分で行い，生活を活動的にすることが重要です。介護の現場では，ともすれば「利用者が負担に思うことを介護職が行う」という形でサービスが提供されがちです。これではかえって利用者の心身機能の低下を招き，サービスへの依存をつくり出しかねません。利用者とともに，**利用者のできることを発見して引き出し**，これを拡大し，利用者の主体的な活動と参加を高めることをめざした介護が必要です。

　また，廃用症候群はいったん生じると，さらに活動の低下が助長され，機能低下がより重度化するといった悪循環におちいるので，そうならないように対処することが重要になります。

主体性の尊重

　身のまわりのことはできるだけ自分で行う，家庭内で積極的に役割をになう，外出して活動範囲を広げるなど，活発な生活を送るためには**本人の意欲的な取り組み**が不可欠です。本人が前向きに取り組むことができて，みずからの意思で行いたいと思うようなはたらきかけが必要で，本人が「心がけていること」を尊重し，「できること」を見つけ，「やれること」をいっしょに増やしていく視点が大切です。

　このことは，たとえ障害が重度であっても同じです。歩行が困難なので車いすを使用したいと思っても，寝室がせまく家族介護者もいない場合，多くはおのずとベッド上での生活となります。ベッド上で過ごしていると，昼寝をする時間が徐々に多くなり，やがてはベッド上に横たわりつづけ，日中でも寝て過ごしてしまうことも考えられます。その結果，活動量が減り，寝たきり状態となってしまうかもしれません。

　これを防ぐには環境整備を行い，各部屋間の移動を容易にする，離床をうながして臥位ではなく座位での時間を確保することなどが重要です。

　しかし，単に座っているだけでは退屈であるため，座ったまま寝てしまう姿が見られることもしばしばあります。そこで「居室で本棚から本を取り出して読書をする」「家族団らんの場で過ごす」「ちょっとした電話をする」など，何らかの生活行為に主体的にかかわることができると，おのずと活動性の向上がはかれます。

生活活動範囲の拡大

介護予防ではできる限り生活活動範囲を拡大することが重要です。

生活活動範囲の拡大には，2つの方向性が考えられます（図2-2-3）。1つは横方向への矢印で，居宅内における行動範囲の拡大を示しています。まずはベッドのある寝室での活動から，「食べる」「出す」といった行為にあわせて，食堂で食事をする，トイレで排泄するといった視点に移行します。次いで，浴室での入浴や，洗面所での洗面といった行為にそって計画をすると，行動範囲が広がりやすくなります。

もう1つの斜め下への矢印は屋外への活動で，社会参加の促進を示しています。最初は近所の人と話す程度かもしれませんが，通所介護（デイサービス）などでは多くの人々とふれあうことができます。老人会など地域の活動に参加する，旅行を計画するなど，自分で活動内容を決めて積極的に社会参加を行う場合もあります。

■図2-2-3　生活活動範囲の拡大

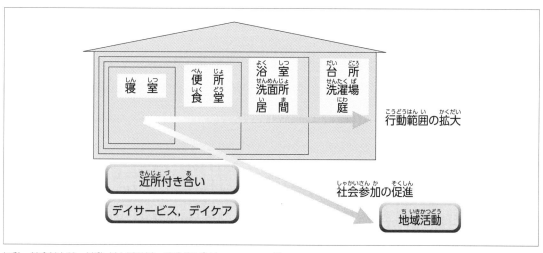

出典：大野隆司監『新版 福祉住環境』市ヶ谷出版社，p.54，2008年

第2章 用語解説

1 ストレングス

すとれんぐす

➡ p.50 参照

個人，家族，コミュニティなどのもっている「強さ」（能力・意欲・自信・資源など）のこと。

2 世界保健機関（WHO）

せかいほけんきかん（ダブリューエイチオー）

➡ p.52 参照

国際連合の専門機関の1つ。世界中の人々が最高水準の健康を維持することを目的に，感染症対策，衛生統計，基準づくり，研究開発などを行っている。

3 ADL

エーディーエル

➡ p.57 参照

Activities of Daily Living の略。「日常生活動作」「日常生活活動」などと訳される。人間が毎日の生活を送るための基本的動作群のことで，食事，更衣，整容，排泄，入浴，移乗，移動などがある。

4 バンク‐ミケルセン

（Bank-Mikkelsen, N. E.）

ばんく-みけるせん

➡ p.58 参照

デンマークの社会運動家，行政官。知的障害者の親の会の運動にかかわり，世界ではじめてノーマライゼーションの原理を取り入れた法律の制定につながったことから，「ノーマライゼーションの父」と呼ばれている。

5 ニィリエ（Nirje, B.）

にぃりえ

➡ p.58 参照

スウェーデンの人で，知的障害問題の理論的指導者。バンク‐ミケルセンにより提唱されたノーマライゼーションの理念を原理として普及させた。具体的には，①1日のノーマルなリズム，②1週間のノーマルなリズム，③1年間のノーマルなリズムなどをあげている。

6 ヴォルフェンスベルガー

（Wolfensberger, W.）

うぉるふぇんすべるがー

➡ p.58 参照

カナダ，アメリカにおける知的障害者福祉分野の研究者。ノーマライゼーションの理念をアメリカに導入したのち，「社会的役割の価値付与」という概念を用いて，障害のある人たちの人間としての固有の大切さを主張した。

7 障害者の権利宣言

しょうがいしゃのけんりせんげん

➡ p. 59 参照

1975 年の国連総会で採択された，すべての障害者の権利に関する決議。障害者の具体的な権利として，①年齢相応の生活を送る権利，②他の人々と同等の市民権および政治的権利，③可能な限り自立するための施策を受ける権利などをあげている。

8 障害者基本法

しょうがいしゃきほんほう

➡ p. 59 参照

障害者施策を推進する基本原則，施策全般についての基本的事項を定めた法律。1970（昭和 45）年に制定された心身障害者対策基本法が，障害者を取り巻く社会情勢の変化に対応したものにするため 1993（平成 5）年に改正され，障害者基本法となった。

9 批准

ひじゅん

➡ p. 59 参照

条約に対する国家の確認・同意。署名した条約に対し，国家として拘束されることの最終的な確認行為。

10 養介護施設従事者等

ようかいごしせつじゅうじしゃとう

➡ p. 60 参照

老人福祉法や介護保険法で規定されている高齢者向けの福祉・介護サービスに従事するすべての職員のこと。高齢者虐待防止法において定義されている。なお，養介護施設とは，老人福祉施設（老人デイサービスセンター，養護老人ホーム，軽費老人ホームなど），有料老人ホーム，地域密着型介護老人福祉施設，介護老人福祉施設，介護老人保健施設，介護医療院，地域包括支援センターをいう。

11 養護者

ようごしゃ

➡ p. 61 参照

高齢者虐待防止法では，高齢者を現に養護する者であって，養介護施設従事者等以外のものと定義されている。

12 IL（自立生活）

アイエル（じりつせいかつ）

➡ p. 68 参照

Independent Living の略。「自立生活」ともいわれる。「自立生活」という用語は，アメリカの概念を日本語訳したもので，肉体的あるいは物理的に他人に依存しなければならない重度障害者が，自己決定にもとづいて，主体的な生活を営むことを意味する。

13 脳梗塞

のうこうそく

➡ p. 75 参照

脳血栓や脳塞栓などによる脳血流障害により，脳細胞が壊死におちいった状態のこと。

14 脳卒中

のうそっちゅう

➡ p. 76 参照

脳の循環不全による急激な反応で，突然倒れ，意識障害を生じ，片麻痺を合併する症候群のこと。

15 廃用症候群

はいようしょうこうぐん

➡ p. 76 参照

安静状態が長期にわたって続くことにより，身体的には筋・骨の萎縮や関節拘縮などが，精神的には意欲の減退や記憶力低下などがあらわれること。

介護の基本

●介護職に求められる専門性と職業倫理の必要性に気づき，職務におけるリスクとその対応策のうち重要なものを理解する。

●介護を必要としている人の個別性を理解し，その人の生活を支えるという視点から支援を捉える事ができる。

介護職の役割，専門性と多職種との連携

学習のポイント 📝

- 介護環境の特徴（施設と在宅との違い，地域包括ケアの方向性など）を学ぶ
- 介護の専門性について考え，専門職に求められるものが何かを学ぶ
- 多職種連携の目的を学び，利用者を支援するさまざまな専門職について理解する

1 介護環境の特徴 ::

❶ 訪問介護と施設介護サービスの違い

施設介護サービスと訪問介護，それぞれの利用者

　施設介護サービスの利用者の多くは，何らかのハンディキャップをかかえることによって自宅での生活が困難となり，また，いくつかの医療機関や施設を経て，そこに入所しています。ここにいたるまでにはずいぶん悩んだり，考えたり，そして，つらい選択を迫られたこともあったでしょう。それでも自分の住み慣れた家をはじめ，たくさんのものに別れを告げ，自分の気持ちに整理をつけてきた人たちです。

　だからこそ支援が必要なのですが，ともすれば私たちは，そのたどってきた道のりや本人の思いをたしかめようとせず，目の前のハンディキャップばかりに気をとられているのではないでしょうか。また，自分であきらめなければならないと言い聞かせているその姿を見て，簡単に「意欲がない」などと判断してしまったりすることもあるのではないでしょうか。

　一方，訪問介護（ホームヘルプサービス）の利用者の多くは，ハンディキャップをかかえながらも，自宅で自分流のこだわりをもって暮らしている人たちです。

　施設と在宅の両方の現場体験があると，施設利用者にも，施設入所以前の人生や暮らしがあって，それをきちんと知ることで，今の施設での生活ももっと工夫でき，本人の生きる力を引き出す支援ができることに気づきます。

施設介護サービスと訪問介護の特徴

施設介護サービスは，施設という整備された生活環境のもとで，関連職種がチームを組み，24時間体制で提供されています。したがって施設における介護職の役割は，食事・入浴・排泄などの場面での身体介護を中心に，居室内のベッド周辺の環境整備，施設行事やレクリエーション活動の企画・運営・実施などとなります。

一方，訪問介護は，利用者の自宅環境や生活様式にあわせて，また，そこにあるものを工夫しながら展開されます。施設ではともすると他職種の仕事としてみえていたそうじも洗濯も調理も，家事援助という日常の生活支援の一環であることがわかります。

訪問介護の実際

たとえば施設における食事の支援は，調理スタッフのつくった食事をとる場面へのはたらきかけが中心です。しかし，訪問介護では，利用者の好みを聞き，栄養のバランスを考えながら献立を決めることから始まり，買い置きのものをたしかめたうえで，決められた予算内で買い物をし，その家の台所での調理手順を考え，さらに切り方や味つけを確認し，盛りつけや配膳を工夫し，そして後片づけや残り物の始末など，生活支援としての食事援助の幅の広さを再認識させられます。

また，ベッドやその周辺のみならず，住宅内の環境整備や，その周辺の環境（たとえば，家の中は車いすで移動できても，家から外に出られるか，また，庭などの散策や道路に出る道の状況はどうかなど）にも配慮が必要です。

さらに，家族関係に加えて，隣近所との関係づくりや地域での交友関係，活動状況にも注目しながら，その利用者の社会参加という側面からの生活支援が求められる時代です。

これらは，生活の継続性を維持し，可能な限り在宅で暮らすことを支援するために，近年増加している地域密着型サービスとしてのグループホームや小規模多機能型居宅介護事業所などで介護職が働く場合も，重要な視点となるのではないでしょうか。

❷ 地域包括ケアの方向性

地域包括ケアシステムをめぐる動き

　地域包括ケアシステムという言葉は「2015年の高齢者介護——高齢者の尊厳を支えるケアの確立に向けて」（高齢者介護研究会，2003（平成15）年）で，はじめて使われました。

　介護保険の最初の見直しにより，要介護高齢者の約半数，施設入所者の約8割に認知症の影響があるとされ，新しいケアモデルが求められた結果，生活の継続性を維持し，可能な限り在宅で暮らすことをめざすための新しいサービス体系が，地域包括ケアシステムと呼ばれました。

　この流れは，地域包括ケア研究会に引き継がれ，2010（平成22）年には「地域包括ケアの理念と目指す姿について」が，地域包括ケア推進指導者養成研修の資料として示され，さらに，2012（平成24）年〜2015（平成27）年にかけての地域包括ケア研究会の報告書（以下，報告書）では，地域包括ケアシステムの各構成要素が図3-1-1のように表現されています。

　そこでは，「本人の選択と本人・家族の心構え」を受け皿に，「すまいとすまい方」を植木鉢に，「介護予防・生活支援」を土に，そして植木の3枚の葉である「医療・看護」「介護・リハビリテーション」「保健・福祉」が専門職によるサービス提供として表現され，これらが相互に関連しながら包括的に提供されるあり方がめざされています。

　さらに2017（平成29）年3月の報告書「2040年に向けた挑戦」では，高齢者分野でつちかってきた地域包括ケアシステムの考え方や体制づくりは，2016（平成28）年の「我が事・丸ごと」地域社会実現本部が目標とする「地域共生社会」実現のための「システム」「仕組み」であり，不可欠なものとして位置づけられています。

■図3-1-1　地域包括ケアシステムの「植木鉢」

出典：三菱UFJリサーチ＆コンサルティング「＜地域包括ケア研究会＞地域包括ケアシステムと地域マネジメント」（地域包括ケアシステム構築に向けた制度及びサービスのあり方に関する研究事業），平成27年度厚生労働省老人保健健康増進等事業，2016年

現代の介護問題

　現代の介護問題はこれまでとは違う状況へと変化しています。

　1つは，日本がはじめて直面する，圧倒的多数を占めるサラリーマン世代の介護問題です。大多数が一人暮らし高齢者・高齢夫婦となり，同居していない子ども世帯は高齢になった親の状況がよくわからず，また，農林漁業型の社会と違って，子育ての一時期を除くと地域との関係も希薄となりがちです。

　それに加えて，日本は人類がはじめて経験する人生80年時代の最先端にあるといえます。これだけの長い老後を支えるのははじめての体験であるにもかかわらず，家族はどんどん小さくなり，未婚世帯も単身世帯も増加傾向にあります。

　80歳代が80歳代を支える横老老，60歳代が80歳代を支える縦老老をあわせての老老介護，そして60歳代が80歳代を介護する世帯に40歳代の独身の孫がいるという，孫の代まで及ぶ介護問題も顕在化しています。

　それにともなう介護離職の問題や，大人がになうはずの介護をはじめとした家族のケアを，お手伝いの範囲を超えて引き受けている18歳未満の子どもたち，ヤングケアラーの存在も見過ごすことはできません。

地域包括ケアのなかで介護職に求められるもの

　家族や地域の支援力がさらに低下するなか，それぞれの地域の事情をふまえた社会の支援体制をつくっていくためには，これからの日本にとって地域包括ケアは欠かせないものとなるはずです。地域単位の実質的な取り組みについては，現在，市町村でさまざまな模索が始められていますが，とくに家族が小さくなり，単身世帯も増加するこれからは，日常的な生活支援サービスのあり方が，よりしっかりと検討されないと，地域包括ケアの基盤そのものが揺らぐことになるでしょう。

　だからこそ，その地域にある自分の所属施設・事業所に何が期待されるのか，そのなかで介護職はどのような役割を果たすべきなのか，これからはそのことが問われてくるはずです。

　自分の足元の地域の現実を，介護分野をになうものとしてきちんとみつめ，人類がはじめて立ち向かう課題に対して，日々の実践を通して検討し合い，問題提起していく姿勢が介護職には求められています。

2 介護の専門性 ::

❶ 利用者主体の支援姿勢

利用者を主体にした支援

　加齢や老化にともなう障害があっても，その人らしい生活ができるように，一人ひとりの生活をつくる必要があります。そのためには，利用者を主体にした支援が必要であり，その支援を行う介護職の役割は重要になります。

　介護職には，利用者の主体性を考えて介護するための知識や技術，感性が必要で，それぞれの利用者がその人らしく生活できるように創意工夫した支援を行うことが求められます。

利用者の生活の場

　生活支援という視点から考えた際，利用者の生活の場のあり方を考えていくことが重要です。

　とくに，認知症の人の場合には，本人が生活環境を整えることが困難になっているケースがみられます。したがって，その介護にあたる側は，利用者本人に代わって，生活するうえでの不自由さや不便さ，とまどいなどについて配慮することが求められます。

いちばん落ち着く場とは？

　ホテルや旅館などに数日間宿泊したあと，自宅に帰ったときに，「やっぱり自分の家がいちばん落ち着く」と感じたことはないでしょうか。おそらく，それが大変に評判のよいホテルや旅館であったとしても，同様だと思います。

　では，なぜ多くの人は，長期の外泊のあと，家に帰ると，落ち着いたり，ホッとしたりするのでしょうか。それは，自宅というものが，自分なりに使いやすいようにしつらえられ，だれにも遠慮することなく過ごすことができる場所だからではないでしょうか。

　介護職に求められるのは，利用者主体の生活支援です。そこで重要なことは，利用者を「お客様」として扱うことではありません。どんなに心身の機能がおとろえ，日常生活のすべての面において他者の手を借りるような状態であったとしても，利用者本人を生活の主体者とみなし，その意思を尊重していく姿勢が大切です。

❷ 利用者の生活意欲と潜在能力の活用

生活意欲を高める介護

　従来は，老化や障害にともなう心身機能の低下，麻痺などがあると，安全を確保するという理由から，要介護状態にある高齢者にベッド上で安静にしてもらうということもみられました。このことを，寝かせきりと言ったりもしました。

　しかし，重度の意識障害がある場合や，病気で体調が悪いときなどを除けば，できるだけ動くことが大切です。

　ベッド上の生活では，いわゆる寝たきり状態が続き，**廃用症候群**[1]（➡ p. 130 参照）になりかねません。少しでも動くことで身体機能が活性化するとともに，**生活意欲**が生まれてきます。その生活意欲を高めていくことが介護では重要なことです。

潜在能力を活用する介護

　介護が必要であっても，すべての行為に介助が必要になることはそれほど多くはありません。介護にあたっては，利用者の行為のプロセスのなかで，どこができて，どこができないのかを把握するとともに，工夫すればできると思われる力を引き出すことも大切です。

　利用者の希望や動機づけ（➡第 2 巻 p. 15 参照）をうまく活用したり，それまでは自分で行っていないことであっても，発想を変えてアプローチしていくと，**潜在能力**が引き出されることもあります。

　細やかな観察力と洞察力で利用者の潜在能力を引き出し，生活にいかしていくことが重要です。

❸ 自立した生活を支えるための援助

自立した生活の支援

　加齢や障害により介護が必要になっても，その人の生活は継続しています。介護が必要になったとしても，その人にとって，生活のすべてができなくなったわけではありません。これまでの生活でつちかってきた経験や知識，価値観，判断基準などはもっているものです。

　介護における自立を考える場合，利用者本人の価値観や判断基準を大切にする必要があります。つまり，機能訓練を行って身体機能がある程度回復することをめざす身体的な側面ばかりではなく，精神的・社会的な側面からも自立というものをとらえる必要があります。

　その人がみずからの意思で，生活の不自由さや不都合さを解決する方法を選択し，決定して，自分らしい充実した生活が継続できる，そのためのアプローチの方法が介護です。**介護の目標**は，その人らしい生活を守り支えること，つまり，生活習慣やこだわりを大切にし，その人の個性と主体性を引き出すとともに，その人がもっている能力を活用できるように支援することにあります。

QOL の向上

　QOL は Quality of Life（クオリティ・オブ・ライフ）の略で，「生活の質」や「人生の質」などと訳されます。介護は，その人らしい生き方の実現をめざしています。単に **ADL** 2（➡ p. 130 参照）や **IADL** 3（➡ p. 130 参照）の向上をめざしているのではありません。では，「その人らしさ」とは何でしょうか。この「その人らしさ」を考えるときに大切になるのが，QOL の視点です。

　その人らしく生きていくということは，その人が自分なりの存在感や役割をもって生きていくことでもあります。つまり，他者の援助が必要であっても，尊厳が守られた自分らしい生活を送ることができれば，満足感や安心感，幸福感をもつことができて，その人の QOL は高まるのです。

　介護職は利用者とのあいだで対等な信頼関係を築き，その人の主体性を尊重しながら QOL の向上を支援し，その人らしい生活の実現に向けた援助を行います。

❹ 重度化防止・遅延化の視点

要介護状態の重度化防止

　介護保険法第2条第2項では，「要介護状態等の軽減又は悪化の防止」に役立つように保険給付がなされるべきだと規定されています。

　また，介護保険制度における**介護予防**とは，①要介護状態になることをできる限り防ぐこと（発生の予防），②要介護状態になっても状態がそれ以上に悪化しないようにすること（維持・改善）をめざすものです。つまり，生活上のさまざまな課題をかかえる人に対して，早い段階から適切な支援を行うことにより，要介護状態の予防やその**重度化防止**と改善をはかり，自立支援を重んじる介護保険の基本理念を実現させようとしています。

　この重度化防止の視点は，介護保険制度の中核的な役割をになう介護支援専門員（ケアマネジャー）だけではなく，実際にサービスを提供する介護職にも求められるものです。

要介護状態の遅延化

　人は老化にともない心身機能に変化がみられるようになります。免疫機能や感覚機能のほか，咀嚼・嚥下機能，消化機能，循環器や呼吸器の機能など，さまざまな身体機能が変化するとともに，精神・心理的な機能も変化することで日常生活に影響を及ぼします。

　また，老化だけでなく，病気やけがなどのさまざまな原因によって介護を必要とする状態になることもあります。

　たとえ一部の心身機能が変化をきたしたとしても，残存能力の活用を工夫することで，要介護状態の遅延化，つまり重度化を遅らせることも介護職に求められる視点の1つです。

重度化防止・遅延化の取り組み

　介護保険制度では，利用者が住み慣れた地域で安心して生活を続けられるように，介護予防を重視したシステムの確立が進められています。そのため，運動機能の向上，栄養状態の改善，口腔機能の向上など，重度化防止や遅延化に向けた介護職による専門的な援助がますます重要になってきています。

❺ チームケアの重要性

チームで発揮される介護サービス

　生活とは，24時間365日続いていくものです。そのため，利用者に提供されるサービスは，途切れることなく，一貫して提供される必要があります。また，要介護高齢者に求められるサービスのなかには，介護職による生活支援もあれば，福祉的な相談援助，さらには医療的な管理など，多様なサービスが必要なケースも少なくありません。だからこそ，**チームケアが重要**になるのです。

　このチームケアには，2つの意味が含まれています。

■表3-1-1　チームケアの2つの意味

> ・他職種とのチームケア（医療，看護などの保健医療関連スタッフ，ソーシャルワーカーなどの福祉関連スタッフとの多様なチームケア）
> ・介護職同士のチームケア（訪問介護や介護保険施設，通所介護（デイサービス）などにおける介護職同士のチームケア）

他職種とのチームケアから考える介護職の専門性

　他職種と比較した場合，介護職の専門性とは何でしょうか。

　介護職が行う生活支援とは，利用者がたとえ要介護の状態であったとしても，納得できる水準の生活状態が確保され，生きる意欲が高められるべきものです。介護職が提供していかなければならないのは，そのための食事摂取の援助であり，そのための清潔の保持に向けた援助といったことなのです。

　1つ例をあげると，生活の基礎となる食習慣は，食材や調理法，味つけにいたるまで，人によって千差万別です。多くの人にとって食事とは，自分がおいしいと思うものを，おいしいと思える雰囲気のなかで食べることなのではないでしょうか。

　人の生活，とくに高齢者の生活というのは，生きてきた時間の集積です。利用者の1つひとつの動作から，その人の生活習慣を学び，生きる喜びや希望を見いだし，生きる意欲を支援していく介護という仕事は，本当に意義深く，価値がある仕事なのです。

　日常の小さな1つひとつの生活行為のなかにある多様性を知り，そして一人ひとりの利用者の生活支援を組み立てていくことは，介護職以外の他職種が行うことはできません。

介護職同士によるチームケアの基本

　介護職による直接的なサービス提供場面の特徴の1つは，他職種と比べて，利用者と接触する頻度が高く，かつ日常生活上のかかわりが求められるということです。したがって，24時間365日の介護サービスを利用していくなかで，利用者が不要なストレスを感じたり，不便を感じたりしないためにも，介護職同士によるチームケアの視点は重要な意味をもちます。

　介護職同士によるチームケアといっても，その基本はまず，一人ひとりの介護職が基本的な知識と技術をしっかりと身につけることです。それとあわせて，一人ひとりの利用者の声にきちんと耳を傾ける姿勢をもつことが大切です。

介護職間の意識の統一

　介護職間の意識の統一も大切です。専門的な介護サービスの提供に際しては，「何のために」「どのような方向性で」「何をしていくのか」について，介護職間でしっかりとした共通認識をもつことが重要です。

　たとえば，ゆっくりではあっても，時間をかければ自分で食事をとることができる利用者に対して，ある介護職はしっかりと見守り，別の介護職は親切心からつい手を出して介助してしまうということでは困ります。

　利用者の状態によっては，介護職が手を出しすぎることで，その人が今もっている力をうばってしまう可能性があります。また，利用者によっては，「自力で」とプレッシャーをかけるよりも，必要な介助を的確に行ったほうが，QOLが高まる場合もあります。

チームケアの重要性

　介護職による専門的な介護とは，単に利用者の手となり，足となって生活行為を代行していくことではありません。利用者の状態や意向をふまえつつ，専門的な観点から適切な判断を行い，時には介助し，時には見守り，時には必要な準備だけを行うといった形で，その人の生活を支援していくものです。

　そのためには，他職種との連携や役割分担も重要ですが，同時に，介護職同士のチームケアの重要性についてもしっかりと意識的に学び，実践していくことが求められます。

❻ 根拠のある介護

介護とは意図的に行うもの

　従来の介護は，介護の歴史をみるとわかるように，試行錯誤をくり返しながら，熟練した技や感受性，洞察力を得て行われてきました。また，先輩介護職は経験から「コツ」や「カン」を習得し，長い年月をかけて後輩介護職へと語り継いできました。

　しかし，この方法では優れた技術などの理論は生まれてきません。多様なニーズをもった利用者への介護は，伝承だけではになえなくなってきました。

　介護は意図的に行うものであり，場当たり的に行うものではありません。**意図的に行う介護**は，介護を行うまでのプロセスを科学的思考にもとづいて説明する必要があります。

　1つひとつの介護行為の背景には，知識や技術，倫理が統合化されており，根拠にもとづいて行われる必要があります。今後は，介護の専門性がこれまで以上に求められるようになります。

介護過程の展開

　根拠にもとづいた介護を行うためにも，介護職は，利用者の生活課題（生活ニーズ）を明確にしたうえで，その課題を解決するために目標を設定し，その目標達成のために介護計画（個別サービス計画）を立案していきます。そして，計画にそって援助を実施し，その効果について評価していきます。

　このような「**アセスメント**④（➡ p. 130 参照）→計画の立案→実施→評価」という介護過程（➡第2巻 pp. 316-318 参照）の展開をくり返すことによって，一人ひとりの利用者に必要な介護とその根拠を明確にしていくことが必要になります（**図** 3-1-2）。

　介護過程を展開することによって，客観的で科学的な根拠にもとづいた介護の実践が可能になり，そうした実践の積み重ねが介護の専門性の確立へとつながっていくのです。

■図 3-1-2　介護過程の展開イメージ

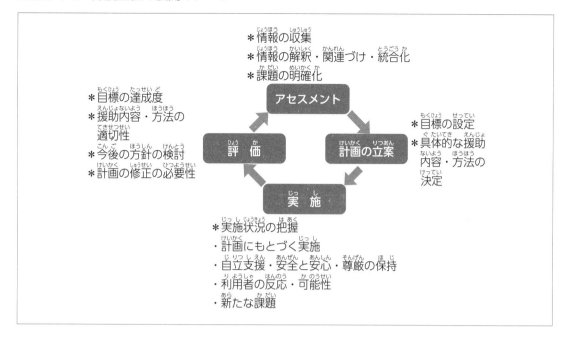

* 情報の収集
* 情報の解釈・関連づけ・統合化
* 課題の明確化

アセスメント

* 目標の設定
* 具体的な援助内容・方法の決定

計画の立案

実　施

* 実施状況の把握
・ 計画にもとづく実施
・ 自立支援・安全と安心・尊厳の保持
・ 利用者の反応・可能性
・ 新たな課題

評　価

* 目標の達成度
* 援助内容・方法の適切性
* 今後の方針の検討
* 計画の修正の必要性

介護の本質を説明し，伝える力

　介護過程を展開するということは，その人に対してなぜその介護を行うのかを明らかにすることといえます。

　たとえば食事の介護の場合，ＡさんとＢさんに対する介護では，調理方法や盛りつけ方，食べさせ方などは異なるはずです。なぜ異なるのかについて，介護職同士は十分理解できていることでしょう。しかし，多くの人たちにとっては，なぜ介護の方法を一人ひとり変えなければならないのか，わからないのではないでしょうか。

　介護は単なる作業ではなく，一人ひとりの利用者に個別的に対応する支援なのだということを，介護職はきちんと説明できなければいけません。多くの人たちに介護の本質を理解してもらうためには，わかりやすい言葉で表現し，適切に発信していく必要があります。これも介護の専門性の１つといえるのではないでしょうか。

　たとえば，パンフレットや動画などを活用して，介護の現場を見える化するのも１つの工夫です。表面的な紹介にとどまることなく，介護の中身が適切に伝わるように工夫を重ね，介護の実際を知ってもらうことは，専門職だからこそできる仕事です。

　介護技術の習得と実践は介護職にとっての基本であり重要な仕事ですが，これからは介護の本質を説明し，伝える力も同様に大切になります。

3 介護にかかわる職種 ::

❶ 多職種連携の理解

多職種連携による総合力の発揮

　介護の実践における多職種連携（チームアプローチ）の意義は，異なる専門性をもつ多職種がチームになって利用者を支え合うことによって，互いの専門職としての能力を活用して効果的なサービスを提供できる点にあります。そして，多職種連携によって生み出される総合力を発揮することに，多職種連携の目的があるのです。

　チームとは，目標や方針を共有し，同じ方向へ向けて互いの専門性をいかしながら協力し合うグループです。チームアプローチとは，チーム援助を行うことをいい，多職種がそれぞれの専門的な視点でアセスメントを行い，目標や方針を共有し，それぞれが自分の専門性を発揮させて総合的に援助を行うことをいいます。

　指示されたことを行うだけの介護職は，多職種連携からはほど遠い存在です。しかし，目の前の利用者に注目し，その人にとって必要な介護が提供されているか，また，それが最善のものかどうかを問い，その人の可能性を広げる方法や，自立支援をめざして一歩ふみこんだ援助を展開しようとする介護職であればどうでしょう。その場合の介護職は，多職種連携をいつも視野に入れて動いています。

チームにおける介護職の強み

　介護職が1人ではできないことや，介護職チームだけでは越えられない壁を，多職種連携チームの総合力によって乗り越えて進むことができます。

　介護職の強みは，利用者のふだんの生活状態を知っていること，1対1の個別援助にあります。介護職は利用者の生活に寄り添い，側面から支えます。ふだんの状態をよく知っているので，微妙な変化にも気がつきます。

　その気づきをだれかにつなぐことから，多職種連携チームによる支援が始まります。

❷ 異なる専門性をもつ職種の理解

協働職種の機能と役割

多職種が目的を共有し，それに向かって連携して取り組むことを協働といいますが，多職種が連携するチームを組むためには，それぞれのメンバーが何をする人か，互いの専門職能を知っていることが前提となります。

だれが何をする人か，互いが互いを知らなければチームを組むことは困難です。

施設介護の現場には，福祉職も医療職も配置されています。施設の種別や規模によって異なるものの，医師，薬剤師，介護支援専門員，生活相談員や支援相談員，看護職，理学療法士，作業療法士，言語聴覚士，栄養士や調理員，事務員などの専門職が働いています。チームに必要な職種がそこにいる（または協力体制が組織としてつくられている）ことが施設の強みです。

一方，居宅介護の現場は，それぞれの利用者に対してチームを組まなければ協働は始まりません。そのため，介護職が進んで行動を起こす必要があります。

介護支援専門員（ケアマネジャー）

介護支援専門員は介護保険法にもとづき，ケアマネジメントの要をになう役割として位置づけられました。

介護支援専門員とは，要介護者や要支援者（以下，要介護者等）からの相談に応じ，要介護者等がその心身の状況などに応じて，適切な居宅サービスや施設サービスなどを利用できるように，居宅サービス事業者や**介護保険施設**⑤ （➡ p.130 参照）などとの連絡調整などを行う者であって，要介護者等が自立した日常生活を営むのに必要な援助に関する専門的知識や技術を有するものとして，介護支援専門員証の交付を受けたものをいいます。

介護支援専門員は，居宅介護支援事業所，介護保険施設などで働き，利用者のニーズをアセスメントして，ケアプラン（居宅サービス計画，施設サービス計画）を作成し，サービスを調整したり，サービス担当者会議（➡第1巻 p.263 参照）を開催したりします。

サービスの継続的な支援や，介護保険給付の管理もになう，ケアマネジメントの過程すべてにかかわる要の仕事を行います。

社会福祉士

　社会福祉士とは，**ソーシャルワーク**6（➡ p. 130 参照）に関する業務を担当する**名称独占**7（➡ p. 131 参照）の国家資格として，1987（昭和 62）年に制定された「社会福祉士及び介護福祉士法」によって制度化された相談援助の専門職です。

　2007（平成 19）年の法改正によって，社会福祉士の定義規定が見直され，社会福祉士の行う相談援助の例示として，ほかの福祉サービス関係者等との連絡・調整を行って，橋渡しを行うことが明確化されました。

　社会福祉士は，社会福祉サービスを必要とする人に対して，権利擁護や自立支援の視点をもって相談・助言・指導をする対人援助の専門職であり，**ソーシャルワーカー**8（➡ p. 131 参照）の国家資格です。

　社会福祉士は，働く場によってそれぞれ違う職名で働いているために，有資格者がどこにいるのかがみえにくいのですが，病院の医療相談室のソーシャルワーカーとして，介護老人福祉施設などの生活相談員や支援相談員として，福祉事務所のケースワーカーとして，地域包括支援センターの職員として，幅広く活躍しています。

精神保健福祉士

　精神保健福祉士とは，精神保健福祉領域のソーシャルワークに関する業務を担当する名称独占の国家資格で，精神保健医療と福祉にまたがる専門職です。

　また，医療分野の診療報酬点数において，精神科退院前訪問指導料は，医師の指示を受けた保健師・看護師・作業療法士・精神保健福祉士が行った場合には算定できるという例にみるように，診療報酬上にも位置づけられている資格です。

　精神保健福祉士は，精神科医療機関，障害福祉サービス事業所，保健所，精神保健福祉センターなどで活躍し，相談や情報提供などさまざまな支援を行っています。精神科リハビリテーションにおいてはチームの一員として，多職種と連携してチームアプローチを展開したり，デイケアの運営や家族会の支援，地域の組織化なども行っています。

医師

　医師は**業務独占**⑨（➡ p. 131 参照）の国家資格です。「医師でなければ，医業をなしてはならない」と医師法に定められています。

　医師だけが診断，投薬（注射），手術，生理学的検査などを行うことができ，それ以外の者は行うことはできません。

　しかし，医師だけですべての診療行為に対応することは困難なので，特定の限定された分野について，医師の指導監督下において，医療関係の国家資格を有する者が業務を行うことができると法律で定められています。たとえば，看護師は診療の補助行為ができ，理学療法士は理学療法ができます。

看護師

　看護師とは，厚生労働大臣の免許を受けて，傷病者もしくは**じょく婦**⑩（➡ p. 131 参照）に対する療養上の世話または診療の補助を行うことを業とする者をいいます。

　看護師は，業務独占の資格であり，名称独占の資格でもあります。

　看護師は，病院の中で患者の日常生活援助や治療にともなう処置を行うほか，介護保険施設などで療養上の世話を行っています。また，保健所や行政で地域の人の健康の保持増進に取り組んだり，企業で働く人の健康管理や健康相談を行ったり，訪問看護ステーションで療養している人の家を訪問したり，幅広い分野で看護を実践しています。

保健師

　保健師とは，厚生労働大臣の免許を受けて，保健師の名称を用いて，保健指導に従事することを業とする者をいいます。

　保健師は，名称独占の国家資格です。

　また，保健師は看護師の業務である「療養上の世話および診療の補助」を行うことができます。

　保健師は，保健所や市町村，病院，福祉施設，学校，企業などで幅広く活躍しています。仕事の内容としては，感染症患者・結核患者・精神障害のある人・生活習慣病のある人・妊産婦・乳幼児を対象とする家庭訪問・保健指導・地域をベースとした健康診断の開催・健康相談・健康教育を行っています。

理学療法士（PT）

　理学療法士とは，厚生労働大臣の免許を受けて，理学療法士の名称を用いて，医師の指示のもとに，理学療法を行うことを業とする者をいいます。

　理学療法士は，病院，診療所，介護老人保健施設などで活躍しています。具体的には，筋力測定，関節可動域テスト，運動療法や訓練指導などを行い，機能の維持や回復訓練をにないます。

作業療法士（OT）

　作業療法士とは，厚生労働大臣の免許を受けて，作業療法士の名称を用いて，医師の指示のもとに，作業療法を行うことを業とする者をいいます。

　作業療法士は，病院，診療所，介護老人保健施設などで，主として障害のある人に対して，手芸や工作，その他の作業を通して日常活動（作業活動）を援助します。

　理学療法士が身体の基本的動作能力の回復をはかるのに対して，作業療法士は，幅広い対象者に，応用的動作能力や社会的適応能力の回復をはかります。

言語聴覚士（ST）

　言語聴覚士とは，厚生労働大臣の免許を受けて，言語聴覚士の名称を用いて，音声機能，言語機能または聴覚に障害のある者についてその機能の維持向上をはかるため，言語訓練その他の訓練，これに必要な検査および助言，指導その他の援助を行うことを業とする者をいいます。

　言語聴覚士は，病院，リハビリテーションセンター，療育センターなどをはじめとして，保健医療福祉機関や教育機関など，幅広い領域で活躍しています。

　脳卒中後の失語症，聴覚障害，声や発音の障害など，言葉によるコミュニケーション障害のある人に対して，問題の背景を明らかにし，検査や評価を行い，訓練や指導，助言を行います。また，嚥下（➡第2巻 p.185 参照）に問題がある人に専門的に対応します。

薬剤師

　薬剤師とは，厚生労働大臣の免許を受けて，調剤，医薬品の供給やその他薬事衛生を行うことにより，公衆衛生の向上および増進に寄与し，国民の健康な生活を確保する役割をになっています。とくに調剤業務は薬剤師だけが行うことができる独占的な業務です。

　薬剤師は，薬局や病院などで活躍し，調剤業務，服薬指導などを行っています。

栄養士

栄養士とは，都道府県知事の免許を受けて，栄養士の名称を用いて栄養の指導に従事することを業とする者です。

栄養士は，食物栄養の専門家で食生活を支えます。学校（給食），病院，保健所などで生活環境やからだの状態に合わせた献立をつくり，栄養指導を行い，よりよい食生活を手助けします。

管理栄養士

管理栄養士とは，厚生労働大臣の免許を受けて，管理栄養士の名称を用いて，傷病者に対する療養のための必要な栄養の指導や，施設での給食管理，施設に対する栄養改善上必要な指導などを行うことを業とする者をいいます。

管理栄養士は，学校（給食），病院，保健所・市町村保健センター，福祉施設，外食産業，食品メーカーなどで活躍しています。

栄養を考慮した献立の作成，調理，衛生管理，高度な専門知識にもとづいた栄養指導による生活習慣病の予防・治療をにない，食材の発注や原価計算などの食材費管理業務などを行ったり，企業などでの研究開発や教育機関での学習指導を行っています。

サービス提供責任者

サービス提供責任者は，訪問介護事業所の柱となる役職であり，サービス提供の安定的な質を確保するための中核をにないます。利用者宅に出向き，サービス利用に関する契約のほか，アセスメントを行って，ケアプランにそった**訪問介護計画**⑪（➡ p. 131 参照）の作成などを行います。

また，実際のサービス内容に関して訪問介護員（ホームヘルパー）への指導・助言・能力開発なども行います。

介護職の職業倫理

学習のポイント

●介護職がもつべき職業倫理を学ぶ
●日本介護福祉士会倫理綱領を参考に介護職にかかわる倫理綱領を理解する

1 専門職の倫理の意義 :::::::::::::::::::::::::::::::::::::::

求められる高い倫理性

　介護職の特徴の1つは，利用者とかかわる頻度や密度が高いということです。たとえば，入浴や排泄の介助場面では，利用者ははずかしい思いを抱いているかもしれません。サービス提供の際，介護職には，そうしたことに想像力をはたらかせたうえで，十分な配慮や気づかいが求められます。

　人を相手とする介護の仕事を進めていくうえで大切な心構えの1つは，「利用者の悪口は絶対に口にしてはならない」ということです。人はだれでも長所があれば，短所もあります。介護職には，利用者のよいところを積極的に評価し，そうでないところについては，その理由や原因を探ってみることが必要です。

　介護職には，高い密度で頻繁に接する利用者に対して大切な人だと感じられるようなかかわり方や接し方ができるよう，みずからの行動を律していく必要があります。

　つまり，生活を支援する介護の仕事とは，専門的な知識・技術はもちろんですが，人間としての高い倫理性が求められる仕事なのです。

2 介護福祉士の倫理 ::

❶ 介護職に求められる法的規定

　専門職と呼ばれる職業人は，一般の人にはないような専門的な知識と技術をもっており，仮にそれを悪用した場合，社会や人々に対する影響は大きいものになります。

　介護職の場合も，その立場を利用して虐待などを行えば人の生命・生活をおびやかすことになり，社会においても信用されなくなります。

　このような行為は，実際に虐待などをした本人にとどまらず，介護職全体の信用を傷つけることになり，絶対に行ってはならないものです。そのため，介護職の国家資格である**介護福祉士**⓲（➡ p. 131 参照）に対しては，**社会福祉士及び介護福祉士法**⓳（➡ p. 131 参照）という法律のなかで**表 3-2-1** のような規定を設けて，高い倫理性を求めています。

■表 3-2-1　介護福祉士に求められる法的規定

<table>
<tr><td>
社会福祉士及び介護福祉士法
（誠実義務）
第44条の 2　社会福祉士及び介護福祉士は，その担当する者が個人の尊厳を保持し，自立した日常生活を営むことができるよう，常にその者の立場に立って，誠実にその業務を行わなければならない。
（信用失墜行為の禁止）
第45条　社会福祉士又は介護福祉士は，社会福祉士又は介護福祉士の信用を傷つけるような行為をしてはならない。
（秘密保持義務）
第46条　社会福祉士又は介護福祉士は，正当な理由がなく，その業務に関して知り得た人の秘密を漏らしてはならない。社会福祉士又は介護福祉士でなくなった後においても，同様とする。
</td></tr>
</table>

❷ 介護職に求められる行動規範

みずからの行動を律する規範

　介護職には，法律以外でも，専門職として守らなければならない**行動規範**があります。その行動規範を定めているのが**倫理綱領**です。

　介護職は，利用者がその人らしい人生を実現するために，利用者とともに生活を送るうえでの課題とその解決方法を見いだし，生活そのものを支援していく専門職です。なおかつ，支援を必要とする人たちに対して，人間としての尊厳を保障し，自立した生活が送れるように支援する立場にあります。

　しかし，ときには利用者に接するさまざまな場面においてどうすべきか，むずかしい判断や行動を求められることがあります。そのようなときには，介護職として守らなければならない規定や公正，公平，正義などと照らしあわせてみずからの行動を律することが大切になってきます。

　介護職一人ひとりがそうした行動をとることによって，介護職は社会からの期待にこたえる職業として信頼を得て，存在することができるのです。

高い倫理性と社会的責務

　日ごろの実践のなかで，介護職にとって必要な倫理とは何かを常に問いかけることは，とても重要です。

　介護職は人の生命や生活にかかわる職業であり，人に対しての大きな影響力をもっている職業です。したがって，介護に関する知識と技術を備えていることはもちろん，介護を行ううえで根幹となる倫理についても理解し，高い倫理性を養うことが社会的な責務といえます。

日本介護福祉士会倫理綱領

　介護職の国家資格である介護福祉士の職能団体として，日本介護福祉士会�14（➡ p. 132 参照）は 1994（平成 6）年に設立された直後，会のなかに倫理綱領作成委員会を設置し，他の専門職の倫理綱領などを参考にしながら，当時の厚生省等の関係者，法律家などからの助言を受けて，介護福祉士の倫理綱領の作成に着手しました。

　そして，1995（平成 7）年に資格をもつすべての介護福祉士がめざすべき専門性と職業倫理を明文化し，日本介護福祉士会倫理綱領を宣言しました。

日本介護福祉士会倫理綱領

1995（平成7）年11月17日宣言

前文

　私たち介護福祉士は，介護福祉ニーズを有するすべての人々が，住み慣れた地域において安心して老いることができ，そして暮らし続けていくことのできる社会の実現を願っています。

　そのため，私たち日本介護福祉士会は，一人ひとりの心豊かな暮らしを支える介護福祉の専門職として，ここに倫理綱領を定め，自らの専門的知識・技術及び倫理的自覚をもって最善の介護福祉サービスの提供に努めます。

（利用者本位，自立支援）

1．介護福祉士はすべての人々の基本的人権を擁護し，一人ひとりの住民が心豊かな暮らしと老後が送れるよう利用者本位の立場から自己決定を最大限尊重し，自立に向けた介護福祉サービスを提供していきます。

（専門的サービスの提供）

2．介護福祉士は，常に専門的知識・技術の研鑽に励むとともに，豊かな感性と的確な判断力を培い，深い洞察力をもって専門的サービスの提供に努めます。

　また，介護福祉士は，介護福祉サービスの質的向上に努め，自己の実施した介護福祉サービスについては，常に専門職としての責任を負います。

（プライバシーの保護）

3．介護福祉士は，プライバシーを保護するため，職務上知り得た個人の情報を守ります。

（総合的サービスの提供と積極的な連携，協力）

4．介護福祉士は，利用者に最適なサービスを総合的に提供していくため，福祉，医療，保健その他関連する業務に従事する者と積極的な連携を図り，協力して行動します。

（利用者ニーズの代弁）

5．介護福祉士は，暮らしを支える視点から利用者の真のニーズを受けとめ，それを代弁していくことも重要な役割であると確認したうえで，考え，行動します。

（地域福祉の推進）

6．介護福祉士は，地域において生じる介護問題を解決していくために，専門職として常に積極的な態度で住民と接し，介護問題に対する深い理解が得られるよう努めるとともに，その介護力の強化に協力していきます。

（後継者の育成）

7．介護福祉士は，すべての人々が将来にわたり安心して質の高い介護を受ける権利を享受できるよう，介護福祉士に関する教育水準の向上と後継者の育成に力を注ぎます。

第3章　介護の基本　105

介護における安全の確保とリスクマネジメント

学習のポイント 📋

●利用者の生活を守る技術としてのリスクマネジメントの視点を学ぶ
●利用者を取り巻く介護チームで安全な生活を守るしくみについて学ぶ

1 介護における安全の確保 ::

介護におけるリスクマネジメントとは

　介護の現場では，利用者のプライバシーにどうしてもかかわらざるを得ないことが多く生じます。その場合，専門職として守るべき倫理に加えて，利用者に生じやすい事故などへの対策や，安全への配慮も重要になります。

　介護保険制度上も，介護保険施設などには，事故発生の防止のための指針の整備や委員会（事故防止検討委員会等）の設置，従業者に対する研修の定期的な実施などが定められており，介護サービス事業者全般に対して，事故発生時には事故の状況および事故に際してとった処置についての記録が義務づけられています。

　これら一連のしくみや流れをリスクマネジメントといいます。

リスク回避と尊厳の保持

　介護職は，利用者のリスクの回避に責任を負うことになります。それと同時に，利用者の尊厳の保持を実現しなければいけません。

　従来，「安全の確保」を理由に，介護の現場で行われてきた行動制限が，介護保険制度においては，身体拘束（➡第1巻 p.64 参照）として原則的に禁止されました。人の暮らしを支える介護の現場では，利用者の尊厳をおかすことなく安全の確保をはかることが当然のこととして定着しようとしています。

2 事故予防，安全対策 ::

❶ リスクマネジメントの必要性

経験や知識をもとにしたリスクの予測

　私たちの生活を思い浮かべてみると，日常生活のなかには，危険や事故の発生要因となるものがたくさんあることに気づきます。

　たとえば，街を歩いているときに道に段差があったり，信号のない横断歩道では車の往来があるなかを横切ったりします。私たちは，そのときに段差があることや車が近づいていることに気づき，段差を乗り越えたり，車が通り過ぎるのを待ったりするという方法で危険を回避しています。

　ふだん何気なくとっている行動のなかにも，実は自分自身の経験や知識をもとに生活上のリスクを予測し，みずからの安全を確保している場面がたくさんあるのです。

利用者の生活を支えるチームとリスクマネジメント

　このことは，介護においても同様です。利用者の生活を支えるということは，そこで生じる利用者の生活上のリスクを未然に予測し，回避するための知識や技術，また，事故が起きたときにはその影響を最小限にとどめ，安全を確保する技術が求められます。

　なぜなら，介護が必要とされる利用者は体調の変化を起こしやすいだけでなく，認知症や慢性疾患への対応には，質の高い介護技術や配慮が求められるからです。しかも，介護の現場では直接身体に触れて介助することが多く，事故につながる危険性は非常に高くなります。

　また，介護の現場では，複数の介護職や多くの専門職が連携してかかわることになります。さまざまな利用者に対して，どのような場面でも安全が確保でき，一人ひとりの利用者の尊厳ある生活が守られなければなりません。

　そのためには，個々の介護職の技術を高めるとともに，チームや組織でリスクマネジメントを行い，具体的な工夫や方法で事故の回避・軽減をはかることが重要です。

❷ 事故防止，安全対策の実際

生活のなかのリスクと対策

　要介護状態の高齢者であっても，福祉用具（➡第2巻 p. 106 参照）や自助具⑮（➡ p. 132 参照）を使って生活をしやすくすることは可能です。また，適切に福祉用具や自助具を選定することは，安全対策にもつながります。

　たとえば，**モジュールタイプの車いす**⑯（➡ p. 132 参照），立ち上がりやすい低床ベッド，安定感があって居住空間にもなじむ家具調のポータブルトイレなどが開発されています。

　介護保険施設では，バリアフリー⑰（➡ p. 132 参照）の構造をとり，トイレや浴室，脱衣室に手すりが設置されています。在宅でも，トイレや玄関，浴槽に手すりを設置して，身体機能が低下しても自立した生活行為を継続できるように**住宅改修**（➡第2巻 p. 104 参照）することもできます。

　その一方で，居住環境だけ整備して，利用者の個別性に配慮せず，画一的なかかわりをすることは危険なことです。利用者のニーズをくみとりながら，何よりも個別の生活課題を優先する意識をもったスタッフがそろっていることこそ，リスクに強い環境といえます。

　道具や設備が整っていても，個別ケアを優先する環境が整わなければ暮らしの安全性は高まりません。

低床ベッド

浴槽の手すり

転倒および転落に関する対策

① 個別性が高い転倒のリスク

　利用者によって，「1人で歩行可能」「介助すれば歩行可能」「歩行器を使用すれば歩行可能」など，歩行能力や機能はさまざまで，個別性が高いものです。言い換えると転倒のリスクも個別性が高いということです。一度転倒すれば，骨折につながる可能性も高く，骨折が原因となっていわゆる寝たきり状態になり，さらに，身体機能の低下や認知症のBPSD（行動・心理症状）（➡第1巻 pp. 368-371 参照）を引き起こす原因にもなります。

② 身体的なダメージが大きい転落のリスク

　利用者がベッド上で安全な体位がとれない場合の転落のリスクや，入浴や移動に使用するストレッチャーからの転落のリスクは高く，打撲の程度によっては，骨折やけがだけではなく生命にかかわる重篤な状態を招く場合があります。

③ 行動の理由の理解

　転倒を回避するために，利用者に対して「危ないからじっとしていてください」などと求めることは，本人の思いに反し行動を制限することになり，かえって危険です。不意に立ち上がり，不安定な歩行で移動する場面に出くわしたら，まず，いっしょに行動しながら何をしようとしたのか，何がしたいのか，その理由を探ります。

　理由がわかれば，それに合わせた援助が行えます。言語によるコミュニケーションがむずかしい利用者であっても，ふだんからきちんと向き合って接していると，しぐさや表情などのサインから本人の思いを理解できるようになります。

④ 生活環境の整備

　利用者一人ひとりの暮らし，生活スタイルや身体機能に合わせた生活空間になっているのかを検証します。

　歩行するときに寄りかかったり，つかまることができるような家具（いすやテーブル）の配置の工夫をしたり，トイレや浴室などの立ち上がり動作を行う箇所に手すりを設置することも有効です。

　また，寝具の種類，床のしつらえ（畳，フローリング，じゅうたん）もさまざまです。転倒・転落しないことがいちばんですが，万が一，転倒・転落した場合でも衝撃を最小限にとどめるために，じゅうたんやすべり止めつき床マットを敷くなどの工夫も考えられます。

誤嚥を回避して，おいしく食べるための対策

① 誤嚥予防

　高齢者の場合，嚥下機能の低下により細菌が食べ物や唾液などとともに誤って気管から肺

に入ると，炎症を起こして誤嚥性肺炎を引き起こす場合があります。また，嚥下機能の低下や唾液の分泌の減少，歯の減少による咀嚼機能の低下により，食べ物を喉につまらせてしまう場合があります。このような誤嚥や窒息を回避するためには，適切な食形態，食事の姿勢，個々の利用者の咀嚼・嚥下機能や口腔内の状態に適した介助を行う必要があります。

② その人に合う食形態

咀嚼機能が低下しているからといって，食形態は細かく刻んだものやペースト状のものがよいとは限りません。細かく刻むと口の中で食塊がつくれなくて飲みこみにくくなります。ペースト状の食べ物は，舌の上で広がり，喉にたまります。そして，呼吸と同時に気管に入ってしまうことがあります。

このような場合は，ゼリー状や寒天状のほうが誤嚥を回避できます。咀嚼・嚥下機能が低下しても，嗜好に配慮したメニューで，見た目も味も，季節感にも配慮した提供の方法を工夫して，安全性だけではなく，QOLも維持していくようにします。

③ 基本的な食事の姿勢

食事の際，良肢位[18]（➡ p.132 参照）の保持も誤嚥の回避につながります。いすやテーブルの高さの調整だけで良肢位が保持できる場合もありますが，体幹の筋力が低下して座位保持の機能が低下している場合は，身体が傾いたりします。その場合は，クッションなどを利用して姿勢を調整します。

誤薬を避けるための対策

介護の現場では，服薬の介助を行うこともあります。

とくに施設サービスの場面では，利用者が服薬するまでに，複数の職員がかかわります。看護職が配った薬を介護職が受けとり，時間にあわせて服薬の介助をします。

最初は，間違えないように意識していても，毎日の決まりきった仕事ととらえると，薬の内容，名前，利用者が一致しているかどうかを意識することが希薄になることもあります。

間違えにくい分類方法，色分け，名前シールで明記することや服薬介助の際に，職員間で名前シールと利用者を照合するといった手順をマニュアルにするなど，さまざまな工夫を行い，誤薬のリスクを避けるようにします。

防火，防災に関する対策

介護保険施設や訪問系サービスを除く事業所においては，**非常災害に関する具体的計画**[19]（➡ p.132 参照）を作成したり，非常災害時の関係機関への通報連携体制を整備したりして，定期的に避難・救出訓練を行うことが義務づけられています。

消防計画および消防業務の実施については，防火管理者を置くこととされています。また，

所定の場所に消火器，スプリンクラー，煙感知器，熱感知器の設置が義務づけられています。

　　設備が整っているだけではなく，**避難訓練を定期的に実施**して，通報，初期消火，具体的な避難経路の確認や避難誘導介助のイメージトレーニングが必要です。火災が起きた場合の通報，初期消火，避難は，日々の訓練の積み重ねです。利用者の安全な生活を守るため，実態に合った避難訓練や主体的な防災研修を積み重ね，いざというときに，適切な判断や行動がとれるように備えます。

　　また，地域に向けては，地域の自主防災会，消防団や住民と合同で**防災訓練を行う**ことなどを，施設や事業所の側から提案します。ふだんから，地域住民と連携して災害時の協力関係づくりに努め，地域生活の安全を高めていくしくみを構築するようにします。

　　さらに，火災だけでなく，風水害対策や地震に対する備えや対応などをマニュアル化して防災訓練を行ったり，地域の避難場所の確認や，食料や水の備蓄などをしておくことも求められています。また，利用者だけでなく，災害時は地域の避難所としても機能できるようにすることも重要です。

　　災害対策に関しては，2021（令和 3 ）年 1 月 25 日に介護サービス事業者の運営基準を改正する省令が公布され，介護サービス事業者には，新型コロナウイルスをはじめとする感染症対策の強化や，地震や水害等の大規模な自然災害が発生しても必要な介護サービスの提供が継続できるように計画（BCP：業務継続計画）を策定し，地域や関係機関とも連携した体制づくりが求められています。

生活の安全（消費者被害など）に関する対策

　　在宅で暮らしている高齢者だけの世帯や，一人暮らしの高齢者をねらった**悪質商法**[20]（➡ p. 132 参照）があります。被害を未然に防ぐために，訪問系のサービスを担当する介護職は，利用者の家で高価な寝具や健康食品を不必要に購入した形跡や，高額の住宅リフォームや見知らぬ人の出入りを発見した場合は，**消費者被害**のおそれも考え，見過ごしてはなりません。

　　まずは，消費者被害にあわないために，見知らぬ人は家に入れない，家族構成などのプライバシーは明かさない，すすめられてもきっぱり断ることを利用者に助言します。

　　実際に被害にあったことが確認された場合は，消費生活センターの消費生活相談窓口や**クーリング・オフ制度**[21]（➡ p. 132 参照）の利用を案内し，被害を最小限にとどめるように対応します。

❸ 介護事故発生時の対応

利用者の状態確認

　介護事故が発生した場合，利用者への対応が最優先です。まず，**利用者の状態確認が必要です**。**バイタルサイン**22（➡ p.133 参照），出血，打撲，外傷の状態，痛みの有無などを確認します。医師や看護職と連携して対応し，状態によっては，その場での処置だけではなく，受診対応，救急車の要請も必要となります。対応と同時に，事故の発生を迅速かつ的確にチームリーダーや上司に報告します。いずれの場合でも，迅速かつ的確に判断・行動して，事故のダメージを最小限にとどめるように努めます。

リスクに強い組織づくり

　介護事故発生時の救急対応などは，一連の流れをマニュアル化し，研修を重ねて共有することが基本です。しかし，実際の事故や救急の場面では，マニュアルだけでは対応できない事態も発生します。そのような場合でも，チームで連携して情報を伝え合い，判断をあおげる専門職同士の関係と事故に対応できるしくみをもっている組織は，**リスクに強い組織**といえます。
　また，事故後にチームでふり返り，話し合う場をもつことが必要です。事故発生から対応までの一連の過程における課題整理やより適切な対応はなかったかの検証をし，**事故予防**につなげます。

介護事故発生時の報告・記録

　介護事故が発生した場合は，利用者への対応と並行して，事業所内でも事故の発生を報告・連絡・共有しますが，**家族への報告**も必要です。
　家族への報告は，できる限り迅速かつ正確に行う必要があります。報告の遅れや，報告の不正確さは，家族との信頼関係に支障をきたすことがあります。それは，日ごろの介護に対する不信感につながることもあります。どんな重い事故も誠実に事実をもとに報告することは，介護にたずさわるものの責務なのです。
　事故の状況やそれにともなう利用者の状況は，家族とも常に共有しながら対応を進めます。家族に対しては，口頭での報告だけではなく，**介護記録を開示**して説明することもあります。したがって，常に５Ｗ１Ｈを念頭に置いた，正確・適切でだれが見てもわかりやすい記録の技術が求められます。

❹ 介護事故の報告

組織全体による情報の共有と対応

　介護保険施設内には，介護事故に関する情報を，口頭や文書によって組織全体に伝達していくしくみがあります。事故発生の経緯とその後の対応などを，組織的に共有するしくみです。

　介護の場面で発生した事故については，介護職からリーダーに報告され，最終的には介護保険施設の管理者に報告されるしくみを整備することが義務づけられています。また，事故報告・対応に関する指針も整備しなければなりません。その指針に従って事故報告の手順をマニュアル化し，迅速かつ正確に組織全体で情報を共有することが大切です。

報告しやすい風土づくり

　報告のしくみや事故報告書が整備されていても，介護事故に直面した介護職から報告が上がってこないとしくみは機能しません。介護保険施設内に，「報告することが専門職としての責務であり，報告した介護職を責めるものではない」と感じとれる風土を根づかせる必要があります。

　事故は，その場に直面した介護職の介護のあり方だけではなく，さまざまな要因が重なり合って発生するものです。かかわった介護職だけの問題としてしまうと再発防止策は生まれてきません。

　1つひとつの事故を組織全体で受けとめる姿勢，だれが直面しても組織全体のこととして考えていく風土や組織文化そのものが，リスクマネジメントといえます。

報告の義務

　介護保険法にもとづく省令で，介護事故は介護保険の保険者（市町村）や家族などに連絡することが義務づけられています。また，介護保険施設の管理者に報告するしくみの整備も義務づけられています。

　保険者への報告を要する事故としては，骨折，やけど，誤嚥，異食，誤与薬などのうち入院または医療機関での治療を要するけがや利用者が死亡した場合などがあります。

3 感染対策 :::

❶ 生活の場での感染対策

生活の場の特性を理解する

病気を治療する目的をもつ「病院」と，生活が主体となる「高齢者介護施設」とでは，そこにいる利用者の違いによって感染対策のあり方も当然異なってきます。つまり，感染対策を考えるときは，その場がどういう環境であり，利用者の特性がどうなのかを考慮することが必要になります。

では，生活の場とはどのような場所をいうのでしょうか。簡単にまとめれば，衣食住の生活要件が日々営まれている場所ということになるでしょう。介護の対象となる生活の場としては，介護施設や在宅などが考えられます。

基本となる標準予防策という考え方

感染という言葉を聞くだけで，感染そのものにアレルギーをもち，「自分が感染したらどうしよう」「怖いもの」「触れたくないもの」という認識をもつ人が多いと思います。しかし，介護職としては正しい知識をもち，冷静に適切に対応することが大切です。

ここで，確認しておくべき点は，生活の場における感染対策でも，**標準予防策（スタンダード・プリコーション）** 23（➡ p. 133 参照）の考え方が基本になるということです。

感染対策の基本

生活の場における感染対策は，何よりも「1ケア，1手洗い」を徹底することが必要です。

たとえば，利用者が大便を排泄したあとに自分でお尻をふくことができなかったとします。そのとき，介護職は利用者に代わってその行為を行いますが，手袋を装着し，便に直接触れなくても，病原体が介護職の手につくことがあります。したがって，1回のケアを終えるたびに手をていねいに洗うことは，感染対策の基本です。

このように，「1ケア，1手洗い」の習慣化が大切です。

なお，手洗いの方法の基本は流水と液体石けんでの手洗いです。

高齢者介護施設における感染対策

日ごろから感染対策を意識した介護を行っていると，感染症が発生したときに早めの対応につながり，被害を最小限に抑えることができます。つまり，万が一感染症にかかっても重症化を回避できる可能性も高く，また，感染症の拡大を防止することにもなります。高齢者介護施設における感染管理体制では，表 3-3-1 の項目が求められます。

■表 3-3-1　高齢者介護施設における感染管理体制のポイント

❶ 感染対策委員会の設置
❷ 感染対策のための指針・マニュアルの整備
❸ 感染症の発生に関する情報の共有と活用
❹ 職員研修の実施
❺ 施設内の衛生管理
❻ 職員の健康管理
❼ 高齢者の健康管理
❽ 職員が行う感染対策

資料：厚生労働省「高齢者介護施設における感染対策マニュアル 改訂版」pp.10-43，2019年より作成

在宅における感染対策

在宅で介護を必要とする利用者が 1 人で暮らしているとします。もっとも感染しやすいのは利用者本人であり，介護職はそのことをふまえて，感染予防の視点をもって対応します。ここが，高齢者介護施設の場合と異なります。

つまり高齢者介護施設は，感染しやすい人たちが大勢存在している場所だということです。そこでは，徹底した感染対策が実施されて当然ですし，そうでないと，何らかの原因で感染症にかかり，重症化するという状況になってしまいます。

在宅の場合は，このような環境にありません。しかも，介護を必要とする人が 1 人だと，その人への感染対策だけを考えればよいことになります。

しかし，何らかの介護を必要とする人なので，抵抗力の低下などにより，健康な人に比べて感染しやすいという状態ではあります。そのため，感染対策の基本である「1 ケア，1 手洗い」は必須となります。

❷ 感染対策の3原則

感染源の排除

　感染症の原因となる微生物（細菌，ウイルスなど）を含んでいるものを感染源といいます。感染源となる可能性があるものとして，表3-3-2のようなものが考えられます。これら感染源となる可能性があるものを取り除くために，表3-3-2にある❶〜❸は素手で触らず，必ず手袋を着用して取り扱うこと，手袋を脱いだあとは，手洗いや手指消毒を行うことが必要です。

感染経路の遮断

　おもな感染経路と原因微生物を表3-3-3に示します。
　感染経路を遮断するには，次のポイントに留意します。
① 感染源（病原体）をもちこまない
② 感染源（病原体）をもち出さない
③ 感染源（病原体）をひろげない
　感染経路を遮断するためには，標準予防策（スタンダード・プリコーション）と感染経路別予防策を行います（表3-3-4）。
　高齢者介護施設における感染症のほとんどは，施設の外から感染源がもちこまれて発生します。具体的には，新規の入居者（短期入所サービス，通所サービスの利用者も含む），職員，委託業者，面会者，ボランティア，実習生などが施設外で感染して施設内にもちこむことが多いようです。
　なかでも職員は，入居者と日常的に長時間接するため，ふだんから健康管理を心がけるとともに，感染症にかかったときには仕事を休むことができる職場環境づくりも必要です。

宿主（人間）の抵抗力の向上

　感染症の発症は，宿主（人間）の抵抗力に大きく影響されます。日常的に，感染症にかからないよう栄養，睡眠，予防接種などにより身体の抵抗力を強化する取り組みが求められます。
　低栄養[24]（➡ p.133参照）状態であれば，感染症にかかりやすくなるため，常に利用者の栄養状態の把握が必要です。

■表3-3-2　感染源となる可能性があるもの

❶ 嘔吐物・排泄物（便・尿等），創傷皮膚（※），粘膜等
❷ 血液・体液・分泌物（喀痰・膿等）
❸ 使用した器具・器材（注射針，ガーゼ等）
❹ 上記に触れた手指

資料：厚生労働省「高齢者介護施設における感染対策マニュアル　改訂版」p. 3，2019年
※：傷やただれた皮膚のこと。

■表 3-3-3　感染経路と主な原因微生物

感染経路	特徴	主な原因微生物
接触感染 （経口感染含む）	●手指・食品・器具を介して伝播する頻度の高い伝播経路である。	ノロウイルス※ 腸管出血性大腸菌 メチシリン耐性黄色ブドウ球菌（MRSA）　等
飛沫感染	●咳，くしゃみ，会話等で，飛沫粒子（5μm以上）により伝播する。 ●1m以内に床に落下し，空中を浮遊し続けることはない。	インフルエンザウイルス※ ムンプスウイルス 風しんウイルス　等
空気感染	●咳，くしゃみ等で，飛沫核（5μm未満）として伝播し，空中に浮遊し，空気の流れにより飛散する。	結核菌 麻しんウイルス 水痘ウイルス　等
血液媒介感染	●病原体に汚染された血液や体液，分泌物が，針刺し事故等により体内に入ることにより感染する。	B型肝炎ウイルス C型肝炎ウイルス　等

※インフルエンザウイルスは，接触感染により感染する場合がある
※ノロウイルス，インフルエンザウイルスは，空気感染の可能性が報告されている
資料：厚生労働省「高齢者介護施設における感染対策マニュアル 改訂版」p. 4，2019年

■表 3-3-4　標準予防策の具体的な項目

・手指衛生　・個人防護用具の着用　・適切な患者配置
・汚染器材の管理（洗浄・消毒・滅菌含む）　・環境整備　・リネンの管理
・鋭利器材の取り扱い（※）　・感染性廃棄物の取り扱い
・血液媒介病原体対策（針刺し切創など）（※）　・呼吸器衛生・咳エチケット
・安全な注射の手技（※）　・特別な腰椎穿刺処置のための感染予防策（※）

出典：CDC, *Guideline for Isolation Precautions : Preventing Transmission of Infectious Agents in Healthcare Settings*, 2007.
※：高齢者介護施設の介護職は行わない。

介護職の安全
かい　ご　しょく　　　あんぜん

学習のポイント
がくしゅう

●介護の特徴をふまえて，介護職自身の健康管理の必要性について学ぶ
かい ご 　 とくちょう　　　　　　かい ご しょく じ しん　けんこうかん り　　ひつようせい　　　　　　まな

●介護職に起こりやすいこころとからだの病気や障害について学ぶ
かい ご しょく　お　　　　　　　　　　　　　　　 びょうき　しょうがい　　　　　　まな

●介護職自身の健康管理の方法（病気や障害の予防と対策）について学ぶ
かい ご しょくじ しん　けんこうかん り　ほうほう　びょうき　しょうがい　よ ぼう　たいさく　　　　　　　　まな

1　介護職の心身の健康管理
かい ご しょく　　　しんしん　　けんこうかん り

❶ 健康管理の意義と目的
けんこうかん り　　　い ぎ　　もくてき

　介護の仕事は，介護サービスを利用する高齢者や障害のある人の生活と生命を支える仕事で
かい ご　 し ごと　　かい ご　　　　　　　　 り よう　こうれいしゃ　しょうがい　　　ひと　せいかつ　せいめい　ささ　　し ごと
あり，社会にとって不可欠な仕事です。介護職は，高齢者福祉や障害者福祉においてきわめて
しゃかい　　　　　　ふ か けつ　し ごと　　　　かい ご しょく　　こうれいしゃふく し　しょうがいしゃふく し
重要な役割を果たしています。
じゅうよう　やくわり　は

　介護職には，専門的な知識や技術に加えて，豊かな人間性ややさしさが求められます。豊か
かい ご しょく　　　せんもんてき　ち しき　ぎ じゅつ　くわ　　　　ゆた　　にんげんせい　　　　　　　もと　　　　　　　ゆた
な人間性ややさしさを発揮するためには，心身の健康を保つことが必要です。
にんげんせい　　　　　　　はっ き　　　　　　　　　　しんしん　けんこう　たも　　　　　　ひつよう

　どのような仕事でも，働き方や仕事の内容，職場の環境が原因で病気になったりけがをした
し ごと　　　はたら　かた　し ごと　ないよう　しょく ば　かんきょう　げんいん　びょうき
りすることがあります。介護の仕事でも，働き方や職場の環境などが原因となって，病気やけ
かい ご　 し ごと　　　はたら　かた　しょく ば　かんきょう　　　げんいん　　　　　　びょう き
がが発生することがあります。介護職が仕事で役割を発揮し，充実した生活を送るためには，
はっせい　　　　　　　　　　かい ご しょく　し ごと　やくわり　はっ き　じゅうじつ　せいかつ　おく
健康で安全に働けることが重要です。
けんこう　あんぜん　はたら　　　　　　じゅうよう

　介護職自身の健康状態が保てないと，介護サービスの質も低下し，利用者の状態に応じた介
かい ご しょくじ しん　けんこうじょうたい　たも　　　　　　かい ご　　　　　　　しつ　ていか　りょうしゃ　じょうたい　おう　　かい
護ができなかったり，思わぬ事故につながったりする可能性もあります。そのような意味から，
ご　　　　　　　　　　　おも　　　じ こ　　　　　　　　　　かのうせい　　　　　　　　　　　い み
介護職の健康管理はとても大切です。
かい ご しょく　けんこうかん り　　　　　たいせつ

❷ 健康に働くための健康管理

過労を防ぐ

日々の生活のなかで健康を維持するためには，疲労を回復する力と，仕事や仕事以外の原因で生じる身体や精神（こころ）の疲労とのバランスをとり，過労を防ぐ必要があります。

図 3-4-1 に示したのは，このバランスをバネばかりにたとえた「健康バネばかり」です。朝起きると，元気でバネの力が強いので健康の目盛は「良」をさしています。夜寝る前は疲れているので「やや良」か「不良」をさしているかもしれません。しっかり睡眠をとって次の朝には健康の目盛が「良」に回復しているのが，健康な生活です。

私たちの健康を維持してくれる力は，体力のバネ，趣味・娯楽のバネ，休息・睡眠のバネに大きく分けて考えることができます。

仕事の負担に仕事以外の負担が加わったその重さが，疲労の原因となります。

健康の目盛が，最近「やや良」や「不良」をさすことが多くなったとしたら，どのような対策が考えられるでしょうか。睡眠時間が不十分なら，睡眠時間を確保する必要があります。体力の低下や体調の不良があれば，医師に相談してください。楽しいことをする予定がなければ，友人や家族と相談して楽しい計画を立ててください。疲労の原因である重りを取り除くことも必要です。それでも，疲労がたまる場合には，職場の上司などに相談しましょう。

■図 3-4-1　健康バネばかり

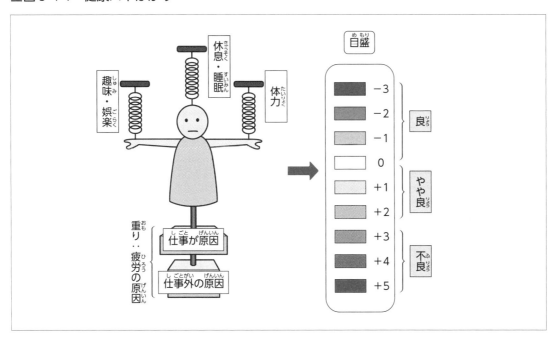

食事の管理

　仕事のために身体を動かしているときには，全身の筋肉を使って，必要な姿勢をとったり，力を出したりしています。

　たとえば，利用者がベッドから車いすに移乗する場面では，介護職は目や耳を使って安全を確認し，利用者に苦痛が生じないように移乗の介助を行います。介護職の全身の筋肉が大きな力を出すので，利用者は車いすに移ることができます。

　筋肉を使って大きな力を出すためには，脳からの命令情報，呼吸機能（肺を通じて酸素を血液に取りこむ機能）や循環機能（心臓がポンプとなって血液を送り出す機能）により，酸素や栄養分が血液として筋肉に運ばれる必要があります。血液で運ばれる栄養は，食事として摂取したものです。

　つまり，仕事をするためには，必要なエネルギーを食事から身体に取りこむ必要があります。朝ご飯を食べずに仕事を始めるようでは，健康は維持できません。

　また，栄養のバランスも大切です。食べすぎて体重が増加し，肥満になるのもよくありません。1年に最低1回は実施される職場の健康診断を利用して，健康状態をチェックするとともに体重の管理にも気をつけましょう。

睡眠の管理

　睡眠は疲労の回復にとって大切な役割を果たしています。疲れてくると眠気を感じるのは，身体が疲労からの回復を求めているからです。

　本来，人間は夜のあいだは眠り，昼間は活動するように身体がつくられています。昼間活動しているあいだに傷んだ細胞や身体の組織を，夜寝ているあいだに修復したり新しくつくり直したりして，次の昼間の活動に備えます。夜のあいだだけつくり出されるホルモンもあります。

　人間にとっては，昼間に活動して，夜，横になって眠ることが自然な姿です。睡眠不足は，腰痛など多くの病気の原因になります。また，こころの病気の原因にもなることが知られています。

　多くの介護の職場では，利用者の24時間の生活を支援する必要性から，夜勤が不可欠な働き方になっています。夜勤は夜働くわけですから，昼間働いて夜眠るという睡眠のリズムからみると不自然な生活になります。夜勤に備えて，ふだんから質のよい睡眠をとるようにして（表3-4-1），睡眠不足にならないようにすることが大切です。

■表3-4-1　質のよい睡眠をとるコツ

寝る場所は，「暗くて，静かで，暖かい」
❶ 同じ時刻に毎朝起床する。寝だめはしない。
❷ 朝食を食べ，朝日を浴びる。
❸ 日中は，軽く身体を動かすようにする。
❹ 寝不足のときは，15〜20分の昼寝が有効。
❺ 寝る前の激しい運動や夜食はやめる。
❻ 夕食後は，カフェインを含むコーヒーやお茶はひかえる。
❼ 寝る前に，パソコン・スマートフォンなど液晶画面を見すぎない。
❽ 眠るための飲酒は，不眠のもと。
❾ 寝る前は，ぬるめの風呂や軽いストレッチ休操や，音楽鑑賞などで，リラックス。
❿ 朝起きたときよく寝たと思え，昼間眠くならなければ，睡眠時間はあまり気にしなくてよい。

❸ こころの健康管理

ストレス

　介護の仕事は，1つひとつが利用者にとって重要な意味をもっています。たとえば，食事の介助には，利用者の生命をつなぐ大切な役割があります。食事の介助を行うときは，おいしく食べてもらうための工夫や，誤嚥が起きないようにするための安全への注意も必要です。しかし，施設で働く介護職は複数の利用者を担当するため，時間をかけて1人の利用者の食事介助に集中できない場面が多いです。

　食事の介助だけでなく，排泄や入浴の介助でも，複数の利用者に対して効率的に行おうとすれば，緊張することになります。介助の場面だけでなく，利用者やその家族との人間関係，職場の同僚や上司との人間関係でも，緊張することがあるでしょう。

　こうした緊張はこころを疲れさせます。こころを疲れさせるさまざまな事柄をストレッサーといいます。怖さを感じさせる事柄，悲しさを感じさせる事柄，緊張を感じさせる事柄など，ストレスの原因となる事柄はたくさんあります。

　こころの疲労も身体の疲労と同じで，休息などによりうまく解消できればよいのですが，こころの疲労が重なると，こころの病気にかかります。介護職は，仕事や人間関係からさまざまなストレスを受けるので，**こころの健康管理**が必要です。

燃え尽き症候群

　このあいだまでふつうに仕事ができていたのに，突然，仕事に対する意欲を失い，朝起きられない，出勤できないなどの状態になることがあります。一生懸命がんばっていたのに，突然，働けなくなるといった状態を，ガソリンが切れたエンジンにたとえて，**燃え尽き症候群**（バーンアウト症候群）と呼ぶことがあります。医学的には，うつ症状の1種と考えられています。

　一生懸命がんばっているのに，まわりからは「あたりまえ」と思われていて，努力が評価されていないと感じることが続いたり，大きなイベントなどがあり，とくに無理を重ねたあとなどに発生することが多いようです。

　予防のためには，日ごろから，休養を確保し，仕事以外の楽しみ，たとえば，趣味やスポーツ，家族や友人とのおしゃべりなどの時間を大切にし，**ワーク・ライフ・バランス**を保つことが大切です。「燃え尽き症候群かな？」と思ったら，心療内科や精神科を受診して指導を受けましょう。

❹ からだの健康管理

腰痛

　腰痛は，腰部や背中に生じる痛みをおもな症状とした病気です。初期の症状は，腰の「だるさ」や「重さ」などで，身体の動きも悪くなっていきます。こうした症状が続いたあとに，「いつとはなく」痛みだしたり，仕事のなかの動作がきっかけで強く痛み，日常生活にも支障をきたすことになります。車いすへの移乗介助を行ったときや，便座への移乗介助を行ったとき，低いベッドにあわせてかがんだときなど，さまざまな介助や動作が引き金となって腰痛が起きます。無理せず福祉用具を活用する，不自然な姿勢をとらない，適切に休憩をとるなどの対策をとることが腰痛の予防に役立ちます。「持ち上げない，かかえ上げない，引きずらない」というノーリフティングケアで腰痛を防ぎましょう。

肩こり

　頸肩腕障害は，肩こりや肩や腕の「だるさ」が初期の症状としてあらわれます。病状が徐々に進むと頸や肩，腕に痛みが生じ，腕を動かしたり，物をにぎったりすることができなくなります。手や腕で利用者を支えたり，引き寄せたり，重たい荷物を運んだりするなど，頸や肩，腕に負担がかかることが原因で発生します。適切に休憩をとったり，仕事を始める前と，仕事が終わったあとに，頸や肩，腕のストレッチ体操をすることが予防に役立ちます。

けがや事故

　介護職が働く職場はいつも安全とは限りません。利用者のベッドまわりのコードに足をとられて転倒したり，脱衣室の濡れた床ですべって転倒してけがをすることが，各地の施設などで起きています。立位が不安定な利用者を支えている最中に，利用者の転倒を防ごうとして，介護職がけがをするケースもよく起きています。ほかにも，荷物を持って階段から下りる途中で転落したケース，夜の駐車場で側溝に足をとられて骨折したケースなどがよくあります。訪問介護（ホームヘルプサービス）では，慣れない利用者の居宅の台所でけがをしたり，玄関にいたる階段で転倒し捻挫したりすることなども，めずらしくありません。利用者の送迎途中での交通事故や，利用者を訪問する途中の交通事故なども，介護職に共通する問題です。

　けがや事故の原因が，個人の「不注意」だけにあると考えることは正しくありません。人はだれでも「不注意」になることがあります。予防のためには，「けがや事故」が発生しないように，また，たとえ発生しても重大化しないように，働き方や作業手順，環境を整備することが大切です。

2 感染予防 ::

❶ 感染管理

感染管理とは

　高齢者介護施設において感染症が発生すると，施設の特性から，感染の拡大や感染症にかかった利用者の重症化など，さまざまな問題が発生します。感染症の発生をゼロにすることはむずかしいかもしれませんが，感染対策を確実に実施することで，その被害は最小限に抑えられます。

　何よりも，感染症にかかった利用者の重症化を避けなければなりませんし，ほかの利用者への感染拡大も防がなくてはなりません。**感染管理**では，日ごろの感染予防をベースに，感染症が発生したときの**拡大防止**および発症者の**重症化防止**などのすみやかな対応や，日常的に一人ひとりの健康管理に留意するとともに，身体の抵抗力を強くすることなどが重要になってきます。何よりも，まずは日ごろから，感染症の予防に取り組むことが大切です。

感染対策委員会の設置

　感染管理では，その施設の感染対策の推進役となる委員会の設置が必要です。**感染対策委員会**には，毎日の感染症の予防や発生時の対応について定期的に会議を開催したり，緊急時にはメンバーを招集してすみやかな対応をしたりすることが要求されます。

　委員会のメンバーは，施設長（管理者），事務長，医師，看護職，介護職，栄養士，生活相談員などで構成されます。

■表 3-4-2　感染対策委員会のおもな活動

❶ 施設内の具体的な感染対策の計画の立案
❷ 利用者・職員の健康状態の把握
❸ 新規入所者の感染症既往等の把握
❹ 感染対策に関する職員等への研修
❺ 感染マニュアルの作成・手直し
❻ 感染症発生時の対応および関係機関への報告
❼ 感染症対策実施状況の確認および評価

ここで，注意しなければならないのは，「新規入所者の感染症既往等の把握」です。感染症があるから「入所はできない」という判断ではなく，また，決して差別的な対応をするのでもなく，集団生活をするうえでの感染対策の視点で確認するということです。つまり，介護の場面での感染対策上の注意点を考えるための情報というとらえ方が大切です。

　また，「利用者・職員の健康状態の把握」という点では，日常的に感染症の徴候について理解しておくと，早期発見・早期対応につながります。

環境整備面での感染管理

　その他の感染管理として，環境整備では，感染対策として適切な温度・湿度・換気の調整などがあげられます。

　最近の住宅は建築素材により密閉した環境になりやすく，風通しが悪い状況にあります。定期的に室内の空気の入れ替えを行い，常に清浄な環境を整えましょう。

❷ 衛生管理

　感染症は，日ごろの衛生管理の不十分さからも発生することがあります。感染症をゼロにすることはできませんが，適切な感染管理と同じように日常的な衛生管理を徹底することで，感染症の発生を少なくすることは可能です。

■表 3-4-3　生活環境の整備

❶ 床（畳，フローリングなど）の素材に配慮し，清掃の仕方を工夫する。
❷ 人がよくふれる場所を中心に消毒剤入りの使い捨てワイプを用いてふきそうじをする。
❸ そうじ用具は常に清潔な状態で保管する。
❹ 浴室の床・浴槽の清掃をおこたらない。
❺ 排泄物や嘔吐物などは，必ず手袋を用いて処理する。

■表 3-4-4　衛生管理に必要な施設側の条件

❶ 手洗い場の多数設置（洗面，うがいなどが容易にできる場所）
❷ 各手洗い場への消毒剤の設置
❸ 汚物を処理する場と清潔部分の区分け

手洗いの基本

　感染を予防するためには，「1ケア，1手洗い」「ケア前後の手洗い」の徹底が必要です。感染管理対策としても重要な意味をもつ，正確な手洗いの方法を身につけましょう。

■表 3-4-5　手洗いのポイント

❶ 手を洗うときは，指輪や時計をはずす。
❷ 爪は短く切っておく。
❸ 手洗いが雑になりやすい部分は，とくにていねいに洗う。
❹ 手洗い後のふきとりは使い捨てのペーパータオルを使用する。
❺ 手を完全に乾燥させる。

手指衛生の方法

手指衛生には，2つの方法があります。

流水と石けんで手を洗いペーパータオルでふきとる方法と，手指消毒剤をすりこみ，手指を消毒する方法です。どちらも効果はありますが，手に何か付着し，汚れている場合は流水と石けんによる手洗いを行います。また，近くに手洗い場がない場合や手袋をはずしたあとは，手指消毒剤で手指を消毒します。

手指衛生のタイミング

手指衛生は，5つのタイミングが必要です。たとえば，おむつ交換時であれば，①部屋へ入る前，②おむつ交換の前，③排泄物に触れ手袋をはずしたあと，④新しいおむつに交換したあと，⑤衣服を整えたあとのタイミングに行います。

また，食器や食品に触れる前，食事介助の前，排泄介助のあとは，必ず手を洗うようにしましょう。

手指衛生の物品管理

石けんの種類としては，固形石けんは管理がむずかしいため液体石けんを選びましょう。ただし，液体石けんの場合，継ぎ足しを行ってはいけません。液体石けんの容器を再利用する場合は，きれいに洗い，乾燥させた容器に新しい液体石けんを入れるようにします。

手指消毒剤は，使用期限を守るために開封日を記入し，期限が過ぎたものは新しいものと交換します。また，容器の汚れや移し替えにより濃度が維持できないため，別の容器への移し替えや小分けを行ってはいけません。

手洗い場の環境整備

　手洗い場の周辺は，常に清潔に保つために水分をふきとり乾燥した状態にします。また，正しく手を洗うことができるように手の洗い方のポスターを掲示します（図3-4-2）。

■図3-4-2　手洗いのポスター

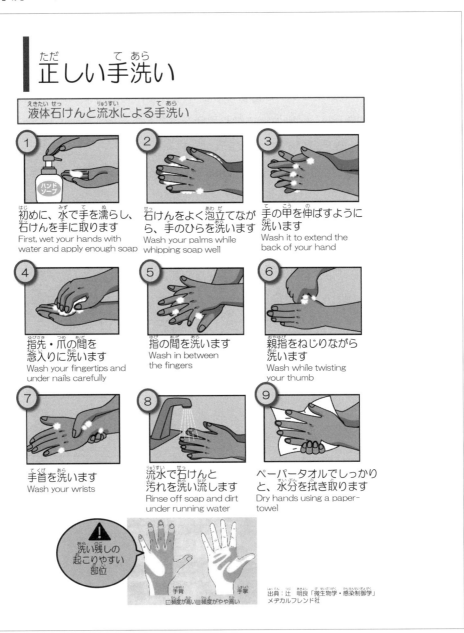

出典：厚生労働省「正しい手指消毒，正しい手洗い」https://www.mhlw.go.jp/content/000501122.pdf

利用者の手洗い

　食事前や排泄後は，利用者の手を流水と石けんで洗う介助を行います。自分で手を洗うことができない利用者は，使い捨てのウェットティッシュを用いてふきとる介助を行います。温めたおしぼりや共有のタオルを使用すると，付着した雑菌により手が汚れるので，望ましくありません。

爪の手入れ

　爪の先をしっかり洗えるように，爪は短くしておきます。手袋を破損させないためにも大切です。

手指の消毒

　手袋着用の有無にかかわらず，利用者の血液，体液（唾液，リンパ液），分泌物（汗を除く），排泄物などに触れた際には，必ず手指の消毒を行います。

防護用品の着用

　血液，体液，排泄物などに触れるとき（利用者の口腔ケア，おむつ交換など）は，手袋，マスク，必要に応じてゴーグルやエプロン，あるいはガウンを着用します。

　手袋を交換するタイミングは，ある利用者の介助から別の利用者の介助に移る前と，同じ利用者でもそれぞれの介助ごとに交換します。

　手袋をはずすタイミングは，使用直後，汚れていない物品などに触れる前や，別の利用者のところへ行く前に行います。

　手袋を着用したままの手洗いは手洗いの代用にはなりません。手袋をはずしたら必ず手を洗います。

　また，介護職自身に手荒れがないように，日常的にハンドクリームを使い予防します。

第3章 用語解説

1 廃用症候群

はいようしょうこうぐん
➡ p. 89 参照

安静状態が長期にわたって続くことにより，身体的には筋・骨の萎縮や関節拘縮などが，精神的には意欲の減退や記憶力低下などがあらわれること。

2 ADL

エーディーエル
➡ p. 90 参照

Activities of Daily Living の略。「日常生活動作」「日常生活活動」などと訳される。人間が毎日の生活を送るための基本的動作群のことで，食事，更衣，整容，排泄，入浴，移乗，移動などがある。

3 IADL

アイエーディーエル
➡ p. 90 参照

Instrumental Activities of Daily Living の略。「手段的日常生活動作」と訳される。ADL が食事，入浴，排泄などの日常生活の基本動作であるのに対し，IADL は，バスに乗って買い物に行く，電話をかける，食事のしたくをするなどのように，より広義かつ ADL で使用する動作を応用した動作（ADL より複雑な動作）をさす。

4 アセスメント

あせすめんと
➡ p. 94 参照

利用者が直面している生活上の困難を解決するために，必要な情報を収集し，情報の分析，解釈，関連づけを行い，課題を明らかにすること。

5 介護保険施設

かいごほけんしせつ
➡ p. 97 参照

介護保険法による施設サービスを提供する施設で，指定介護老人福祉施設，介護老人保健施設，介護医療院，指定介護療養型医療施設がある。なお，指定介護療養型医療施設については，2024（令和6）年3月31日で廃止されることとなっている。

6 ソーシャルワーク

そーしゃるわーく
➡ p. 98 参照

狭義では，病気や障害，加齢などによって働けなくなった人たちや，失業，劣悪な住宅状況など，貧困がもたらすさまざまな生活問題を対象に，相談やサービスを提供すること。

⑦ 名称独占

めいしょうどくせん

➡ p. 98 参照

国家資格において，その資格の名称を保護することを目的として，登録による有資格者だけがその名称を用いることができるという法的規制。

⑧ ソーシャルワーカー

そーしゃるわーかー

➡ p. 98 参照

福祉倫理にもとづき，専門的な知識・技術をもって相談援助を行う専門職のこと。一般的には，社会福祉従事者の総称として使われることが多い。

⑨ 業務独占

ぎょうむどくせん

➡ p. 99 参照

国家資格において，資格を取得した者がその根拠法で定められた業務について独占すること。

⑩ じょく婦

じょくふ

➡ p. 99 参照

出産後間もなく，妊娠や分娩を原因として発生した生殖器や全身の変化が，妊娠前の状態に戻るまでの期間にある女性のこと。

⑪ 訪問介護計画

ほうもんかいごけいかく

➡ p. 101 参照

ケアプラン（居宅サービス計画）に示された援助目標にそって，訪問介護事業所のサービス提供責任者が作成する計画。利用者のニーズや状態，家族の状況や希望，思い，周辺環境などの情報を収集したうえで，サービス提供における目標，具体的なサービス内容などが記載される。

⑫ 介護福祉士

かいごふくしし

➡ p. 103 参照

社会福祉士及び介護福祉士法によって創設された介護専門職の国家資格。専門的知識および技術をもって，身体上または精神上の障害があることにより日常生活を営むのに支障がある者に心身の状況に応じた介護を行い，ならびにその者およびその介護者に対して介護に関する指導を行うことを業とする者をいう。

⑬ 社会福祉士及び介護福祉士法

しゃかいふくししおよびかいごふくししほう

➡ p. 103 参照

社会福祉士と介護福祉士の資格を定めて，その業務の適正をはかり，社会福祉の増進に寄与することを目的とする法律。介護福祉士の定義や義務規定，資格取得の方法などが定められている。

14 日本介護福祉士会

にほんかいごふくししかい

➡ p. 104 参照

国家資格である介護福祉士に登録したものを入会資格とする専門職団体。介護にかかわる専門的教育および研究を通して専門性を確立し，職業倫理の向上，資質の向上および知識・技術の普及をはかり，国民の福祉の増進に寄与することを目的とする。

15 自助具

じじょぐ

➡ p. 108 参照

高齢者や障害のある人などが，自力でADL（日常生活動作）をしやすいように考案された補助的器具や道具のこと。

16 モジュールタイプの車いす

もじゅーるたいぷのくるまいす

➡ p. 108 参照

車いすの各部品が単元化されており，これらの部品を目的によって選択，調整し組み立てられる車いすのこと。モジュールタイプの車いすの特徴として，アームサポートの着脱，アームサポートやフットサポートの高さ調節など，調整機能がある。

17 バリアフリー

ばりあふりー

➡ p. 108 参照

公共の建築物や道路，個人の住宅などにおいて，段差を解消したり，手すりをつけたりするなど高齢者や障害のある人の利用にも配慮した設計のこと。

18 良肢位

りょうしい

➡ p. 110 参照

ADL（日常生活動作）を行ううえで，支障の少ない関節角度をとった肢位。

19 非常災害に関する具体的計画

ひじょうさいがいにかんするぐたいてきけいかく

➡ p. 110 参照

消防計画，風水害，地震などの災害に対処するための計画のこと。消防計画の策定および消防業務の実施については，防火管理者をおくこととされている。

20 悪質商法

あくしつしょうほう

➡ p. 111 参照

悪質な業者が不当な利益を得るために行う，社会通念上問題のある商売方法のこと。不安をあおったり，親切にして信用させたりして商品やサービスを売りつける。

21 クーリング・オフ制度

くーりんぐ・おふせいど

➡ p. 111 参照

購入者が訪問販売など営業所以外の場所において，指定商品や権利などについて契約

の締結をした場合に，一定の期間内であれば，購入者が販売業者に通知して無条件に契約の解除をすることができる制度。

22 バイタルサイン

ばいたるさいん

➡ p. 112 参照

生きていることをあらわすサイン。生命の維持を示す徴候。一般に，体温，呼吸，脈拍，血圧をさす。

23 標準予防策（スタンダード・プリコーション）

ひょうじゅんよぼうさく（すたんだーど・ぷりこーしょん）

➡ p. 114 参照

1996 年に CDC（米国国立疾病予防センター）が設定したガイドラインである。簡便性，合理性から感染予防策として日本においても広く利用されている。

24 低栄養

ていえいよう

➡ p. 116 参照

必要とする栄養素が量的・質的に供給が不十分である状態のこと。高齢者が低栄養状態となる原因には，加齢にともなう身体機能の低下として，味覚器官や摂食器官の機能低下，消化吸収能力の低下，ADL（日常生活動作）の低下などがあり，そのほかにも経済状態の不備，病気や薬剤投与によ

ることなどがある。

介護・福祉サービスの理解と医療との連携
かいご　ふくし
りかい　　いりょう　　　れんけい

ねらい

●介護保険制度や障害福祉制度を担う一員として最低限知っておくべき制度の目
かいご ほけんせいど　しょうがいふくしせいど　にな　いちいん　　　　さいていげんし　　　　　　　　　せいど　もく
的，サービス利用の流れ，各専門職の役割・責務について，その概要のポイン
てき　　　　　　　りよう　なが　　かくせんもんしょく　やくわり　せきむ　　　　　　　　　　がいよう
トを習得する。
しゅうとく

介護保険制度

●介護保険制度が創設された背景を理解したうえで，制度の目的と動向について学ぶ
●介護保険制度の基本的なしくみを理解する
●介護保険制度にかかわる組織とその役割を理解するとともに，制度の財政について学ぶ

1 介護保険制度創設の背景および目的，動向 ::::::::::

❶ 人口の少子高齢化と家族による高齢者介護の限界

人口の高齢化

　人口の高齢化とは，総人口に占める高齢者（一般には 65 歳以上をさす）の比率が増えることです。近年，日本では高齢化が進行し，2021（令和 3）年 10 月時点での人口の**高齢化率**[1]（➡ p. 209 参照）は 28.9 ％（表 4-1-1）となっており，世界トップクラスの水準です。

　人口が高齢化するおもな要因としては，平均寿命の延びと出生率の低下の 2 つがあげられます。日本の**平均寿命**[2]（➡ p. 209 参照）は，2021（令和 3）年現在で男性 81.47 歳，女性 87.57 歳であり，戦後間もなくの時期と比べて 30 歳以上も延びています。出生率については，1970 年代前半の第 2 次ベビーブーム以降低落傾向にあり，2021（令和 3）年の**合計特殊出生率**[3]（➡ p. 209 参照）は 1.30 という低い水準となっています。

介護や支援を要する高齢者の増加

　人口が高齢化すると，当然，生活上の介護や支援が必要な人々も増えていきます。これについて，介護保険制度の創設に向けた議論がされていた 1996（平成 8）年に，厚生省（当時）が表 4-1-2 のようなデータを示しました。これによると，高齢者を年齢階層別にみたとき，介護が必要な人は**前期高齢者**[4]（➡ p. 209 参照）で 1.5 〜 3.5 ％程度出現しますが，**後期高齢者**[5]（➡ p. 209 参照）では急増し，85 歳以上ではおよそ 4 人に 1 人になると推計されていました。

■表 4-1-1　日本の人口と年齢 3 区分別人口の割合

	計	0〜14歳 (年少人口)	15〜64歳 (生産年齢人口)	65歳以上 (老年人口)	うち75歳以上
人口（千人）	125,502	14,784	74,504	36,214	18,674
比率（%）	100	11.8	59.4	28.9	14.9

資料：総務省「人口推計（2021年（令和 3 年）10月 1 日現在）」

■表 4-1-2　年齢階層別にみた介護などを必要とする高齢者の出現率（1996（平成 8 ）年当時）（単位：%）

	65〜69歳	70〜74歳	75〜79歳	80〜84歳	85歳以上
寝たきり（痴呆を含む）	1.5	3.0	5.5	10.0	20.5
痴呆性老人（寝たきり除く）	0.0	0.5	1.0	1.5	3.5

資料：厚生省大臣官房統計情報部「国民生活基礎調査」「社会福祉施設等調査」等から推計
出典：厚生省編『厚生白書　平成 8 年版』p.117，1996年を一部改変
注：「痴呆」の言い方は当時のまま

家族による介護のむずかしさ

　従来，日本では高齢者の介護は家族がになうべきと考える傾向がありましたが，家族介護は大きな問題に直面していました。日本の平均世帯人員（世帯あたりの家族の人数）は減少の一途にあり，近年では平均 2.4 人程度になっています。また，65 歳以上の者のいる世帯のうち三世代が同居している世帯は，1975（昭和 50）年には 54.4 ％あったのが，2021（令和 3 ）年には 9.3 ％と減少しています。近年は高齢者のいる世帯のうち，高齢者のみで暮らす世帯（高齢者単独世帯と高齢夫婦のみの世帯の合算）が半数を超えています。つまり，家族の人数が減り，高齢者のみの世帯が増えたことで，家族による介護が困難な状況になっていたのです。

「介護の社会化」の必要性

　こうした要因から，高齢者の介護を家族だけでになうには限界があるとし，1990 年代後半から，高齢者介護を社会全体で支えるという介護の社会化の機運が高まりました。そのためのしくみとして，介護サービスの提供が検討され，介護保険制度が誕生することになったのです。

❷ 1990年代までの高齢者介護の制度と社会福祉基礎構造改革

老人福祉制度

　介護保険制度の訪問介護（ホームヘルプサービス）や通所介護（デイサービス），介護老人福祉施設（特別養護老人ホーム）のサービスは，従来から老人福祉制度として実施されていました。これは，市町村が福祉サービスの必要性を判断し，行政の責任で支援をする措置制度というしくみによるものです。このしくみでは，利用料は所得に応じた負担（応能負担）であり，低所得者にとっては使いやすいものの，中高所得者層には負担が大きくなっていました。

医療保険（老人保健）制度

　介護保険制度の訪問看護や通所リハビリテーション，介護老人保健施設のサービスは，以前は医療保険（老人保健）制度で実施されていました。これは，医療保険として展開されてきたもので，高齢者が自分で主治医を選び，それを通じて利用するサービスを決めるという契約制度です。利用料は，原則的に所得に関係なく一定の割合で負担するもの（応益負担）でした。
　この制度は，老人福祉制度と同様の介護が必要な高齢者へのサービスであるにもかかわらず，別建てのしくみになっているという課題もありました。さらに，いわゆる老人病院では，社会的入院⑥（→ p.209 参照）という問題も生じていました。こうした問題を背景に，この2つの制度を再編することにより，介護保険制度へと移行していったのです（図 4-1-1）。

■図 4-1-1　老人福祉・老人保健制度の介護保険制度への再編成

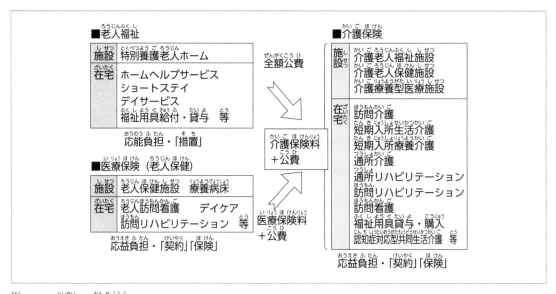

注：2000（平成12）年施行時のイメージ

措置制度とは

　介護保険制度は，1990年代末からの社会福祉基礎構造改革という政策の動向にそって創設された制度でもあります。当時，これは「措置制度から契約制度へ」とのフレーズで説明されていました。従来，高齢者介護や保育，障害者福祉などは措置制度として実施されており，表4-1-3のような特徴をもって，戦後の社会福祉の構築に大きな役割を果たしてきました。

　しかし，表4-1-3の❶については1970年代半ば以降の低成長経済のもとで，人口の高齢化によって福祉サービスを必要とする人々が増え，財源を圧迫するとともに，❷のような体制では新しいニーズに即応することができないことが予想されました。さらに，社会の産業化・家族機能の外部化にともなって中高所得者層の人々も福祉サービスを利用しはじめ，❸のような費用負担は実態にそぐわないと問題になってきました。同時に，行政組織の効率化も求められる時代となってきたため，❹のような対応は困難になり，福祉サービス利用者にも自立的な姿が望まれるようになってきました。

■表4-1-3　措置制度の特徴

❶　税金を財源とする。
❷　国・自治体・社会福祉法人が福祉サービスを提供する。
❸　おもな対象を低所得者として，利用者負担を応能負担とする。
❹　生活困難にいたった人々に行政が保護・介入するしくみを基本とする。

社会福祉基礎構造改革へ

　こうした経緯から，福祉サービス提供のしくみを見直すことになりました。具体的には，国民で連帯して財源負担をするしくみ（おもに社会保険）を中心に，行政・社会福祉法人だけでなく民間非営利組織（NPO法人など）や民間営利法人（株式会社など）にも福祉サービスへの参入を認め，市場原理を導入することになりました。利用者負担は応益負担とし，国や自治体はおもにサービス利用の条件を整備する役割をにない，利用する人々が自分自身の責任でサービスを選択するという方向に改革されることになりました。

　こうした政策動向を社会福祉基礎構造改革といいます。その第一歩として施行されたのが介護保険制度だったといえます。

❸ 介護保険制度の基本理念

制度の基本理念

これまで述べてきたことを背景にして，1997（平成9）年に**介護保険法**が成立，2000（平成12）年に施行されました。

介護保険法の第1章では，制度の目的や具体的な方針，理念などが示されています。これを整理すると，**介護保険制度の基本理念**は表4-1-4のように集約されます。

こうした理念のなかで，とりわけ重要な点は，高齢者の尊厳の保持，高齢者の介護を社会的に支援すること（介護の社会化）と，高齢者の自立の支援などであるといえます。

■表4-1-4　介護保険制度の基本理念

❶ **高齢者の尊厳の保持**
　　介護が必要になっても，あるいは認知症になっても，一人ひとりの高齢者の尊厳が守られることを大前提とした介護サービスの提供を行う。

❷ **要介護状態の軽減・予防の重視**
　　介護が必要となった場合にはその軽減や悪化の防止をはかることを重視する。さらに，介護が必要になることを防ぐような支援策も実施する。

❸ **医療との十分な連携**
　　介護サービスの提供にあたっては医療的な視点も欠かせないことから，介護保険制度と医療の十分な連携をはかる。

❹ **被保険者の自由な選択による被保険者にふさわしいサービスの提供**
　　心身の状況や環境等に応じて，高齢者等が自分自身で必要なサービスを選択し，高齢者と介護サービス事業者・施設の対等な関係による契約にもとづいて利用することを基本とする。また，さまざまなサービスを一元化したしくみで総合的・効率的に提供する。

❺ **民間活力の活用による多様な事業者・施設によるサービスの提供**
　　民間企業や市民参加の非営利組織などによるサービス提供への参入もうながし，それを活用する。

❻ **居宅における自立した日常生活の重視**
　　一人ひとりの能力に応じ，可能な限り居宅（自宅など）での生活を営むことができるように，またより自立が可能となるように介護サービスを提供する。

❼ **国民の共同連帯**
　　介護を要することはだれにでも起こり得ることから，介護の負担を社会全体でになっていく必要があるため，40歳以上の者で保険料を負担し，介護保険制度の財源を支えるものとする。

主要な介護保険制度の改正

　介護保険制度は，制度創設時に5年後の見直しを行うことが示されて以降，近年は3年ごとに見直しや改正が繰り返されており，直近の改正は2020（令和2）年（施行は2021（令和3）年）に行われています（表4-1-5）。

　介護に携わる専門職として，改正の内容は必ず確認しておくようにしましょう。

■表4-1-5　介護保険制度の改正の内容

改正年	改正するための法律	改正の内容
2005 （平成17） 年	介護保険法等の一部を改正する法律	①予防重視型システムへの転換 ②施設給付の見直し ③新たなサービス体系の確立 ④サービスの質の確保・向上 ⑤負担のあり方・制度運営の見直し
2008 （平成20） 年	介護保険法及び老人福祉法の一部を改正する法律	①事業者の業務管理の体制整備 ②事業者の本部等への立入検査権の創設 ③不正事業者の処分逃れ対策 ④指定・更新の欠格事由の見直し ⑤事業廃止時のサービス確保対策
2011 （平成23） 年	介護サービスの基盤強化のための介護保険法等の一部を改正する法律	①地域包括ケアの推進 ②地域包括ケアを念頭においた介護保険事業計画の策定 ③24時間対応の定期巡回・随時対応サービスや複合型サービスの創設 ④介護予防・日常生活支援総合事業（総合事業）の創設 ⑤介護療養型医療施設の廃止期限の延長 ⑥介護職員等によるたんの吸引等の実施 ⑦介護サービス情報公表制度の見直し ⑧認知症対策の推進 ⑨保険料の上昇の緩和 ⑩保険者による主体的な取り組みの推進 ⑪高齢者の住まいの整備等
2014 （平成26） 年	地域における医療及び介護の総合的な確保を推進するための関係法律の整備等に関する法律	①地域支援事業の充実 ②予防給付（訪問介護・通所介護）を地域支援事業へ移行 ③特別養護老人ホームの新規入所者を原則要介護3以上に ④低所得者の保険料軽減を拡充 ⑤2割負担の導入

2017 (平成29) 年	地域包括ケアシステムの 強化のための介護保険法 等の一部を改正する法律	①自立支援・重度化防止に向けた保険者機能の強化等の取り組みの推進 ②医療・介護の連携の推進等 ③地域共生社会の実現に向けた取り組みの推進等 ④3割負担の導入 ⑤介護納付金への総報酬割の導入
2020 (令和2) 年	地域共生社会の実現のた めの社会福祉法等の一部 を改正する法律	①地域住民の複雑化・複合化した支援ニーズに対応する市町村の包括的な 　支援体制の構築の支援 ②地域の特性に応じた認知症施策や介護サービス提供体制の整備等の推進 ③医療・介護のデータ基盤の整備の推進 ④介護人材確保および業務効率化の取り組みの強化

出典：介護福祉士養成講座編集委員会編『最新 介護福祉士養成講座2 社会の理解 第2版』中央法規出版，p.186, 2022年

2 介護保険制度のしくみの基礎的理解 ::::::::::::::::::

❶ 介護保険制度の概要

介護保険制度のしくみを概観すると，図4-1-2のようになります。

■図4-1-2 介護保険制度のしくみ

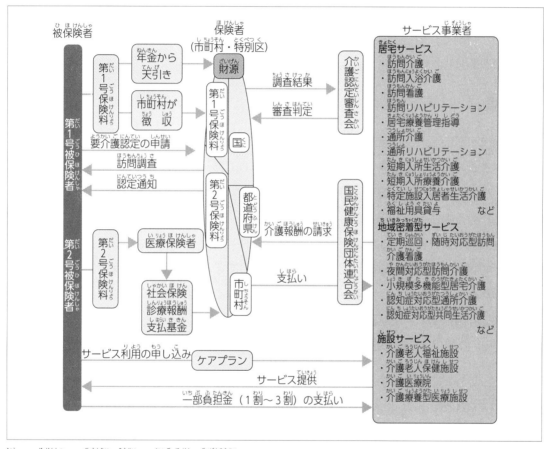

注1：「保険者」の楕円内の構成は，介護保険の財源構成をあらわす。
　2：しくみの概要であるので，すべてのサービス等を示すものではない。
　3：ケアプランを作成するサービス事業者は，居宅介護支援事業者である。

❷ 保険者・被保険者

保険者

　介護保険制度の**保険者**（運営の主体）は**市町村**および特別区（以下，市町村）です。介護保険制度は，地域ごとの特徴（人口構成や介護サービスの事業所・施設の整備状況，地理的条件，住民意識など）が反映できるしくみとするために，保険者を市町村単位と決めています。

　ただし，保険制度はある程度の人口や財政規模のほうが安定的に運営できることから，近隣の市町村が共同で保険者となる**広域連合**[7]（➡ p. 209 参照）や**一部事務組合**[8]（➡ p. 209 参照）という形態もあります。

被保険者

　介護保険制度に加入する**被保険者**は，表 4-1-6 のように定められています。被保険者の要件に当てはまる人には法律によって加入が義務づけられており，これを**強制適用**といいます。

　なお，被保険者の要件に国籍は問われません。外国籍であっても日本に在留資格があり住民票の記載がある場合には，強制適用の対象となります。

　生活保護受給者の場合，65歳以上の人は，住所要件を満たしていれば被保険者となります。しかし，40歳以上65歳未満の人は，生活保護を受給すると医療保険の被保険者でなくなる場合があるため，この場合には介護保険の被保険者とはなりません。このときには，必要な介護サービスは介護扶助で全額が給付されます。

■表 4-1-6　介護保険制度の被保険者

❶ **第 1 号被保険者**：65歳以上で市町村の区域内に住所がある者
❷ **第 2 号被保険者**：40歳以上65歳未満で市町村の区域内に住所があり，医療保険に加入している者

被保険者の適用除外と住所地特例

　一部の障害者関係施設や医療機関に入所・入院中の場合は，介護保険の被保険者とならない**適用除外**という措置がとられます。

　また，施設入所を理由として自宅から施設に住所を移した場合には，もともとの自宅のある住所地の保険者の被保険者となります。このことを**住所地特例**といいます。この対象施設は**介護保険施設**[9]（➡ p.210 参照）・**特定施設**[10]（➡ p. 210 参照）・**養護老人ホーム**[11]（➡ p. 210 参照），有料老人ホームに該当するサービス付き高齢者向け住宅です。

■表 4-1-7　介護保険の適用除外

- 障害者の日常生活及び社会生活を総合的に支援するための法律（障害者総合支援法）上の生活介護および施設入所支援の支給決定を受けて指定障害者支援施設に入所している身体障害者
- 身体障害者福祉法の規定により障害者総合支援法上の障害者支援施設（生活介護を行うものに限る）に入所している身体障害者
- 児童福祉法上の医療型障害児入所施設の入所者
- 児童福祉法上の厚生労働大臣が指定する医療機関の入院者
- 独立行政法人国立重度知的障害者総合施設のぞみの園が設置する施設の入所者
- 国立ハンセン病療養所等の入所者
- 生活保護法上の救護施設の入所者
- 労働者災害補償保険法上の介護施設の入所者
- 知的障害者福祉法にもとづく措置により障害者総合支援法上の障害者支援施設に入所している知的障害者
- 障害者総合支援法上の生活介護および施設入所支援を受けて指定障害者支援施設に入所している知的障害者・精神障害者
- 障害者総合支援法上の指定障害福祉サービス事業者である病院（療養介護を行うものに限る）に入院している者

被保険者の義務

　被保険者にはいくつかの義務があります。代表的なものに，保険者の定める保険料を納付する義務があります。また，住所変更などの手続きを適切に行うことも求められます。保険者はこれらをもとに被保険者の資格管理を行います。

　そうした手続きなどを行うことで，被保険者は要介護状態または要支援状態になったときに介護保険制度によるさまざまな介護サービス（保険給付）を利用する権利が発生することになります。

被保険者が 40 歳以上とされた背景

　本来，介護保険制度は「社会全体での介護に関する助け合いのしくみ」ですから，被保険者が年齢で区切られるべきものではありません。しかし，制度創設当時は，介護という問題をすべての人々が身近に受けとめていたわけではなく，すべての成人を強制適用とするには無理があるという意見が大勢を占めました。

　そこで，自分自身が介護を身近なこととして考え，自分の親に介護の不安が出てくる年代以上を被保険者とすべきということとなり，40 歳以上が被保険者とされたのです。

❸ 保険給付の対象者

保険事故に該当する状態

　保険給付を利用するためには，被保険者が保険事故に該当する状態におちいっていると認定されることが要件になります。この保険事故は，**要介護状態・要支援状態**（以下，要介護状態等）であり，次のように定義づけられています。また，認定を受けた人をそれぞれ**要介護者・要支援者**（以下，要介護者等）といいます。

要介護状態

　身体上または精神上の障害があるために，日常生活における基本的な動作の全部または一部について，おおむね6か月間にわたり継続して，常時介護を要すると見こまれる状態。

要支援状態

　身体上もしくは精神上の障害があるために，日常生活における基本的な動作の全部もしくは一部について，おおむね6か月間にわたり継続して常時介護を要する状態の軽減もしくは悪化の防止にとくに資する支援を要すると見こまれ，または日常生活を営むのに支障があると見こまれる状態。

要介護状態・要支援状態区分と特定疾病

　要介護状態には5つの区分が，要支援状態には2つの区分が設けられています（表4-1-8）。
　なお，第2号被保険者については，認定の条件として，要介護状態等が特定疾病（➡第1巻 pp. 322-324 参照）（表4-1-9）にもとづく場合に限定されています。

■表 4-1-8　要介護状態・要支援状態の区分

区分	状態（おおまかな目安）
要支援1	介護は必要ないものの生活の一部に支援が必要な状態。介護サービスを適宜利用すれば心身の機能の改善が見こまれる状態。
要支援2	要介護1と同様の状態ではあるものの，介護サービスを適宜利用すれば心身の機能の改善が見こまれる状態。
要介護1	立ち上がりや歩行が不安定。排泄や入浴などに部分的な介助が必要な状態。
要介護2	立ち上がりや歩行などが自力では困難。排泄・入浴などに一部または全面的な介助が必要な状態。
要介護3	立ち上がりや歩行などが自力ではできない。排泄・入浴・衣服の着脱など全面的な介助が必要な状態。
要介護4	日常生活のうえでの能力の低下がみられ，排泄・入浴・衣服の着脱など全般に全面的な介助が必要な状態。
要介護5	日常生活全般について全面的な介助が必要な状態。意思の伝達も困難となった状態も含む。

■表 4-1-9　特定疾病（16 疾病）

- がん（医師が一般に認められている医学的知見にもとづき回復の見こみがない状態にいたったと判断したものに限る。）
- 関節リウマチ
- 筋萎縮性側索硬化症
- 後縦靱帯骨化症
- 骨折をともなう骨粗鬆症
- 初老期における認知症（法第5条の2第1項に規定する認知症[※]をいう）
- 進行性核上性麻痺，大脳皮質基底核変性症およびパーキンソン病
- 脊髄小脳変性症
- 脊柱管狭窄症
- 早老症
- 多系統萎縮症
- 糖尿病性神経障害，糖尿病性腎症および糖尿病性網膜症
- 脳血管疾患
- 閉塞性動脈硬化症
- 慢性閉塞性肺疾患
- 両側の膝関節または股関節にいちじるしい変形をともなう変形性関節症

※：「法第5条の2第1項に規定する認知症」とは，アルツハイマー病その他の神経変性疾患，脳血管疾患その他の疾患（特定の疾患に分類されないものを含み，せん妄，鬱病その他の厚生労働省令で定める精神疾患を除く）により日常生活に支障が生じる程度にまで認知機能が低下した状態のことである。

❹ 保険給付までの流れ

　介護保険で保険給付を利用する手続きとして，①要介護認定・要支援認定（以下，要介護認定等）の流れ，②ケアマネジメント（ケアプラン作成）の流れの2つの過程があります。

要介護認定等の流れ

　要介護認定等の流れを図4-1-3に示します。

■図4-1-3　要介護認定等の流れ

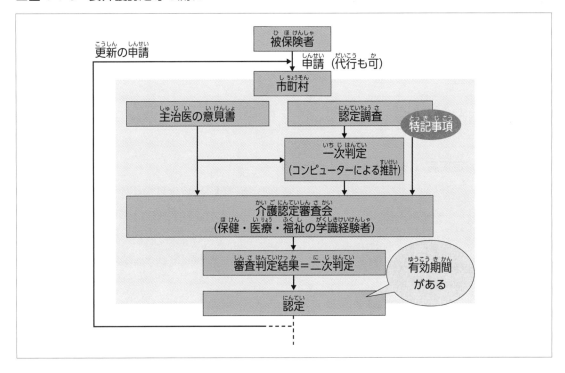

① 申請

　要介護認定等には，まず被保険者による申請が必要です。申請は保険者の担当部署で受け付けます。この申請は，家族や**居宅介護支援事業者**[12]（➡ p.210 参照），**地域包括支援セン**ターなどで代行が可能です。

② 市町村による認定調査・主治医意見書

　申請が受理されると認定調査（訪問調査）が行われます。これは，被保険者の心身の状態に関する調査であり，調査時点の居場所（自宅や入院先など）で行われます。

　認定調査は，法令で決められた全国一律の項目・方法で行われます。内容は概況調査・基本調査・特記事項で構成されています。このうち，一次判定に大きく影響する基本調査は，

「身体機能・起居動作」「生活機能」「認知機能」「精神・行動障害」「社会生活への適応」「特別な医療」「日常生活自立度」に関連する項目の7群から構成されています。

　また，要介護認定等には主治医の意見書も必要です。これは，市町村が主治医に作成を依頼します。主治医がいない場合は，市町村が指定する医師の診察を受けることが必要となります。

③ 一次判定

　認定調査項目の基本調査の結果をもとに，厚生労働省の定める統計的手法によって，「介護の必要度」が一定のデータ（数量）として算出され，それが要介護認定等基準時間としてあらわされます。この時間数にもとづいて一次判定が行われます。

④ 二次判定

　一次判定結果をもとに介護認定審査会で二次判定（最終的な審査・判定）が行われます。この介護認定審査会は市町村に設置される機関で，保健・医療・福祉の学識経験者5名（原則）の合議体による判定を行います。複数の市町村で共同設置する場合や，市町村で設置できない事情のあるときに都道府県が設置する場合もあります。

　二次判定は，一次判定結果に主治医の意見書と認定調査の特記事項を加味し，最終的な判定を行います。ここでは，介護の必要性の多少について議論し，特記事項・主治医の意見書の具体的記載からその理由がある場合，一次判定を変更することになります。介護認定審査会は，要介護状態等の軽減または悪化の防止のために必要な療養についての意見などを市町村に述べることもできます。

　同時に，全体的な状況から認定の有効期間（3〜48か月）を設定します。

⑤ 認定と通知

　介護認定審査会での審査・判定結果を受け，市町村が認定あるいは不認定の決定を行います。認定は申請日から原則30日以内に行われることになっています。認定結果は，申請を行った被保険者に文書で通知されます。なお，認定の有効期間は，申請日にさかのぼって設定されます。

⑥ 更新・区分変更など

　保険給付を継続的に利用するときには，有効期間の終了前に要介護認定等の更新の申請をする必要があります。また，要介護認定等の有効期間中に状態の変化があった場合，被保険者等が要介護認定等の区分を変更するための申請を行うことができます。

ケアマネジメントの流れ

　要介護認定等が行われれば，介護保険による介護サービスが利用可能です。ただし，実際のサービス利用にあたっては，原則的にケアプラン13（➡ p. 210 参照）を作成することが必要です。

① 居宅サービスを利用するとき

　ケアプラン（居宅サービス計画）は利用者が自分で作成することが可能です。また，要介護1〜5の場合は居宅介護支援事業者（作成するのは**介護支援専門員（ケアマネジャー）**（➡ 第1巻 p. 97 参照））に，要支援1・2の場合は**地域包括支援センター**（介護予防支援事業者）（作成するのは保健師など）にケアプラン作成を依頼することができます。実際にはほとんどの利用者がこうした依頼をしています。

② 施設サービスを利用するとき

　直接，介護保険施設に連絡をとり，入所のための相談を行います。そして，入所時にケアプラン（施設サービス計画）が施設で作成されます。ケアプランの作成は，介護支援専門員が担当します。

■図 4-1-4　ケアマネジメント（ケアプラン作成）の流れ

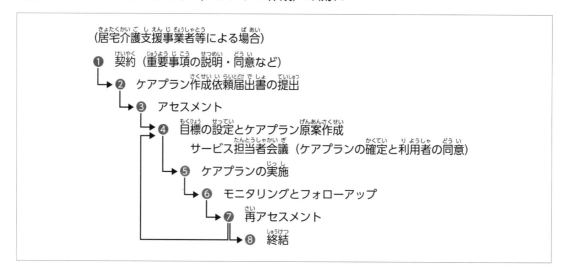

（居宅介護支援事業者等による場合）
❶ 契約（重要事項の説明・同意など）
→ ❷ ケアプラン作成依頼届出書の提出
→ ❸ アセスメント
→ ❹ 目標の設定とケアプラン原案作成
　　 サービス担当者会議（ケアプランの確定と利用者の同意）
→ ❺ ケアプランの実施
→ ❻ モニタリングとフォローアップ
→ ❼ 再アセスメント
→ ❽ 終結

❺ 保険給付の種類と内容

　保険給付には，介護給付と予防給付があります（**表4-1-10**）（さらに，**市町村特別給付**を設けている保険者もあります）。要介護者であれば介護給付を，要支援者であれば予防給付を，それぞれ利用することができます。介護給付・予防給付では，要介護状態区分・要支援状態区分に応じ，利用できる保険給付の範囲（金額）について，月ごとに上限額が設定されます。これを区分支給限度基準額といいます。

介護給付（居宅サービス等）

① 訪問介護（ホームヘルプサービス）

　介護福祉士や訪問介護員（ホームヘルパー）が利用者の居宅を訪問して行う介護サービスです。具体的には，**身体介護**[14]（➡ p. 210 参照），**生活援助**[15]（➡ p. 211 参照），**通院等のための乗車・降車の介助**[16]（➡ p. 211 参照）があります。

② 訪問入浴介護

　自宅での入浴が困難な利用者の居宅を車両などで訪問し，専用の簡易浴槽をもちこんで行う入浴のサービスです。

③ 訪問看護

　看護師などが利用者の居宅を訪問して，病状の観察，**診療の補助**[17]（➡ p. 211 参照），**療養上の世話**[18]（➡ p. 211 参照）などを行います（医師の指示が必要です）。

④ 訪問リハビリテーション

　理学療法士・作業療法士・言語聴覚士が利用者の居宅を訪問し，基本動作や**ADL**[19]（➡ p. 211 参照），家事などの**IADL**[20]（➡ p. 211 参照），言語や嚥下などに関する機能訓練などを行います（医師の指示が必要です）。

⑤ 居宅療養管理指導

　医師や薬剤師等の専門職が利用者の居宅を訪問し，**療養上の管理・指導**[21]（➡ p. 211 参照）を行うものです。原則として，利用者は通院などが困難である場合に限られます（医師・歯科医師以外の実施については医師または歯科医師の指示が必要です）。

⑥ 通所介護（デイサービス）

　日帰りの施設などで行われる通所サービスで，おもに日中の時間帯に入浴，排泄，食事などの介護や機能訓練を行います。ほとんどの場合，送迎も実施されています。社会的孤立感の解消や生活の活性化，介護者の介護負担軽減などを主目的とするものです。１日あたりの利用定員は 19 人以上とされています。

■表 4-1-10　介護給付と予防給付

市町村が指定を行うもの	都道府県・政令指定都市・中核市が指定を行うもの
介護給付 ◎地域密着型サービス ・定期巡回・随時対応型訪問介護看護 ・夜間対応型訪問介護 ・地域密着型通所介護 ・認知症対応型通所介護 ・小規模多機能型居宅介護 ・看護小規模多機能型居宅介護 　（複合型サービス） ・認知症対応型共同生活介護 ・地域密着型特定施設入居者生活介護 ・地域密着型介護老人福祉施設入所者 　生活介護 ◎居宅介護支援	◎居宅サービス ・訪問介護 ・訪問入浴介護 ・訪問看護 ・訪問リハビリテーション ・居宅療養管理指導 ・通所介護 ・通所リハビリテーション ・短期入所生活介護 ・短期入所療養介護 ・特定施設入居者生活介護 ・福祉用具貸与 ・特定福祉用具販売 ◎施設サービス ・介護老人福祉施設 ・介護老人保健施設 ・介護医療院 ・介護療養型医療施設（2024（令和 6 ）年 3 月31日まで 　に廃止）
予防給付 ◎地域密着型介護予防サービス ・介護予防認知症対応型通所介護 ・介護予防小規模多機能型居宅介護 ・介護予防認知症対応型共同生活介護 ◎介護予防支援	◎介護予防サービス ・介護予防訪問入浴介護 ・介護予防訪問看護 ・介護予防訪問リハビリテーション ・介護予防居宅療養管理指導 ・介護予防通所リハビリテーション ・介護予防短期入所生活介護 ・介護予防短期入所療養介護 ・介護予防特定施設入居者生活介護 ・介護予防福祉用具貸与 ・特定介護予防福祉用具販売

⑦　通所リハビリテーション

　　リハビリテーションの必要性が高い人に対応する通所サービスです。心身の機能の維持・回復が主目的となります。通所介護と同様，ほとんどの場合で送迎が実施されます。

⑧　短期入所生活介護（ショートステイ）

　　特別養護老人ホーム，老人短期入所施設などで短期間の入所を行い，入浴，排泄，食事などの介護や日常生活上の世話，機能訓練を行うものです。家族介護者の介護負担軽減や休養，また急病や冠婚葬祭などによる一時的な介護困難に際しても活用されます。

⑨　短期入所療養介護（ショートステイ）

　　介護老人保健施設，介護医療院，病院や診療所（療養病床）などで短期間の入所を行い，看護，医学的管理下の介護や機能訓練，必要な医療，日常生活上の世話を行うものです。利用者が医療的依存度の高い場合やリハビリテーションの必要な場合に多く活用されます。

⑩　特定施設入居者生活介護

　　一定の基準（設備や人員配置など）を満たした有料老人ホーム（有料老人ホームに該当するサービス付き高齢者向け住宅を含む）・養護老人ホーム・軽費老人ホームを特定施設といい，特定施設に入居している要介護者について，入浴，排泄，食事などの介護や日常生活上の世話，機能訓練および療養上の世話を行うものです。介護サービスは，特定施設の職員が提供するものと，外部の介護サービス事業者を利用するものがあります。

⑪　福祉用具貸与

　　要介護状態のためにベッドや車いすなどの福祉用具が必要な場合，保険給付として貸与が受けられます。

⑫　特定福祉用具販売

　　貸与になじまない福祉用具は特定福祉用具として，購入費用を保険給付の対象としています。特定福祉用具には，入浴や排泄に関する福祉用具などがあります。

⑬　住宅改修

　　要介護状態により必要になった自宅などの改修工事の一部は保険給付となります。

⑭　居宅介護支援

　　介護支援専門員が居宅サービス計画（ケアプラン）作成にあたり，ケアマネジメント（➡第1巻 p. 32 参照）を実施します。

介護給付（施設サービス）

①　介護老人福祉施設

　　入浴，排泄，食事などの介護や日常生活上の世話，機能訓練，健康管理などが提供される施設で，介護を中心とした長期入所の生活施設です。なお，新規の入所にあたっては，原則

として要介護3以上の人に限定されます。老人福祉法にもとづいて設置される特別養護老人ホームが，介護保険法による指定を受けることで運営を行うことができます。

② 介護老人保健施設

看護，医学的管理下の介護，機能訓練や必要な医療などが提供される施設で，リハビリテーション（おもに維持期）を提供する点に特徴があります。この施設は介護保険法にもとづいて開設許可を受けることで運営を行うことができます。

③ 介護医療院

療養上の管理，看護，医学的管理下の介護および機能訓練や必要な医療などが提供される施設で，生活施設として住まいの機能も兼ね備え，長期にわたって療養が必要な要介護者をおもな対象としています。2018（平成30）年4月に創設され，介護療養型医療施設の転換先の1つとなっています。この施設は介護保険法にもとづいて開設許可を受けることで運営を行うことができます。

④ 介護療養型医療施設

療養上の管理，看護，医学的管理下の介護，機能訓練などを行う施設で，おもに医療を重視した長期療養者のための施設です。この施設は，医療法にもとづいて設置される病院・診療所の療養病床が，介護保険法による指定を受けることで運営が行われます。なお，2024（令和6）年3月31日までに廃止されることとなっています。

介護給付（地域密着型サービス）

① 定期巡回・随時対応型訪問介護看護

①昼間・夜間を通じて24時間対応，②訪問介護と訪問看護の両方のサービスを提供，③あらかじめ決められた定期的な巡回訪問以外でも利用者からの通報により随時訪問も可能という特徴があります。

② 夜間対応型訪問介護

夜間の時間帯に訪問介護を行うサービスです。サービス提供の時間帯は最低限22時から6時を含むことが必要とされています。なお，8時から18時までを含むことは認められておらず，この時間帯については，通常の訪問介護を利用することとなります。訪問は，事前に計画された「定期巡回」と，何らかの問題が起こった際の通報による「随時対応」の2種類があります。

③ 地域密着型通所介護

通所介護のうち，1日あたりの利用定員が18人以下のものです。

④ 認知症対応型通所介護

認知症の利用者を対象とした通所介護のサービスです。認知症高齢者の特性に配慮し，1日の利用定員を少人数に限定して運営を行うものです。

⑤ 小規模多機能型居宅介護

定員を29人以下に限定し，家庭的な環境と地域住民との交流のもとで通い（通所）・訪問・泊まり（短期入所）の3つのサービスを利用者に合わせ適宜組み合わせ，在宅生活の支援を行うものです。

⑥ 看護小規模多機能型居宅介護（複合型サービス）

訪問看護と小規模多機能型居宅介護を組み合わせ，利用者に看護などのサービスを提供可能とすることで医療的なニーズにも一定程度対応できるようにするものです。

⑦ 認知症対応型共同生活介護（グループホーム）

認知症高齢者のための共同生活住居において，必要な介護サービスを提供するものです。原則として，1つの事業所に共同生活住居は3つまでとされています。共同生活住居の入居定員は5人以上9人以下とされ，利用者の家族や地域住民との交流をはかることができるよう，住宅地に設置されることが基本とされています。

⑧ 地域密着型特定施設入居者生活介護

特定施設入居者生活介護のうち，定員が29人以下のものです。

⑨ 地域密着型介護老人福祉施設入所者生活介護

介護老人福祉施設のうち，定員が29人以下のものです。

訪問介護・通所介護・短期入所生活介護・地域密着型通所介護・療養通所介護については，2017（平成29）年の介護保険法改正により，共生型サービスが2018（平成30）年4月に創設されました。

予防給付

サービスの種類は介護給付とほぼ同じですが，表4-1-11のような違いがあります。

何よりも予防給付では，介護サービスの提供・利用にあたって「要介護状態となることを予防するための給付」という意味が強調され，法令上に基準（介護予防のための効果的な支援の方法に関する基準）が加えられています。

- ・施設サービスは設定されない。
- ・訪問介護と通所介護は設定されず，地域支援事業（介護予防・日常生活支援総合事業）によって行われる。
- ・地域密着型サービスのうち，定期巡回・随時対応型訪問介護看護，夜間対応型訪問介護，地域密着型通所介護，地域密着型特定施設入居者生活介護，地域密着型介護老人福祉施設入所者生活介護，看護小規模多機能型居宅介護に相当するサービスは設定されない。
- ・ケアマネジメントのサービスは介護予防支援とされ，地域包括支援センターで要支援者のケアマネジメントが実施される。
- ・サービス種類の名称の頭に「介護予防」とつく。

市町村特別給付

　介護給付と予防給付は，介護保険法で定められた保険給付ですが，それ以外に市町村独自の給付を条例で定めることができます。これを市町村特別給付といいます。

　実際の例としては，紙おむつ支給，移送サービス，配食サービス，寝具乾燥サービスなどの給付を設けている市町村があります。

❻ 地域支援事業

地域支援事業とは

　地域支援事業は保険給付とは別建ての事業で，介護予防・日常生活支援総合事業，包括的支援事業，任意事業の3つに分けられます。

　この事業の実施主体は市町村です。ただし，市町村が民間事業者などに委託をして実施される場合もあります。

介護予防・日常生活支援総合事業

　介護予防・日常生活支援総合事業は，要支援者等に対して必要な支援を行う①介護予防・生活支援サービス事業（第1号事業）と，住民主体の介護予防活動の育成や支援等を行う②一般介護予防事業で構成されています（図4-1-5）。

① **介護予防・生活支援サービス事業（第1号事業）**

　　この事業の対象となるのは，「要支援者（要支援1～2）」と「介護予防・生活支援サービス事業対象者（基本チェックリストに該当する第1号被保険者）」，「継続利用要介護者（要

介護者のうち，継続して介護予防・生活支援サービス事業を利用することを市町村が認めた者）」です。介護予防サービスと幅広い生活支援サービスを利用者の状況にあわせて一体的に提供するものです。

具体的には，①訪問型サービス（介護給付に準じた訪問介護，住民主体の活動による生活援助，保健医療専門職による指導など），②通所型サービス（介護給付に準じた通所介護，住民活動による高齢者の自主的な通いの場など），③その他生活支援サービス（配食サービスや住民等による見守り活動など），④介護予防ケアマネジメント（地域包括支援センターなどによるケアマネジメント）が実施されます。

② **一般介護予防事業**

すべての第1号被保険者（およびその支援のための活動にかかわる者）を対象として，①介護予防把握事業（何らかの支援を必要とする高齢者を早期に把握し，介護予防活動へつなげる事業），②介護予防普及啓発事業（介護予防の普及・啓発），③地域介護予防活動支援事業（住民主体の介護予防の活動の育成・支援），④一般介護予防事業評価事業（一般介護予防事業の成果を把握・評価して改善するための事業），⑤地域リハビリテーション活動支援事業（住民や介護職員等への介護予防に関する技術的助言などを行う事業）が行われます。

包括的支援事業

包括的支援事業は，被保険者に対する幅広い相談支援や地域の介護サービス事業者のネットワーク化など，支援システムを構築するための取り組みです。「地域包括支援センターの運営」として，第1号介護予防支援事業（要支援者（要支援1～2）を除いた基本チェックリストの該当者に対して介護予防ケアマネジメントを実施する），総合相談支援業務，権利擁護業務，包括的・継続的ケアマネジメント支援業務が位置づけられており，これらの事業を地域包括支援センターで実施しています（図4-1-6）。また，2015（平成27）年の介護保険制度改正で，この包括的支援事業に，在宅医療・介護連携推進事業，生活支援体制整備事業，認知症総合支援事業，地域ケア会議推進事業が追加されました。

任意事業

任意事業は，地域の実情に応じて市町村独自の発想・形態で企画・実施されます。例としては，介護給付等費用適正化事業としてケアプランの点検を市町村が行って費用の効率化をはかったり，家族介護支援事業として介護者（家族）の支援策を講じたりします。

■図 4-1-5　介護予防・日常生活支援総合事業（総合事業）

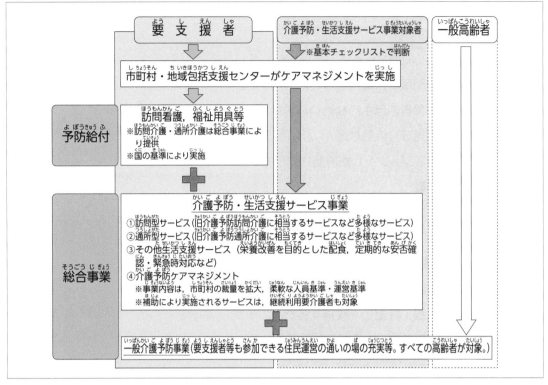

資料：厚生労働省「介護予防・日常生活支援総合事業ガイドライン（概要）」を一部改変

■図 4-1-6　地域包括支援センター

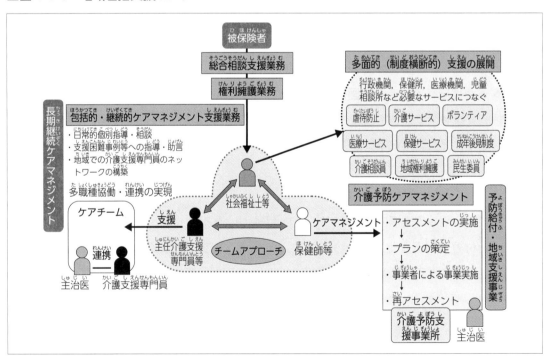

3 制度を支える財源，組織・団体の機能と役割 ::::::::

❶ 国・都道府県・市町村の役割

国の役割

国は制度の枠組みを決め，全体的な方向づけの機能を果たします。

■表 4-1-12　介護保険制度における国のおもな役割

❶ 制度運営に必要な基準などの設定 ・要介護認定および要支援認定，介護報酬の基準の設定 ・区分支給限度基準額の設定 ・地方公共団体が定めるサービス事業者，施設等の人員・設備・運営等の基準，または標準・参酌する基準の設定 ・第2号被保険者の費用負担割合の設定 ❷ 保険者の財源にかかる定率の負担，調整交付金の交付，財政安定化基金への拠出などの財政負担 ❸ 介護サービス基盤の整備に関すること ・基本指針の策定 ・市町村介護保険事業計画や都道府県介護保険事業支援計画の策定のための指針等の策定 ・市町村・都道府県に対する情報提供や助言等の援助 ❹ 介護保険事業の円滑な運営のための市町村・都道府県等に対する助言・監督・指導

都道府県の役割

　都道府県は，保険者である市町村の支援をおもに行い，広域的な調整業務などを行う役割も果たします。

　介護サービス情報の公表も都道府県の責任で行われ，介護サービスを利用する要介護者等が介護サービス事業者・施設を選択する際の参考となる情報を広く公表します。具体的には，事業者・施設に対して都道府県に定期的に所定事項（基本情報と運営情報）を報告することを義務づけ，都道府県知事が必要があると認める場合には，事実確認の調査を行うことができるように規定し，その結果を含めた介護サービス情報を公表することを義務づける制度です。

■表 4-1-13　介護保険制度における都道府県のおもな役割

❶ 要介護認定および要支援認定の援助に関する業務
❷ 保険者の財源にかかる定率負担，財政安定化基金の運営などの財政支援
❸ サービス事業者・施設に関する業務
・居宅サービス事業者（介護予防を含む）の指定および介護保険施設の指定（または許可），指定更新，指導や監督，報告命令や立入調査，指定の取り消し等
・サービス事業者・施設の人員・設備・運営等の基準を条例で設定
❹ 介護サービス情報の公表に関する業務
❺ 介護支援専門員に関する業務
・登録，登録更新，介護支援専門員証の交付，試験および研修の実施等
❻ 介護サービス基盤の整備に関する業務
・都道府県介護保険事業支援計画の策定（3 年ごと），市町村への助言等
❼ その他
・介護保険審査会（保険者である市町村が行った要介護認定等の処分に不服があり，審査請求をする際の審理・裁決機関）の設置・運営等

市町村の役割

保険者である市町村は，介護保険の運営の主体としての多様な機能を果たします。

■表 4-1-14　介護保険制度における市町村のおもな役割

❶ **被保険者の資格管理に関する業務**

❷ **要介護認定および要支援認定に関する業務**
- 認定事務，介護認定審査会の設置等

❸ **保険給付に関する業務**
- 現物給付の介護報酬の審査・支払い（国民健康保険団体連合会に委託）
- 償還払いの保険給付の支給
- 市町村特別給付の実施

❹ **サービス事業者に関する業務**
- 地域密着型サービス事業者（介護予防を含む）および居宅介護支援事業者，介護予防支援事業者の指定，指定更新，指導や監督，指定の取り消し等
- すべてのサービス事業者・施設への報告命令や立入調査等
- サービス事業者の人員・設備・運営等の基準を条例で設定

❺ **地域支援事業の実施，地域包括支援センターの設置・運営**

❻ **市町村介護保険事業計画の策定（3年ごと）**

❼ **保険料に関する業務**
- 第1号被保険者の保険料率等の決定
- 第1号被保険者の保険料の普通徴収

❽ **介護保険の財政運営**

❷ その他の組織の役割

国民健康保険団体連合会の役割

　国民健康保険団体連合会（国保連）は，国民健康保険の保険者である都道府県もしくは市町村または国民健康保険組合が共同で都道府県ごとに設置した団体であり，元来より医療保険の国民健康保険にかかる診療報酬の審査・支払いの役割を果たしていました。介護保険制度施行以降は，それとあわせて介護保険に関する表 4-1-15 にある業務も行うこととなっています。

■表 4-1-15　介護保険制度における国民健康保険団体連合会のおもな業務

❶ **介護報酬や介護予防・日常生活支援総合事業の費用の審査・支払い**（市町村からの委託による）
❷ **苦情処理の業務**
・事業者や施設のサービスに関する利用者からの苦情の受付，調査および必要な指導・助言
・苦情処理担当委員の委嘱
❸ **介護保険事業の円滑な運営のための業務**
・第三者行為求償事務※（市町村からの委託による）

※：保険給付の原因が他者による行為（交通事故等）である場合に，介護保険サービスの提供にかかった費用を加害者に請求すること。

医療保険者と社会保険診療報酬支払基金の役割

　医療保険者は，その保険に加入している介護保険の第 2 号被保険者の介護保険料を医療保険料といっしょに徴収し，社会保険診療報酬支払基金に納付金として納付する業務を行っています。

　社会保険診療報酬支払基金は，医療保険の診療報酬の審査・支払いをする機関ですが，介護保険制度においては，第 2 号被保険者の保険料を，介護保険の各保険者に交付金として交付する役割をになっています。

年金保険者の役割

　年金保険者は，第 1 号被保険者のうちで一定額以上の公的年金を受給している者の年金支給の際に，介護保険料を特別徴収（天引き）し，市町村に納入する業務を行っています。

❸ 介護保険の財政

保険給付に必要な費用

　保険給付に必要な費用は，利用者の自己負担額を除いて，50％が公費（税）とされ，50％が保険料でまかなわれています。

　このうち，公費50％の内訳は，国の定率負担20％および調整交付金5％，都道府県12.5％，市町村12.5％です。調整交付金は，市町村間の財政力格差の調整などにあてられ，市町村ごとの実際の交付率は異なります。なお，施設等給付費（介護保険施設・特定施設の給付費）については，国の定率負担15％および調整交付金5％，都道府県が17.5％，市町村が12.5％と規定されています。

　また，保険料50％の内訳は，第1号被保険者の保険料23％，第2号被保険者の保険料27％になっています（2021（令和3）年度から2023（令和5）年度まで）。この比率は3年ごとに見直しが行われます。

■図4-1-7　介護保険の財源構成（介護給付・予防給付）

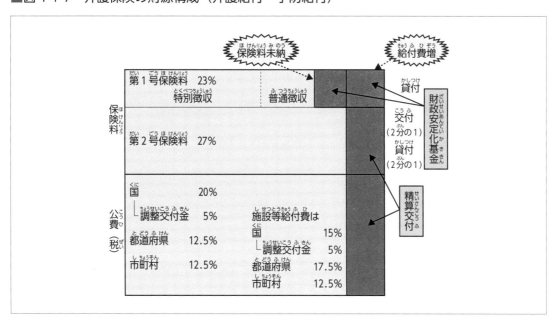

　一方，予算では想定できなかった給付費増があった場合に対応する方策も定められています。たとえば，第1号被保険者の保険料部分について，保険者に対して，給付費増で不足する費用の貸付，保険料の未納で不足する費用の交付（当該費用の2分の1）と貸付を行うために，財政支援を行う機関として，都道府県に財政安定化基金がおかれています。

地域支援事業の財源

　地域支援事業も，保険給付同様に各保険者が予算を管理しますが，事業の種類によって財源構成が異なります。

第1号被保険者の保険料

　被保険者一人ひとりが，各保険者の定める保険料基準額を基本として，所得に応じた段階ごと（原則9段階）に設定される保険料率に応じて納付することになります。第1号被保険者の保険料基準額・保険料率は，3年ごとに保険者が決定することになっています。第1号保険料の徴収方法には，特別徴収22（➡ p.212 参照）と普通徴収23（➡ p.212 参照）があります。

第2号被保険者の保険料

　第2号被保険者は，加入する医療保険の医療保険料といっしょに介護保険料が徴収されます。保険料は，国が毎年度定める第2号被保険者1人あたりの負担額にもとづき，社会保険診療報酬支払基金が各医療保険者から納付金として徴収します。医療保険者は，各医療保険者の規定にもとづき医療保険の被保険者から徴収を行います。

利用者負担

　サービス利用の際，原則として所得にかかわらずサービス費用の総額の一定割合を利用者が負担します。これを**応益負担**といいます。自己負担の割合は費用の1割と定められ，残りの9割が保険給付になります。ただし，一定以上の所得のある第1号被保険者については，自己負担が2割もしくは3割，保険給付が8割もしくは7割となります。一方，ケアマネジメントについては，利用者負担はなく，10割全額が保険給付になります。なお，表4-1-16に示したものは保険給付の対象とならず，全額が利用者負担になります。

■表4-1-16　保険給付の対象とならず全額が利用者負担になるもの

・食費（施設サービス・短期入所サービス・通所サービスなど）
・施設入所時の居住費・短期入所時の滞在費
・特定施設やグループホームでの家賃・管理費など
・日常生活費・特別なサービスの費用（教養娯楽費，グループホームや特定施設・通所サービスでのおむつ代など）
・訪問・通所サービスの際の「通常の営業地域外」でのサービス利用時の交通費（通常の営業地域内の場合の交通費は介護報酬に含まれる）

医療との連携とリハビリテーション

学習のポイント 📝

- ●介護職と医療行為の実情と経過について理解する
- ●在宅および施設における介護職と看護職の役割・連携について理解する
- ●リハビリテーションの理念と考え方について理解する

1 医療行為と介護 ::

❶ 医療行為とは

進む慢性期患者の在宅療養

　高齢化が急速に進むなか，病院の在院日数が短縮化され，病院での療養から在宅での療養に移るケースが年々増加しています。経管栄養法・在宅酸素療法などを必要とする利用者，ターミナルケアが必要な利用者などは，今日では病状が安定すると退院して，在宅や施設で生活するようになってきています。そのため，介護現場に医療を必要とする利用者が増えています。

医療行為とは

　医師や歯科医師，看護師などの免許を持たないものが**医療行為**（法律用語では**医行為**）をするのは医師法第 17 条，歯科医師法第 17 条及び保健師助産師看護師法第 31 条その他の関係法規によって禁止されています。厚生労働省の通知（「医師法第 17 条，歯科医師法第 17 条及び保健師助産師看護師法第 31 条の解釈について」（平成 17 年 7 月 26 日医政発第 0726005 号））では，「医行為」は「医師の医学的判断及び技術をもってするのでなければ人体に危害を及ぼし，又は危害を及ぼすおそれのある行為」と定義されています。

❷ 在宅支援における介護職と医行為の実情と経過

一人暮らしの高齢者宅を訪問した訪問介護員（ホームヘルパー）は，風邪をひいて熱がありそうな利用者の体温をはかったり，利用者の手の届かない部分などに薬を塗ったりするなどの行為を，とくに意識せず，日常生活支援の延長線として行ってきたのではないでしょうか。これらの行為は看護職の行うことなのか，介護職がやむを得ず行わなければならないことなのかというと，グレーゾーンとして扱われてきました。

なかでも，在宅での医療依存度が高い利用者の痰の吸引や経管栄養の処置などは，24時間365日行わなければならず，家族の介護負担は大きなものとなっていました。筋萎縮性側索硬化症（ALS）（➡第1巻 p. 322参照）患者の痰の吸引に関しては，大きな社会問題となりました。

そこで厚生労働省では，在宅や特別支援学校において，介護職員等がALS患者の痰の吸引のうちの一定の行為を実施することを，当面のやむを得ず必要な措置（実質的違法性阻却）として，運用により認めてきました。その他，在宅の介護現場で混乱がみられた看護か介護かというグレーゾーンの行為についても，2005（平成17）年に表4-2-1にかかげられた16項目に関しては，さまざまな条件のもとに，原則的には医行為でないことを明文化しました。

また，2022（令和4）年12月に発出された通知において，在宅の介護現場におけるインスリン注射の実施にあたっての声かけ，見守り，使い終わった注射器の片づけなどが，原則的に医行為でない行為と考えられるものとして新たに示されました。

■表4-2-1 原則的に医行為でない行為

❶ 腋下あるいは外耳道での体温測定
❷ 自動血圧測定器による血圧測定
❸ 動脈血酸素飽和度を測定するためのパルスオキシメータの装着
❹ 軽微な切り傷・擦り傷・やけどなどの処置
❺ 軟膏の塗布（褥瘡の処置を除く）
❻ 湿布の貼付
❼ 点眼薬の点眼
❽ 一包化された内用薬の服用介助（舌下錠の使用も含む）
❾ 肛門からの座薬挿入
❿ 鼻腔粘膜への薬剤噴霧
⓫ （爪やその周囲に異常がない場合の）爪切り
⓬ （重度の歯周病等がない場合の日常的な）口腔内の刷掃と清拭
⓭ 耳垢の除去（耳垢塞栓の除去を除く）
⓮ ストマ装具のパウチにたまった排泄物の除去（肌に接着したパウチの取り替えを除く※）
⓯ 自己導尿を補助するためのカテーテルの準備，体位の保持など
⓰ 市販のディスポーザブルグリセリン浣腸器での浣腸

※：2011（平成23）年，厚生労働省より，安定している患者の場合，パウチの交換は原則として医行為には該当しないとされる通知が出された。
注1：これらが「医行為でない行為」と解釈されるには，通知においてそれぞれに細かな条件が付されており，状況によっては医行為とされる場合もあることに注意する。
 2：❺〜❿は，医師・看護師の判断により状態が安定した患者に対する処置。

❸ 施設における介護職と医行為の実情と経過

特別養護老人ホームの介護職員による医行為の位置づけ

在宅と同様に，介護施設においても高齢化や要介護度の重度化にともない，看取りの立ち会いが多くなってきました。看取りケアには**医療的ケア**[24]（➡ p. 212 参照）が重要になります。

そこで 2010（平成 22）年，一定の研修を受けた特別養護老人ホームの介護職員が「口腔内（咽頭の手前まで）のたんの吸引」と「胃ろうによる経管栄養（胃ろうの状態確認，チューブ等の接続，注入開始を除く）」を実施することについて，一定条件のもとにやむを得ない措置として許容する通知（「特別養護老人ホームにおけるたんの吸引等の取扱いについて」）が出されました。

この通知では，こうした行為における標準的手順や医師・看護職員・介護職員との役割分担について，また介護職員が実施するうえで必要とされる条件が細やかに明記されています。

喀痰吸引と経管栄養

その後，厚生労働省は 2010（平成 22）年 7 月に「介護職員等によるたんの吸引等の実施のための制度の在り方に関する検討会」を設置し，12 月には報告書がとりまとめられました。

これを受けて 2011（平成 23）年に，社会福祉士及び介護福祉士法の改正が行われ，2012（平成 24）年 4 月から，介護福祉士と介護福祉士以外の介護職員で，都道府県等の研修を修了したもの（認定特定行為業務従事者）は，医師の指示のもとに，診療の補助として，**喀痰吸引**と**経管栄養**の医療的ケアを実施（➡第 2 巻 p. 8 参照）できるようになりました。

❹ チーム医療

チーム医療の必要性

　国は，これからの医療提供のあり方について**チーム医療**に注目し，検討会を設置して，2010（平成 22）年に「医療スタッフの協働・連携によるチーム医療の推進について」という通知を出しています。

　それによると，医療スタッフの専門性を十分に活用し，患者・家族とともに質の高い医療を実現するために各医療スタッフがチームとして目的と情報を共有したうえで，医師等による包括的指示を活用し，各医療スタッフの専門性に積極的にゆだねるとともに，医療スタッフ間の連携・補完をいっそう強めることが重要であるとしています。

医療チームの一員としての介護職

　これまでも在宅医療では，当初からチーム医療が実践されてきていますが，今後，医療スタッフとしては，医師，看護師，薬剤師，リハビリテーション関係職種，管理栄養士，臨床工学技士，診療放射線技師，介護福祉士をはじめとする介護職，医療ソーシャルワーカーらもその一員として協働していくことが望まれています。多くの職種が情報を共有すること，そして，自身の役割を果たすことが重要になります。

　2011（平成 23）年の社会福祉士及び介護福祉士法の改正によって，一定の条件のもとにおいて，介護福祉士や介護職員は喀痰吸引と経管栄養を業務として行うことになり，医療チームの一員としても役割を果たすことが期待されています。

　介護福祉士等と医師，看護師は，利用者の安全と健康維持・増進のために日ごろから利用者の心身の状況に関する情報を共有し，報告・連絡・相談について取り決めをもつなど，密に連携し合うことが重要です。

2 訪問看護 ::

❶ どんなサービスなのか？

制度の成り立ちと経過

　1992（平成4）年に老人保健法の改正により寝たきり老人等に対して，老人訪問看護ステーションから訪問看護を提供する老人訪問看護制度が始まりました。1994（平成6）年には，健康保険法等が改正されて，老人だけでなく，すべての年齢の在宅療養者に対して，訪問看護が提供できる訪問看護制度が始まりました。そして，2000（平成12）年に創設された介護保険制度によって，訪問看護は指定居宅サービスの1つとして位置づけられました。訪問看護は，医療保険と介護保険の2つの制度から提供され，原則として，介護保険が医療保険より優先されますが，要支援者・要介護者についても，医療保険でのサービス提供となる場合があります（厚生労働大臣が定める疾病等，**特別訪問看護指示書**25（➡p.212参照）が交付された場合など）。

提供されるサービスとそのにない手

　訪問看護は，医師の指示によって看護職（看護師・保健師・助産師・准看護師）が，利用者の居宅に訪問して看護を行います。訪問看護ステーションは，理学療法士・作業療法士・言語聴覚士も従事することができ，訪問看護サービスとしてリハビリテーションを行うこともあります。

　訪問看護の回数は，介護保険では制限なく毎日でも可能ですが，医療保険では週3日までの提供が原則です。ただし，厚生労働大臣の定める疾病等の利用者，特別訪問看護指示書の交付を受けた場合は，週4日以上の訪問看護が利用できます。

■表4-2-2　**訪問看護で提供されるサービスの内容**

- 病状や健康状態のアセスメント：バイタルサインのチェック，病状の観察や助言
- 日常生活の支援：食事や排泄の管理とケア，清潔ケアなど
- 医療的ケア：褥瘡ケア，カテーテル管理や在宅酸素療法の管理など
- エンド・オブ・ライフケア：痛みのコントロール，人生の最終段階にある療養者と家族へのケア
- リハビリテーション：安楽な体位の助言やADLの訓練など
- 家族の相談や支援：介護方法の助言や介護者の相談に応じる
- 精神的な看護：不安や落ちこみのケア，リラックス法，生活リズムの調整など
- 認知症の看護：認知症に関する看護や相談支援，コミュニケーションの援助
- 社会資源の活用や支援：保健・医療・福祉制度の紹介や福祉用具や住宅改修のアドバイス
- 入退院支援：入院先の医師や看護師と連携して入退院準備・指導

多様化する訪問看護

　認知症対応型共同生活介護（グループホーム）や特定施設入居者生活介護の指定を受けた有料老人ホームや軽費老人ホーム（ケアハウス）などでは，介護保険での訪問看護は認められていませんが，施設・事業者側が訪問看護ステーションと委託契約を結ぶことによって，訪問看護の提供が可能になります。

　2012（平成24）年には，重度者をはじめとした要介護高齢者の住み慣れた地域での在宅生活が継続できるように，日中・夜間を通じて，短時間の定期的な巡回訪問や，随時通報を受けることによって，訪問介護と訪問看護が連携して一体的に提供できるサービスとして，**定期巡回・随時対応型訪問介護看護**が創設されました。

　また，2006（平成18）年に地域密着型サービスとして新設された小規模多機能型居宅介護の「通い」「訪問」「泊まり」に，「訪問看護」を加えたサービスも，2012（平成24）年に**複合型サービス**として創設されました。しかし，提供するサービス内容のイメージがしにくいとのことから，2015（平成27）年に**看護小規模多機能型居宅介護**と名称変更されました。

事例1 ▶ 体調が気になるＡさんの支援

　在宅で一人暮らしをしているＡさんは，ベッドで寝ている時間が多くなり，食事の摂取量も減ってきました。

　訪問介護員がおむつ交換をしていたとき，**仙骨部**26（➡ p. 212 参照）に**発赤**27（➡ p. 212 参照）があるのを見つけました。訪問介護員はそのことを，利用者の生活状況を共有するための「連絡ノート」に記載するとともに，サービス提供責任者へ報告しました。仙骨部の発赤の情報は，すぐに担当の介護支援専門員（ケアマネジャー）にも報告されました。

　介護支援専門員から連絡を受けた訪問看護師は，訪問介護員に電話連絡しました。まずは，早期に発見してくれたことのお礼を述べ，訪問介護員に，次のようなアドバイスをしました。

・発赤状態の悪化を防ぐために，栄養状態と清潔に留意してほしい。
・栄養状態については，主治医とも相談したいので，食事の内容や摂取量を記録してほしい。
・おむつ交換のときに陰部の清潔保持と仙骨部の観察をして，その状態を記録してほしい。
・仙骨部は，圧迫やずれ，摩擦を避けて，食事のときの姿勢にも気をつけてほしい。

　これらのアドバイスをふまえて訪問介護員が援助を行ったところ，Ａさんの発赤状態が悪化することもなく，栄養状態も徐々に改善されました。

❷ 介護職と看護職の専門性と連携のポイント

介護保険の訪問看護は，主治医の訪問看護指示書と介護支援専門員のケアプラン（居宅サービス計画）をもとに，利用者宅を訪問しアセスメントしたあと，訪問看護計画を作成してサービス提供します。提供した内容や利用者の状態は，主治医には報告書で，介護支援専門員にはモニタリング記録として報告します（図4-2-1）。

介護保険では，各サービス担当者間の連絡調整は介護支援専門員が中心となってになりますが，状況によっては，サービス担当者が直接連絡をとることで，専門的な知識による助言を得て迅速に対応できることもあります。事例1のように，訪問介護員が利用者の状態の変化に気づいて，その判断と対応が求められる場合には，訪問看護師と訪問介護員が直接連絡をとることが効果的な場合もあります。

このような事態に備え，**緊急時の連絡方法**についてはサービス担当者会議などで検討し，チームで共有しておくことが大切です。日常的には，利用者宅に情報を共有するための**連絡ノート**を置いて，関係者が記録することで相互に状況を把握することができます。

また，看護職は主治医に相談・報告し，医療的な判断や指示のつなぎ役となる心強い存在です。お互いの強みや特徴をいかして，連携しながらかかわることは，利用者にとっても在宅生活の安心につながります。

■図4-2-1　介護保険制度における訪問看護の流れ

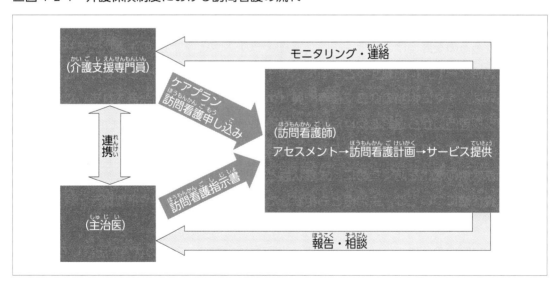

3 施設における看護と介護の役割・連携 ::::::::::::::::::::

❶ 施設での看護と介護の連携の必要性

医療依存度の高い要介護高齢者の増加

高齢化の進展による要介護者の増加や，病院の在院日数短縮化により，医療が必要な状態で退院する医療依存度の高い要介護高齢者が増加しています。医療も介護も必要な要介護者のケアでは，医療の視点をもった看護と食事・排泄・入浴など日常生活にかかわる介護の視点が必要です。

入所者の医療ニーズへの対応として，2018（平成30）年度の介護報酬改定では，施設内での看取りを進めるための看取り介護加算の評価が手厚くなり，入所者の褥瘡の発生を予防するための，定期的な評価と計画的管理に対する褥瘡マネジメント加算，介護施設入所者の自立した排泄を支援する体制を評価する排せつ支援加算が設けられました。2021（令和3）年度には，介護の質の向上にかかわる取り組みをいっそう推進する観点から，褥瘡マネジメント加算と排せつ支援加算の見直しが行われました。国にデータを提出してフィードバックを受けることや，看護職と介護職など関係職種が共同してケアプランを作成するなど，連携した取り組みが欠かせません。

利用者の健康管理や心身状態の悪化を予防するためには，情報とケアをつなぎ，一体的にかかわることが重要です。施設も利用者の大切な生活の場です。利用者のQOL（➡第1巻 p. 56参照）向上のためには，看護と介護が連携して，専門的な役割を発揮することが求められています。

看護職と介護職による日常生活の支援

チームケアのなかでも，看護職と介護職は日常生活の支援といった，共通した業務をになうため，相互に相手の業務範囲や専門性を理解し，力を合わせることで効果が高まります。

医療の必要性の高い利用者の支援は看護師がにない，健康状態が安定している利用者の支援は介護職がになう部分が多くなります（表4-2-3，図4-2-2）。

介護職は，日常生活の支援を通して利用者に接する機会が多いため，利用者のふだんの心身状態を把握しており，いつもと違う様子に気づく観察力をもっています。利用者がいつもと違う状態に気づいた場合は，症状によって医師や看護職へ報告・相談します。利用者の状態の変化に対して，介護職が判断したり，診断したりするのではなく，医師や看護師などの判断を確認したうえで，慎重に対応する必要があります。

このように，利用者の生活をともに支える職種として，生活目標を共有しながら互いの専門性を尊重し，看護職と協働する姿勢が大切です。

■表 4-2-3　施設の看護師によるおもな医療的ケア

- ・疼痛管理
- ・カテーテル管理導尿
- ・褥瘡処置
- ・IVH（中心静脈栄養法）による栄養管理
- ・喀痰吸引
- ・経管栄養
- ・服薬管理
- ・ストーマ（人工肛門）の処置
- ・酸素療法

■図 4-2-2　入所者の生活

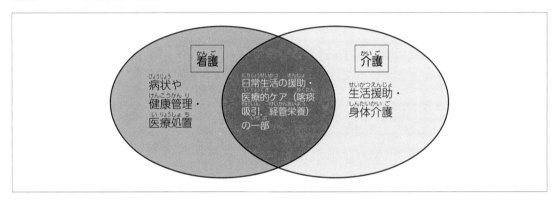

看護　病状や健康管理・医療処置

日常生活の援助・医療的ケア（喀痰吸引，経管栄養）の一部

介護　生活援助・身体介護

事例 2 ▶ 寝たきりで，時々喀痰吸引が必要な B さんの支援

　B さんは前日から咳きこみがひどく，喀痰吸引の回数がふだんより多くなり，食欲もありませんでした。体温を測定したところ 37.0℃ありました。そのため，今日予定していた入浴について，介護職が看護師に相談しました。

　看護師からは次のような助言や確認がありました。

・熱の原因がまだわからないため，入浴は見合わせる。

・食事内容と摂取量，むせの有無，痰の色や量などについて，引きつづき観察し，記録してほしい。

　B さんには**誤嚥性肺炎**[28]（→ p. 212 参照）が心配されたため，看護師が医師に連絡しました。そのあと，介護職に確認したところ，食事のときにむせこみがあるということがわかりました。

　そこで，看護師がケアカンファレンスを開き，医師・栄養士と話し合って食事形態を見直すことになりました。その結果，B さんはむせることなく食事ができるようになりました。

❷ 看護職と介護職の専門性と連携のポイント

看護師は，医師の指示のもとで，診療の補助（➡第１巻 p. 151 参照）や療養上の世話（➡第１巻 p. 151 参照）を行う職種です。病気の悪化防止や，高血圧や糖尿病など慢性疾患の健康管理や生活指導など，要介護状態が悪化しないために，医師と連携しながら医療面からサポートします。

事例２のように，利用者の健康状態が変化したときには，対応や観察ポイントについて介護職に適切にアドバイスし，必要に応じて医師への連絡やケアカンファレンス（➡第１巻 p. 262 参照）の開催などをはたらきかけます。

在宅とは異なり，施設では，ケアチームのメンバーが同じ場所にいるために，集まりやすく，早期の対応が可能です。生活面の支援は介護職が行い，生活面の情報をもとに看護師がトータルに情報を収集・整理して健康管理を行うことで，状態の改善や悪化防止が可能となります。

そのためには，日常的に利用者に関する情報交換をし，コミュニケーションを深めることが大切です。上下関係ではなく，ともにケアチームの一員であるという姿勢が，よりよい連携につながります。

2012（平成 24）年より，一定の条件のもとで，介護職員が喀痰吸引などを行うことが可能となりました。主治医の「介護職員等喀痰吸引等指示書」が登録事業所に交付され，介護職員は，実施内容の計画書を作成して実施します。計画書の作成にあたっては，看護師が支援・助言し，実施後は医師に報告書を提出します。急変などに備えて，緊急時の医師や看護師への連絡方法を事前に決めておく必要があります。看護師は，喀痰吸引が必要な利用者ごとに心身の情報を介護職員に提供し，役割分担してケア体制を整えます。看護師は，介護職員が安心して技術提供できるように支援するとともに，看護師が行わなければならない吸引などの実施を通して全体の調整や必要な連絡調整を行うなど，医師・介護支援専門員，看護師とのつなぎ役にもなります。

4 リハビリテーション :::

❶ リハビリテーションとは

リハビリテーションの理念

　リハビリテーションという言葉は,「re（再び）」「habilis（適した,ふさわしい）」「ation（すること）」という3つの語から成り立っており,これらをまとめて直訳すると「再びふさわしくすること」という意味になります。そこに社会的な背景が加わり,権利や資格,名誉の回復などの意味が加わるようになりました。たとえ障害があっても,人間らしく生活し,生活を支えること,全人間的復権や生活の再建がリハビリテーションの最終目標になります。

　リハビリテーションとは,さまざまな困難をかかえた人々が自己の属する社会のなかで再びその社会に適合し,自分らしい生活を獲得し,継続していくための支援であり,個人の生活機能の改善にかかわる領域といえます。

リハビリテーションの定義

　リハビリテーションはさまざまな定義が提唱されていますが,**世界保健機関（WHO）** 29 （➡ p.213 参照）の定義が広く知られています。そこでは,障害によって個人が負う心身機能の不利益を解決する手段にとどまらず,社会に適応し生活するための支援やコミュニティの協力の必要性も述べています。

　現在,障害は医学的概念であるだけでなく,社会や経済や政治をめぐる概念となり,リハビリテーションは「障害者が身体的,心理的,職業的な可能性を最大限に発揮できるようになることを目的とした過程あるいはプログラム」とも定義されています。

■表 4-2-4　世界保健機関（WHO）によるリハビリテーションの定義（1981 年）

　リハビリテーションは,能力低下および社会的不利をもたらすような状態の影響を軽減し,機能低下および社会的不利のある者の社会的統合を達成するためのあらゆる手段を包含している。リハビリテーションは,能力低下および社会的不利のある者を環境に適応するように訓練するだけでなく,彼／彼女たちの社会的統合を促進するため,彼／彼女たちの直接的な環境や社会へ,全体として介入することを目標としている。能力低下および社会的不利のある者自身,彼／彼女たちの家族および生活しているコミュニティも,リハビリテーションに関係する諸サービスの計画立案および実行に参加すべきである。

リハビリテーションの目的

　リハビリテーションは，心身に何らかの障害があって日々の生活に困難さがあり，その生活の向上・維持のために，人的・物的資源の活用が求められる人々に対する包括的なアプローチです。

　リハビリテーションサービスを提供する専門職が**表4-2-5**に示す目的を実現していくためには，その人全体をどう見つめているかということが重要です。そして，その人の人生のなかで築いてきた価値観を尊重し，支援していくことが鍵となります。

　さらに，リハビリテーションサービスの提供にあたってはあらゆる職種や関係機関とのかかわりが必要であり，さまざまな視点から障害児・者や高齢者一人ひとりを見つめていくことが大切です。1人の人がその人らしい生活を送るために，人間本来の権利を保護し支援していくことが真のリハビリテーションの目的といえます。

■**表4-2-5　リハビリテーションの目的**

❶　障害の軽減と潜在能力（残存能力）の活用，ADL やそれにともなう QOL を向上させること
❷　一人ひとりの障害児・者や高齢者が，その人らしい生活を送れるようにすること
❸　その人らしい自己決定ができる生活あるいは人生を再構築すること

　私たちは，障害をかかえながら生きることになったとき，はじめて今まで自分はどんな社会で生きてきて，これからどう生きていけるのかに思いをはせます。その社会は，障害のない自分が見てきたはずの社会とは異なった社会に見えるかもしれません。その異なった社会は，自分の未来に困難をもたらすように感じられるかもしれません。

　リハビリテーションはそうした人々の力になれているでしょうか。その答えは，リハビリテーションにたずさわる人々の強い意志と努力にゆだねられています。社会を構成するすべての人々がリハビリテーションをになう人材です。国の未来や社会の動向が大きく揺れ動く今，私たちは強い決意をもってリハビリテーションを展開していかなければなりません。

❷ リハビリテーション医療の過程

発症から社会生活への流れ

① 医学的リハビリテーション

　医学的リハビリテーションは，急性期，回復期，維持期に分けられています。急性期リハビリテーションは ICU（集中治療室）で入院中の発症早期から開始されるもので，安静によって引き起こされる廃用症候群の予防に重点が置かれています。

　疾病が安定した時期に集中的に機能回復をめざす過程は回復期リハビリテーションと呼ばれます。機能が一定の状態に到達し，社会生活が開始されると維持期となります。

② 教育的リハビリテーション

　教育的リハビリテーションは障害児の教育に関するもので，教育を受ける機会均等の立場を尊重するものです。特別支援学校のみでなく，通常の学校の配慮により特別支援学級や普通学級への入学も促進されています。

③ 職業的リハビリテーション

　職業的リハビリテーションは障害者の復職や就職に関するもので，職業リハビリテーションセンターや障害者職業センター，就労継続支援事業所などが重要な役割をになっています。職業能力評価や職業指導，職業訓練などがおもな内容です。

④ 社会的リハビリテーション

　社会的リハビリテーションは，社会福祉サービス，住宅・地域環境整備，補装具の支給をはじめとする社会参加への援助などが含まれます。医療・保健・福祉領域，施設と保健所，地方自治体によって構成される連携システムのほか，居住地域の住民による積極的な援助を含む地域リハビリテーションの事業が重要です。

　どの領域であっても，基本となるリハビリテーションの目的は変わりません。その目的に向かってさまざまな手段を考案しながら，社会のなかでダイナミックに実践していくことが今後のリハビリテーションのめざすべき展開の仕方といえます。

リハビリテーション医療の過程

　リハビリテーション医療が提供されるときには，①評価，②リハビリテーションの計画，③リハビリテーションの実施，④再評価，⑤フォローアップという過程をたどります。

①　評価

　ここでの評価とは，ある基準にしたがって対象となる事柄の状態を判定することをいいます。対象者にはリハビリテーションの開始時，リハビリテーションプログラム実施時，終了時などに，いろいろな検査や測定による評価を行います。

②　リハビリテーションの計画

　リハビリテーションの計画にあたっては，①目標の設定，②計画の立案，③プログラムの立案を行います。

　目標の設定では，評価にもとづいて対象者の問題点・改善点を焦点化し，解決すべき課題の優先順位を決めたあと，段階的に課題が達成されるように，短期目標→中期目標→長期目標→最終目標を設定します。リハビリテーションチームとしてのリハビリテーションゴール（目標）があり，それを達成するために各専門職が特性をいかした目標を設定します。

　そのあと，目標を達成するための戦略を分析して計画を立案します。そのうえで，計画にそって具体的なプログラム（方法や手順，手段や手技，治療理論など）を組み立てます。

■図 4-2-3　リハビリテーション医療の過程

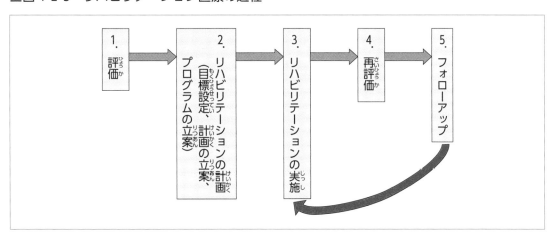

❸ リハビリテーションと介護の連携

医療施設におけるリハビリテーションと介護の連携

　医療施設におけるリハビリテーションと介護の連携は，間接的なかかわりが多くなります。その理由として，リハビリテーションは患者の治療に関与し，介護は患者の病棟生活のケアに関与することが考えられます。病棟業務を担当しているおもな専門職は看護職となるので，直接情報交換するような機会は少なくなります。しかし，患者が日々の治療や訓練で獲得した心身機能を病棟の生活活動で発揮できる方法や対応・注意点などの情報を共有し連携します。

■図 4-2-4　リハビリテーション医療にかかわる職種例

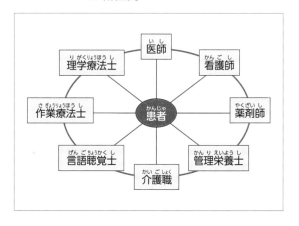

■表 4-2-6　病棟の分類

❶ **急性期病棟（病床）⇒ 急性期の積極的な治療を行うところ**
　急な病気やけが，慢性的な病気の悪化など重篤な病状・症状に対して，集中的に手厚い治療やケアが行われる。病状が安定すれば退院となり，基本的には長く入院できない。

❷ **亜急性期病棟（病床）⇒ 自宅への退院をめざすところ**
　急性期を終えて自宅に退院する人に対して，引きつづき一定期間の治療やケアが行われる。関連職種が協働して，退院に向けた支援が行われる。
　自宅退院を希望している人で，手術などの急性期治療は終わったものの，引きつづき一定期間の療養を必要とする人が利用する。

❸ **回復期リハビリテーション病棟（病床）⇒ リハビリテーションを集中して行うところ**
　ADL の向上と社会復帰を目的とした集中的なリハビリテーションが行われる。利用できる疾患・在院日数などが決まっており，脳血管疾患・骨折・外科手術などで，リハビリテーションが必要となった人が利用する。

❹ **療養病棟（病床）⇒ 医学的管理のもとで介護や療養を行うところ**
　急性期の治療が終了しても，引きつづき医師による医学的管理や処置の必要度が高い人に，医療と看護があわせて提供される。日常的に医療処置やリハビリテーションを必要としている人が利用する。

地域生活におけるリハビリテーションと介護の連携

　地域生活を支えるリハビリテーションは，医療・保健・福祉の三領域にまたがるようになり，提供される場や施設は多様になります。また，在宅医療を必要とする人，何らかの障害のある人，高齢者など，対象によってリハビリテーションが提供される法律の根拠も変わります。

事例3 ▶ 訪問リハビリテーションと訪問介護との連携

　Cさん（65歳，女性）は，単身で在宅生活を送っています。訪問リハビリテーションでは，バイタルチェック（体温，脈拍，血圧）や服薬管理，ADLの支援を行っています。また，訪問介護（ホームヘルプサービス）では，通院に際しての介助のほか，生活援助による買い物の代行，調理，そうじなどを行っています。

　Cさんはコミュニケーション上の課題をかかえており，自発的にそれぞれの専門職に支援状況を伝えることがむずかしいため，連携を円滑に行う手段として，申し送りノートを活用しています。

　訪問リハビリテーションでは，申し送りノートにバイタルの測定値や次回の受診で主治医に相談したい内容などを記載しています。また，訪問介護では，通院時の様子や主治医から伝えられたこと，生活援助の内容などを記載しています。

　双方の専門職が，お互いが知っている情報を共有し，Cさんへの援助が滞りなく行われるように配慮しています。たとえば，訪問リハビリテーションでは，訪問時に記載内容を確認するだけでなく，訪問介護の様子を再度Cさんに聞いたり，話題をふくらませたりしています。そのことで，Cさんもそれぞれの専門職がつながっていることを実感しているようで，少しずつ自分から情報を伝えるようになってきています。

障害者福祉制度
およびその他の制度

学習のポイント

- ●障害者福祉制度における障害の概念について，その歩みをふまえて学ぶ
- ●障害者福祉制度の基本的なしくみについて理解する

1 障害者福祉制度の概念 ::::::::::::::::::::::::::::::::::::

❶ 障害と障害者の概念

用語の整理

　障害者の支援にあたっては，自立やそのための支援方法が大きな課題になっていることから，ここでは障害者にとって自立とは何かについて考えます。

　なお，「障害」という用語には否定的なイメージがあり，「障がい」と表記するなどの取り扱いが広がっています。しかし，日本の法令用語としては「障害」が用いられており，法令との整合性をはかるために，本書では，「障害」を用いることにしました。

従来の障害や障害者のとらえ方

　日本の障害者施策の基本となる障害者基本法は，第2条で障害者を定義しています。障害者は，障害者本人の心身の機能の障害だけでなく，障害者を取り巻く環境が社会的障壁となっている状態により日常生活や社会生活に相当な制限を受ける者と定義されています。このように，障害者のさまざまな「生きづらさ」の根源となる「障害」は社会的環境によってつくり出されたものと考え，この社会的障壁の解消は社会の役割であるとする考え方を社会モデルといいます。

　日本の障害者福祉における最初の法制度である身体障害者福祉法[30]（➡ p. 213 参照）（1950（昭和 25）年施行）は，障害を身体の欠損・喪失や身体機能の損傷・制限・低下と考え，身体

の部位の欠損・喪失の程度や，機能の損傷・制限・低下の程度で障害等級を決定しています。1960（昭和35）年施行の精神薄弱者福祉法（1999（平成11）年に知的障害者福祉法[31]（➡ p.213参照）に改称）も，知的機能の遅滞を障害としてとらえ，その障害程度が定められています。また，精神障害の分野でも精神障害は精神疾患に付随するものとされ，これらの制度では障害はその本人の問題であり，当事者である障害者ががんばって「克服すべき課題」とする医学的・個人的なモデルとして考えられていました。

こうした障害や障害者のとらえ方は，次に述べるICIDHやICFなどの理念の発展にともない，21世紀に入って大きく見直されることとなりました。

その後，2006年に国際連合で採択された「障害者の権利に関する条約」により，今では障害者を権利主体と位置づけ，その生活や社会活動の支障となる社会的障壁を解消することが社会の役割であるとする社会モデルが主流となってきています。

国際障害分類（ICIDH）

世界保健機関（WHO）は，1980年に，障害を単に身体部位や機能だけで考えるのではなく，障害を構造的に考えることにより，①心身の機能障害（形態障害を含む），②能力障害，③社会的不利，に分けて定義し，その相互作用から障害をとらえる考え方を提唱しました（国際障害分類（ICIDH）[32]（➡ p. 213参照））。

ICIDHにより，これまで注目されてこなかった社会的不利がとらえやすくなり，ノーマライゼーション（➡第1巻 p. 58参照）の理念の浸透と相まって，1984（昭和59）年の身体障害者福祉法改正や1993（平成5）年の障害者基本法成立に影響したといわれています。

国際生活機能分類（ICF）

WHOは，ICIDHを発展させ，新たに国際生活機能分類（ICF）[33]（➡ p. 213参照）を提唱しました。これは，障害を個人の問題として固定的にとらえるのではなく，環境などとの関係でとらえるとともに，積極的な活動により変わっていくものととらえるものです。

■図4-3-1　国際生活機能分類（ICF）の構造

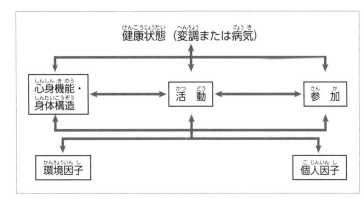

出典：障害者福祉研究会編『ICF 国際生活機能分類——国際障害分類改定版』中央法規出版，p. 17，2002年

❷ 障害福祉理念としての「自立」

障害福祉理念としての「自立」

　社会福祉において自立 (➡第1巻 p. 68 参照) を論ずる場合には，一般的な「自立」ではなく，社会的な支援とのかかわりで考えていくことが求められます。

　長く障害福祉の理念として考えられてきた「自立」は，「人の助けを借りない」というもので，経済的には「自活」であり，介護面からすれば「身辺自立」でした。これらは生活における物理的依存性に着目して自立をとらえたもので，「自活 (independence)」概念とまとめられます。

　一方，精神的な側面に着目したものとして，個人による自己選択・自己決定を重視した「自律」や社会における関係性や主体性を重視する「自我」があげられ，これらは「自律 (autonomy)(➡第1巻 p. 69参照)」とまとめられます。かつては，自活が福祉における自立の中心でしたが，今日では，自律が重視されています。

連帯のなかでの「自立」

　自立を，人に頼ることがないこととすると，自分のことは自分だけで決めるという「自己決定」に行き着き，1人ですべてのことを判断しなければなりません。これは本人にとって有益ではなく，孤立的です。むしろ周囲の知人や友人，関係機関や専門家への相談や助言によって，よりよい選択を当事者が主体的に行えるようにすることが実際的です。

　また生活のすべてを当事者1人で行うことも現実には困難です。当事者がしなければならないこと，できること，支援してもらうことを分け，必要な支援を受けながら生活することが大切です。

目標概念としての「自立」

　自立を，自分のことは自分で行うこととすると，重度障害のある人は，自立をあきらめざるを得ません。自分でできたかどうかという目標の達成ではなく，「自立しつつある」というプロセスが重要な意味をもっています。

　これは，ハンディキャップを「克服して」「理想的な自立」の実現を絶対的基準として評価するのではなく，その人がもつ力を最大限に発揮して，その世界を広げることを重視する考え方です。

2 障害者福祉制度のしくみの基礎的理解 ::::::::::::::::

❶ 障害者自立支援法から障害者総合支援法へ

障害者自立支援法は，それまでの障害福祉制度に代わる制度として，2006（平成18）年に施行されました。

しかし，制度が実施されると，①障害福祉サービス利用などの費用負担（利用者負担や食費などの実費負担）が大幅に増えて障害のある人の制度利用に手びかえが生じたこと，②各障害福祉サービスに対応する報酬が実質的に引き下げられたため，多くの福祉事業者の経営環境が厳しくなったこと，これらの2点について深刻な事態が生じました。

こうした事態に対処するため，国は2007（平成19）年と2008（平成20）年の二度にわたり，利用者負担の軽減などの方策を講じました。

2012（平成24）年に地域社会における共生の実現に向けて新たな障害保健福祉施策を講ずるための関係法律の整備に関する法律が成立したことを受け，2013（平成25）年からは，それまでの障害者自立支援法を改称・改正した，**障害者の日常生活及び社会生活を総合的に支援するための法律（障害者総合支援法）**によって，障害福祉サービスが実施されています。

障害者総合支援法では，障害者の定義に新たに難病などを加え，従来の「障害程度区分」の名称を「障害支援区分」に改めるとともに，重度の障害者への訪問介護の対象を拡大し，共同生活を行う共同生活介護（ケアホーム）が共同生活援助（グループホーム）に一元化されました。また，障害者支援施設の障害者や精神科病院の精神障害者に加え，地域移行支援の対象者の拡大もはかられました。

さらに，2018（平成30）年4月からは，障害者支援施設やグループホームから地域での一人暮らしへの移行を定期的な巡回訪問等により支援する自立生活援助や，就業にともなう生活面での課題に対応するため，事業所と家族の連絡調整を行う就労定着支援等のサービスが新たに始まりました。また，同じく2018（平成30）年4月からは，介護保険制度と障害福祉制度の両方の指定を受けて高齢・障害分野のサービスを一体的に行うことのできる「共生型サービス」が創設されました。

2022（令和4）年12月の改正では，障害者等の地域生活の支援体制を充実させるため，グループホームの支援内容として，一人暮らし等を希望する入居者に対する支援や，退居後の一人暮らし等の定着のための相談等の支援が明確化されました（2024（令和6）年4月1日施行予定）。また，障害者の多様な就労ニーズに対する支援および障害者雇用の質の向上の推進のため，「就労選択支援」の創設や，就労中の障害者の就労系障害福祉サービスの一時利用について見直しがされました（2022（令和4）年12月16日から3年以内に施行予定）。

❷ サービスの種類と内容

自立支援給付と地域生活支援事業

　障害者総合支援法で提供されるサービスは，自立支援給付と地域生活支援事業の 2 種類に分けられます（図 4-3-2）。

　自立支援給付は，障害者一人ひとりに対して，暮らしに欠かせない介護や訓練，医療などを，全国各地で格差を生むことなく均質に提供すること（個別給付）を目的としています。そのため，国がサービスの内容や提供に関する基準を細かく定めています。

　一方，**地域生活支援事業**は，各地域の特性をいかしたサービスを，柔軟に提供することを目的としているため，その運用は都道府県や市町村などの地方自治体にゆだねられています。

自立支援給付

　自立支援給付として，介護給付費，訓練等給付費，補装具費，自立支援医療費，地域相談支援給付費，計画相談支援給付費などが支給されます。

① 介護給付費

　介護給付費の支給は，介護にかかわる個別給付で，サービスの種類は**表 4-3-1** のとおりです。障害者総合支援法では，訓練等給付も含めた日中活動系サービスと居住支援系サービスを自由に組み合わせることが可能です。

■図 4-3-2　障害者総合支援法のサービス体系

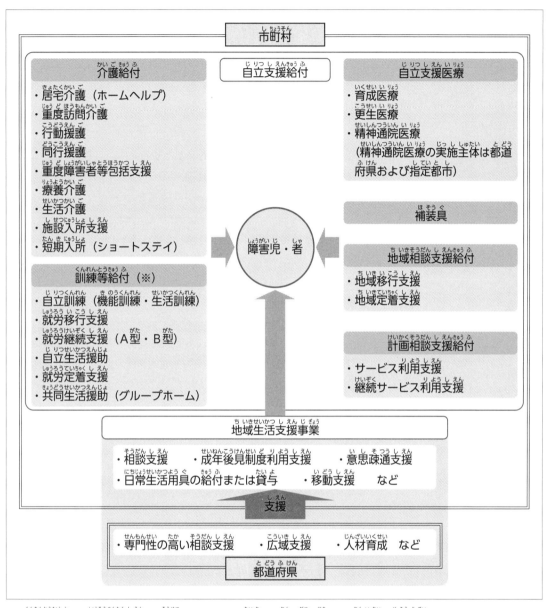

※：訓練等給付に「就労選択支援」が創設される（2022（令和4）年12月16日から3年以内に施行予定）。

■表 4-3-1　介護給付費が支給されるサービス

区分	サービス名称	内容
訪問系	居宅介護 （ホームヘルプ）	自宅で，入浴，排泄，食事の介護等を行う。
	重度訪問介護	重度の肢体不自由や，重度の知的障害または精神障害により行動にいちじるしい困難があり，常に介護を必要とする人に，自宅で，入浴，排泄，食事の介護，外出時における移動中の介護などを総合的に行う。また，医療機関への入院時において一定の支援を行う。
	行動援護	知的障害または精神障害によって行動上いちじるしい困難がある人で，常時介護を必要とする人が行動するとき，危険を回避するために必要な援護，外出時における移動中の介護，排泄・食事等の介護，その他行動する際に必要な援助を行う。
	同行援護	視覚障害により，移動にいちじるしい困難を有する人に，移動時およびそれにともなう外出先において必要な視覚的情報の支援，移動の援護，外出支援を行う。
	重度障害者等包括支援	介護の必要性がとても高い人に，居宅介護等複数のサービスを包括的に行う。
日中活動系	短期入所 （ショートステイ）	居宅で介護する人が病気の場合などに，短期間，夜間も含め施設で，入浴，排泄，食事の介護等を行う。
	療養介護	医療と常時介護を必要とする人に，昼間，医療機関で機能訓練，療養上の管理，看護，医学的管理の下における介護および日常生活の世話を行う。
	生活介護	常時介護を必要とする人に，昼間，障害者支援施設等において，入浴，排泄，食事の介護等を行うとともに，創作的活動または生産活動の機会を提供する。
居住支援系	施設入所支援	施設に入所する人に，夜間や休日，入浴，排泄，食事の介護等を行う。

② 訓練等給付費

訓練等給付費が支給されるサービスは表 4-3-2 のとおりです。

自立訓練や就労移行支援には，標準的な訓練期間（標準利用期間）が定められており，原則として期間を超えた訓練の提供は認められません。介護給付の訪問系サービスと，訓練系・就労系サービスの組み合わせ利用については，「訓練施設利用時間中のホームヘルパー派遣」など，支援の時間帯が重なる場合などは，原則として認められません。

■表 4-3-2　訓練等給付費が支給されるサービス

区分	サービス名称	内容
訓練系・就労系（※1）	自立訓練（機能訓練・生活訓練）	自立した日常生活または社会生活ができるよう，一定期間，身体機能または生活能力の向上のために必要な訓練等を行う。
	就労移行支援（※2）	就労を希望する障害者に，一定期間，就労に必要な知識および能力の向上のために必要な訓練等を行う。
	就労継続支援（※2）（Ａ型・Ｂ型）	一般企業等での就労が困難な障害者に，働く場の提供等をするとともに，知識および能力の向上のために必要な訓練等を行う。事業者と雇用契約を結ぶＡ型と結ばないＢ型がある。
	就労定着支援	通常の事業所に新たに雇用された障害者に，一定期間，就労の継続をはかるために必要な事業主，障害福祉サービス事業を行う者，医療機関などとの連絡調整等を行う。
居住支援系	自立生活援助	施設入所支援やグループホームを利用していた障害者が居宅で自立した日常生活を営むために，一定期間，定期的な巡回訪問等により，相談・情報提供・助言等の援助を行う。
	共同生活援助（※3）（グループホーム）	夜間や休日，共同生活を行う住居において，相談や日常生活上の援助を行う。

※1：就労アセスメントの手法を活用して，本人の希望，就労能力や適性等にあった選択を支援する新たなサービス（就労選択支援）が追加される（2022（令和4）年12月16日から3年以内に施行予定）。
　2：対象者に，通常の事業所に雇用されている障害者で，事業所での就労に必要な知識および能力の向上のための支援を一時的に必要とするものが追加される（2024（令和6）年4月1日施行予定）。
　3：支援内容に，居宅における自立した日常生活への移行を希望する入居者に対する支援や，退居後の一人暮らし等の定着のための相談等の支援を行うことが追加される（2024（令和6）年4月1日施行予定）。

③ 補装具費

　補装具は，身体障害者の車いすや義肢，視覚障害者安全杖（白杖），聴覚障害者の補聴器など，障害によってそこなわれた身体機能を補完・代替する用具で，国が種目や耐用年数などを定め，対象となる障害児・者への交付や修理費用の一部が提供されます。2018（平成30）年4月から，①身体の成長への対応，②障害の進行への対応，③仮合わせ前の試用に限定して，補装具の借受け制度が始まりました。補装具の購入，借受け，修理の費用は，補装具費として支給されます。なお，一定所得以上の人を支給対象からはずす所得制限が設けられています。

④ 自立支援医療費

　障害者自立支援法制定以前は，従来の医療保険制度だけでは患者の金銭負担が過大となりかねない部門について，公費負担医療制度を設けて患者負担の軽減をはかってきました。これらの公費負担医療制度のうち，障害児・障害者にかかわってもっとも広範に使われてきた，従来の児童福祉法上の育成医療，身体障害者福祉法上の更生医療，精神保健及び精神障害者福祉に関する法律（精神保健福祉法）上の精神通院医療の，3つの医療を一本に取りまとめたのが自立支援医療です。

　それぞれの医療の目的は，一本に取りまとめられたあとも変わっていません。なお，一定の所得額を超える人を支給対象からはずすなどの制約（所得制限）が設けられています。

⑤ 地域相談支援給付費

　一般相談支援事業者による，障害者支援施設の入所者や精神科病院に入院している精神障害者などの地域生活への移行にかかる支援，施設・病院からの退所・退院，家族との同居から一人暮らしに移行した障害者への地域定着をはかるための，福祉サービス事業所への同行や緊急事態への相談・対応が，地域相談支援として実施されます。

⑥ 計画相談支援給付費

　特定相談支援事業者による，障害福祉サービスまたは地域相談支援を利用するすべての障害者を対象にサービス等利用計画の作成や計画の見直し（モニタリング）が計画相談支援として実施されます。

地域生活支援事業

　地域生活支援事業は，市町村が実施するものと，都道府県が実施するものとに分けることができます。

　市町村が提供する地域生活支援事業は，必須事業と任意事業などに分けられます。なかでも必須事業は，すべての市町村で例外なく実施すべき事業として位置づけられています。

　市町村が行う地域生活支援事業の利用対象となる障害者や，利用者負担は，国の通知等をふまえ市町村が自主的に決めることになっています。

■表 4-3-3　市町村が行う地域生活支援事業の「必須事業」の内容

●理解促進研修・啓発事業　●自発的活動支援事業　●相談支援事業　●成年後見制度利用支援事業
●成年後見制度法人後見支援事業　●日常生活用具給付等事業　●意思疎通支援事業
●手話奉仕員養成研修事業　●移動支援事業　●地域活動支援センター機能強化事業

障害福祉計画

　自立支援給付や地域生活支援事業の提供体制が計画的に整備されるよう，すべての都道府県と市町村に障害者総合支援法においては障害福祉計画34（➡ p. 213 参照），児童福祉法においては障害児福祉計画35（➡ p. 214 参照）の策定を義務づけています。両計画は 3 年を 1 期として，国が定めた基本指針に即して，障害福祉サービス等の提供体制の確保に係る目標，支援の種類ごとの必要な量の見込み，地域生活支援事業の種類ごとの実施に関する事項について定めることとなっています。

　また，相談支援事業者，障害者等やその家族，行政機関，サービス事業者，民生委員などの地域の社会資源が有効に連携し，障害者への支援体制の整備をはかるため，市町村に協議会の設置が求められています。

　また，2013（平成 25）年 4 月から，障害福祉計画について，定期的な検証と見直しを法定化するとともに，市町村が障害福祉計画を策定するにあたって，障害者等のニーズ把握を行うことの努力義務が盛りこまれました。

❸ サービス利用の流れ

サービス利用の流れ

　介護給付と訓練等給付によるサービス利用の流れは，**図** 4-3-3 のとおりです。
　サービス利用の**申請**は，原則として障害者本人が行います。申請先は，市町村（東京都は特別区を含む。以下同じ）です。この段階で，必要に応じて相談支援事業者にサービス利用の相談をすることもできます。

介護給付と訓練等給付の利用

　申請が受理されると，市町村実施による心身の障害に関するアセスメントが行われます。
　介護給付については，障害支援区分認定を経たあと，訓練等給付は障害支援区分認定を経ずに，サービス利用希望者からの意向聴取をふまえて，**サービス等利用計画案**が作成されます。
　その後，介護給付はサービス等利用計画案の内容が適切であると判断された場合，訓練等給付は**暫定支給決定**（仮の支給決定）を受けて，実際にサービスを利用して適否を確認したうえで，正式な**支給決定**が行われます。
　支給決定を受けた障害者は，決定内容にそって，サービス事業者と契約を結び，サービス利用を開始します。これを**利用契約制度**といいます。また，サービス利用開始後，それらの支援が適切かどうかについて，一定期間ごとにモニタリングが行われます。

■図 4-3-3　介護給付・訓練等給付の申請から支給決定まで

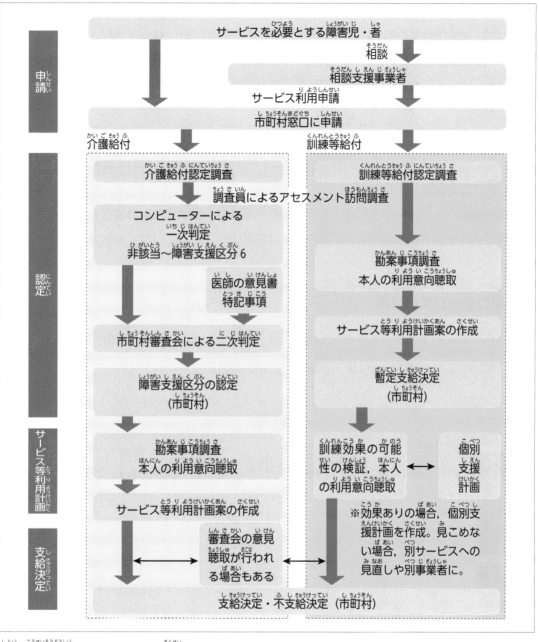

申請

サービスを必要とする障害児・者

相談

相談支援事業者

サービス利用申請

市町村窓口に申請

介護給付　　　　　　　訓練等給付

認定

介護給付認定調査　　　　　訓練等給付認定調査

調査員によるアセスメント訪問調査

コンピューターによる
一次判定
非該当〜障害支援区分6

医師の意見書
特記事項

市町村審査会による二次判定

障害支援区分の認定
（市町村）

勘案事項調査
本人の利用意向聴取

サービス等利用計画案の作成

暫定支給決定
（市町村）

訓練効果の可能
性の検証，本人
の利用意向聴取　←→　個別
支援
計画

※効果ありの場合，個別支
援計画を作成。見こめな
い場合，別サービスへの
見直しや別事業者に。

サービス等利用計画

勘案事項調査
本人の利用意向聴取

サービス等利用計画案の作成

支給決定

審査会の意見
聴取が行われ
る場合もある　←→

支給決定・不支給決定（市町村）

資料：厚生労働省パンフレットをもとに作成
出典：障害者生活支援システム研究会編，塩見洋介・濱畑芳和『シリーズ・障害者の自立と地域生活支援 9　障害者自立支援法活用
　　　の手引き──制度の理解と改善のために』かもがわ出版，p. 70，2006年を一部改変

障害支援区分認定

　介護給付を受けるためには，障害支援区分認定を受けなければなりません。区分は，重度の人から「障害支援区分6」「障害支援区分5」と続き「障害支援区分1」までの6ランクになっています。また，障害が軽い場合などは，どの区分にもあてはまらない「非該当」になる場合もあります。

　障害支援区分認定は，市町村によるアセスメント訪問調査時の80項目の聴きとりをもとにした，コンピューターによる一次判定と，市町村審査会が一次判定結果と医師の意見書などをもとに行う二次判定を経て，市町村が行います。

　障害支援区分認定結果によっては，希望する介護給付が受けられない場合も出てきます。認定結果に納得がいかない場合は，申請者は都道府県知事に対して不服審査請求を行うことができます。

その他のサービスの利用

　その他のサービスの利用の流れは，図4-3-4，図4-3-5のとおりで，市町村が窓口となります。介護給付などと同様に相談支援事業者への相談も可能です。

■図4-3-4　自立支援医療の申請から支給決定まで

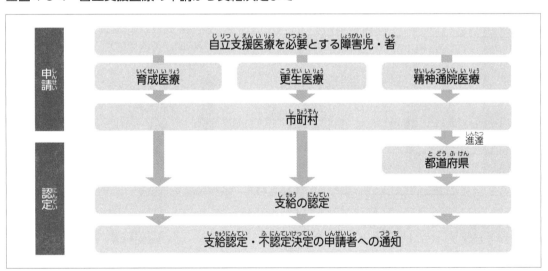

資料：厚生労働省パンフレットをもとに作成
出典：障害者生活支援システム研究会編，塩見洋介・濱畑芳和『シリーズ・障害者の自立と地域生活支援9　障害者自立支援法活用の手引き——制度の理解と改善のために』かもがわ出版，p. 82，2006年を一部改変

■図 4-3-5　補装具の申請から支給まで

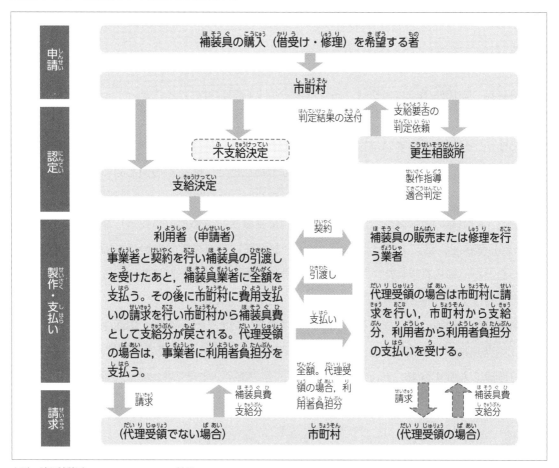

資料：厚生労働省パンフレットをもとに作成
出典：障害者生活支援システム研究会編，塩見洋介・濱畑芳和『シリーズ・障害者の自立と地域生活支援9　障害者自立支援法活用の手引き──制度の理解と改善のために』かもがわ出版，p. 82，2006年を一部改変

❹ 自立支援給付と利用者負担

障害福祉サービスの利用者負担

　障害者自立支援法の成立当初は，自立支援給付として提供されることとなった障害福祉サービスには，新たに1割の利用者負担（「応益負担」あるいは「定率負担」）と，食費などの実費負担の支払いが求められていました。障害者自立支援法以前は，前年度の所得に応じて負担額が決まる「応能負担」でしたが，応益負担となったことで，障害が重いためにたくさんのサービス利用が必要な障害者ほど，負担が重くなりました。

　そこで，利用者の所得区分ごとに利用者負担に上限を設けるという見直しがはかられ，2012（平成24）年より，法文上から1割負担の規定が削除され，家計の負担能力に応じた応能負担とすることが定められました（所得に応じた負担上限月額がサービスを利用した費用の1割を超えるときは，1割負担）。

　介護給付，訓練等給付にかかる負担上限額は現在，数回の改定を経て生活保護受給世帯，市町村民税非課税世帯は0円になっています。また，この場合の世帯の範囲は，18歳以上の障害者（施設に入所する18，19歳を除く）は「障害のある人とその配偶者」，障害児（施設に入所する18，19歳を含む）は「保護者の属する住民基本台帳での世帯」となっています。

補装具，自立支援医療，地域生活支援事業の利用者負担

　補装具や自立支援医療も自立支援給付として提供されるため，1割を上限として家計の負担能力に応じた利用者負担が発生します。

　この補装具や自立支援医療の利用者負担についても，所得区分に応じた利用者負担の上限額がそれぞれ独自に設けられています。

　一方，地域生活支援事業の負担額は，それを実施する自治体が任意に決めます。そのため，たとえば移動支援などでは市町村によって利用料に格差が生じています。

実費負担

　日中活動系サービスや居住支援系サービスで提供される**食費**や**光熱水費**，共同生活援助（グループホーム）の**家賃**などについては，**実費負担**が発生します。その実費負担を軽減するため，次のような軽減措置がとられています。

① 入所施設の食費・光熱水費

　入所施設の食費・光熱水費の実費負担を軽減するため，少なくとも手もとに2万5000円が残るように補足給付が行われます。対象となるのは，生活保護受給世帯および市町村民税

非課税世帯になります。

② グループホームの家賃

　グループホームの家賃の実費負担を軽減するため，家賃が1万円以上の場合は1万円，家賃が1万円未満の場合は実費で補足給付が行われます。対象となるのは，生活保護受給世帯および市町村民税非課税世帯になります。

③ 通所施設の食費

　通所施設の食費の実費負担を軽減するため，食費（食材料費と人件費）のうち人件費相当額が支給されます。なお，利用者の負担分となる食材料費は，施設ごとに額が設定されます。対象となるのは，生活保護受給世帯および市町村民税非課税世帯，市町村民税課税世帯（所得割16万円未満）になります。

高額障害福祉サービス等給付費

　本人と配偶者がともに障害福祉サービスを受けている場合や，1人の障害者が障害者施策と介護保険の両方の福祉サービスを利用していて，費用負担がいちじるしく高額となる場合には，高額障害福祉サービス等給付費が支給されます。

　また，2012（平成24）年4月からは，補装具の利用者負担も，高額障害福祉サービス等給付費の支給対象となっています。

　さらに，2016（平成28）年の障害者総合支援法の改正により，65歳にいたるまでに相当の長期間にわたり障害福祉サービスを利用してきた低所得の高齢障害者に対し，介護保険サービスの利用者負担を軽減するため，2018（平成30）年4月から高額障害福祉サービス等給付費が支給されています。

地方自治体独自の軽減措置

　以上のような国が定めた減免制度とは別に，都道府県や市町村が独自に利用者負担を減免しているところもあります。都道府県や市町村ごとにどのような減免制度があるのか（ないのか）を知ることも，制度を上手に利用するうえで欠かせません。

3 個人の人権を守る制度の概要 ::::::::::::::::::::::::::::::

❶ 日常生活自立支援事業

日常生活自立支援事業とは

日常生活自立支援事業36（➡ p. 214 参照）は社会福祉法に福祉サービス利用援助事業として規定され，認知症高齢者，知的障害者，精神障害者などのうち判断能力が不十分な人が地域において自立した生活を送ることができるように，利用者との契約にもとづき，福祉サービスの利用援助などを行うものです。

事例 1 ▶ 日常生活自立支援事業につなげた例

一人暮らしで軽度の認知症がある高齢者Ａさんは，近ごろ，介護保険の保険証の管理や年金の引き出し手続きをおこたることが多くなってきました。訪問介護事業所から遠方に住む家族に連絡があり，福祉サービスによる支援を得られないか，家族がＡさんの地元の役所に相談して，必要なサービスにつなげていきました。

このとき，事業の実施主体となるのは，都道府県社会福祉協議会または指定都市社会福祉協議会です。事業の一部を市区町村社会福祉協議会などに委託して実施しています。市区町村社会福祉協議会などが窓口となり，利用者とかかわり，申請の受付と判断能力等の評価・判定，支援計画の作成，契約の締結，援助の提供，支援計画の定期的な見直しという一連の業務を行っています。

事業の対象者と援助内容

事業の対象者は，表 4-3-4 に示した 2 つにあてはまる人です。事業の契約内容を判断できるかがポイントになります。また，援助内容は，表 4-3-5 のとおりです。

表 4-3-5 の 3 つの援助内容の実施にともなって行う具体的な援助内容としては，①日常的な金銭管理（預金の払い戻し，預金の解約，預金の預け入れの手続きなど利用者の日常生活費の管理）と，②定期的な訪問による生活変化の察知を基準とします。

利用に関する相談は，本人からだけではなく，家族，民生委員，行政職員，福祉サービス事業者などからも受け付けています。契約を結ぶ前の相談や支援計画の作成などは無料です。契約締結後は有料となりますが，費用の減免制度もあります。介護に従事しているなかで，表 4-3-6 に例示したような問題や事柄に気づいたり相談を受けたりした場合は，本人が住んでい

る市区町村社会福祉協議会に相談してみましょう。

　なお，日常生活自立支援事業のサービスが適切に運営されているかを監視し，利用者からの苦情を受け付ける窓口として，運営適正化委員会が第三者的機関として設置されています。

■表 4-3-4　日常生活自立支援事業の対象者

❶ 判断能力が不十分な人（認知症高齢者，知的障害者，精神障害者などであって，日常生活を営むのに必要なサービスを利用するための情報の入手，理解，判断，意思表示を本人のみでは適切に行うことが困難な人）
❷ 本事業の契約の内容について判断し得る能力を有していると認められる人

■表 4-3-5　日常生活自立支援事業の援助内容

❶ 福祉サービスの利用に関する援助
　・福祉サービスを利用，または利用をやめるために必要な手続き
　・福祉サービスの利用料の支払い手続き　など
❷ 福祉サービスの利用に関する苦情解決制度の利用援助
　・福祉サービスについての苦情解決制度を利用する手続き　など
❸ 住宅改造，居住家屋の賃借，日常生活上の消費契約および住民票の届出などの行政手続きに関する援助その他の福祉サービスの適切な利用のために必要な一連の援助
　・年金および福祉手当の受領に必要な手続き
　・税金，社会保険料，公共料金，医療費，家賃などの支払い手続き
　・日常生活に必要な預金の払い戻し，預け入れなどの手続き
　・年金証書，預貯金の通帳，権利証などの書類を金融機関の貸金庫で預かる　など

■表 4-3-6　このようなことが起きたならば

　・預けていたお金が知らないうちに勝手に使われてしまう
　・認知症高齢者や知的障害者などが，訪問販売で高額な商品を買わされる
　・認知症のため福祉サービスの利用手続きや金銭管理を自分１人でできない
　・親族から財産侵害（本人に無断で年金振りこみ用通帳や定期預金証書，届出印を持ち出す，年金を担保に金融機関から借金させられる，など）を受けている
　・障害年金を家族が使ってしまう
　・友人に生活費を横取りされている
　・認知症高齢者で，もの忘れやもの盗られ妄想があり，金銭管理ができず金銭トラブルが絶えない
　・読み書きが十分にできないため，行政窓口での手続き，社会福祉サービスの利用，また年金受給の申請などができない　など

<ruby>成年後見制度<rt>せいねんこうけんせい ど</rt></ruby>とは

　<ruby>成年後見制度<rt>せいねんこうけんせい ど</rt></ruby>は，<ruby>判断能力<rt>はんだんのうりょく</rt></ruby>の<ruby>不十分<rt>ふ じゅうぶん</rt></ruby>な<ruby>成年者<rt>せいねんしゃ</rt></ruby>（<ruby>認知症高齢者<rt>にん ち しょうこうれいしゃ</rt></ruby>，<ruby>知的障害者<rt>ち てきしょうがいしゃ</rt></ruby>，<ruby>精神障害者<rt>せいしんしょうがいしゃ</rt></ruby>など）を<ruby>保護<rt>ほ ご</rt></ruby>するための<ruby>制度<rt>せい ど</rt></ruby>として 1999（<ruby>平成<rt>へいせい</rt></ruby> 11）<ruby>年<rt>ねん</rt></ruby>に「<ruby>民法<rt>みんぽう</rt></ruby>の<ruby>一部<rt>いち ぶ</rt></ruby>を<ruby>改正<rt>かいせい</rt></ruby>する<ruby>法律<rt>ほうりつ</rt></ruby>」<ruby>等<rt>とう</rt></ruby>の<ruby>成年後見制度関連四法<rt>せいねんこうけんせい ど かんれんよんほう</rt></ruby>として<ruby>成立<rt>せいりつ</rt></ruby>し，<ruby>介護保険制度<rt>かい ご ほ けんせい ど</rt></ruby>と<ruby>同時<rt>どうじ</rt></ruby>に，2000（<ruby>平成<rt>へいせい</rt></ruby> 12）<ruby>年<rt>ねん</rt></ruby>から<ruby>施行<rt>せ こう</rt></ruby>されました。
　この<ruby>法律<rt>ほうりつ</rt></ruby>は，<ruby>高齢社会<rt>こうれいしゃかい</rt></ruby>に<ruby>対応<rt>たいおう</rt></ruby>し，<ruby>知的障害者<rt>ち てきしょうがいしゃ</rt></ruby>や<ruby>精神障害者<rt>せいしんしょうがいしゃ</rt></ruby>などの<ruby>福祉<rt>ふく し</rt></ruby>を<ruby>充実<rt>じゅうじつ</rt></ruby>させるという<ruby>観点<rt>かん てん</rt></ruby>から，「<ruby>自己決定<rt>じ こ けってい</rt></ruby>の<ruby>尊重<rt>そんちょう</rt></ruby>」「<ruby>残存能力<rt>ざんぞんのうりょく</rt></ruby>の<ruby>活用<rt>かつよう</rt></ruby>」「ノーマライゼーション」などの<ruby>新<rt>あたら</rt></ruby>しい<ruby>理念<rt>り ねん</rt></ruby>と<ruby>従来<rt>じゅうらい</rt></ruby>の<ruby>本人<rt>ほんにん</rt></ruby>の<ruby>保護<rt>ほ ご</rt></ruby>の<ruby>理念<rt>り ねん</rt></ruby>との<ruby>調和<rt>ちょうわ</rt></ruby>を<ruby>目的<rt>もくてき</rt></ruby>として，<ruby>柔軟<rt>じゅうなん</rt></ruby>かつ<ruby>弾力的<rt>だんりょくてき</rt></ruby>な<ruby>利用<rt>り よう</rt></ruby>しやすい<ruby>制度<rt>せい ど</rt></ruby>を<ruby>構築<rt>こうちく</rt></ruby>するため，<ruby>多<rt>おお</rt></ruby>くの<ruby>検討<rt>けんとう</rt></ruby>を<ruby>経<rt>へ</rt></ruby>て<ruby>誕生<rt>たんじょう</rt></ruby>しました。
　<ruby>制度<rt>せい ど</rt></ruby>が<ruby>必要<rt>ひつよう</rt></ruby>になった<ruby>理由<rt>り ゆう</rt></ruby>を<ruby>対象者<rt>たいしょうしゃ</rt></ruby>の<ruby>状況<rt>じょうきょう</rt></ruby>にあわせて<ruby>考<rt>かんが</rt></ruby>えてみましょう。<ruby>認知症<rt>にんち しょう</rt></ruby>，<ruby>知的障害<rt>ち てきしょうがい</rt></ruby>，<ruby>精神障害<rt>せいしんしょうがい</rt></ruby>などの<ruby>理由<rt>り ゆう</rt></ruby>で<ruby>判断能力<rt>はんだんのうりょく</rt></ruby>の<ruby>不十分<rt>ふ じゅうぶん</rt></ruby>な<ruby>人<rt>ひと</rt></ruby>たちは，<ruby>預貯金<rt>よ ちょきん</rt></ruby>などの<ruby>財産<rt>ざいさん</rt></ruby>の<ruby>管理<rt>かん り</rt></ruby>，<ruby>介護<rt>かい ご</rt></ruby>サービスや<ruby>施設<rt>し せつ</rt></ruby>への<ruby>入所<rt>にゅうしょ</rt></ruby>に<ruby>関<rt>かん</rt></ruby>する<ruby>契約<rt>けいやく</rt></ruby>の<ruby>締結<rt>ていけつ</rt></ruby>，<ruby>居住<rt>きょじゅう</rt></ruby>しているアパートの<ruby>家賃<rt>や ちん</rt></ruby>の<ruby>支払<rt>し はら</rt></ruby>いや<ruby>賃貸借契約<rt>ちんたいしゃくけいやく</rt></ruby>の<ruby>更新<rt>こうしん</rt></ruby>，<ruby>自宅<rt>じ たく</rt></ruby>の<ruby>増改築<rt>ぞうかいちく</rt></ruby>のための<ruby>契約<rt>けいやく</rt></ruby>などが<ruby>必要<rt>ひつよう</rt></ruby>だとしても，<ruby>自分<rt>じ ぶん</rt></ruby>で<ruby>手続<rt>て つづ</rt></ruby>きを<ruby>行<rt>おこな</rt></ruby>うのがむずかしくなります。また，<ruby>悪質商法<rt>あくしつしょうほう</rt></ruby>の<ruby>被害<rt>ひ がい</rt></ruby>にあうおそれもあります。このような<ruby>問題<rt>もんだい</rt></ruby>から<ruby>本人<rt>ほんにん</rt></ruby>を<ruby>保護<rt>ほ ご</rt></ruby>し，<ruby>支援<rt>し えん</rt></ruby>するのが<ruby>成年後見制度<rt>せいねんこうけんせい ど</rt></ruby>です。

<ruby>法定後見制度<rt>ほうていこうけんせい ど</rt></ruby>と<ruby>任意後見制度<rt>にん い こうけんせい ど</rt></ruby>

　<ruby>成年後見制度<rt>せいねんこうけんせい ど</rt></ruby>には，<ruby>法定後見制度<rt>ほうていこうけんせい ど</rt></ruby>と<ruby>任意後見制度<rt>にん い こうけんせい ど</rt></ruby>があります。
　<ruby>法定後見制度<rt>ほうていこうけんせい ど</rt></ruby>では，<ruby>家庭裁判所<rt>か ていさいばんしょ</rt></ruby>から<ruby>選<rt>えら</rt></ruby>ばれた<ruby>成年後見人<rt>せいねんこうけんにん</rt></ruby>・<ruby>保佐人<rt>ほ さ にん</rt></ruby>・<ruby>補助人<rt>ほ じょにん</rt></ruby>が<ruby>表<rt>ひょう</rt></ruby> 4-3-7 にあることをして<ruby>本人<rt>ほんにん</rt></ruby>を<ruby>保護<rt>ほ ご</rt></ruby>し，<ruby>支援<rt>し えん</rt></ruby>します。また，<ruby>法定後見制度<rt>ほうていこうけんせい ど</rt></ruby>は，<ruby>判断能力<rt>はんだんのうりょく</rt></ruby>の<ruby>程度<rt>ていど</rt></ruby>など<ruby>本人<rt>ほんにん</rt></ruby>の<ruby>事情<rt>じ じょう</rt></ruby>に<ruby>応<rt>おう</rt></ruby>じて<ruby>後見<rt>こうけん</rt></ruby>，<ruby>保佐<rt>ほ さ</rt></ruby>，<ruby>補助<rt>ほ じょ</rt></ruby>の 3 つに<ruby>支援内容<rt>し えんないよう</rt></ruby>が<ruby>分<rt>わ</rt></ruby>けられています。
　<ruby>任意後見制度<rt>にん い こうけんせい ど</rt></ruby>は，<ruby>本人<rt>ほんにん</rt></ruby>が<ruby>十分<rt>じゅうぶん</rt></ruby>な<ruby>判断能力<rt>はんだんのうりょく</rt></ruby>があるうちに，<ruby>前<rt>まえ</rt></ruby>もって<ruby>自分<rt>じ ぶん</rt></ruby>が<ruby>選<rt>えら</rt></ruby>んだ<ruby>代理人<rt>だいりにん</rt></ruby>（<ruby>任意後見人<rt>にん い こうけんにん</rt></ruby>）に<ruby>自分<rt>じ ぶん</rt></ruby>の<ruby>生活<rt>せいかつ</rt></ruby>，<ruby>財産管理<rt>ざいさんかん り</rt></ruby>に<ruby>関<rt>かん</rt></ruby>する<ruby>事務<rt>じ む</rt></ruby>について<ruby>代理権<rt>だいりけん</rt></ruby>を<ruby>与<rt>あた</rt></ruby>える<ruby>契約<rt>けいやく</rt></ruby>（<ruby>任意後見契約<rt>にん い こうけんけいやく</rt></ruby>）を<ruby>公証人<rt>こうしょうにん</rt></ruby>の<ruby>作成<rt>さくせい</rt></ruby>する**<ruby>公正証書<rt>こうせいしょうしょ</rt></ruby>**37（➡ p. 214 <ruby>参照<rt>さんしょう</rt></ruby>）で<ruby>結<rt>むす</rt></ruby>んでおくものです。なお，<ruby>任意後見人<rt>にん い こうけんにん</rt></ruby>が<ruby>適切<rt>てきせつ</rt></ruby>に<ruby>保護<rt>ほ ご</rt></ruby>・<ruby>支援<rt>し えん</rt></ruby>するためのしくみとして，<ruby>家庭裁判所<rt>か ていさいばんしょ</rt></ruby>が<ruby>選任<rt>せんにん</rt></ruby>した<ruby>任意後見監督人<rt>にん い こうけんかんとくにん</rt></ruby>が<ruby>任意後見人<rt>にん い こう けんにん</rt></ruby>を<ruby>監督<rt>かんとく</rt></ruby>するようになっています。
　<ruby>後見<rt>こうけん</rt></ruby>，<ruby>保佐<rt>ほ さ</rt></ruby>，<ruby>補助<rt>ほ じょ</rt></ruby>の<ruby>概要<rt>がいよう</rt></ruby>は<ruby>表<rt>ひょう</rt></ruby> 4-3-8 のとおりです。

■表 4-3-7　成年後見人・保佐人・補助人が行うこと

・本人を代理して契約などの法律行為を行う。
・本人が自分で法律行為をするときに同意を与える。
・本人が同意を得ないでした不利益な法律行為をあとから取り消す。

■表 4-3-8　後見，保佐，補助の概要

	後見	保佐	補助
対象者	判断能力が欠けているのが通常の状態の者	判断能力がいちじるしく不十分な者	判断能力が不十分な者
申し立てをすることができる人	本人，配偶者，四親等内の親族，検察官，市町村長など（注1）		
成年後見人等の同意が必要な行為	（注2）	民法13条1項所定の行為（注3）（注4）（注5）	申し立ての範囲内で家庭裁判所が審判で定める「特定の法律行為」（民法13条1項所定の行為の一部）（注1）（注3）（注5）
取消しが可能な行為	日常生活に関する行為以外の行為（注2）	同上（注3）（注4）（注5）	同上（注3）（注5）
成年後見人等に与えられる代理権の範囲	財産に関するすべての法律行為	申し立ての範囲内で家庭裁判所が審判で定める「特定の法律行為」（注1）	同左（注1）

（注1）本人以外の申し立てにより，保佐人に代理権を与える審判をする場合，本人の同意が必要になる。補助開始の審判や補助人に同意権・代理権を与える審判をする場合も同じ。
（注2）成年被後見人が契約等の法律行為（日常生活に関する行為を除く。）をした場合には，仮に成年後見人の同意があったとしても，あとで取り消すことができる。
（注3）民法13条1項では，借金，訴訟行為，相続の承認・放棄，新築・改築・増築などの行為があげられている。
（注4）家庭裁判所の審判により，民法13条1項所定の行為以外についても，同意権・取消権の範囲とすることができる。
（注5）日用品の購入など日常生活に関する行為は除かれる。
資料：法務省民事局「成年後見制度・成年後見登記制度」を一部改変

❸ 苦情解決の制度

利用者保護のための苦情解決のしくみ

　苦情解決は，利用者の立場に立った保護のために必要なしくみの１つです。社会福祉の制度としては，「社会福祉の増進のための社会福祉事業法等の一部を改正する等の法律」（2000（平成12）年公布）によって，利用者の立場に立った社会福祉制度の構築が示され，苦情解決のしくみが導入されました。

　苦情解決のしくみとしては，福祉サービスに対する利用者の苦情や意見を幅広くくみ上げ，サービスの改善をはかる観点から，表4-3-9に示した３点を整備することになりました。

　社会福祉法[38]（➡ p.214参照）第82条では，社会福祉事業の経営者による苦情の解決として，「社会福祉事業の経営者は，常に，その提供する福祉サービスについて，利用者等からの苦情の適切な解決に努めなければならない」としています。また，老人福祉法および介護保険法に規定された各種施設の設備や運営に関する基準を示した省令においても，苦情解決または苦情処理を明確に位置づけています。参考として，特別養護老人ホームに関する基準を表4-3-10に示します。

■表4-3-9　苦情解決のしくみのポイント

❶　社会福祉事業経営者の苦情解決の責務を明確化
❷　第三者が加わった施設内における苦情解決のしくみの整備
❸　上記方法で解決が困難な事例に備え，都道府県社会福祉協議会に，苦情解決のための委員会（運営適正化委員会）を設置

■表4-3-10　「特別養護老人ホームの設備及び運営に関する基準」における関連規定

（苦情処理）
第29条　特別養護老人ホームは，その行った処遇に関する入所者及びその家族からの苦情に迅速かつ適切に対応するために，苦情を受け付けるための窓口を設置する等の必要な措置を講じなければならない。
2　特別養護老人ホームは，前項の苦情を受け付けた場合には，当該苦情の内容等を記録しなければならない。
3　特別養護老人ホームは，その行った処遇に関し，市町村から指導又は助言を受けた場合は，当該指導又は助言に従って必要な改善を行わなければならない。
4　特別養護老人ホームは，市町村からの求めがあった場合には，前項の改善の内容を市町村に報告しなければならない。

第三者評価の制度

社会福祉法第78条第1項において，社会福祉事業の経営者は，提供する福祉サービスの質の評価を自ら行うことやその他の措置を行うことにより，利用者の立場に立って良質かつ適切な福祉サービスを提供するよう努めなければならないとされています。

この「その他の措置」という部分が，第三者評価の制度または事業を意味しています。つまり，福祉サービスの質の向上のためには，個々の経営者が自己評価を通じて問題点を把握するだけではなく，公正かつ中立な第三者機関によって客観的な評価が実施されることが求められているのです。

社会福祉事業の経営者が福祉サービス第三者評価を受けることは，福祉サービスの質を向上させるうえで重要なことなのです。そして，利用者にとっては，評価結果に関する情報を得ることで福祉サービスの内容や質の理解につながるとともに，サービスを実際に利用するときの選択に役立つといえます。

■表4-3-11　社会福祉法における関連規定

（福祉サービスの質の向上のための措置等）
第78条　社会福祉事業の経営者は，自らその提供する福祉サービスの質の評価を行うことその他の措置を講ずることにより，常に福祉サービスを受ける者の立場に立って良質かつ適切な福祉サービスを提供するよう努めなければならない。
2　国は，社会福祉事業の経営者が行う福祉サービスの質の向上のための措置を援助するために，福祉サービスの質の公正かつ適切な評価の実施に資するための措置を講ずるよう努めなければならない。

福祉サービス第三者評価事業

第三者評価の制度としては，福祉サービス第三者評価事業があります。この事業は，サービス事業者が事業運営における問題点を把握し，サービスの質の向上に結びつけることを目的としています。さらに，福祉サービス第三者評価を受けた結果が公表されることにより，結果として利用者の適切なサービス選択に資するための情報となることも目的としています。評価は，福祉サービス第三者評価基準ガイドラインにしたがって行われます。

なお，福祉サービス第三者評価基準ガイドラインには，適切な福祉サービスの実施に関する評価項目が定められており，利用者本位の福祉サービスとして，利用者のプライバシーの保護等の権利擁護に配慮したサービスの提供が行われているのかが判断基準とされています。

専門職や事業所にかかわる個人情報保護の規定

個人情報保護は専門職として守らなければならない義務の１つです。社会福祉士及び介護福祉士法[39]（➡ p. 214 参照）では，介護職の国家資格である介護福祉士の義務として，誠実義務，信用失墜行為の禁止，秘密保持義務などを規定しています（表 4-3-12）。

また，秘密保持や個人情報保護は，職員が個人レベルで守ればよいというものではありません。サービスを提供している事業所である組織も必ず守らなければいけません。介護サービス事業所に関する守秘義務については，法律や省令に規定されています。たとえば，訪問介護（ホームヘルプサービス）を行う事業所が守らなければならない事項は，表 4-3-13 のように示されています。

■表 4-3-12　社会福祉士及び介護福祉士法における関連規定

（誠実義務）
第44条の2　社会福祉士及び介護福祉士は，その担当する者が個人の尊厳を保持し，自立した日常生活を営むことができるよう，常にその者の立場に立って，誠実にその業務を行わなければならない。
（信用失墜行為の禁止）
第45条　社会福祉士又は介護福祉士は，社会福祉士又は介護福祉士の信用を傷つけるような行為をしてはならない。
（秘密保持義務）
第46条　社会福祉士又は介護福祉士は，正当な理由がなく，その業務に関して知り得た人の秘密を漏らしてはならない。社会福祉士又は介護福祉士でなくなった後においても，同様とする。

■表 4-3-13　「指定居宅サービス等の事業の人員，設備及び運営に関する基準」における関連規定

（秘密保持等）
第33条　指定訪問介護事業所の従業者は，正当な理由がなく，その業務上知り得た利用者又はその家族の秘密を漏らしてはならない。
2　指定訪問介護事業者は，当該指定訪問介護事業所の従業者であった者が，正当な理由がなく，その業務上知り得た利用者又はその家族の秘密を漏らすことがないよう，必要な措置を講じなければならない。
3　指定訪問介護事業者は，サービス担当者会議等において，利用者の個人情報を用いる場合は利用者の同意を，利用者の家族の個人情報を用いる場合は当該家族の同意を，あらかじめ文書により得ておかなければならない。

個人情報保護法

個人情報の保護に関する法制度としては，2003（平成15）年に公布され，2005（平成17）年に全面施行された個人情報の保護に関する法律（個人情報保護法）があります。個人情報保護法において個人情報（➡第1巻 p. 251 参照）が規定され，さらに，取り扱いに配慮を要するものとして，**要配慮個人情報**40（➡ p. 214 参照）があります。

個人情報取扱事業者には，表4-3-14 に示した内容に関する義務が課せられています。個人情報取扱事業者は，**個人データ**41（➡ p. 214 参照）を第三者に提供する場合など，基本的には取り扱いについては本人の同意が必要となります。また，利用者は個人情報取扱事業者に対して，**保有個人データ**42（➡ p. 214 参照）の開示を請求することができます。事業者は，この請求を受けたときは，本人に対して開示する必要がありますが，「本人または第三者の生命，身体，財産その他の権利利益を害するおそれがある場合」「事業者の業務の適正な実施にいちじるしい支障を及ぼすおそれがある場合」「他の法令に違反することとなる場合」は，その全部または一部を開示しないことができます。

個人情報保護法をふまえ，「医療・介護関係事業者における個人情報の適切な取扱いのためのガイダンス」が作成されています。ガイダンスでは，個人情報保護法の対象となる病院，診療所，薬局，介護保険法に規定する居宅サービス事業を行う者等の事業者等が行う個人情報の適正な取り扱いの確保に関する活動を支援するための具体的な留意点・事例等が示されています。各医療・介護関係事業者は，法令，「個人情報の保護に関する基本方針」（平成16年4月2日閣議決定）およびガイダンスの趣旨をふまえ，個人情報の適正な取り扱いに取り組む必要があります。

■表4-3-14　個人情報を取り扱う事業者の義務等

❶ 個人情報の取り扱いは，利用目的をできる限り特定しなければならない。

❷ 特定した利用目的の範囲を超えて，個人情報を取り扱ってはならない。

❸ 特定した利用目的の範囲外で個人情報を取り扱うためには，本人の同意が必要となる。

❹ 要配慮個人情報を取得する際には，本人の同意が必要となる。

❺ あらかじめその利用目的を公表していない場合は，個人情報を取得したらすみやかに，その利用目的を本人に通知，または公表しなければならない。

❻ 漏洩・滅失・き損の防止などの個人データの安全管理のために必要かつ適切な措置を講じなければならない。

❼ あらかじめ本人の同意を得ないで，個人データを第三者に提供してはならない。

❺ 消費者保護法

消費者を保護するための法律

　高齢者や障害のある人をねらった悪質商法43 （➡ p. 215 参照） が増加しています。一人暮らしの高齢者が被害者になりやすいといえます。また，同居している家族がいたとしても，家族が気づかないうちに高額な商品を買わされているケースもあるため注意が必要です。このような消費者契約におけるトラブルを解決し，消費者を保護するための法律があります。

消費者契約法

　消費者契約法は，2000 （平成 12） 年に公布，2001 （平成 13） 年に施行されました。この法律では，消費者が事業者と結んだ契約のすべてを対象にしている点に特徴があります。消費者契約法では，消費者契約について，①事業者の不当な勧誘による契約は，消費者が取り消すことができること （表 4-3-15），②不当な契約条項，たとえば，事業者の損害賠償責任を免除する条項（消費者に損害が発生しても，事業者は賠償しないと定められている場合等） などが含まれていた場合には，その条項を無効とすることが定められています。取り消しについては，原則として追認することができるとき （消費者が誤認をしたことに気づいたときなど） から 1 年間，契約の締結のときから 5 年間という期間制限があります。

■表 4-3-15　事業者による不当な勧誘の例

・重要事項について事実と異なることを告げる。
・消費者の不利益となること，かつ，当該事実を消費者が認識していないことを知りながら，または重大な過失によってあえて商品を販売した。
・物品等の将来の金額等が不確実にもかかわらず「必ずもうかる」と言われ誤認して契約を結んだ。
・勧誘する際，消費者にとっての通常の分量等をいちじるしく超えることを知っていた。
・事業者に住居や職場などから「帰ってください」と言ったにもかかわらず，退去しない。
・消費者が勧誘されている場所から「帰りたい」と申し出たにもかかわらず，退去させない。
・消費者が就職，結婚，容姿等に対する願望の実現に不安を抱いていることを知りながら，消費者の社会生活上の経験不足を不当に利用し，勧誘した。
・加齢や認知症等により消費者が，合理的な判断ができない事情を不当に利用して契約を結んだ。
・契約を締結する前に債務の内容を実施し，代金を請求した。
・勧誘することを告げずに退去困難な場所へ同行し勧誘する （※）。
・威迫する言動を交え，相談の連絡を妨害する （※）。
・契約前に目的物の現状を変更し，原状回復をいちじるしく困難にする （※）。

※：2023 （令和 5） 年 6 月 1 日から追加される予定となっている。

消費者契約法は，事業者と消費者に対して努力義務を定めています。

事業者は，契約の条項を定めるにあたっては解釈に疑義が生じない明確なものでかつ消費者にとって平易なものになるように配慮し，個々の消費者の知識および経験を考慮したうえで，消費者の権利義務その他の消費者契約の内容についての必要な情報を提供するよう努めなければならないとされています。また，2023（令和 5）年 6 月施行の改正により，事業者は勧誘をする際，個々の消費者の知識，経験に加え，年齢および心身の状態を考慮した情報提供を行うこと，定型約款の表示請求権の行使に関して必要な情報提供を行うこと，消費者が有する解除権の行使に関して必要な情報提供を行うこと，消費者に対する解約料の算定根拠の概要および適格消費者団体に対する解約料の算定根拠を説明することが努力義務として追加されます。

そして，消費者は，契約締結の際，事業者から提供された情報を活用し，消費者の権利義務や契約内容について理解するよう努めるものとされています。

特定商取引に関する法律

消費者トラブルを生じやすい特定の商取引を対象として，消費者を保護するなどの目的で特定商取引に関する法律（特定商取引法）が 2001（平成 13）年から施行されています。特定商取引法では，事業者の不適正な勧誘・取引を取り締まるための「行為規制」やトラブル防止・解決のためのクーリング・オフ制度44（➡ p. 215 参照）を定めています。クーリング・オフ制度が適用される取引内容には，訪問販売および電話勧誘販売にかかる取引，連鎖販売取引，特定継続的役務提供にかかる取引，業務提供誘引販売取引，訪問購入にかかる取引があります。

介護を必要としている人のなかには，訪問販売や電話勧誘販売などの特定商取引において，本人が望まない契約をしてしまうということが少なくありません。それでは，このような契約トラブルや被害にあうのを防ぐため，介護職に何ができるのでしょうか。自宅で生活している高齢者を訪問したときを例にあげてみます。

事例 2 ▶ 「おかしいな？」と思ったときの介護職の対応

介護職は，家の中に入って利用者に継続的にかかわることができるため，ふだんの生活の状況との変化に気づくことができる存在といえます。

たとえば，訪問中に屋根の修理や布団の販売の業者を名乗る悪質な訪問販売の人が訪ねてくることがあるかもしれません。また，電話による悪質な勧誘があるかもしれません。

このような場面に遭遇したときには，自分 1 人の判断で行動せず，消費生活センターなどの専門機関に相談することが大切です。しかし，利用者が専門機関にうまく説明できない場合は，本人を安心させ，状況をゆっくり確認することも大切です。

消費者ホットライン

　消費者庁では，だれもがアクセスしやすい相談窓口として消費者ホットラインを開設しています。消費者ホットラインは，全国共通の電話番号（188（いやや！）番）で地方公共団体が設置している身近な消費生活センターや消費生活相談窓口を案内するものです。

　また，消費者ホットラインにつながらない場合は，国民生活センターの「平日バックアップ相談」の電話番号が紹介されることになっています。

第4章 用語解説

1 高齢化率

こうれいかりつ

➡ p. 136 参照

総人口に占める 65 歳以上の人口（老年人口）の割合。老年人口比率ともいう。

2 平均寿命

へいきんじゅみょう

➡ p. 136 参照

0 歳を基点として，その対象集団の平均余命を統計的に推計したもの。

3 合計特殊出生率

ごうけいとくしゅしゅっしょうりつ

➡ p. 136 参照

1 人の女性が生涯（15 歳から 49 歳のあいだ）に何人の子どもを産むかを示す統計的な値のこと。

4 前期高齢者

ぜんきこうれいしゃ

➡ p. 136 参照

高齢者を 65 歳以上とした場合，65 歳以上 75 歳未満の高齢者を前期高齢者と区分している。

5 後期高齢者

こうきこうれいしゃ

➡ p. 136 参照

高齢者を 65 歳以上とした場合，75 歳以上の高齢者を後期高齢者と区分している。

6 社会的入院

しゃかいてきにゅういん

➡ p. 138 参照

病状安定期にあって，医学的には入院治療の必要がなく，退院が可能な状態であり，本来家庭での療養が望ましいにもかかわらず，介護者がいないなどの事情によって病院に入院していること。

7 広域連合

こういきれんごう

➡ p. 144 参照

自治体の枠を超えたさまざまな広域的な行政ニーズに対応するとともに，国や都道府県からの権限委譲の受け入れ体制の整備のための地方自治法による制度。

8 一部事務組合

いちぶじむくみあい

➡ p. 144 参照

複数の自治体またはその執行機関の事務の一部を共同処理するための地方自治法による制度。

⑨ 介護保険施設

かいごほけんしせつ

➡ p. 144 参照

介護保険法による施設サービスを提供する施設で，介護老人福祉施設，介護老人保健施設，介護医療院，介護療養型医療施設がある。なお，介護療養型医療施設については，2024（令和6）年3月31日で廃止されることとなっている。

⑩ 特定施設

とくていしせつ

➡ p. 144 参照

介護保険制度において，設備基準や人員基準などを満たした有料老人ホーム，養護老人ホーム，軽費老人ホームであって，地域密着型特定施設でないもの。

⑪ 養護老人ホーム

ようごろうじんほーむ

➡ p. 144 参照

65歳以上の者であって，環境上の理由および経済的理由により，居宅において養護を受けることが困難な者を入所させ，養護するとともに，その者が自立した日常生活を営み，社会的活動に参加するために必要な指導や訓練を行うことを目的とする入所施設。

⑫ 居宅介護支援事業者

きょたくかいごしえんじぎょうしゃ

➡ p. 148 参照

介護保険制度によって制度化されたもので，居宅介護支援（ケアマネジメント）を実施する事業者のこと。人員基準として，常勤の介護支援専門員（ケアマネジャー）を1名以上配置することが義務づけられている。

⑬ ケアプラン

けあぷらん

➡ p. 150 参照

一人ひとりのニーズにあわせた適切な保健・医療・福祉サービスを提供するための計画書のこと。介護保険制度では，居宅介護支援事業所の介護支援専門員により作成される要介護者の在宅生活を支援するための居宅サービス計画や，介護保険施設で提供されるサービスを明示する施設サービス計画，地域包括支援センターで作成される要支援者の介護予防サービス計画などをいう。

⑭ 身体介護

しんたいかいご

➡ p. 151 参照

介護福祉士や訪問介護員が利用者の自宅を訪問して行う入浴，排泄，食事，更衣などの介助のこと。

15 生活援助

せいかつえんじょ
→ p. 151 参照

介護福祉士や訪問介護員が利用者の自宅を訪問して行う調理，洗濯，そうじなどの家事の援助のこと。

16 通院等のための乗車・降車の介助

つういんとうのためのじょうしゃ・こうしゃのかいじょ
→ p. 151 参照

訪問介護員が運転する車両で通院などを行う際の乗降と移動の介助，受診手続きなどのこと。

17 診療の補助

しんりょうのほじょ
→ p. 151 参照

医師や歯科医師の指示がなければ行うことができない医行為のこと。

18 療養上の世話

りょうようじょうのせわ
→ p. 151 参照

対象となる人の食事の介助，清拭，体位交換，苦痛の緩和などの看護師による直接的な支援のこと。

19 ADL

エーディーエル
→ p. 151 参照

Activities of Daily Living の略。「日常生活動作」「日常生活活動」などと訳される。人間が毎日の生活を送るための基本的動作群のことで，食事，更衣，整容，排泄，入浴，移乗，移動などがある。

20 IADL

アイエーディーエル
→ p. 151 参照

Instrumental Activities of Daily Living の略。「手段的日常生活動作」と訳される。ADL が食事，入浴，排泄などの日常生活の基本動作であるのに対し，IADL は，バスに乗って買い物に行く，電話をかける，食事のしたくをするなどのように，より広義かつ ADL で使用する動作を応用した動作（ADL より複雑な動作）をさす。

21 療養上の管理・指導

りょうようじょうのかんり・しどう
→ p. 151 参照

医師，歯科医師，薬剤師，管理栄養士，歯科衛生士，看護師などが行う療養生活上の助言や服薬，栄養，口腔ケアなどの指導のこと。

22 特別徴収

とくべつちょうしゅう

➡ p. 164 参照

介護保険第1号被保険者の保険料の徴収方法の1つ。第1号被保険者が一定額（年額18万円）以上の公的年金を受給している場合には，年金保険者が年金を支給する際にあらかじめ年金から保険料を天引きし，市町村に直接納入するしくみ。

23 普通徴収

ふつうちょうしゅう

➡ p. 164 参照

介護保険第1号被保険者の保険料の徴収方法の1つ。特別徴収の対象外の第1号被保険者に対して市町村が納入通知書を送付し，保険料の納付を求めるしくみ。

24 医療的ケア

いりょうてきけあ

➡ p. 168 参照

医療的ケアとされている，喀痰吸引および経管栄養は，原則として医行為であると整理されている。これまでは，医療の資格に関する法律によって，免許をもたない者が医行為を行うことは禁止されていた。しかし，高齢化などの社会的背景から医行為が必要な多くの人々を支援するなかで，介護福祉士や介護職員等が喀痰吸引や経管栄養を行う必要性が生じ，このことに対する問題が顕在化し，その制度化が検討されて，

社会福祉士及び介護福祉士法の改正にいたった。

25 特別訪問看護指示書

とくべつほうもんかんごしじしょ

➡ p. 170 参照

「訪問看護指示書」が出ている利用者が急性増悪，終末期，退院直後等により，頻回の訪問看護が必要と主治医が判断した場合に交付される。有効期間は14日間までで，この期間は医療保険でのサービスとなる。

26 仙骨部

せんこつぶ

➡ p. 171 参照

脊柱を構成する椎骨のうち，腰椎と尾椎のあいだにある部分。

27 発赤

ほっせき

➡ p. 171 参照

炎症によって皮膚表面にある血管が拡張，充血したために赤色になった状態のこと。

28 誤嚥性肺炎

ごえんせいはいえん

➡ p. 174 参照

細菌が食べ物や唾液などとともに誤って気管から肺に入り，肺に炎症を起こしたもの。

29 世界保健機関（WHO）

せかいほけんきかん（ダブリューエイチオー）

➡ p. 176 参照

国際連合の専門機関の１つ。世界中の人々が最高水準の健康を維持することを目的に，感染症対策，衛生統計，基準づくり，研究開発などを行っている。

30 身体障害者福祉法

しんたいしょうがいしゃふくしほう

➡ p. 182 参照

障害者総合支援法と相まって，身体障害者の自立と社会経済活動への参加を促進するため，身体障害者を援助し，必要に応じて保護し，身体障害者の福祉の増進をはかることを目的とする法律。

31 知的障害者福祉法

ちてきしょうがいしゃふくしほう

➡ p. 183 参照

知的障害者の自立と社会経済活動への参加を促進するため，知的障害者を援助するとともに必要な保護を行い，知的障害者の福祉をはかることを目的とする法律。

32 国際障害分類（ICIDH）

こくさいしょうがいぶんるい（アイシーアイディーエイチ）

➡ p. 183 参照

1980 年に世界保健機関（WHO）が国際疾病分類の補助分類として発表したも

の。障害を３つのレベルに分け，機能障害（impairment），能力障害（能力低下）（disability），社会的不利（handicap）とした。ICIDH とは，「International Classification of Impairments, Disabilities and Handicaps」の略である。

33 国際生活機能分類（ICF）

こくさいせいかつきのうぶんるい（アイシーエフ）

➡ p. 183 参照

ICF とは，「International Classification of Functioning, Disability and Health」の略である。2001 年に世界保健機関（WHO）が ICIDH に代わるものとして正式に決定したもの。障害を個人の問題として固定的にとらえるのではなく，環境などとの関係でとらえ，積極的な活動によって相互に影響し合うモデルが提案されている。

34 障害福祉計画

しょうがいふくしけいかく

➡ p. 191 参照

障害者総合支援法にもとづき，障害福祉サービスや相談支援，地域生活支援事業の提供体制を整備し，自立支援給付および地域生活支援事業の円滑な実施を確保するために策定される計画。

35 障害児福祉計画

しょうがいじふくしけいかく

➡ p. 191 参照

児童福祉法にもとづき，障害児通所支援，障害児入所支援および障害児相談支援の提供体制を整備し，これらの円滑な実施を確保するために策定される計画。

36 日常生活自立支援事業

にちじょうせいかつじりつしえんじぎょう

➡ p. 198 参照

この事業は，地域福祉権利擁護事業の名称で，都道府県社会福祉協議会を実施主体として 1999（平成 11）年から開始されていたが，2007（平成 19）年に日常生活自立支援事業に名称が変更された。

37 公正証書

こうせいしょうしょ

➡ p. 200 参照

法律の専門家である公証人が，公証人法や民法などの法律にしたがって作成する公文書のこと。

38 社会福祉法

しゃかいふくしほう

➡ p. 202 参照

社会福祉事業の全分野における共通的基本事項を定めている法律。社会福祉事業の定義のほか，福祉事務所，社会福祉主事，社会福祉法人，社会福祉協議会，共同募金な

どについて規定している。

39 社会福祉士及び介護福祉士法

しゃかいふくししおよびかいごふくししほう

➡ p. 204 参照

社会福祉士と介護福祉士の資格を定めて，その業務の適正をはかり，社会福祉の増進に寄与することを目的とする法律。介護福祉士の定義や義務規定，資格取得の方法などが定められている。

40 要配慮個人情報

ようはいりょこじんじょうほう

➡ p. 205 参照

個人情報のなかでも，取り扱いにとくに配慮を要するもの。人種，信条，社会的身分，病歴，犯罪の経歴，犯罪被害情報，身体障害・知的障害・精神障害等があること，健康診断等の検査の結果など。

41 個人データ

こじんでーた

➡ p. 205 参照

個人情報データベース等（特定の個人情報を検索することができるように体系的に構成したもの）を構成する個人情報のこと。

42 保有個人データ

ほゆうこじんでーた

➡ p. 205 参照

個人情報取扱事業者が，開示，内容の訂

正，追加または削除，利用の停止，消去および第三者への提供の停止を行うことのできる権限を有する個人データのこと。

43 悪質商法

あくしつしょうほう

➡ p. 206 参照

悪質な業者が不当な利益を得るために行う，社会通念上問題のある商売方法のこと。不安をあおったり，親切にして信用させたりして商品やサービスを売りつける。

44 クーリング・オフ制度

くーりんぐ・おふせいど

➡ p. 207 参照

購入者が訪問販売など営業所以外の場所において，指定商品や権利などについて契約の締結をした場合に，一定の期間内であれば，購入者が販売業者に通知して無条件に契約の解除をすることができる制度。

第 5 章

介護における
コミュニケーション技術

ねらい

●高齢者や障害者のコミュニケーション能力は一人ひとり異なることと，その違いを認識してコミュニケーションを取ることが専門職に求められていることを認識し，初任者として最低限の取るべき（取るべきでない）行動例を理解する。

介護におけるコミュニケーション

学習のポイント 📇

- ●対人援助関係におけるコミュニケーションの意義と目的を理解する
- ●介護におけるコミュニケーションの役割と技法について理解する
- ●事例を通して，利用者の状況・状態に応じたコミュニケーションの実際を理解する

1 コミュニケーションの意義，目的，役割 ∷∷∷∷∷∷

❶ 対人援助関係とコミュニケーション

介護職がコミュニケーションを学ぶ意味

　人はコミュニケーションを通じて他者と人間的にかかわり合うことができます。しかし，介護を必要とする多くの高齢者や障害のある人は，何らかのコミュニケーション障害があり，自分の意思や要求を相手に伝えることが困難となっています。

　したがって，介護職にはさまざまなコミュニケーション障害のある利用者への具体的な介護方法を学ぶことが望まれます。

　利用者と介護職のコミュニケーションは，対人援助関係のなかで行われます。より実践的な介護職となるためには，日常的にごくふつうに行っているコミュニケーションをふり返ることが必要です。

自分自身をよく知る

　コミュニケーションは，情報の伝達という機能をもちます。それと同時に，人と人とがこころを通わせ，人格と人格が交流することをうながし，互いに理解を深めてわかり合うという機能もあわせもっています。介護職がより有効な対人援助を行うためには，利用者をよく知ると同時に，自分自身をよく知ることが基本となります。この，自分自身を知る機会というのは，介護の現場における利用者と自分（介護職）の人間関係そのもののなかに存在します。

❷ 人間的・効果的なコミュニケーションの基本

介護職に求められる人間的・効果的なコミュニケーションの基本として，表5-1-1に示す7点があげられます。

■表5-1-1　人間的・効果的なコミュニケーションの基本

① 自分の内面を見直し，しっかりとした自己の概念をもつ。
② 伝えたいことを明確に表現する。
③ 適切な自己開示，および，相手の自己開示の過程への理解をはかる。
④ 自分の感情に気づき，それを認める。
⑤ 相手の思いを聴く姿勢と技能を高める。
⑥ 基本的な共感の応答を日常の介護に組み入れる。
⑦ さまざまな質問の技法と役割に精通する。

人間は多様な社会関係を形成しながら，その相互関係を通して自分のなかに自我を確立していきます。また，自己概念が介護関係や介護職間の関係に反映されます。

高齢者にかかわる際の基本的な視点として図5-1-1が示されます。高齢者を理解するためには，「できない」「できなくなった」「力のない」などの見方をするのではなく，図5-1-1に示すように，学ぶことができ，変わることができ，責任をもつことができる存在であることを，介護職は確認しておく必要があります。

■図5-1-1　高齢者を理解する基本的な視点

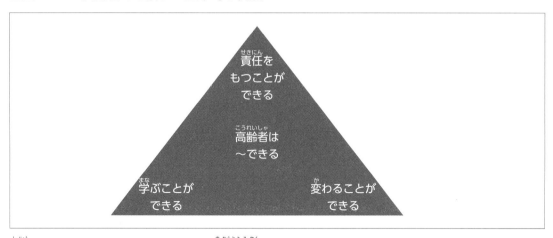

資料：Walter, E., *Empowerment the Aged* より，野村豊子訳

2 コミュニケーションの技法 ::

❶ メッセージの送り手と受け手

コミュニケーションの構成要素

　2人のあいだでのコミュニケーション過程には，さまざまな構成要素が含まれています（図5-1-2）。

　コミュニケーションを始める人を送り手，2人のあいだを伝わる情報をメッセージ，メッセージを受けとる相手を受け手といいます。さらに，送り手のこころや頭に浮かんだイメージを相手に送るために記号化した送信，受け手が解読した受信があります。

　図5-1-2で示されるとおり，1人の人のなかに送り手と受け手の両者の役割があります。送り手から受け手に届いた受信が，受け手のなかのもう1つの役割である送り手から，今度は逆に，送信→フィードバック→受信として，はじめの送り手の別の役割である受け手に戻ってきたときに，双方向のコミュニケーションが成立します。

　このように，コミュニケーションは，基本的に双方向の機能をもちます。

■図5-1-2　2人のあいだでのコミュニケーション過程

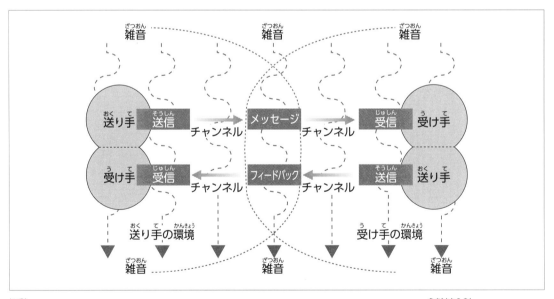

出典：Adler, R. B. & Towne, N., *Looking Out/Looking In*, Holt, Rinehart and Winston, p.21-26, 1981，野村豊子訳

送り手・受け手の環境

　送り手・受け手双方のメッセージを成立させる背景にある要素を総称して環境と呼びます。環境を構成する要素には，表 5-1-2 にあげたように多くのものがあります。

　1 つひとつの送信や受信は，送り手・受け手のこれらの諸要素をもとに形づくられているため，十分なコミュニケーションを進めるためには，自分および相手の多くの要素を深く知ることが必要です。

■表 5-1-2　環境を構成する要素

・年齢	・性別	・個人的な価値観	・専門職としての価値観
・人生観	・人間観	・世界観　・宗教	・生きがい　・自己概念
・性格	・他者認知	・言語　・生活歴	・職業歴　・家族歴　など

介護の現場におけるコミュニケーション

　図 5-1-2 に示されるとおり，メッセージは，送り手と受け手双方の共有部分において成立しています。

　介護の現場においては，通常のコミュニケーション以上に，年齢，価値観，生活歴，言語など，送り手と受け手の環境の相違が顕著であるともいえます。そのため，介護職の側から相手の環境に近づいていかなければ，送り手と受け手の共有部分は成立しません。

　たとえば，20 歳代の介護職と 80 歳代の高齢者では，相手の高齢者の属している時代の文化・習慣・風俗・大きな出来事，個々の人生の家族的・社会的背景，言葉のつかい方・表現の方法などの多様な知識が，コミュニケーションを展開するうえで欠かせません。

　さらに，それらの知識に加えて，環境の異なる他者への共感的理解および相手の視点からみる姿勢が望まれます。

❷ 言語的チャンネルと非言語的チャンネル

言語的チャンネルと非言語的チャンネル

　メッセージを伝える伝達経路（チャンネル）には，言語的チャンネルと非言語的チャンネルの２つがあります。

　言語的チャンネルには，話し言葉，書き言葉などがあり，非言語的チャンネルには，ジェスチャー，表情，声の調子の高低・強弱，身体的接触，ただよう香り，服装や髪型などがあります。

　すべてのチャンネルのうち，言語的チャンネルが２〜３割であるのに対して，非言語的チャンネルは７〜８割を占めます。また，非言語的チャンネルとは異なりますが，沈黙は言語以上に多くの内容を伝えることがあります。

　言語的チャンネルと非言語的チャンネルとは，時に矛盾した内容を伝えることがあります。次の２つの事例から考えてみましょう。

事例１▶ ２つのチャンネルが矛盾しない場合

介護職：「Aさん，こちらにおいでになって２週間になりますが，新しい暮らしには慣れましたか？」

Aさん：「ええ，皆さん本当によくしてくださって」（と，にこやかにほほえむ）

事例２▶ ２つのチャンネルが矛盾している場合

介護職：「Aさん，こちらにおいでになって２週間になりますが，新しい暮らしには慣れましたか？」

Aさん：（下を向き，声の調子も低く）「ええ，皆さん本当によくしてくださって」

　事例１と事例２とではAさんの伝えている内容と感情とが明らかに異なります。このような場合，それぞれのチャンネルから伝わる内容の矛盾に十分な注意を払う必要があります。

　人の伝える話には図5-1-3に示す４つの側面が含まれています。この４つの側面のうちで，感情（思い）は，非言語的チャンネルを通って伝わる場合が多く，言語文化が代表的な私たちの社会では，相手の言葉とは裏腹の思いを見逃してしまいがちです。

　通常，言語的チャンネルと非言語的チャンネルの矛盾は，介護職に，「理由ははっきりしな

いけれど，何となく腑に落ちない」という思いを残します。このようなときは，本当の感情（思い）が伝えられてくる非言語的チャンネルに意識的に着目し，コミュニケーションを進めることが必要です。

■図 5-1-3　聴くことの 4 つの側面

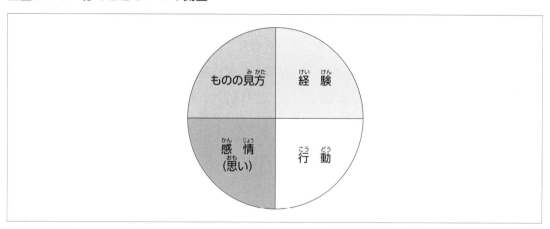

出典：野村豊子「高齢者対人援助職のコミュニケーション技能」『おはよう21』第 5 巻第 4 号，1994年

雑音

コミュニケーションをさまたげる要因を雑音といいます。雑音には，物理的雑音，身体的雑音，心理的雑音，社会的雑音という 4 種類があります。

表5-1-3 に示されている多くの妨害要素にもかかわらず，通常の私たちの生活では，他者と相互に意思を交流させ，ふれ合い，きわめて自然にコミュニケーションを行っています。

介護職として，仕事上，また私的な生活のなかで，自分のコミュニケーションの方法に不都合を感じたり，気にかかったりすることもあります。そのようなときには，今までの方法を変えてみるなど，勇気ある一歩が望まれます。

■表 5-1-3　雑音の種類

❶	物理的雑音：（音に関するもの）大きな音，耳障りな音　など
	（それ以外）不快な温度，空気，におい，光　など
❷	身体的雑音：聴力障害，言語障害，入れ歯や補聴器の不具合　など
❸	心理的雑音：防衛機制（※）　など
❹	社会的雑音：偏見や誤解にもとづく先入観　など

※：外界に適合するための自我の心理機制。人が不快な緊張感を解消し，心理的に満足を得るためにとる無意識的な解決方法。

3 利用者・家族とのコミュニケーションの実際 ::::::::

❶ 利用者の思いを把握する

利用者が真の意向を語れない理由

　何をどのようにしよう，または，何をしたいと考えているのかといった利用者の思いを把握することは，介護を行ううえで不可欠なことです。しかしながら，利用者の思いを把握することはそれほど簡単なことではありません。「どうされたいですか」のような質問に，仮に利用者が「○○したいです」と明確に答えたとしても，それがその利用者の真意であるとは限りません。表5-1-4のような理由で真の意向を語れない可能性があります。

■表5-1-4　利用者が真の意向を語れない理由

❶介護者と信頼関係が構築できていない場合	信頼できない相手には自分の真の意向を話すことができないことがある。
❷意向を限定する場合	最初から真の意向をあきらめて，それ以外の意向を話す。
❸他者の圧力がある場合	家族などが「○○するのがいちばん」とか「○○してください」と言語的および非言語的コミュニケーションで彼らの意向を利用者に伝えることによって，利用者が自分の意見を言えない環境をつくり上げる。

利用者の思いを把握することの重要性

　利用者が自分の真の意向を話せない可能性があるということを認識したうえで，言葉と表情などとの違和感に注目します。真意でないと感じられる場合には，たとえば，「ほかにもされたいことがあるように感じましたが…」と伝え，利用者の意向を引き出しましょう。また，利用者の生活歴等から無理だとあきらめていると予測されることを「○○された方もいらっしゃいますが，いかがですか」のように例としてあげ，意向を尋ねることもできます。そして，じっくりと利用者の表情やしぐさなどに注目しながら，傾聴し，共感することが大切です。

　時間はかかるかもしれませんが，介護とは利用者の生活を支援することですから，利用者の思いを把握することが何より重要だということを再認識してください。

　同時に，利用者の意向が自立支援の視点からみて依存的になっていないかどうかを検討し，必要に応じて自立の視点を伝えることも必要になります。

224

❷ 意欲の低下の要因を考える

利用者の意欲の低下に気づく

　意欲の低下は，その人の言動の減少にあらわれてきます。たとえば，表5-1-5のような利用者の変化に気づくことが，利用者の意欲の低下を把握する第一歩となります。

　言動の減少とともに，「早く死にたい」といった言葉で自分のつらさを伝えてくることもあります。これは利用者からの重要なメッセージであり，意欲が低下しているサインとも考えられます。

　ただし，言葉の意味をそのまま解釈し，自殺願望があるとすぐに判断せず，メッセージに込められた利用者の思いを把握するように努める必要があります。

■表5-1-5　意欲の低下によって生じる言動の例

・毎回参加していた行事に姿をみせなくなる。
・身なりに気をつかわなくなる。
・人との会話が減る。
・自分でできることを人に頼るようになる。

事例3 ▶ 自分の個室で過ごすことが多い利用者
　施設に入所後，自分の個室で過ごし，食事以外はほとんど共有の空間に出てこない利用者がいた。介護職がその様子のみを見て，「意欲を失っている」と考えた。

　人と交流するのがよいとする価値基準だけで判断するのは軽率です。もし，その人が他者との交流をあまり好まず，これまでの生活スタイルを継続しているならば，その人の意欲が低下しているとはいえません。あくまで利用者の生活が継続しているなかでの変化としてとらえることが重要です。

意欲の低下の背景を考える

　利用者の意欲が低下していると気づいたならば，次にそれを引き起こしている要因は何かを考えてみましょう。ここでは，利用者自身や利用者を取り巻く環境，また，利用者の家族関係の変化に注目します。

① 利用者自身の変化

　利用者自身の変化としては，加齢や疾病などにともなう身体的・認知的機能の低下があります。利用者はこれまであたりまえのようにできていたことができなくなり，だれかに依存しなければ生きていけないと感じる体験をくり返します。とくに，失禁やもの忘れなどは自尊心を傷つけ，「自分に何が起こっているの？」という気持ちをもちやすくなるでしょう。

② 利用者を取り巻く環境の変化

　利用者を取り巻く環境の変化としては，家族の死や入院・入居などによる別居があります。これまでつちかってきた家族との深い関係を失うとともに，その家族との関係のなかで果たしてきた役割の喪失にもつながります。このような生活の激変は利用者に多大なストレスを生じさせ，「どうしてよいのかわからない」という気持ちをもたせてしまうことがあります。

③ 利用者の家族関係の変化

　利用者の家族関係の変化も，意欲の低下を引き起こすおもな要因の1つといえます。身体的，精神的，経済的機能の低下は，これまでの親子や夫婦の力関係を逆転させることがあります。そして，家族から「またこんなことして」というような否定的な反応を受け，これまでの役割を失っていくなかで，悲観的な気持ちになることがあります。

　このような利用者の意欲の低下を引き起こしている背景を念頭におきながら，①共感する，②人間関係を活用する，③自己決定を尊重する，④**ストレングス**①（➡ p.264 参照）をいかすコミュニケーションを行う，ということを心がけてみましょう。

❸ 利用者の感情に共感する

共感とは

　共感は，対人援助を行う介護職にとって欠かせない価値観や態度であると同時に，**表 5-1-6** に示される 2 つの要点を含む技法でもあります。

　共感は，同情とは異なります。同情は，たとえば，「御主人を亡くされてお気の毒に」などのように，常に自分の側に立って相手から少し距離をおいているのに対し，共感は，積極的に相手の感情や思いを共有する（相手の感情を理解し，その思いを聴き手の言葉として戻す）ものです。

■表 5-1-6　共感の技法がもつ 2 つの要点

・第 1 の要点…利用者のこころとともに身をおき，利用者の内側からみた思い，感じ方および考え方を，情動的かつ知的に理解する。
・第 2 の要点…伝わってきた利用者の内側からみた思いを自分自身の言葉と非言語を通して，利用者に応答として伝える。

第 1 次共感と第 2 次共感

　イーガン（Egan, G.） [2]（➡ p. 264 参照）は，共感の技法を，第 1 次共感および第 2 次共感という 2 つのレベルに分けています。

■表 5-1-7　第 1 次共感と第 2 次共感

・第 1 次共感…基本的共感ともいわれ，相手の話をよく聴き，その話の内容を理解し，話に含まれている思いを受けとめ，内容の理解と思いをこちらの言葉に換えて応答する技法
・第 2 次共感…深い共感ともいわれ，第 1 次共感よりもさらに一歩進んで，相手が表出していない，こころのなかに込められた思いも含めて応答する技法

第1次共感の技法

　イーガンは，第1次共感（基本的共感）の技法を応答の技法ととらえています。たとえば，利用者の言葉を受けとめる際に，その人の感情と，その感情が起こった理由を区別し，再び「○○（理由）だから，～（感情）ですね」と，理由と感情をいっしょにして返答する方法です。

事例4 ▶利用者の話を聴く介護職の応答

　　　　　　※文中の＿＿が理由，＿＿が感情をあらわす。

Bさん：「息子も嫁も時間を見つけて訪ねてくれるんです」

介護職：「お忙しいなかで，息子さんもお嫁さんも時間を見つけてBさんに会いにいらっしゃる…，Bさん，うれしいでしょうね」

Bさん：「ええ，それでね，孫も大きくなって，今年は大学受験ですって」

介護職：「昔は小さかったお孫さんも，もう大学を受験されるようになって，Bさんのご自慢ですね」

　この応答は，2人の出会いのはじめの部分で行われたものです。つまり，Bさんは，はじめて会った介護職をよく知りません。この人は信頼できる人なのか，どこまで話をしてよいのかなど，不安やとまどいをもちつつ，介護職を試している可能性があります。

　このように信頼関係を築きはじめる際に本領を発揮するのが，第1次共感の技法です。Bさんがゆっくりしたペースで話す合間に，ごく自然に「○○だから，～ですね」と理由と思いを戻していくと，Bさんは自分の話している内容と思いを受けとめている介護職に信頼感を抱きはじめ，2人の関係を進展させる下準備ができます。

　第1次共感は，相手の話の内容と，そこに含まれている感情を「両方ともしっかりと理解しましたよ」と相手に戻すことのできる応答の方法です。

第2次共感の技法

　相手の語る内容とその思いを明確に受けとめながら，その理由と思いを言葉として相手に戻す第1次共感は，応答の技法といえます。それに対して**第2次共感**（深い共感）は，相手が言語的に表現していない内面や思いを深く洞察し，その思いと，その思いが生まれた背景を的確に理解して，相手に伝わりやすいように戻す方法です。

　第2次共感の直後では，思いが伝わったときの安心感や，思いの通い合うしっかりとした関係性が展開します。

事例5 ▶ 入所して10年になる利用者の話を聴く介護職の対応

Cさん：「先日，10年ぶりに息子が会いにきてくれました」

介護職：「長いあいだお会いになっていらっしゃらなかった息子さんが訪ねてこられて，うれしいひとときでしたね」

Cさん：「昔は，あんなやさしい表情をみせてくれませんでした…」

介護職：「お会いになって，うれしい思いとともに，胸のつかえもおりたような…」

Cさん：「本当ね。もう，息子の子どもも大きくなっていて，たいしたものだなと思いましたし，昔のしこりがすーっと消えたような気がしました」

介護職：「息子さんも時の流れとともに，少しずつ，ご両親への見方も変わっていらっしゃるのかもしれませんね」

Cさん：「そうね…。今度来たら，当時のことを話してみようかしら」

　数限りない体験や出来事を積み重ねてきた高齢者にとって，第2次共感は，大切な人との関係を修復したり，今までの人生を統合し，長いあいだ抱いてきたさまざまな葛藤との折り合いをつけたりすることを支える役割を果たします。

　第1次共感の応答による信頼関係の初歩的な形成とは異なり，第2次共感では，「本当にわかってくれる人が，今ここにいる」というような感触が残ります。そして，その思いは，記憶の底に深く残り，長く続くやすらぎにもなります。介護の現場では，第2次共感は意識せずに用いられていることが多いと考えられます。

　高齢者にとって，介護職は，身近にいる人だからこそ伝えられる相手であり，また，いつでも会うことができるため，心地よさや安堵感を継続させていくという，とても大きな影響力のある存在です。

❹ 家族の心理を理解する

家族の意向を把握する

　介護職は，利用者と家族が何となくぎくしゃくしているというような状況に気づくことが大切です。そして，このような場合には，利用者の意向を把握したうえで，**家族の意向も把握します**。

　しかし，家族の意向が利用者のものと異なるからといって，家族が利用者のことを大切に思っていないと安易に決めつけてはいけません。利用者と家族の意向が異なるにいたったさまざまな背景に目を向けてみましょう。

■表5-1-8　利用者と家族の意向が異なるにいたったおもな背景

❶　家族が利用者の状態や状況を正確に理解していない。
❷　家族の価値観で利用者のことを考えている。
❸　家族の利益を第1に考えている。

家族が利用者の状態や状況を正確に理解していない場合

　子どもにとって，自分の親が老いていく現実を直視するのはつらいものです。そのため，自分の希望が加味されたフィルターを通して現実を認識することがあります。利用者が現実を客観的に受け入れている場合には，この差異が意向にも反映されます。
　介護職には，このような家族の心理を十分に理解することが求められます。

家族の価値観で利用者のことを考えている場合

　家族といっても，個々の価値観は多様です。家族が「利用者のために」と考えたことであっても，利用者の意向と異なることがあります。
　とくに，「介護が必要な状態なのだから，どうにかしてあげなければ」といった保護的な考えが，家族にみられることがあります。
　たとえば，利用者の健康を第1に考えるがゆえに入院が最適だと考え，自宅でゆったりと生活しながら治療したいという利用者の意向と異なる場合などが，これにあたります。

家族の利益を第1に考えている場合

　家族が自分の生活を第1に考えることも当然あり得ます。

　たとえば，このまま介護と仕事を続けていては共倒れになるので，利用者には施設に入ってもらいたいというような意向です。

　また，これまでの人生で利用者の意向を受け入れられないような家族との関係が構築されていることも考えられます。

　いずれにせよ，利用者の意向が家族によって無視され，利用者の権利が侵害されているような場合には，利用者の権利を擁護しなければなりません。

　どのような状況であっても，介護職が自分の価値観で家族の意向を判断し，非難などをすることがないように注意しましょう。ここでも，傾聴と共感が不可欠なコミュニケーション技法といえます。

❺ 信頼関係を形成する

利用者との出会いがコミュニケーションの始まり

　一人ひとりの利用者との出会いは，徐々にその人を理解していくプロセスの始まりです。また，その人からみて，「この人は，私のことをわかってくれるかもしれない」「今の不自由な状態を，少し楽にするのを手伝ってくれるかもしれない」という期待が生まれていくプロセスでもあります。

　コミュニケーションは，人と人との出会いに始まり，少しずつ，期待，願い，希望などを通い合わせることをともなっています。

need → want → hope の展開

　信頼関係の形成というと，とても客観的な表現になりますが，利用者にとって「暮らしに希望がわいてくるきっかけとなる関係」の始まりと言い換えることもできます。

　図 5-1-4 で示すように，利用者のニーズ（need の複数形）は，暮らしに希望がわいてくることによって「〜したい」という want になり，サービスや人材を得ることによって，「〜できるかもしれない」という hope に変化していきます。コミュニケーションによる信頼関係の形成には，この need → want → hope の展開を，専門的知識・技術・価値観をもとにしっかりと理解していることが欠かせません。

■図 5-1-4　ニーズの変化

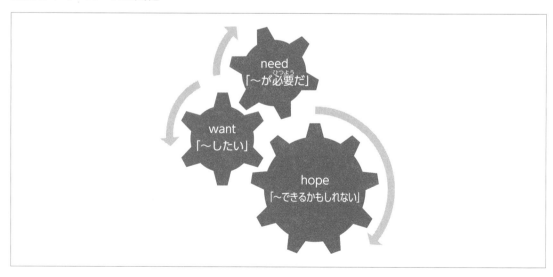

世代と世代をつなぐ役割

利用者の変化は，家族にも大きな変化をもたらします。

家族というと固定した存在ととらえられがちですが，一人ひとりの構成員は，地域や社会などと深くかかわり，それぞれの時と場で，様々な役割や機能をになっています。家族の絆の弱さが指摘されている現代ですが，むしろ，一人ひとりの構成員がその家族としてつちかった傾向や特徴をいかしていくこともできます。

そして，時代や社会環境などにより，1つの家族のもつ姿も大きく変動しています。たとえば，父や母としての役割について，今の高齢者世代と次世代では異なっています。また，その後の世代の父や母の役割は，高齢者の世代から考えると想像できないほどの変化も起きています。

高齢者にかかわる介護職は，家族というゆるやかなつながりが，それぞれの世代の成長や暮らしに役に立つように広く考える必要もあります。また，世代と世代，高齢者の文化と別の世代の文化のつなぎ手の役割ももちあわせています。

世代間の継続性にもとづく信頼関係の形成

コミュニケーションでは，人と人の情報の伝達をスムーズにするだけではなく，また互いの関係性を適切に築いていくだけでもなく，もっと広い視点に立つことが望まれています。この点がとくに，今の時代の介護職に求められているのではないでしょうか。

世代間の相違を越えて，相異なる世代が通い合い，一人ひとりの尊厳の大切さをはじめ，多くのことを継承していきます。コミュニケーションは広い意味で，信頼関係の形成を育み，未来に続く世代間の継続性を可能にする役割を果たします。

❻ 自分の価値観で家族の意向を判断し，非難しない

家族に対する指導と助言

社会福祉士及び介護福祉士法3 （➡ p. 264 参照）には，介護職の国家資格である介護福祉士の業務として，利用者およびその介護者に対して**介護に関する指導**を行うことが明記されています（表 5-1-9）。

　たとえば，利用者の家族が自己流の考え方や方法によって介護を行っている場合，その方法では，明らかに利用者の状態を悪化させてしまっているようなとき，または，家族介護者自身の心身に大きな負担を与えてしまっているようなとき，介護職には，専門的な知識や技術にもとづき，正しい方法を指導したり助言したりする役割があります。

■表 5-1-9　介護福祉士の業務に関する規定

　この法律において「介護福祉士」とは，（中略）専門的知識及び技術をもって，身体上又は精神上の障害があることにより日常生活を営むのに支障がある者につき心身の状況に応じた介護（中略）を行い，並びにその者及びその介護者に対して介護に関する指導を行うこと（中略）を業とする者をいう。

家族の考えや介護方法の尊重

　家族が，何度も工夫を重ね，もっともよいと判断して行っている介護方法について，「それは誤っています」「このように行うべきです」などと介護職に言われると，家族にしてみれば，まるで責められているように感じるかもしれません。場合によっては，これまでの自分たちの取り組みが台なしにされるように思われることもあります。

　一度，そのように言われてしまうと，何か別の困りごとができた場合でも，相談してみようという気持ちは起こらなくなるでしょう。

　家族に対して指導や助言を行う場合は，その方法をすぐに否定したり，訂正したりするのではなく，まずは，どうしてそのようにしているのか，その方法にいたった経過を考えてみることが大切です。

　そのことによって，利用者に対する家族の思いや家族の強みに気づくことができ，家族の考えや方法を尊重しながら，よりよい介護方法を見いだしていくことにつながる可能性もあります。

　利用者や家族への指導や助言は，深い信頼関係や共感にもとづいて行うことが大切です。

バイステックの7原則

バイステック（Biestek, F. P.）④（➡ p. 264 参照）は，**ソーシャルワーカー**⑤（➡ p. 264 参照）が**クライエント**⑥（➡ p. 264 参照）に個別にかかわる際の実践原則として**表 5-1-10** の7項目を示しています。これは，介護職が守るべき原則ということもできます。

たとえば，介護職が自分の価値観で家族の意向を判断しないという態度，また，自分の価値観にもとづいて家族の考え方や行動を非難してはならないというあり方は，バイステックの7原則のうちの**非審判的態度**に相当します。

■**表 5-1-10　バイステックの7原則**

❶**個別化**	一人ひとりの利用者が，遺伝や環境の因子にもとづいた，あるいは人生経験にもとづいた独自性をもった個人であるとして迎えられる権利とニーズをもっていることを的確に認識し理解すること
❷**意図的な感情表現**	利用者のかかえる問題が部分的または全体的に情緒的なものであるときに，利用者が肯定的感情や否定的感情を表現したいというニーズをもっていることを認識すること
❸**統制された情緒的関与**	利用者は援助者から適切な反応を受けたいというニーズをもっていることを認識し，援助者は利用者に対してコントロールされた感情表現をすること
❹**受容**	利用者は，生まれながらにして尊厳と価値をもっているという認識をもち，利用者にこのようになってほしいと望むのではなく，利用者を現実のあるがままの姿で把握し，接すること
❺**非審判的態度**	援助者は自分の役割について，利用者を自分の価値観にもとづいて非難したり，疑問を投げかけたりすることではなく，援助することであると自覚すること
❻**利用者の自己決定**	援助者は利用者が問題解決の方向などを自分で決める権利とニーズをもっていることを認識し，利用者の自己決定を尊重すること
❼**秘密保持**	利用者と接するなかで明らかにされる秘密の情報を他人にもらさないこと

4 利用者の状況・状態に応じたコミュニケーション技術の実際 ::::

❶ 視覚の障害に応じたコミュニケーション技術

> **事例6 ▶視覚に障害のある高齢者への支援**
> 　糖尿病を患っているDさん（70歳，男性）は，入退院をくり返していたが，1か月前に介護老人福祉施設に入所した。50歳ごろから**糖尿病性網膜症**7（➡ p. 264 参照）も発症していて，視力の低下が徐々に進行し，現在は新聞の大見出しがようやく見える状態である。Dさんはずっと一人暮らしで，からだの調子がよいときは親戚が経営する造園業を手伝ってきた。現在，親戚は他界し，遠方にいる兄弟とは交流がない。

支援の始まり

　施設内でのDさんの様子は，**表 5-1-11** にあるとおりです。

　食事のとき以外は，自室にこもりがちなDさんと何とかコミュニケーションをとろうと，介護職がDさんの自室を訪ねて話しかけるのですが，介護職の顔を見ようとせず，「ああ」「知らん」など，最低限のことしか返事をしません。そのうちに，部屋の棚の上を見渡しながら，何かを探している様子を見せたので，「何を探しているのですか？」と聞くと，「うるさい」と言ってうつむいてしまいました。しばらく気まずい時間が流れたので，介護職は雰囲気を変えようと思い，「天気がよいので散歩に行きませんか」と明るく言ってDさんの腕にそっと触ると，「おれに勝手に触るな。見えないと思ってバカにするな」と叱責されました。

　このようなDさんの状況を受け，介護職のあいだで，あらためて，視覚障害のある人への対応を考えることにしました。

■表 5-1-11　施設内でのDさんの様子

・自室にこもりがちで，ほかの利用者との交流がない。
・屋外への散歩に誘っても断る。
・面会者はいない。
・時に，大きな声で介護職に感情をぶつける。
・時折，窓の外を眺めている。

支援の経過

視覚障害のある人への対応として，環境の工夫と，会話の工夫の2つを試みました。

① 環境の工夫

部屋で探し物をする回数が減ることで，Dさんのイライラを少しでも減らすことができるのではないかと考え，Dさんの持ち物は必ず決められた場所に置くようにしました。

物の位置を説明するときは，「あっち」「こっち」「向こうの」などの言葉を使わず，「Dさんの右隣に」「Dさんの左手の近くに」など，具体的な表現を使って示すようにしました。また，Dさんは，新聞の大見出し程度の文字は読めることから，大きな文字やわかりやすいイラストなどを使って，少しでも刺激を与えたり世間の情報を提供したりするようにしました。見にくいときは，代わりに読むことも心がけました。

② 会話の工夫

Dさんに話しかけるときは，いきなり声をかけるのではなく，まず，Dさんの名前を呼んでから，自分の名前を名乗り，用件を話すようにしました。そして，声をかける前に，いきなりからだに触れることは避けるよう心がけました。これは，肩を軽くたたくなどの行為であっても，視覚障害のある人を驚かせることになるからです。

また，会話の途中で別の用件が入ってきたり，席をはずさなくてはならなかったりすることもあります。会話をやめるときは，「呼ばれたので，1分ほど行ってきますね」などと具体的に伝えるようにしました。黙ってその場から離れると，Dさんには状況がわからないため，不安になったり，介護職に不信感をもったりすることにつながるためです。

造園業の手伝いをしていたDさんには，「外に出て自然に触れたい」という思いがあることが考えられました。時折，窓の外を見ている様子からも，それがうかがえます。そこで，そのようなDさんの思いをくみとりながら会話のきっかけをつくることにしました。天候や庭の風景など，本人はあまり見えないから話題にしないほうがよいのではないかと躊躇してしまいがちですが，見えないところをおぎなって口頭で説明することが大切です。

天気のよい朝に，Dさんに次のように話しかけてみました。

介護職：(Dさんの前に行って目線をあわせて)
　　　　「Dさん，担当の〇〇です。今日はとてもよい天気なんですよ」

Dさん：「……」

介護職：「中庭の桃の花が咲きはじめました。いいにおいがしていますよ」

Dさん：「……」

介護職：「桃もいろいろな種類があるんですね。薄いピンクとか，赤に近い色とか」

Dさん：「うん」

介護職：「いったい，何種類くらいあるんでしょうね」

Dさん：「白いのもあるぞ」

介護職：「へえー。さすが植物に詳しいですね。ちょっと庭に出て，見てみましょうよ。もっとお話聞かせてください」

Dさん：「うん。…少しだけ出てみるかな」

解説

　人は多くの情報を視覚から得ているといわれています。視覚障害があると受けとる情報がかなり少なくなるため，日常生活に大きな影響を与えます。たとえばコミュニケーションをとるとき，顔と名前を一致させて相手を確認することができません。また，表情やしぐさを見ながら会話ができません。したがって，相手がだれであるのかわからないままコミュニケーションをとらざるを得なかったり，相手の気持ちやその場の雰囲気などの微妙なニュアンスをとらえることができなかったりします。私たちは，視覚情報から感じとったその場の雰囲気によって会話の自然なやりとりの間を形成していますから，視覚障害があると話と話の間合いもとりにくくなります。

　Dさんのように人生の途中で障害を負うことになった場合は，自分の視力が低下していくという現実を受けとめ，その生活に慣れていくのに非常に時間がかかることが多いものです。時には，介護職に対していらだちをぶつけてしまうこともあるでしょう。Dさんの事例では，支援する側が介助の方法を見直すことで，Dさんの不安やいらだちを軽減し，徐々に新しい生活様式へ導くきっかけができました。

　Dさんには視力を活用しながら生活してきた長い経験の蓄積があります。Dさんのまわりにある視覚的な情報を，介護職が口頭で説明することで，Dさんのもつ生活経験の蓄積を活用する手助けとなり，Dさんは自分の生活のカンを取り戻すことができるのです。

❷ 聴覚の障害に応じたコミュニケーション技術

事例7 ▶ 難聴のある高齢者への支援

　Eさん（85歳，女性）は，70歳を過ぎたころから耳の聞こえが悪くなり，中度の**加齢性難聴**⑧（➡ p. 264 参照）と診断され箱型補聴器を使いはじめた。5年ほどたって，認知機能が低下していることに家族が気づき，かかりつけ医を受診したところアルツハイマー型認知症と診断された。その後，補聴器は使わなくなった。しばらく娘家族と暮らしていたが，娘家族が転勤となり，近隣の介護老人保健施設に入所した。

支援の始まり

　施設でのEさんの様子は，表5-1-12 にあるとおりです。

　入所のときに，家族が補聴器を持ってきていましたが，自室の引き出しに入ったままで使っていません。介護職が大きな声で話すと，何とか聞こえている様子ですが，ほとんどの問いかけに「はいはい」と答え，きちんと伝わっているかわかりません。介護職が「歯をみがきましょう」と言って，Eさんが「はいはい」と答えたので伝わったかと思っていたら，いつまでたっても座ったまま，などというようなことがよくあります。

　ほかの利用者にEさんからかかわることはまったくなく，時にほかの利用者がEさんに話しかけても「うんうん」とうなずくだけのことが多いため，やりとりが続きません。

　このままでは，介護職とEさんのかかわりに行き違いが生じたり，ほかの利用者との交流も薄くなったりということが心配され，今後のEさんとのかかわりを考えることになりました。

■表5-1-12　施設でのEさんの様子

・補聴器は，自室の引き出しに入れてあるが，使っていない。
・介護職が大きな声で話すと，何とか聞こえている様子。
・ただ，ほとんどの問いかけに「はいはい」と答え，きちんと伝わっているか不明。
・ほかの利用者との交流がない。

支援の経過

　聴覚障害と認知症のあるEさんへの対応として，補聴器（➡第1巻 p. 406 参照）装用と会話の工夫という2つを試みました。

① 補聴器装用

　引き出しにしまったままになっていたEさんの補聴器を，補聴器専門店で調整してもらい

ました。その補聴器をＥさんに見せたところ、「それは何ですか？」と尋ねたので、Ｅさんの補聴器であることを伝えましたがピンとこない様子でした。1日2時間、朝の整容と食事、昼の1対1のリハビリテーションのときに、補聴器をつけてもらうようにしました。

2週間ほど過ぎると、Ｅさんは介護職が補聴器を持ってくると、自分から手に取り、耳につけるようになりました。介護職の話にじっと聞き入り、じっくり考えて答えを返すことが増えました。また、隣の利用者の様子にも関心を向けるようになりました。

② **会話の工夫**

補聴器をつけている、つけていないにかかわらず、Ｅさんと話をするときは、適切な大きさで、はっきりと、口元を見せて話すようにしました。また、「歯みがきをしましょう」などと伝えるときは、歯ブラシをＥさんに見せながら話しかけるようにしました。そのとき、歯ブラシを介護職の顔の横に持ってきて、介護職の顔と歯ブラシがＥさんの視界に同時に入るようにすると、メッセージが伝わりやすくなりました。

解説

聴覚障害のある人とかかわるときは、まず、補聴器を持っているかを確認しましょう。持っている場合は、持参してもらいましょう。ただし、使う前に耳鼻科医、言語聴覚士（➡第1巻 p. 100 参照）、認定補聴器技能者などの専門家に、必ず調整してもらいます。合わない補聴器では効果はありませんし、場合によっては、かえって耳を傷めてしまうことがあります。耳掛け型、耳あな型、ポケット型（➡第1巻 p. 407 参照）などがありますが、どのタイプもマイクで音を集めて、音を増幅して、耳に届けるというしくみです。個人の耳の状態に合わせた調整は、購入時はもちろん、その後も定期的に行う必要があります。

長く補聴器を使わないと、自分のものと認識できなかったり、使い方がわからなかったりします。昔使っていたとしても、補聴器は慣れるまで時間がかかります。最初は短時間から使い、「音が聞こえることはよいことだ」という成功体験をもってもらいます。補聴器は1対1での比較的静かな場所でもっとも効果を発揮します。そのような場面から使いはじめましょう。

補聴器を使った経験がある人の場合は、しばらく経つと再び使えるようになることが多いです。耳に音や声という刺激が入ることにより、覚醒度が上がります。また、相手の話すことを真剣に聞く態度、考える態度、まわりの人に関心を寄せるなどの効果が期待できます。このような変化は、本人を取り巻く人々との日々のコミュニケーションの質を大きく変える力をもっています。

加齢性難聴の場合、補聴器をつけさえすればクリアな音で聞きとれるようになるわけではありません。また、補聴器から聞こえてくる音に慣れるのにも時間が必要です。個人差はありますが、だいたい3か月から半年くらいはかかるでしょう。また、補聴器は、騒がしいところや、

大人数での会話（食事やレクリエーションなど）には不向きです。

補聴器をつけている，つけていないにかかわらず，聴覚障害のある人とのコミュニケーションにおいて大切なのは環境です。私たちのまわりには，実に多くの音があふれています。足音，車の音，エアコンの音，スピーカーから流れる館内放送，テレビの音，食器の当たる音などは周囲雑音と呼ばれ，聴覚障害のない人は気になりませんが，聴覚障害のある人にとっては，さらに聞きとりを低下させる原因となります。ドアを閉める，テレビなどを消すといった環境を整備することは，コミュニケーションをとるうえでの大切な前提条件です。

会話の工夫も欠かせません。相手の正面にまわり，表情・視線・口の動きを見せて話しましょう。とくに，口の形をはっきり示すことは，認知症の程度にかかわらず効果があることが確かめられています。もし，左耳と右耳で聞こえに差がある場合は，少しでもよいほうの耳から話しかけましょう。ただし，必要以上に大きな声を出してはいけません。騒音暴露といって，耳の状態をさらに悪化させてしまいます。

手でジェスチャーをしたり，物を見せたりするときは，手や物を顔の位置に近づけて動かしましょう。相手は口の動き，表情，手や物を同時に見ることができるので，話の内容が理解しやすくなります。また，どちらの方向から音や人の声が聞こえてくるかわからないので，話すときは，相手のからだに触れるなどして注意をうながし，相手が自分を注目しているか確認したあとに話しかけましょう。言葉は適切な大きさで・ゆっくり・はっきり発音しましょう。

紙などに話の内容を書く筆談も，難聴のある人との基本的なコミュニケーション方法です。ただし，話の内容を全部書こうとすると，書くほうも読むほうも時間がかかり，非効率であるばかりか，会話のリズムがくずれてしまいます。ポイントは「キーワードだけを書く」ことです。紙だけでなく，くり返し消して書ける簡易筆談器などもあります。また，近年では，磁気で書くボードや感圧式のメモパッドなども活用できるでしょう。

■表5-1-13　難聴のある人とのコミュニケーションのポイント

❶ 補聴器を持っていたら，専門家に調整してもらったうえで，使ってみる。
❷ 聞こえのよい耳があれば，そちら側から話しかける。
❸ 話しかける前に，正面にまわる。
❹ 表情や口元が見えるように配慮する。
❺ 手や物を自分の顔の近くに近づけて話す。
❻ 適切な大きさで・ゆっくり・はっきり発音する。
❼ 話のテーマやキーワードを明らかにする。
❽ テレビを消すなど，周囲を静かにする。
❾ 筆記具とメモを用意する。
❿ できるだけ1対1で話す。

❸ 失語症に応じたコミュニケーション技術

事例 8 ▶ 施設で暮らす失語症のある高齢者への支援

　Fさん (76歳, 男性) は, 1年前に介護老人福祉施設に入所した。3年前に**脳血管障害** ⑨ (➡ p.265 参照) で倒れ, 右半身麻痺 (軽度) と失語症によるコミュニケーション障害が残る。妻は5年前に他界しており, 一人息子 (48歳, 独身) は同市内で自営業を営んでいる。

支援の始まり

　最近のFさんの様子は, 表5-1-14にあるとおりです。

　Fさんは病気になる前から他者とのコミュニケーションが得意ではなく, 仕事上のつきあいを越えることはほとんどありませんでした。介護老人福祉施設に入所する際に, 息子から, Fさんはとてもさびしがりやであることを伝えられていたため, 現在の状況 (自分の居室に1人で居ることが多く, 親しい入所者がいない状況) を何とか改善する必要がありました。

　そこで, 介護職は, 表5-1-15の方針をもとに, Fさんにかかわることを話し合いました。

■表 5-1-14　最近のFさんの様子

・要介護3 (右半身に軽度の麻痺)
・軽度の運動性失語の症状がみられ, 言葉が思うように話せず, 言われたことも理解できないことがある (発話面が理解面より障害が目立つ)。
・記憶および場所や日時の理解などに目立った支障はない。
・居室に1人で居ることが多く, 親しい入所者もいない。
・趣味の読書も失語症 (失読失書症状がともなう) のため不自由である。
・施設内外のレクリエーションにも参加の意向を示さない。

■表 5-1-15　Fさんの支援の方針

❶　Fさんの居室に入るとき, 聞きとりやすい声と速度であいさつ (2〜4音節程度の聞きとりやすい言葉, "おはよう" "元気?" など) をし, Fさんの反応を確認する。
❷　食事の際に, 御膳の食材や料理の名前などを発音して聞かせ, Fさんにくり返し言ってもらう (復唱) など, 発話をうながしてみる。
❸　レクリエーションの際には, 参加をうながし, 車いすで迎えにいく。
❹　排泄は介助が必要なので, 呼び出しボタンを押してもらうよう伝える。

支援の経過

表5-1-15の目標にもとづく支援を開始した結果，Fさんは介護職を避けるようになり，ますます1人で居室にいる時間が長くなってしまいました。

そこで，介護職はFさんの支援について再検討を行い，日常生活のなかで“こころ”を開くことができる機会を見いだし，Fさんらしいコミュニケーションが可能な生活環境を整えることをめざし，表5-1-16のような支援の方針を立てました。

再検討後の方針にもとづく支援を実施した直後から，Fさんは居室を訪れる介護職に，しだいに質問するようになりました。また，小鳥の鳴き声を気にしたり，ポスターの内容も漢字や絵の部分は理解できるようで，時々本を手にして写真や挿絵などを眺めるようになりました。

トイレへの誘導については，時計を指さして催促したり，**コミュニケーションノート**⑩（➡ p.265参照）の「トイレ」の写真をさし示したりして意思表示するようになりました。さらに，ほかの入所者もFさんの部屋から聞こえる鳥の鳴き声や音楽に誘われて，Fさんの部屋に立ち寄るようになり，入所者，職員を問わず，Fさんと談笑する環境が生まれました。

■表5-1-16　Fさんの支援の方針（再検討後）

❶　Fさんの居室にCDプレーヤーを置き，小鳥の鳴き声や昔の唱歌などをBGM（バック・グラウンド・ミュージック）のように静かに流す。

❷　Fさんが自宅で趣味の読書をしていた環境を思い出せるように，居室に小さなテーブルといすを置き，数冊の本と家族の写真，花びんに生けた花（庭に咲いている花）を飾ってみる。

❸　施設の花見会や誕生会などの写真やポスターをFさんの目につく場所に貼ってみる。

❹　コミュニケーションノートを作成し，Fさんが図や写真をさし示すことで，自分の意向を伝える手段を提案してみる。

❺　針を動かして自由に時間を設定できる時計を置き，居室の時計と見比べることによって，時間の経過や約束の時間を理解できるようにする。

解説

　失語症⑪（➡ p. 265 参照）のあるＦさんに対して，はじめは言葉をかけてＦさんに反応を求めたり，レクリエーションに誘ったりと，言語や動作によって直接Ｆさんに支援を試みました。

　この方法は，「訓練」の意味では有効な場合も多いのですが，障害のある機能を使うことは，障害のある人にとっては苦痛をともないます。したがって，Ｆさんは介護職を避けるようになってしまったと考えられます。

　その後，Ｆさんの反応をみて再検討を行い，改めて実施した支援は，Ｆさんに間接的に支援する手段であり，生活環境を整えることにより，Ｆさんみずからが意思表示をしたくなるような支援だと思われます。つまり，喪失した機能にはたらきかけるのではなく，維持されている機能をいかす支援ということになります。

　失語症の人は，言葉で思いを伝えることが苦手であるのと同様に，ナースコールやベルを押すなどの"行為やジェスチャー"で思いを伝えることも苦手です。時間の経過や時刻を伝える場合には，時計の図など視覚的な非言語的手段を用いることが効果的です。

　失語症のある人は，言語機能が障害されるものの，視覚情報を理解することや，鳥の鳴き声のような「非言語的な音」を理解する力は基本的に維持されます。

　この事例では，利用者に適した生活環境を整えるように工夫し，生活意欲を引き出すことにより，コミュニケーション機能が活性化されたと考えられます。失語症のある人とのコミュニケーションを考える際には，利用者自身の「伝えたい」「知りたい」「関係をつくりたい」という気持ちや意欲を導き出すことが大切です。

　介護場面におけるコミュニケーション技術の実践は，失語症のある利用者の機能向上をめざす訓練ではなく，生活をしやすくするための支援であるということが，この事例を通して実感されます。

❹ 認知症に応じたコミュニケーション技術

事例 9 ▶ 認知症のある高齢者への支援

　Hさん（72歳，女性）は，夫と死別した4年前から，もの忘れがひどくなり，同じもの をいくつも，何回も買うようになる。

　3年前の夏，長女（46歳，既婚，子ども2人）が実家に戻った際，近所の病院を受診し たところ，軽度から中度のアルツハイマー型認知症（➡第1巻 pp. 351-352 参照）と診断さ れた。コミュニケーションが困難で，会話がうまくかみ合わないことが多い。

　Hさんは一人暮らしであったが，2年前の2月，調理中にボヤを出したことから，長女が 施設への入所を希望し，4月に介護老人福祉施設に入所となる。長女は隣接する市に住んで いるが，常勤の仕事についており，ほかに頼れる親戚や家族はいない。

支援の始まり

　最近のHさんの様子は，表5-1-17 にあるとおりです。

　施設入所後のHさんは，食事の準備がしてあれば，自分で食べることはできますが，自分で 準備はできません。排泄は，トイレの場所さえわかれば，自立している現状です。そのほか， 入浴を拒否し，服を脱いだり浴室に入ったりすることをいやがります。

　長女以外の訪問者はほとんどなく，新聞を読んだりテレビを観たりすることもない日々を 送っています。このような状況にあるHさんについて，介護職は表5-1-18 のような支援の方 針を立てました。

■表 5-1-17　最近のHさんの様子

- ・要介護3（軽度から中度のアルツハイマー型認知症と診断）
- ・もの忘れ，探索行為（何かを探して歩きまわる），見当識障害が認められる。
- ・運動障害は認められないが，ADL（日常生活動作）はとまどうことがある。
- ・コミュニケーション障害を認め，日常会話は成立しないことが多いが，聴力は保持されており，物音に は敏感である。
- ・入浴を避ける傾向があり，みずから進んで入浴しようとしない。
- ・Hさん自身が施設入所を希望したわけでないためか，施設の生活になじめていないようで，職員や入所 者との意思疎通もむずかしく，1人でいることが多い。
- ・部屋の戸締まりや物の始末が困難で，衣服も季節や温度に合わせるのがむずかしい。

❶　１日のスケジュールを表にまとめ，Ｈさんのベッドのわきに貼る。
❷　散歩の際に，目に入る自然（たとえば，草花や虫，景色など）を話題にして，会話を試みる。
❸　衣服を着るとき，天候や気温，季節などに注意をうながしてみる。
❹　コミュニケーションを行う目的から，Ｈさんと担当職員は施設内をいっしょに歩き，「こんにちは」と入所者や職員とあいさつを交わす。
❺　ほかの入所者の入浴の様子を遠目からＨさんに見てもらい，入浴に対して親しみをもってもらえるよう試みる。

支援の経過❶

　Ｈさんは，見当識障害（➡第１巻 p. 352 参照）があるので，１日の流れを知ることによって，生活がしやすくなると考え，方針❶を実施しました。しかし，スケジュール表にはあまり興味を示しませんでした。方針❷の実践では，トマトが栽培されているところで足を止め「なってるね…」と言ったので，「これは何ですか」と聞くと適切な返答は得られませんでしたが，Ｈさんは満足気に歩いていきました。方針❸の実践では，窓越しに外の様子を観察するよううながし，「寒い？　暑い？」とたずねてみましたが，Ｈさんは窓の景色を眺めているだけのことが多く，明確な応答は得られないことがありました。方針❹の実践では，担当職員がうながすと，Ｈさんは「こんにちは」とあいさつをしても途中で飽き，一方で施設の玄関から入ってくる人には興味があり動かないことがありました。この状況からＨさんがだれかを探しているか，待っている可能性が考えられました。方針❺の実践では，ほかの入所者がお風呂に入っても，Ｈさん自身は入る様子をみせず，ただじっと見ていました。

　このような支援を約１か月続けましたが，十分な成果が得られないことから再検討し，表5-1-19のように方針を修正しました。

■表5-1-19　Ｈさんの支援の方針（再検討後）

❶　表を貼るだけではなく，24時間 RO（リアリティ・オリエンテーション）を行い，説明や対応を通して，少しでもＨさんが１日の流れを理解して安心できるよう努める。
❷　散歩はＨさんが好きなようなので，続けることにする。
❸　Ｈさんの好きな作業（たとえば，草花の水やり，散歩など）をいっしょに行う過程を通して，入所者や職員とのコミュニケーションを試みる。
❹　入浴や入浴施設に親しみを感じてもらう目的から，浴槽に触れたり，水道の蛇口や鏡をふいてみたりなど，職員といっしょに行ってみる。

支援の経過❷

24 時間 RO [12] (➡ p. 265 参照) の実践は，朝食と昼食のあいだの時間を利用して行いました。スケジュール表は，ベッドの横に介護職の顔写真を，風呂のマークの横には，長女とHさんの顔写真を並べて貼り，簡単な口頭説明とジェスチャーでオリエンテーションを行いました。

Hさんには，1つのスケジュールをこなすたびに，「ここまで終わりました。次はこれです」というように表をさして伝えました。毎日行ったところ，Hさんはしだいに表の前で待っているようになり，介護職の顔を見て笑うようになりました。

Hさんは散歩が好きなので，入所者数名を誘っていっしょに行くことにしました。Hさんは毎日通る道なので，自分の興味のあるところで立ち止まり，ほかの入所者と「きれいね」「大きいね」「こっちも見て」というような言葉を交わしたりと，生き生きして見えました。

また，施設の入浴施設をいっしょにそうじしながら，長女が幼かった当時の入浴にまつわる思い出話をするうちに，Hさんは，施設の風呂場に対して自宅の風呂場と同様の親近感をもつようになり，しだいに入浴を拒まなくなりました。

解説

認知症の人とコミュニケーションをはかる場合には，具体的な体験や実物を通して行うのが効果的といえます。したがって，再検討された方針では，スケジュール表を貼るだけでなく，24 時間 RO を用いて理解をうながした結果，信頼関係の構築がなされたといえます。

また，Hさんの好きな散歩を，ほかの入所者とのコミュニケーションの機会としたことは，効果的であったといえます。同じ道をいっしょに歩くことで，目にするものや，話すこと，そして体験などが，ほかの入所者と共有できることから，こころが通じやすくなり，コミュニケーションがスムーズに行えたようです。何よりもHさんが毎日歩く道なので，安心して入所者とつきあうことができるように思われます。

入浴も同様で，使用されていない時間帯に，ゆっくり担当職員と入浴施設を観察したり，浴槽や蛇口や鏡などに触れる機会を得たことから，入浴に対する不安が軽減され，これまで自宅で入っていたお風呂とあまり相違ないことを実感したようです。しだいに，入浴への拒否の傾向は薄れ，顔見知りの入所者も増えてきたことで，ほかの入所者とともに入浴することもできるようになったと解釈されます。

介護における
チームのコミュニケーション

学習のポイント

● 介護における記録の意義と目的を理解し，書き方の留意点などについて学ぶ
● チームのコミュニケーションに必要な報告・連絡・相談の意義と目的を理解し，具体的な方法について学ぶ
● 会議の意義と目的を理解し，具体的な進め方について学ぶ

1 記録における情報の共有化

❶ 記録の意義と目的

　介護の現場では記録が重視されます。その理由は，介護という業務の特性にあります。

　介護を必要とする人に対して，尊厳を保持し，自立した日常生活を送ることができるよう支援するためには，介護職だけでなく，ほかの多くの専門職，時には地域住民やボランティアなどとの密接な連携が必要です。

　その連携を適正かつ確実にする方法の1つが記録です。記録が残っていなければ，実施した事実を証明することはできません。

　記録は，書いただけでは一方的なコミュニケーションで終わります。書いたものを受けとめて活用する関係があって，双方向のコミュニケーションが成り立ちます。介護において大切なのは双方向のコミュニケーションです。それは記録においても同じです。

　介護における記録の目的は，表5-2-1に示したとおりです。

■表5-2-1　記録の目的

❶	利用者の生活の質の向上
❷	適切な介護サービスの提供
❸	情報共有の促進
❹	介護サービス事業所や介護保険施設などの運営管理
❺	リスクマネジメントの可視化
❻	介護職の教育や現任訓練
❼	介護職のスーパービジョン
❽	介護福祉に関する調査や研究
❾	既存の介護福祉の知識の評価や新しい知識の創出
❿	介護福祉の統計や社会福祉全般の向上

出典：佐藤豊道『介護福祉のための記録15講』中央法規出版，pp. 9-12，1998年より作成

❷ 記録の種類

介護職が活用する記録にはさまざまな種類があります。

たとえば，①介護職が書いて活用する記録，②介護職は書かないが，活用する記録，③介護職は書かないが，情報を提供して，書かれたものを活用する記録，などに分けることができます（表5-2-2）。

■表5-2-2　介護職が活用する記録

①介護職が書いて活用する記録	②介護職は書かないが，活用する記録（他職種の記録）	③介護職は書かないが，情報を提供して，書かれたものを活用する記録
入所時の記録 介護記録 申し送り記録 排泄記録 チェック表（排泄・水分摂取量・食事摂取量・バイタルサイン・体重など） ヒヤリハット報告記録 事故報告記録 身体拘束経過記録 家族との連絡記録 ケアプランにもとづく介護計画の実施記録 苦情相談記録 クラブ，レクリエーション，余暇活動記録 研修報告記録 ケアカンファレンス記録　など	健康診断表 ワクチン接種記録（インフルエンザ・肺炎球菌） 入所前・入所時の訪問記録 フェイスシート 受診記録 家族との面談記録 栄養改善のための記録 苦情相談記録 運営推進会議記録　など	ケアプラン ケアカンファレンス記録 苦情対応記録 感染対応記録　など

介護記録

　介護記録とは，利用者に対して行われた介護行為を記したもので，いつ，どこで，どのような状態・状況の利用者に，何を判断しどのような介護を提供したのか，その結果はどうであったのかなどを記録します。おもにケアプランにもとづいた介護内容を記録しますが，かかわった人にしかわからない利用者のささいな変化も記録に残します。記録しなければ忘れられ，共有できません。「バイタルサインに異常はないけれど，動作が緩慢でいつもと様子が異なる」と書かれた記録を読み，夜勤の介護職がいつもより頻繁に様子を見に行き，発熱に早く気づき対応できたりすることがあります。記録を書き，読み，共有することで，チームとして利用者の生活を継続して支援することができます。

❸ 記録の書き方と留意点

５Ｗ１Ｈを活用する

　５Ｗ１Ｈ（When, Where, Who, What, Why, How）の要素を取り入れて記録すると，簡潔で明確な記録を書くことができます（表5-2-3）。

■表5-2-3　５Ｗ１Ｈとは

When ……いつ（○年○月○日，○時○分ごろ）
Where……どこで（居室，食堂，トイレ，浴室，玄関などの場所）
Who　……だれ（どのような人）（だれがだれに，だれとだれが）
What　……何（何が起きたか，何をしたか，何をされたかなど）
Why　……なぜ
How　……どのように

文体をそろえる

　文体には，常体（文末に「だ，である」を使う）と敬体（文末に「です，ます」を使う）があります。会話の場合はていねいで，やわらかな印象を与える敬体を使い，記録では事実を簡潔に明確に伝えやすい常体を使います。

読みやすく，わかりやすく書く

　介護職は，利用者の心身の状況に応じて，意図的なはたらきかけを行います。記録には，その意図的なはたらきかけと，はたらきかけによる利用者の変化を書き記します。
　記録は，ほかの人にも読まれ活用されますので，正確で，読みやすく，わかりやすく書くことが大切です（表5-2-4）。

■表5-2-4　記録を書くときの留意点

❶ 主語を明確にする。
❷ 記憶がたしかなうちに書く。
❸ 事実をそのまま書く。
❹ 要点を簡潔に書く。
❺ わかりやすい表現で書く。
❻ 適切な専門用語や略語を使う。
❼ １文の長さを35文字以内にする。
❽ 必要時，利用者の言葉をそのまま書く。
❾ ほかから得た情報は情報源も書く。
❿ 誤字，脱字に気をつける。
⓫ 手書きの場合は読みやすいようにていねいに書く。

記録に不適切な言葉は使わない

　記録には，使わないほうがよい言葉があります（表 5-2-5）。その多くは，介護職が判断した言葉です。判断した言葉を書くのではなく，その言葉で書きあらわそうとした事実（出来事，状況など）を具体的に記録します。介護職の判断を書く場合には事実と分けて書きます。

　また，人権や尊厳を損なう言葉，自立支援や自己決定の視点が感じられない言葉も，記録を書くときにはふさわしくありません。

■表 5-2-5　記録を書くときに使わないほうがよい言葉

・不穏　・拒否　・勝手に〜　・指示に従わない　・指示が入らない
・機嫌がよい，悪い　・気むずかしい　・暴力的　など

介護記録の電子化

　施設，事業所において電子記録の導入が進んでいます。電子化によりデータを同時にいろいろな記録に反映させることができ，記録にかかる時間の短縮，効率化がはかれます。また，職種間での情報共有も容易になり，多職種の視点からの分析，課題の早期発見・解決につながりやすくなります。さらに，業務に入る前に必要な利用者の情報を一覧で簡単に確認できるため，情報漏れによるリスクを軽減できます。

記録を書き間違えたとき

　記録は事実を書き残す公的文書です。記録を書くときは，書き換えができないように，消せないボールペン（黒）などで書きます。記録を訂正する場合は，間違えた文字に二重線をていねいに引き，訂正をして訂正印を押します（図 5-2-1）。

　電子記録の場合，訂正は更新されるため，訂正前の内容は残りません。ただし，職員ごとのログイン ID やパスワードを入力するので，誰が更新したのか履歴は残ります。

■図 5-2-1　記録を訂正する方法の例

❹ 記録の保護と管理

個人情報とは

　記録には個人情報が含まれます。個人情報は，個人情報の保護に関する法律（個人情報保護法）において，生存する個人に関する情報であって，特定の個人を識別することができるものと規定されています。

記録を取り扱う際の留意点

　介護職はもちろん，利用者にかかわる施設や事業所内の職員は，個人情報が外部にもれることがないように，適切な対応をとる必要があります。

① 個人情報を含む記録類の保管の仕方

　介護の現場では，ケアプラン，介護計画，介護記録，苦情や介護事故の記録など個人情報が含まれる記録類がたくさんあります。紙媒体の記録物は鍵のかかる場所に保管します。電子媒体の記録はパスワードを設定し，第三者に知られないようにします。記録の閲覧は決まったところで行う，記録物は持ち出さない，個人情報が書かれた書類を机上に広げたままにして放置しないなどの整理整頓をすることも，個人情報の漏洩防止に役立ちます。保存年限を過ぎた記録は，情報が漏洩しないように適切に処理して廃棄します。

② 記録類の開示を求められた際の対応

　本人から記録類の開示の請求を受けたときは，本人に対し遅滞なく開示しなければなりません。また，請求を受けたデータの全部または一部について開示しない旨を決定したときは，本人に対し遅滞なく，その旨を通知しなりればなりません。

　情報開示により誤解が解けた例もあります。認知症の利用者が転倒し受診しました。数日後，額の大きなこぶと首にまで広がった内出血を見た家族が不審に思い，介護記録の開示と説明を求めました。介護記録には転倒したときの様子，受診の結果，その後の変化が詳細に書かれていたため，不信感が払拭され，信頼につながりました。

③ 事例発表で記録を取り扱う際の留意点

　事例発表等で個人情報のデータを活用する場合は，本人に説明し，同意を得てからデータを収集し活用します。本人が判断できない場合は，本人の代理人等に説明をして同意を得ることが必要です。また，同意が得られても実名で用いることはしません。①生年月日ではなく年齢を用いる，②氏名や住所，施設名などはイニシャルではなく，アルファベットをふる，③必要な情報のみを用いるなど，個人が特定されないように配慮します。事例検討会などでは，匿名化する必要はありませんが，職場から持ち出す場合は，匿名化します。

ヒヤリハット報告記録

　ヒヤリハット報告記録とは，日常業務のなかで起きたヒヤリハットをだれにでも起こり得ることとして全員で共有し，改善に向けた取り組みにつなげることを目的とした記録です。ヒヤリハットが起きたとき，所定の用紙に従い，①内容，②発生日時，③発生場所，④状況，⑤原因，⑥そのときの対応，⑦今後の対応策について５Ｗ１Ｈで詳細に記録します。とくに発生原因については，「利用者」「介護職」「環境」の３つの側面から具体的に検討します。定期的にこれらの報告書をまとめ，月や曜日，時間や場所による内容の違いや傾向を探り，確実に改善できるようにしっかり検討します。それを積み重ねることで事業所全体の注意力も喚起され，介護の質が高まり，類似のヒヤリハットやもっと大きな事故を未然に防ぐことができます。

家族との連絡記録

　利用者が介護サービスを受ける場合，いつもと環境や過ごし方に違いが出ます。サービスの利用により，利用者が混乱することなく生活が継続できるようにするためには，家族とサービス提供事業者のあいだでの情報の提供と共有が必要です。情報の共有がない場合，日常生活の連続性が途切れ，自宅でつちかわれていた生活習慣がくずれることがあります。一方，情報を共有することでよいリズムがつくられ，生活の活性化につながることがあります。情報の共有に役割を発揮するのは連絡帳です。連絡記録には，日中の様子，水分や食事の摂取状況，連絡事項，確認事項などを記載します。家族とサービス提供事業者が利用者の視点に立ち，連携して支援することが可能になります。

ケアカンファレンス記録

　ケアカンファレンス記録とは，介護職，看護職，リハビリテーション職，栄養の専門職など多職種が集まり，利用者の支援について話し合った会議記録のことです。利用者のよりよい状態をめざして，あるいは差し迫った課題を解決するために，互いのもつ情報を提供して，確認し合い，利用者の目標の実現に向けて，具体的な援助方法について話し合い記録します。たとえば，朝昼夕で多少のばらつきがあるが30分ほどで完食していた利用者が，毎回，60分かかるようになった場合，途中で介助が必要かどうかを話し合うためなどの目的でカンファレンスを開きます。各専門職の視点から検討し，食べる意欲があり，むせもなくおいしく食べられているなら，時間がかかってもそのまま様子をみることを共有し，ケアの統一をはかることができます。

❺ 記録の実際

介護記録の例

介護職は利用者のいちばん身近にいる専門職です。だからこそ，いちばん多くの情報を把握しています。利用者の思いが尊重され，利用者自身が十分に力を発揮でき，安心して，安全に暮らせるためには，介護職が記録の目的を理解して，必要な事実を客観的に簡潔に書き記すことが求められます。

■図 5-2-2　介護記録の例

日時	内容	サイン
6 / 15（木） 12：30	Jさんは昼食で，粥を半分以上残していた。粥は好きかと聞くと「嫌い」と答えた。嫌いなのになぜ食べているのか聞くと「出されるから」と言う。好物を聞くと「わからない」と小さな声で答えた。寿司は好きか，まんじゅうは好きかとたずねると，「海苔巻やいなりずしは食べたい」「粒あんの最中を食べてみたい」とはっきりとした声で答えた。なぜ粥が提供されているのかを含め，食事内容について看護師や栄養士と相談する必要があると考える。	吉田

図 5-2-2 に示した記録をもとに，介護職は看護師，栄養士とミーティングをもちました。そのなかで，表 5-2-6 のようなことが確認されました。

■表 5-2-6　記録をもとにJさんについて確認されたこと

❶ 咀嚼，嚥下ともに問題なく，常食が食べられる。
❷ 半年前に風邪をひいたときに粥になり，回復後も変更していなかった。
❸ 介護職は深く考えずに提供し，本人は出されるから仕方がないと思っていた。
❹ 本人は好物を考えても仕方がないから，考えることもしなくなっていた。

ミーティングのあと，Jさんの食事は常食になり，好みも配慮してもらい，毎回食事を楽しんで，全量摂取するようになりました。介護職には，情報を把握するための観察する力，疑問をもつ力，目的に応じて記録する力が求められます。適切な記録がなければ，Jさんはいつまでも「よくない状態」が続いたかもしれません。

2 報告・連絡・相談 ::

❶ 報告・連絡・相談の意義と目的

報告・連絡・相談の必要性

　介護の仕事は，1人で勝手に進めることはできません。また，すべてを自分1人でかかえていては何も進みません。したがって，報告・連絡・相談は，仕事をするうえで必要な行動といえます。

　今日の介護保険施設では，ユニットケア[13]（➡ p. 265 参照）が進んでいます。これまでは，その日に勤務している介護職のうちのだれかが報告・連絡・相談を行えば，その他の介護職は黙っていても仕事を進めることができました。しかし，ユニット化した施設では，その場にいる介護職が自分1人という場面もあり得ます。つまり，ユニット内には，報告・連絡・相談を行う人がいないという状況です。

　ユニットケアによって，一人ひとりの介護職にまかされる業務の範囲は明確になってきています。ユニットを越えて，その場にいた介護職がどのように報告・連絡・相談をするのか，これまで以上に介護現場における報告・連絡・相談の適切さが問われる時代となっています。

介護職が果たす役割

　ここで強調しておきたいのは，介護職には，利用者のふだんの様子をよく知っているという強みがあることです。小さなことにもアンテナをはりめぐらせ，「利用者の様子が何かおかしい」「表情がいつもと違う」「何か言いたがっている」「体調が悪そうだ」などということに早めに気づき，報告・連絡することはとても大切です。

　体調の変化に関することは，介護職のなかだけでかかえずに，必ず医療職につなぎましょう。

　たとえば「ここ数日，水分摂取量が減ってきた」「足のむくみが悪化している」「ろれつが回りにくいようだ」「殿部に発赤がある」など，何か変だと感じたら，すぐに医療職に伝えましょう。早期発見が大切です。

❷ 報告・連絡・相談の具体的方法と留意点

報告

　報告は、頼まれた仕事が終わったときに責任をもって担当した事柄の結果について、同僚や上司に対して行います。長期間にわたる仕事であれば、途中で、進行状況を報告することも必要です。

　介護保険施設では、職員がシフトを組んで勤務しているため、夜勤の職員が日勤の職員に対して、勤務時間帯の様子を報告する**申し送り**⑭（➡ p.266 参照）が業務に位置づけられています。これも報告の1つです。

　報告の際の留意点は、表5-2-7のとおりです。

　とくに、トラブルや事故、苦情については、初期対応が大変重要です。「小さなことだから報告しなくてもよい」と勝手に判断せずに、必ず上司に判断をあおぐことが大切です。同じことを二度と起こさないためにも、すべてを公にして、ていねいに対応します。

　報告は、仕事の締めくくりであり、次の仕事へのステップとなります。報告せずに、自分勝手に進めることがないように、必要に応じて報告することが大切です。

■表5-2-7　報告の留意点

・報告をする「タイミング」を考える。
・いつ、だれに報告するべきかを、確認する。
・口頭による報告がよいのか、文書による報告がよいのかを検討する。
・報告の筋道と要点を整理する。
・報告内容には、「見たこと」「観察したこと」「実際にあったこと」などの「客観的事実」と「そのことに対する自分の判断」などの「主観的事実」を示す。
・トラブルや事故、苦情については、すぐに報告する。

連絡

連絡の意義と目的は，連携を強めることにあります。

自分の仕事をうまく進めるためなどの目的があって相手と連絡をとったりします。

介護の現場では，利用者本人や家族，関係機関から問い合わせがあったときなど，それに応じるために連絡をとることも多くあります。円滑なコミュニケーションを進めるためには，適時の連絡が大切です。

チームメンバーと連絡をとるために，いつ（または，どのような場面で），だれに，どのような手段で連絡をとればよいのかを確認しておく必要があります。

連絡は，自分の仕事をうまく進めるために行ったり，相手の仕事を助けたりするために行います。夜間は電話，日中はファクシミリや電子メールなど，状況に応じた適切な手段を考え，連絡します。

連絡をとったときは，相手から得た情報や相手の反応についてメモや記録に残しておきましょう。

連絡の際の留意点は，表 5-2-8 のとおりです。

■表 5-2-8　連絡の留意点

・連絡をする「タイミング」を考える。
・いつ（または，どのような場面で），だれに連絡するべきか，確認する。
・状況に応じた適切な連絡方法を確認しておく。
　（緊急時は携帯電話，夜間は自宅の電話，日中はファクシミリなど）
・口頭による連絡がよいのか，文書による連絡がよいのか，を検討する。
・内容には「5W1H」を頭において連絡する。
　（いつ：When，どこで：Where，だれが：Who，何を：What，なぜ：Why，どのように：How。「いくら：How much」を入れて，「5W2H」とする場合もある）

相談

　相談によって，仕事の進め方や仕事上の悩みなどに対して助言を得ることができます。また，仕事上での必要な情報を得ることができます。さらに，相談することによって，自分勝手な思いこみによる方法ではなく，職場全体の方向性をふまえて仕事を進めることができます。

　職場によっては，あらかじめ，どのようなときに連絡し，どのようなときに相談して指示をあおぐのかなどの約束事を定めている場合もあります。

　たとえば，訪問介護（ホームヘルプサービス）の現場で，急に，利用者から「今日はそうじをやめて買い物に行きたい」と言われたとき，訪問介護員（ホームヘルパー）は「はい。行きましょう」と答えられる場合と「今すぐに私の独断では決められませんので，Kさんの希望を事業所に伝えて相談してみます」と応答しなければならない場合があります。

　あらかじめ「天気と体調をみて買い物に同行する」という内容が訪問介護計画に位置づけられていれば，そのときの天気や体調により，訪問介護員が判断することができます。一方，このような内容が訪問介護計画に位置づけられていない場合は，相談して指示をあおぐことになります。どこまで自分自身の判断にまかされているのか，どのような場合には相談しなければならないのかを明確に把握しておかなければなりません。

　相談の際の留意点は，表 5-2-9 のとおりです。

■表 5-2-9　相談の留意点

・いつ，だれに相談するべきか，確認する。
・資料や進行プロセスなどを準備してから相談する。
・自分なりの考えや対策を頭に描いてから相談する。
・相談の目的を明確にしてから相談する。
・相談内容はメモをとる。
・相談した結果や経過について，報告する。

3 コミュニケーションをうながす環境 ::::::::::::::::::::

❶ 会議の意義と目的

会議を開催する意味

会議は関係者が集まって相談し，物事を決める場です。関係者の顔と顔がつながり，直接，意見交換をするなかで，信頼関係が形成され，具体的な連携のパイプをつくることができます。

会議の場には，関係者が一堂に会しているので，その場で詳しい状況報告を行い，連絡事項を全員に確実に伝えることができます。わからないことについては，互いに質問し合い，だれもが同じレベルで情報を理解することができます。

このように，会議は情報共有の場であり，問題解決の場でもあります。集まった人々の経験や知恵を集め，検討課題の解決を進めていく場なのです。

■表 5-2-10　会議の種類

・情報共有型…連絡事項を全員に確実に伝えるための会議
・問題解決型…その時々に職場で検討しなければならないことについて話し合う会議

会議の準備と参加する態度

会議を開くには十分な準備が必要です。また，何のための会議なのかがあいまいで，単に「○○会議」と称して集まっているだけでは，時間の無駄です。

参加者の貴重な時間を使って開催するため，会議は目的を明確にし，時間を決めて，効率的に実施することが大切です。

会議に参加するときの態度を，表 5-2-11 にあげます。

■表 5-2-11　会議に参加するときの態度

・会議の目的を理解して参加する。
・事前に資料に目を通し，会議に集中する。
・質問は簡潔に，また，意見を述べるときは，要点をしぼって伝える。
・他者の意見に耳を傾け，自分と意見が違う人の発言についてもさえぎらない。

❷ 会議の種類と運用

職場内ミーティング

　それぞれの職場には，職場内の問題を解決することを目的とした会議があります。ミーティング，主任会議，業務改善委員会など職場によって会議の名称はさまざまです。

　この問題解決型会議における留意点は，表5-2-12のとおりです。

■表5-2-12　問題解決型会議における留意点

・利用者の立場で考える（主語は利用者）。
・できない理由を並べ立てるのではなく，可能にする方法を考える。
・壁（困難なこと）を具体的にあげ，1つひとつの解決策を考える。

> **事例▶ミーティングのテーマが，いつの間にかすり替わってしまう**
>
> 　ある施設で，「身体拘束防止のための事例検討」というテーマの職場内ミーティングが開かれたときの，介護職の発言です。
>
> 　「歩くと転ぶかもしれません。骨折すると大変なので，車いすに縛ることもやむを得ません」
>
> 　この介護職の発言のとおりに介護を行うと，利用者は，車いすから離れることができないため，座ったまま車いすで移動するなど，車いすの上で生活することになります。一見，主語は利用者で，利用者の安全のためにやむを得ず縛るしかないという印象を与えていますが，本当にそうでしょうか。
>
> 　あなたは座ったまま，何時間も同じ姿勢でいられますか。利用者は長時間，車いすに座っているため，腰や尻が痛くなり，姿勢を変えたり，立ち上がったり，歩いたりしたいはずです。利用者を車いすに縛っているのは，実は，「利用者が立ち上がると，介護職は手間がかかって困るから，歩かないようにさせている」のかもしれません。
>
> 　職場内ミーティングにおいて課題の解決を考える際には，常に主語は利用者本人であることを確認しましょう。とくに強調したいのは，できない理由を探していては，問題は解決しないということです。

ケアカンファレンス・事例検討

ケアカンファレンス・事例検討は，本人の意向や希望をふまえて，参加メンバーが知識と技術と経験知を集結し，よりよい介護について考える場です。

目標を共有し，ケアプランにもとづいた個別サービス計画[15]（➡ p. 266 参照）を立案したり，修正，評価を行います。チームメンバーのだれがどのような役割をになうのかを明確にし，連携を具体化する場でもあります。

事例提供者は，とくにどのようなことを検討したいのか，ケアカンファレンスの目的を明確にし，資料を準備します。施設や事業所で定めた記録様式がある場合はそれにそって準備します。

ケアカンファレンスの進め方と留意点は，表 5-2-13，表 5-2-14 のとおりです。

■表 5-2-13　ケアカンファレンスの進め方（1 事例を 45 分で検討する場合の例）

●事例提供者は一定の様式にそって資料をまとめておく。
●司会者（タイムキーパー），記録者を選出する。
　〈時間配分〉
　5 分　事例紹介（事例提供者）
　10分　事例のイメージ化（全員）
　5 分　アセスメント情報とケアプランの提示（事例提供者）
　25分　アセスメント情報とケアプランの検討（全員）

■表 5-2-14　ケアカンファレンスの留意点

・参加メンバーは，事前に資料をよく読み，疑問や意見をメモしておく。
・当日，司会者と記録者を決める。
・時間厳守
・参加者は事例提供者に対して，「こんなこともできていないの」と批判したり，「こう書いてあるけれど，ここは間違っているのでは」とあら探しをしたりしない。
・事例像や生活状況をイメージし，共有化に努める。
・参加メンバーの知識や技術や経験知を集結する。

サービス担当者会議

　サービス担当者会議は，介護支援専門員（ケアマネジャー）が呼びかけ，居宅サービス事業者の担当者が集まって開催されます。ケアプラン（居宅サービス計画）原案の内容について，担当者から，専門的な見地から意見を求めることを通じてケアプランの内容を検討していく会議です。

　サービス担当者会議には，原則として利用者本人や家族も参加します。ケアプランの原案をもとに，本人や家族の意向を確認したうえで，支援の方針や目標を明確にして，関係者がどのような協力体制を組むかを話し合います。

　集まった専門職がそれぞれの専門性にもとづいた意見を述べ，それを反映したケアプランを作成することによってチームによる支援が促進され，ケアプランがよりよいものになります。

　サービス担当者会議の進め方と留意点は，表5-2-15，表5-2-16のとおりです。

■表5-2-15　サービス担当者会議の進め方

・参加メンバー紹介
↓
・利用者からサービスに対する希望や意向を話してもらう
↓
・総合的な援助方針の検討と確認
↓
・ケアプラン原案の提示
↓
・専門職としての意見と意見交換
↓
・役割分担や大まかな支援内容の確認

■表5-2-16　サービス担当者会議の留意点

・中心は利用者。本人が望む暮らし，本人の意向や希望を共有する。
・専門用語や略語を使わず，わかりやすく説明する。
・会議で資料を配付することや会議で扱う情報について，あらかじめ利用者および家族に説明して了解を得ておくとともに，プライバシーの保護に留意する。
・チームメンバーが互いに何をするのか，関係者の合意をはかる。

1 ストレングス

すとれんぐす

➡ p. 226 参照

個人，家族，コミュニティなどのもっている「強さ」（能力・意欲・自信・資源など）のこと。

2 イーガン（Egan, G.）

いーがん

➡ p. 227 参照

アメリカの心理学者。「私はあなたに十分関心をもっていますよ」と相手にごく自然に伝える身体面の動作として5つをあげ，英語の頭文字をとってSOLER（ソーラー）と名づけた。

3 社会福祉士及び介護福祉士法

しゃかいふくししおよびかいごふくししほう

➡ p. 234 参照

社会福祉士と介護福祉士の資格を定めて，その業務の適正をはかり，社会福祉の増進に寄与することを目的とする法律。介護福祉士の定義や義務規定，資格取得の方法などが定められている。

4 バイステック（Biestek, F. P.）

ばいすてっく

➡ p. 235 参照

アメリカの社会福祉研究者。個別援助の援助関係における価値観について，7つの原則を示した。

5 ソーシャルワーカー

そーしゃるわーかー

➡ p. 235 参照

福祉倫理にもとづき，専門的な知識・技術をもって相談援助を行う専門職のこと。一般的には，社会福祉従事者の総称として使われることが多い。

6 クライエント

くらいえんと

➡ p. 235 参照

援助対象者の意味であり，福祉分野ではサービス利用者と呼ばれるのが一般的である。

7 糖尿病性網膜症

とうにょうびょうせいもうまくしょう

➡ p. 236 参照

眼底出血などによる視力障害を生じる糖尿病の合併症。日本では，中途失明の主要な原因の1つである。

8 加齢性難聴

かれいせいなんちょう

➡ p. 239 参照

加齢とともにみられる聴力障害で，低音域

の聴力は保たれる一方，高音域の聴力が障害されるという特徴がある。

⑨脳血管障害

のうけっかんしょうがい
➡ p. 242 参照

血管不全による脳障害で，多くは突発的に発症し，脳障害の部位，程度によりさまざまな神経症状が生じる。脳血管の閉塞で虚血が続けば脳梗塞の過程が進み，脳の軟化が起こる。また，出血により，脳実質内に血腫をつくるものを脳出血，くも膜下腔に出血するものをくも膜下出血という。

⑩コミュニケーションノート

こみゅにけーしょんのーと
➡ p. 243 参照

聴覚障害や言語障害のある人などとコミュニケーションをはかる際の手段の1つ。イラストや写真を用いて，場所や顔の表情，家族の顔などを，ノートに貼ったり，バインダーに綴じたりする。聴覚障害や言語障害のある人などは，それを指でさしながら意思を伝える。

⑪失語症

しつごしょう
➡ p. 244 参照

大脳の言語野が損傷されることによって生じる言語機能の障害であり，すでに獲得していた言語を話したり，聞いたり，書いたり，読んだりすることが困難になる。損傷部位によって言語の表出面が障害される運動性失語症，理解面が障害される感覚性失語症など，異なるタイプがあらわれる。

⑫24 時間 RO

にじゅうよじかんアールオー
➡ p. 247 参照

RO（リアリティ・オリエンテーション）とは，グループアプローチのテクニックの1つで，認知症の人の見当識障害を正しい方向へ導くことにより，現実認識を深めることを目的としている。24 時間 RO は，RO の1つで，認知症の人とスタッフとの日常生活における基本的なコミュニケーションのなかで「自分はだれか」「現在どこにいるか」「今は何時か」などの現実認識の機会を提供する。

⑬ユニットケア

ゆにっとけあ
➡ p. 256 参照

特別養護老人ホームなどにおいて，居室をいくつかのグループに分けて1つの生活単位とし，少人数の家庭的な雰囲気のなかで行うケアのこと。ユニットごとに食堂や談話スペースなどを設け，また職員の勤務形態もユニットごとに組むなど，施設のなかで居宅に近い居住環境をつくり出し，利用者一人ひとりの個別性を尊重したケアを行う試みといえる。

⑭申し送り

もうしおくり

➡ p. 257 参照

仕事の内容や状況を口頭で伝えることをいい，介護の現場では，勤務シフトの引き継ぎ時（たとえば，夜勤者から日勤者へ）に行われる。その勤務帯の出来事，留意事項などを伝える場である。

⑮個別サービス計画

こべつさーびすけいかく

➡ p. 262 参照

介護支援専門員（ケアマネジャー）が作成するケアプラン（居宅サービス計画や施設サービス計画）の目標を実現するために，専門職ごとに立案された，利用者にかかわるより詳細な計画のこと。利用者一人ひとりの状態をふまえ，その人らしい生活をするための援助ができるように，各専門職の視点からアセスメントを行い，課題の解決に向けた目標や具体的な援助の内容・方法を決定する。介護職が立案する個別サービス計画は，介護過程にもとづいて作成するもので，一般に介護計画と呼ばれる。

第6章

老化の理解

●加齢・老化に伴う心身の変化や疾病について，生理的な側面から理解すること
の重要性に気づき，自らが継続的に学習すべき事項を理解する。

老年期の発達と老化にともなう心身の変化の特徴

学習のポイント

- ●老年期や高齢者の定義について理解する
- ●老化の影響は個人差が大きいことについて理解する
- ●老化とともに社会的環境が心理や行動に与える影響について理解する
- ●多くの側面にわたる身体的老化現象と日常生活への影響について理解する

1 老年期の定義

❶ なぜ老年期を定義する必要があるのか

　老年期を定義することは意外にむずかしく，定義することによって，よい面もあれば，課題や支障が生じてくることもあります。

　たとえば，80歳でも自分を「高齢者」と思わない人がいる一方で，50歳代で老年期特有の病気にかかっているにもかかわらず，「高齢者」の対象外とされて，不自由な生活を強いられてしまう人もいます。

　それでは，**老年期の定義**を決めないとどうなるでしょうか。老年期を定義しないままでいると，老年期に自然にみられる心身の老化や，老年期にかかりやすくなる病気によって生活の不自由を強いられている多くの国民を，国全体として支える施策や体制をつくることができなくなります。老年期を定義することによってはじめて，それに該当する人々を介護や福祉の対象とすることができるのです。

　介護職は，老年期の定義を正確に理解する一方で，個々の高齢者の理解においては，自分がつくった高齢者に対する**ステレオタイプ**[1]（➡ p. 328 参照）をそのままあてはめてしまうことがないように注意することが必要です。

国際的な高齢者の定義

世界保健機関（WHO）[2]（➡ p.328 参照）では，65 歳以上を高齢者として人口統計資料を作成しています。しかし，世界全体の高齢化の状況は国によって大きく異なっています。

WHO が発表した 2019 年時点の平均寿命をみると，日本では 84.3 歳ですが，世界全体の平均は 73.3 歳ですから，世界全体で統計をとる場合には，65 歳を高齢者とみることも妥当なことだといえるでしょう。

しかし，2060 年には韓国やシンガポールの高齢化率も 40％前後に，平均寿命も 70 歳代後半となって，日本の高齢化率と大きな差がなくなると予想されています。

日本における高齢者の定義

日本は世界のなかでもまれにみる長寿国であるとともに，少子化が進んで高齢社会を迎えています。

日本では，表 6-1-1 のように法律のなかで高齢者はおおむね 65 歳以上と考えられていますが，平均寿命や健康寿命が延びてきたことを背景に，この定義は今後も時代とともに変化していくと考えられています。

■表 6-1-1　日本の法律における高齢者の定義

老人福祉法	老人の定義は明確にしていないが，その内容は65歳以上を対象とした福祉について定められており，事実上65歳以上を老人として位置づけている。
介護保険法	65歳以上の者を第 1 号被保険者と位置づけており，原因にかかわらず要介護状態になったときには介護保険制度を利用することができる。
高齢者の医療の確保に関する法律	65歳以上75歳未満を前期高齢者,75歳以上を後期高齢者と定めている。
高齢者虐待の防止，高齢者の養護者に対する支援等に関する法律	高齢者を65歳以上と定めている。
高年齢者等の雇用の安定等に関する法律	高年齢者を55歳以上と定めている。企業が定年を設ける場合には60歳未満としてはならないことを定めている。

老年期という発達段階

　人は年金をもらうようになったり，定年をむかえたりして，社会的に高齢者となるばかりでなく，生物学的な身体機能の変化や，心理学的な変化も経験しながら，老年期という人生のなかの1つの段階に到達します。

　たとえばレビンソン（Levinson, D.）は，生涯最後の生活構造の大きな変化として60歳ごろに老年期への過渡期があるといいます。このころ，身体のおとろえを無視できなくなるとともに，老年期に経験しやすいライフイベントを経験することで老性自覚が進みます。そのような状況に適応するために，生活構造を，その後の生活に向けた新しい構造に替えていくことが老年期の課題であると説明しました。

　老年期という発達段階は，心身の老化と社会的な役割の喪失への適応が課題となる段階であるといえるでしょう。

2 老年期の発達と老化にともなう心身の変化の特徴 ::::::::::

❶ 老化による心理や行動を理解するための視点

高齢者を個人として理解する視点

　一般的には「高齢者とはこのような人だ」というイメージをもちがちです。このような「高齢者とは…」という一律な考え方は**ステレオタイプ**と呼ばれ，一人ひとりの高齢者の個別的な心理的理解のさまたげになる場合があります。

　年齢によるステレオタイプにもとづいた態度や行動をとることは，**エイジズム**（年齢による差別）と呼ばれています。高齢者とコミュニケーションをはかったり，支援をしたりするときにはエイジズムにおちいらず，個人を理解する視点が非常に重要です。

■図 6-1-1　高齢者のステレオタイプのイメージ（例）

老化の個人差が大きいこと

　老化による心身機能の変化は，だれにでも生じることです。しかし，変化の程度は，同じ年齢であっても個人差が大きいことが特徴です。同じ年齢であれば，だれでも同じように，老化による機能低下が生じていると考え，対応することは誤りです。

　たとえば，老化によって聴力の低下が生じます。そのため，高齢者に対して，「大きな声でゆっくりとはっきり話す」という方法がよくみられます。しかし，聞こえにくさには個人差があって，必要以上に大きな声を出したり，ゆっくり話したりすることはかえって高齢者の**自尊心**をそこなう場合があります。年齢だけを基準にして，同じように対応することは個人差を無視した対応といえます。

社会的影響が大きいこと

　人は社会的な存在であり，職業経験，家族関係，社会的役割などが，その人の心理や行動に強い影響を与えています。老年期には，子どもとの関係が変化したり，孫が誕生したりといった家族関係の変化や，職業からの引退などを経験することが多くなります。また，配偶者や友人との死別といった喪失体験をする人が多くなります。

　このような社会的関係や役割の大きな変化は，心理や行動にも大きな影響を与えると考えられます。生き方が多様化している現在では，こうした経験自体に個人差があり，個別的な理解が必要です。

経験の違いによる個人差

　人のさまざまな心理や行動は，生得的な要素と学習的な要素③（➡ p. 328 参照）の両面に影響されています。高齢者はだれもが同じような心理や行動の傾向をもつとみられがちです（生得的）。しかし，人生を長く生きているということは，それだけ経験の期間が長く，その影響が大きいことで個人差が大きいといえます（学習的）。人間関係や職業，生活習慣などによる生活経験の個人差は心理や行動に影響を及ぼします。

　さらに，若いころからの運動習慣が老年期の運動機能の維持に関係があるように，生物学的老化に影響を与える場合があることも理解する必要があります。

　このように，老化による心理や行動には，さまざまな要因が影響を与えていると考えることができます。

❷ 社会的環境の変化と心理

高齢者の自己イメージと社会的環境

　身体の老化現象だけではなく，高齢者を取り巻くさまざまな社会的な環境が心理や行動に大きな影響を及ぼします。とくに社会からの老化に対する否定的な情報は，高齢者自身の自己イメージに対して否定的な影響を強めると考えられています。

　高齢者は，老化によるさまざまな機能低下によって自己イメージが変化しやすくなります。そこへ，他者や社会から「年をとったのだから，社会とかかわらなくてもよい」といった反応が示されると，ますます自己イメージが悪化していきます。このような悪循環を断ち切るためには，高齢者に対して積極的な活動や参加を評価することが必要です。

家族との関係

　高齢者にとって家族との関係は，それ以前にも増して重要な位置づけとなります。

　しかし，急速に家族の構造は変化してきました。1980（昭和55）年には，高齢者のいる世帯のうち，三世代同居の世帯が約半数を占めていましたが，現在では高齢者夫婦世帯がもっとも多く，単独世帯とあわせて半数を超えており，高齢の親とその子どもが別居する世帯形態が多数派となっています。一方で，別居している子との接触頻度については，2020（令和2）年度の「高齢者の生活と意識に関する国際比較調査」によると国際的に比較して低い頻度にとどまっている傾向があり，高齢の親と別居している子とのコミュニケーションが1つの課題といえます（表6-1-2）。

　また，同じ調査では，「同居の家族以外に頼れる人」についての項目があり，別居の家族・親族が63.1％なのに対して，友人が14.9％，近所の人が15.0％にとどまっており，地域での人間関係づくりも大きな課題といえます（図6-1-2）。

　急激に進んだ世帯構造の変化に対して，家族の関係や機能を考えていくことは今後の大きな課題と考えられます。

喪失体験（家族との死別など）

　老年期の社会的関係の変化の特徴として，喪失体験があげられます。とくに配偶者との人間関係が重要な位置づけとなっている場合に，その死別は残された高齢者に大きな影響を与えます。その適応は「喪失－悲嘆－回復」という経過をたどると考えられています。

　喪失体験による悲嘆から回復にいたる過程にはいくつかの段階があることが知られていますが，基本的には**キューブラー－ロス（Kübler-Ross, E.）** 4（➡ p. 328 参照）の死の受容過程

に類似した考え方が示されています。

　喪失とは，感情的に強く結びついていた対象が自分の人生から失われたことを意味していま
す。喪失を悲嘆することで，情動的，知覚的，身体的なさまざまな反応が生じます。その状態
から抜け出し，喪失対象がいない生活を再構築することが回復と考えられます。

　配偶者と死別した人は，身体的愁訴が多かったり，医療機関への受診が多かったりすると
いったストレスに対する心身の反応があらわれ，健康をそこなうことすらあります。また，死
をめぐる儀式である葬儀は，死者の社会的価値や死に対する信仰を表明し，死者に別れを告げ
る機会と位置づけられます。また同時に，残された者の悲嘆をやわらげ，死についてみつめ，
死んでしまった人がいない人生を考える機会でもあるといわれます。

■表 6-1-2　別居している子との接触頻度

(%)

	ほとんど毎日	週に 1 回以上	月に 1〜2 回	年に数回	ほとんどない
日本	10.9	20.0	24.1	16.1	2.7
アメリカ	31.2	33.6	9.2	3.4	2.1
ドイツ	16.7	32.8	16.7	12.4	3.2
スウェーデン	20.2	36.8	15.8	11.5	1.8

注 1：調査対象は，60歳以上の男女
　　2：子との接触とは，実際に会うことのほか，電話等による接触を含む。
資料：内閣府「第 9 回 高齢者の生活と意識に関する国際比較調査」2021年を一部改変

■図 6-1-2　同居の家族以外に頼れる人（複数回答）

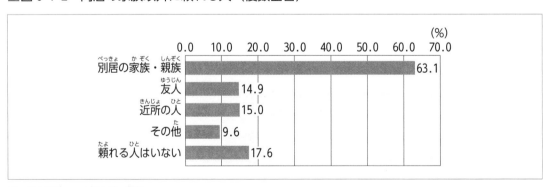

注：調査対象は，60歳以上の男女
資料：内閣府「第 9 回 高齢者の生活と意識に関する国際比較調査」2021年

3 老化にともなう心身の機能の変化と日常生活への影響 ::::::::::

❶ 生理機能の変化

　人は，生まれてから時間の経過とともに成長し，老い（老化）を経て，死を迎えます。人の生理的な機能は，成長していく過程のなかで，機能を最大限に発揮したあと，少しずつ低下していきます（図6-1-3）。これは，人が生きる過程においてほとんどすべての人にみられ，生理的老化と呼ばれています。

　生理的老化は少しずつ生じるため，全体的な恒常性を維持する機能は保たれているといわれています。しかし，臓器の予備力が低下するため，病気にかかったとき，急激に障害を受けたときなどに，適応力や回復力が低下します。また，ストレスを受けたときには，免疫機能が十分発揮できないなど，防衛力が低下します。

　生理的老化がいちじるしく進行し，病的な状態を引き起こすものを病的老化といいます。

■図6-1-3　加齢にともなう生理機能の変化

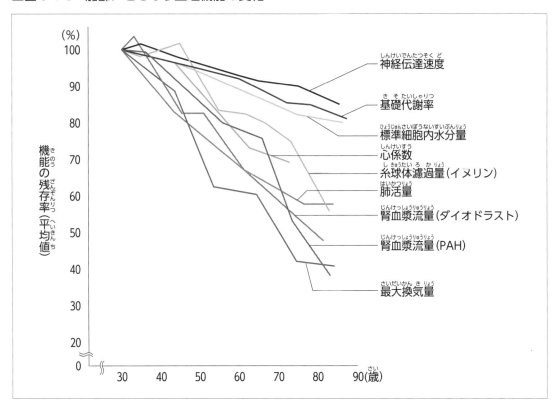

出典：Shock, N.W., 'The physiology of aging', in Vedder, C.B. ed., *Gerontology*, Charles C Tomas Publisher, p. 264, 1971.

❷ 恒常性を維持する機能

　人の身体には，体内の生理的機能と外部環境のバランスを調整する能力があります。たとえば，体内の水電解質バランスを維持したり，体温などを一定に保ったりする能力です。この能力を恒常性の維持（ホメオスタシス）といいます。

　生理的老化は徐々に生じるため，全体としての恒常性は維持されます。しかし，加齢とともに，恒常性にかかわる機能が低下すると，さまざまな影響を及ぼします。たとえば，熱中症や脱水症を起こしやすくなります。

　恒常性を維持するためには，防衛力，予備力，適応力，回復力などの力がはたらきます（図6-1-4）。

■図6-1-4　加齢にともなう4つの力の変化

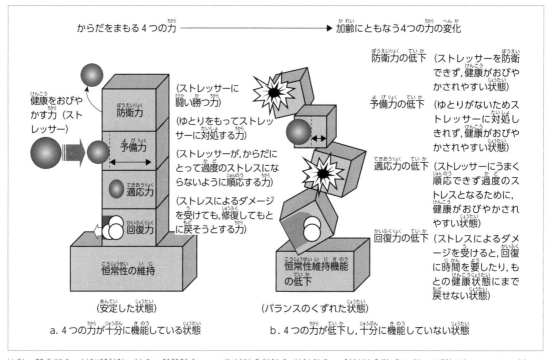

出典：山田律子「身体的側面の変化」北川公子ほか『系統看護学講座 専門分野Ⅱ 老年看護学 第8版』医学書院，p. 9，2014年

防衛力

　防衛力は，ストレスを引き起こす要因を避けたり，闘ったりすることにより，身体の恒常性を保つ能力のことです。加齢とともに防衛力は低下します。

　たとえば，皮膚のバリア機能の低下によって，外界からの微生物が侵入しやすくなります。また，免疫機能が低下するために，細菌やウイルスなどの病原体に対する抵抗力が低下します。

予備力

　予備力とは，その人に備わっている体力や生理的機能の最大の能力と，日常的に使っている能力の差のことであり，身体に蓄えられているゆとりの能力のことです。この能力が十分にあれば，不安や怒り，寒暑・外傷などのストレスを引き起こす要因が加わっても，ある程度まで対処できます。

　加齢とともに予備力は低下します。たとえば，暑さや寒さに耐えられない，階段を上ると息切れがするなどが起こります。

適応力

　適応力とは，ストレスを引き起こす要因が身体にとってストレスにならないように，順応していく能力のことです。加齢とともに適応力は低下します。たとえば，入院や施設への入居，引っ越しなどにより，生活環境が変化することで不安感や心理的ストレスが高まり，新たな病気や症状があらわれる場合があります。

　高齢者では，成人と比べて，病気の症状や経過が定型的な形であらわれにくい特徴があります。これは，病気への適応力の低下が原因であると考えられます。

回復力

　回復力とは，何らかのストレスを受けたときに，修復してもとに戻そうとする能力のことです。加齢とともに回復力は低下します。たとえば，ふだんしないような無理をすると回復に時間がかかり，病気になるとなかなか治りにくくなります。

　回復力は，本人の意欲や意思が大きく影響します。また，その人を取り巻く環境が整っているかどうかも関係します。

フレイル

　フレイルとは，高齢者の筋力や活力が低下した段階のことです。今後，後期高齢者の多くが，フレイルという段階を経て，徐々に要介護状態になると考えられています。フレイルになっている高齢者に適切な介入を行うことで，生活機能の維持・向上にもつながります。

❸ 感覚機能の変化

視覚機能の変化

　視覚は人間の活動において重要な役割を果たします。物の形や大きさ，動き，色など，外界からの情報の8割は視覚によるといわれています。

　人間の視力（➡第1巻 p. 400 参照）は，40歳くらいから低下しはじめ，75歳を過ぎると急激に低下します。視力が低下することによって，近くのものがぼやけて見えるようになります。これを老視（老眼）（➡第1巻 p. 310 参照）といい，だれにでも訪れる老化現象です。

　細かな字がかすんで見えにくい，少し暗くなると本が読みづらい，近くのものがぼやけて見えるなどの訴えを聞くことがあります。このようなことには，適切な老眼鏡を使用することで解消できます。

　視野（➡第1巻 p. 401 参照）も加齢にともなってせまくなります。そのため，物によくぶつかる，転倒する，近くのものを探せないなどということが生じます。

　光覚は光の明暗を識別する能力です。加齢により瞳孔の光量の調節能力が低下するため，**明暗順応**5（➡ p. 328 参照）が低下します。明るい場所から暗い場所への移動は，暗がりに慣れるまでのあいだは，視覚情報が途絶えるため，足元を照らすなどの工夫が必要です。

　色覚の低下は，水晶体の変性により起こり，黄ばみや透過性に変化が生じます。物が黄色がかって見えるようになり，白色と黄色の区別，紺色と黒色の区別が困難になります。逆に，赤色や橙色などの暖色系は高齢者の目にもとまりやすいといえます。屋内外とも段差や突出物などに色の変化をつけたり，色の違いがわかる配色に変えたりして，注意をうながす環境の工夫が必要です。

聴覚機能の変化

　聴覚は，他者との音声言語によるコミュニケーションや，歌やメロディを聴く楽しみ，危険の認識など，重要な役割を果たします。

　加齢にともなうもっとも大きな変化は内耳（➡第2巻 pp. 47-48 参照）にあらわれ，小さく聞こえるだけでなく，音にゆがみが加わり，はっきりと聞こえなくなります。このような難聴を感音性難聴といい，高齢者の難聴の多くを占めます。

　もう1つの特徴として，「一時（いちじ）」や「七時（しちじ）」というような似た音に対しての聞きとりが悪くなったり，どちらの方向から声や音がしているのかがわかりにくくなったりします。

■図 6-1-5　年齢ごとの聴力の比較

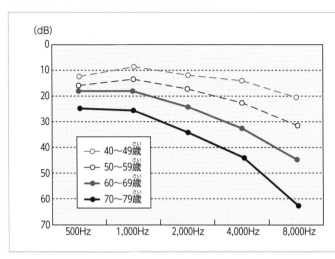

聴力には個人差がありますが，年齢とともにおとろえていきます。音は周波数の高低にかかわらず，蝸牛の入り口から入ってくるため，入り口に近い有毛細胞 6（➡p.328参照）は長い期間が経つにつれて大きなダメージを受けることになります。また，入り口に近い有毛細胞は，高い周波数の音の分析を担当しているため，年齢とともに高い周波数（1,000Hz以上）の音が聞こえにくくなってきます。

資料：国立長寿医療研究センター「老化に関する縦断的研究の結果から」

また，耳鳴りなどの現象もみられます。低音域の部分的な聴きとりは可能ですが，一部の高音域が聴きとりにくいため，本人は「変に聞こえている」と感じることが多いようです。

外耳（➡第2巻 pp. 47-48 参照）や中耳（➡第2巻 pp. 47-48 参照）の何らかの原因によって起こる**伝音性難聴**もあります。この難聴は，音が小さく聞こえる状態になるため，**補聴器** 7（➡ p. 329 参照）の使用効果が期待できます。

高齢者との対話においては，声の高さや大きさ，話す速度，文章の長さ，表情や身振り手振りを交えた表現，静かな環境づくり，内容が聴きとれているかの確認などの配慮が必要です。

皮膚感覚機能の変化

皮膚感覚は，温度覚，触覚，振動覚，痛覚などから成り立っています。加齢にともない，皮膚にある感覚受容器（**感覚点** 8（➡ p. 329 参照））の機能が低下すると，外的な刺激に対しての反応がにぶくなります。さらに，加齢による体温調節機能の障害，寒冷刺激に対する知覚の低下などが適応力の低下をもたらします。

たとえば，夏に衣服を何枚も重ねて着たり，若い人には快適な冷房でも寒くてふるえていたりする高齢者もいます。

痛覚の加齢変化はやや複雑です。痛みは身体の内外にある脅威を警告し，身を守る役割を果たします。しかし，高齢者の場合，ふだんからあちらこちらに痛みがある場合が多く，異常時の痛みを感じず過ごしていることもあります。

日常生活においては，転倒やけが，低体温ややけど，褥瘡の発生などに注意することが必要です。さらに，痛みの訴えが適切に表現されにくい場合もあるため，全身の状態観察が重要になります。

❹ 咀嚼機能・消化機能の変化

咀嚼機能の変化

　咀嚼とは，取り入れた食べ物を歯でかみ，粉砕することを意味します。これにより消化を助け，栄養をとることができます。

　その役割を果たす歯は，加齢とともに摩耗し，もろくなります。歯の老化はエナメル質の産生が減少することで，表面にさまざまな物質が付着し，黄ばんでよごれた感じになるほか，冷たさや熱さに対して過敏になります。

　また，歯肉の後退や**歯周病**⑨（➡ p. 329 参照）により，むし歯や歯の脱落が起こりやすくなり，義歯にせざるを得なくなることも増えてきます。

　唾液分泌量の減少も咀嚼に影響します。さらには，食べ物をかみくだくときに必要な咬筋力，唇や頬の筋力なども加齢とともに低下します。

嚥下機能の変化

　咀嚼を終えて，**食塊**⑩（➡ p. 329 参照）となった食べ物は食道を通って胃に送られます。この一連の過程を嚥下といいます。

　嚥下反射は延髄の嚥下中枢で行われているため，自分の意思でコントロールできません。咽頭からの嚥下反射によって食道に送りこまれるときには，喉頭が挙上し，喉頭蓋が閉鎖します。引きつづき，食道の**蠕動運動**⑪（➡ p. 329 参照）などによって食塊は食道内を通過し，噴門にいたります。食塊が逆流しないように，上部食道括約筋が閉鎖し，嚥下が終了します。

　この過程のなかで，高齢者の場合，舌骨上筋群（舌骨を前上方に引き上げる），舌骨下筋群（喉頭蓋の閉鎖）の萎縮や緊張低下が起こります。また，喉頭挙上がしにくく，喉頭閉鎖が弱まります。そのため，誤嚥（➡第１巻 p. 305 参照）をしやすくなります。さらに，喉頭表面の感覚や咳嗽反射が低下し，誤嚥があってもむせにくい状態になります。

消化・吸収機能の変化

　食べ物のなかの栄養素を吸収できる形に分解する過程を消化といいます。さらに，水分や栄養素を消化管壁の細胞膜を通じて，血管・リンパ管中に取り入れることを吸収といいます。

　高齢者の場合，消化酵素が減少するために消化・吸収機能がおとろえます。また，胃壁の運動や腸管の蠕動運動の低下も加わり，消化管内の食物停滞時間を延長させます。このことが高齢者の便秘（➡第１巻 p. 303 参照）や下痢（➡第１巻 p. 304 参照）を起こす原因になっています。

■図 6-1-6　消化機能の加齢変化

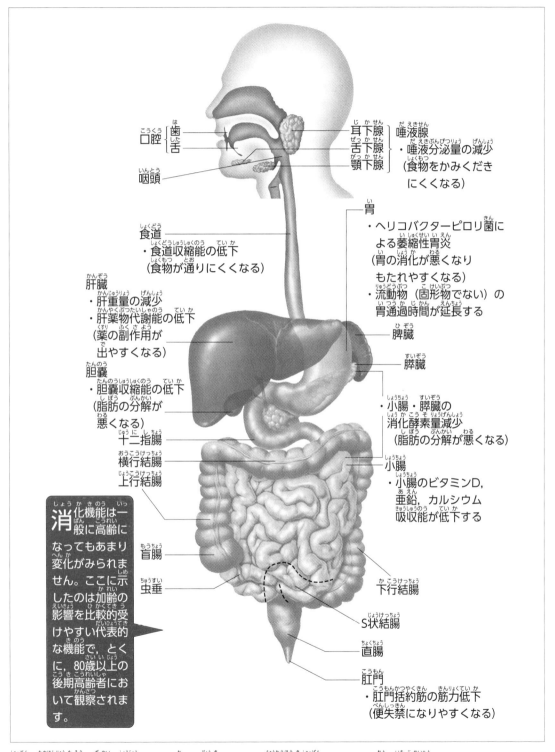

口腔
歯
舌

耳下腺
舌下腺
顎下腺
唾液腺
・唾液分泌量の減少
（食物をかみくだき
にくくなる）

咽頭

食道
・食道収縮能の低下
（食物が通りにくくなる）

胃
・ヘリコバクターピロリ菌に
よる萎縮性胃炎
（胃の消化が悪くなり
もたれやすくなる）
・流動物（固形物でない）の
胃通過時間が延長する

肝臓
・肝重量の減少
・肝薬物代謝能の低下
（薬の副作用が
出やすくなる）

脾臓

膵臓

胆嚢
・胆嚢収縮能の低下
（脂肪の分解が
悪くなる）

・小腸・膵臓の
消化酵素量減少
（脂肪の分解が悪くなる）

十二指腸
横行結腸
上行結腸

小腸
・小腸のビタミンD,
亜鉛, カルシウム
吸収能が低下する

盲腸

虫垂

下行結腸

S状結腸

直腸

肛門
・肛門括約筋の筋力低下
（便失禁になりやすくなる）

消化機能は一般に高齢になってもあまり変化がみられません。ここに示したのは加齢の影響を比較的受けやすい代表的な機能で，とくに，80歳以上の後期高齢者において観察されます。

出典：高橋龍太郎『図解・症状からみる老いと病気とからだ』中央法規出版，p. 35，2002年を一部改変

❺ 循環器の機能の変化

血液の変化

血液（➡第2巻p.60参照）は骨髄でつくられますが，成長とともに骨髄の脂肪質が増え，造血機能のある赤い骨髄が減少します。

高齢になると，白血球数はほとんど変化しませんが，赤血球数は減少します。赤血球の数が減少すると，十分な量の酸素を運ぶことができず，疲労や衰弱，からだのだるさなど，貧血のような症状を訴えることが増え，活動がにぶりがちとなります。

血管壁の変化

加齢とともに血管壁が厚くなりはじめ，弾力が減少してかたくなり，血流に対する抵抗が増して，高血圧になる傾向があります。

血管壁の変化は加齢のほかに生活習慣が大きく影響します。自覚症状がなく，血圧測定をしてはじめて気づくこともあります。動悸やめまい，頭痛，息切れ，気分の悪さをともなう場合は，治療が必要なこともあります。また，脈拍も刺激伝導系細胞の消失や変化などにより不整脈の頻度が増加します。

血圧の変化

加齢により**収縮期血圧**⑫（➡p.329参照）の上昇，**拡張期血圧**⑬（➡p.329参照）の低下がみられます。血圧の変化を調整するはたらきが低下するため，血圧の上昇や下降に対応するのに時間がかかるようになります。急に立ち上がったときの立ちくらみや，興奮して高くなった血圧も，若い人のようにすぐには戻りません。したがって，姿勢を変化させたときには**起立性低血圧**⑭（➡p.329参照）を起こしていないかを確認することが大切です。

血液を送るしくみ

上大静脈の血液は重力にしたがって心臓に戻るのに対して，下大静脈は並行して走る動脈の拍動や，下肢筋肉の収縮によって心臓に戻ることができます。このとき，血液が逆流しないように静脈には逆流防止弁がついています（図6-1-7）。

加齢にともない，静脈の拡張や蛇行が起こり，静脈の弁がきちんと閉まらず，下肢静脈瘤ができることがあります。弾力包帯などによる圧迫，足の運動，マッサージや足浴などで血行をよくし，心臓への環流を促進し，下肢の静脈炎や血栓を予防します。

麻痺した下肢や，長時間の座位・立位では心臓への環流が悪く，局所性の浮腫（➡第1巻

p. 302 参照）が出やすくなります。足首を動かしたりすることや筋肉の運動が大切です。

　高齢者ではとくに異常がなくても，下腿や足背に夕方に出現し，翌朝に消失する立位性の浮腫もあります。浮腫にともなう冷感やだるさ，動かしにくさがみられるので，気をつけて様子を見ます。

　臥床している場合でも，足首や膝の曲げ伸ばしをするなど**レッグパンピング**⑮（➡ p. 330 参照）（下肢ポンプ作用）に準じた下肢の運動を取り入れ，血液循環をよくすることが大切です（図 6-1-8）。

■図 6-1-7　静脈の血液が流れるしくみ

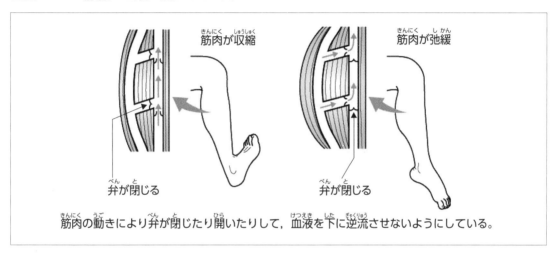

筋肉が収縮　　　筋肉が弛緩

弁が閉じる　　　弁が閉じる

筋肉の動きにより弁が閉じたり開いたりして，血液を下に逆流させないようにしている。

■図 6-1-8　レッグパンピング

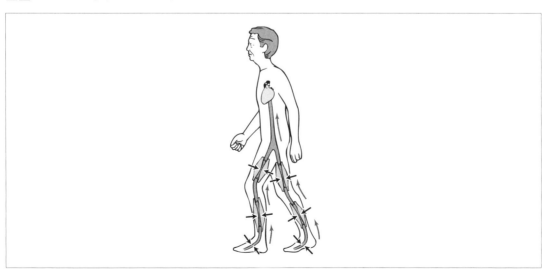

❻ 呼吸器の機能の変化

ガス交換の機能の低下

　人間は，肺胞において血液とのあいだでガス交換（外呼吸）をし，血液と組織のあいだで酸素と二酸化炭素の交換（内呼吸）を行います。外呼吸は肋間筋と横隔膜のはたらきにより胸郭を拡張し，胸腔を広げ，肺が拡張や収縮をすることで肺胞内に空気を入れます。

　高齢になると，肺胞におけるガス交換の機能が低下し，若い人と同じ量の空気を吸っても血中酸素分圧が低い状態になります（図6-1-9）。

呼吸器に関連するその他の変化

　加齢とともに脊柱が前屈し，胸郭の前後径が広がります。それにより横隔膜の形が変わり，収縮による上下運動が制限されます（図6-1-10）。

　また，肋軟骨の石灰化が起こり，換気機能が低下します。さらに，加齢とともに肺活量⑯（➡ p. 330 参照）が減り，予備能力が低下するため，高齢者では軽い運動でも息切れしやすくなります。

　ほかにも，高齢になると喉頭蓋の反射が低下し，誤嚥の危険性が増加します。通常，気管内は線毛細胞と粘液が異物を外に排出する作用がありますが，高齢になると，その機能も低下し，咳嗽反射も低下するため，誤嚥しても吐き出せず，誤嚥性肺炎⑰（➡ p. 330 参照）の危険性が増加します。

■図 6-1-9　血中酸素分圧の加齢変化

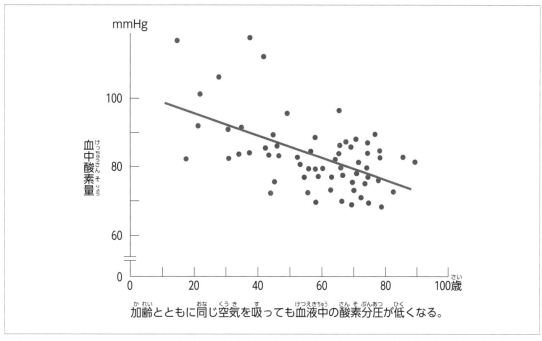

mmHg

血中酸素量

加齢とともに同じ空気を吸っても血液中の酸素分圧が低くなる。

資料：原澤道美ほか「動脈血ガス組成の加齢変化」『厚生省特定疾患「呼吸不全」調査研究班研究業績 昭和54年度』厚生省特定疾患「呼吸不全」調査研究班, pp. 37-39, 1980年

■図 6-1-10　側面からの胸部の加齢変化

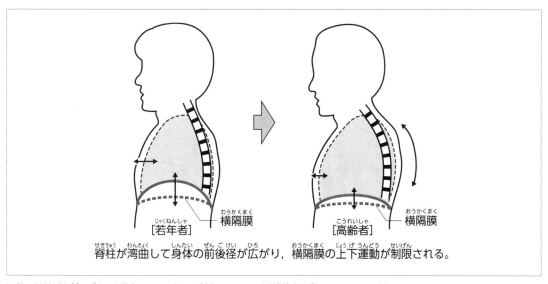

[若年者]　横隔膜　　　　[高齢者]　横隔膜

脊柱が湾曲して身体の前後径が広がり，横隔膜の上下運動が制限される。

出典：高橋龍太郎『図解・症状からみる老いと病気とからだ』中央法規出版, p. 116, 2002年

❼ 筋，骨，関節の機能の変化

筋肉の変化

　加齢とともに筋線維の萎縮が進み，筋量に比例した筋力を発揮できなくなります。脚の伸展力は 70 歳では男女ともに 20 歳代の約 50％にまで減少します。この機能は，いすからの立ち上がりや歩行，階段昇降などの日常生活動作をするためにもっとも必要な力です。

　上腕屈筋群の筋量は，若者でも高齢者でも大差はみられませんが，大腿伸筋群では加齢とともに減少し，男女ともに 70 歳では，20 歳代の約 60％にまで減少します。

　下肢に比べて上肢の筋量が維持されているのは，高齢になっても日常生活において上肢を使用する機会が多いためと考えられます。このことは，適度の身体運動が筋機能の維持向上に効果があることを示しています。

骨の変化

　高齢になると，骨をつくる細胞（骨芽細胞）よりも，骨を破壊する細胞（破骨細胞）のはたらきが活発になり，骨密度（骨量）が低下します。

　女性の場合，更年期になると女性ホルモンが減少するため，男性より早く骨密度が減少しはじめます（図 6-1-12）。その結果，**海綿骨**[18]（➡ p. 330 参照）のなかに空洞が増え，もろくなります。この状態を**骨粗鬆症**（➡第 1 巻 p. 308 参照）といいます。

■図 6-1-11　骨粗鬆症の年齢別発症頻度

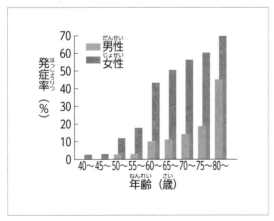

出典：井上哲郎「骨粗鬆症の検査と診断および鑑別診断」『臨牀看護』第13巻第 9 号，p. 1348，1987年

■図 6-1-12　加齢による骨量の変化

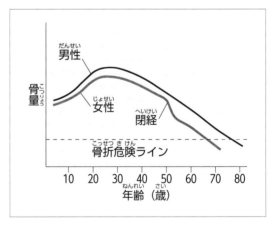

出典：Finkelstein, J. S., *Osteoporosis, Cecil Textbook of Medicine, 21th ed.*, W. B. Saunders Co., p. 1366, 2000.

合併症としての骨折（➡第 1 巻 p. 308 参照）は高齢者の **QOL**⑲（➡ p. 330 参照）をそこなわせるので，骨折予防には細心の注意が必要です。

　また，脊椎骨が加齢とともに退行性変化を起こし，腰痛や下肢痛，しびれが起こりやすくなるため，痛みをかばうような歩行となります。バランスをくずさないように注意が必要です。

運動中枢神経の変化

　神経伝達物質の**ドーパミン**は，神経細胞（ドーパミンニューロン）から産生されます。

　しかし，加齢とともにドーパミンニューロンが減少し，ドーパミンの分泌を減少させ，神経回路の情報処理に異常が起こり，結果として**パーキンソン病**（➡第 1 巻 pp. 320-321 参照）の症状を出現させます。

　具体的には，立ち上がって歩こうとしてもからだがすくんだり，どのように筋肉を動かしたらよいのかわからなくなったり，手足がふるえたり，運動そのものができなくなるといわれています。

　正常の 20％ほどにドーパミンニューロンが減少すると，パーキンソン病の症状が出るといわれています。高齢化の進展にともない，国内のパーキンソン病患者は増加すると予想されています。

関節の変化

　加齢にともない，関節軟骨のコラーゲン線維は増加し，軟骨基質の水分が減少します。そのため，関節軟骨に負荷が集中すると，コラーゲン線維が損傷し，関節軟骨の変性が起こります。

　変形した軟骨は関節運動により摩耗し，関節の痛みと同時に関節の運動制限が起きます。

　膝や股関節が**変形性関節症**（➡第 1 巻 p. 301 参照）にかかった場合も関節可動域が小さくなり，移乗・移動時の動きに影響が出ます。バランスをくずしやすくなるので，注意が必要です。

❽ 泌尿器の機能の変化

腎臓の変化

腎臓では，全身をめぐって集められた血液中の老廃物をろ過し，水分とともに尿として排出します。老廃物の排泄以外にも，血圧の調整や血液中の塩分量の調整，薬物の排出など，**恒常性**[20]（➡ p.330 参照）の維持に重要なはたらきをしています。

腎臓の機能が低下すると，薬物が排出されにくく，体内にたまるようになり，副作用が起きやすくなります。また，**電解質**[21]（➡ p.330 参照）のバランスもくずれやすくなります。加齢により，腎血流量，糸球体濾過量，尿濃縮力が減少するため，尿の回数が増加したり，塩分が失われやすくなったりするので注意が必要です。

膀胱の変化

膀胱は加齢とともに収縮力が低下するので，尿を出しきれず，残尿を起こしやすくなります。また，膀胱の容量も減少するため，蓄尿機能が低下して頻尿になりやすくなります。さらに，高齢になると，夜間に産生される尿量が増えるために，夜間頻尿が多くなります。また，加齢にともない抗利尿ホルモンの分泌も減少するため，尿量が増えます。

■図 6-1-13　泌尿器の加齢変化

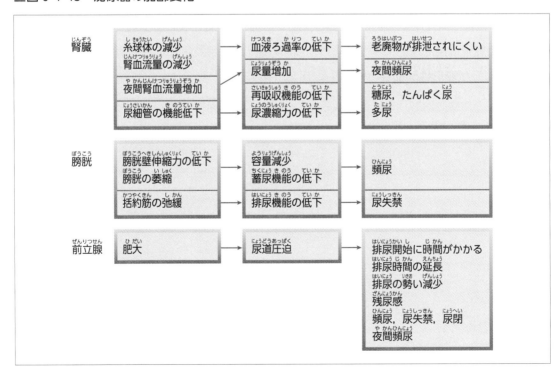

腎臓	糸球体の減少 腎血流量の減少	→	血液ろ過率の低下	→	老廃物が排泄されにくい
	夜間腎血流量増加		尿量増加		夜間頻尿
	尿細管の機能低下	→	再吸収機能の低下 尿濃縮力の低下	→	糖尿，たんぱく尿 多尿
膀胱	膀胱壁伸縮力の低下 膀胱の萎縮	→	容量減少 蓄尿機能の低下	→	頻尿
	括約筋の弛緩	→	排尿機能の低下	→	尿失禁
前立腺	肥大	→	尿道圧迫	→	排尿開始に時間がかかる 排尿時間の延長 排尿の勢い減少 残尿感 頻尿，尿失禁，尿閉 夜間頻尿

尿道の変化

　恥骨と尾骨のあいだには，骨盤腔にある臓器を支えるハンモック状の骨盤底筋群があり，女性では，尿道，膣，肛門をしめる役割を果たしています。妊娠や出産，加齢にともなう筋量の減少などにより，骨盤底筋群の張力は低下し，尿失禁が起こりやすくなります。

　また，女性は尿道が約3〜4cmと短く，解剖学的にも尿失禁が起こりやすいのです。年のせい，出産の影響とあきらめてしまう人がいますが，治療は可能なので，受診することは大事です。

　男性の場合，尿道が約16〜18cmと長く，膀胱の出口は**前立腺**[22]（➡ p. 330 参照）に囲まれています。加齢にともない前立腺が肥大すると尿道を圧迫して，排尿困難を起こしやすくなります。

　膀胱頸部の内尿道括約筋（平滑筋），尿道の外尿道括約筋（骨格筋）が尿道をしめる役割を果たしていますが，前立腺全摘出後には内尿道口周囲の筋も消失し，腹圧性尿失禁が起こりやすくなります。

■表6-1-3　尿失禁の種類

尿失禁の種類	状態
腹圧性尿失禁	咳，くしゃみ，走る，跳ぶ，階段を下りるなどの日常生活で腹圧がかかったときに起こる。安静臥床時は通常もれがないのが特徴。
切迫性尿失禁	急に起こるがまんのできない強い尿意（尿意切迫感）とともにもれる。過活動膀胱の中核的症状。頻尿，夜間頻尿がみられる。
溢流性尿失禁	排尿障害にともない，膀胱内の残尿がダラダラともれてくる。前立腺肥大症による下部尿路閉塞や神経因性膀胱による膀胱収縮力低下による排尿障害などが原因となる。神経因性膀胱は排尿に関係するすべての神経の病気が原因となる。おもな病気として，脳梗塞・脳出血・認知症などの脳疾患，脊髄損傷などの脊髄疾患，糖尿病などの末梢神経障害などがある。
機能性尿失禁	関節の痛みや脳血管障害の後遺症などによる歩行障害，認知症による認知機能障害などにより，間に合わずにもれる。ただし，尿道，膀胱機能は正常である。

❾ 体温維持機能の変化

体温の維持

　人間は恒温動物で，細胞がもっとも活動しやすい温度として体内の温度は約37℃に保たれています。体温が一定に保てるのは，産熱（熱の産生）と放熱（熱の放散）のバランスがとられているからです。

体温調節のしくみ

　身体内・外部の温度受容器からの情報は脳に伝達されます。その情報を受け，大脳や間脳の**視床下部**23（➡ p. 331 参照）は指令を出して体温が一定になるように調節します。衣服や室温の調節は大脳からの指令によります。視床下部は自律神経や内分泌系の中枢であり，産熱や放熱の指令を出して，体温が一定に保たれるように調節します（図6-1-14）。

■図6-1-14　体温調節のしくみ

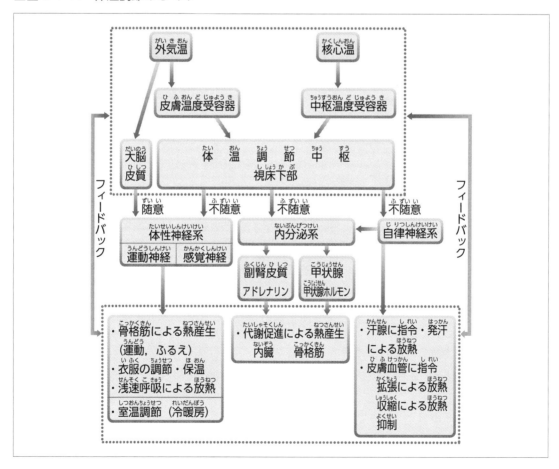

熱の産生と放散

　体内における最大の熱産生は骨格筋で行われます。この筋肉が収縮することにより熱が発生します。寒いときには血管を収縮させて血流量を減らし，熱の放散を防いだり，**シバリング**[24]（➡ p. 331 参照）により筋肉を動かし，熱を産生させたりします。

　体温の上昇を防ぐために，皮膚の末梢血管を拡張させて体熱を放散したり，発汗により熱を放散させたりして体温を保ちます。

　しかし，汗をかかない生活をしていると能動汗腺が減少し，十分に発汗できずにうつ熱状態になります。産熱と放熱のバランスがくずれることにより，**熱中症**[25]（➡ p. 331 参照）の危険性が増します。発汗時には水分が十分にとれていることが必要です。大量の発汗時は，汗がからだの表面を流れ落ちるために放熱につながりません。

高齢期の体温

　加齢によるさまざまな身体機能の変化にともない，体温を維持する機能にも変化が起こります。

■表 6-1-4　高齢期の体温を維持する機能の変化

① 高齢になると，基礎代謝[26]（➡ p. 331参照）が低下し，30〜40歳代と比較すると，男性で20％，女性で15％前後熱産生量の低下がみられる。

② 筋肉量が減少し，熱産生が減少する。

③ 末梢血管の収縮反応が遅くなり，熱の放散が起きやすく低体温になる。

④ 骨量や筋肉量が減少し，活動の低下につながり，骨格筋による熱産生が減少する。

⑤ 暑さ，寒さを感じにくく，反応するのにも時間がかかるようになる。

⑥ 加齢とともに，動脈の壁は弾力を失い，かたくなり，血流がおとろえる。

⑦ 体温調節中枢の機能が低下し，発汗をうながす自律神経からの汗腺への指令が遅れる。

⑧ 成人のからだの総水分量は約60％であるが，男女ともに10％減少し，水分不足が起こりやすくなる。

⑨ 腎機能の低下により尿の濃縮機能低下が起こり，尿量が増し，からだの水分が減少する。

⑩ 口渇感が減り，水分摂取量が減少する。

⑪ 高温の環境におかれた場合の核心温（身体深部の温度）の上昇度が若い人より大きくなり，熱中症にかかりやすくなる。

⑩ 記憶機能の変化

記憶とは

　記憶は情報を入力する「符号化」（記銘）と，情報を蓄える「貯蔵」（保持）と，保持された情報を探し出し利用する「検索」（想起）の3つの過程から成り立っています。

　記憶は異なる機能の複合体であり，非常に短い時間だけ視覚や聴覚の感覚情報そのものを記憶する「感覚記憶」，数秒のあいだ，言語的情報や視覚的情報等を記憶する「短期記憶」，長期間の情報の記憶が可能な「長期記憶」に分けられています。ここでは短期記憶と長期記憶の機能についてみていきます。

短期記憶

　短期記憶とは，ほんの数秒程度，限られた容量のことをおぼえておく記憶です。

　短期記憶の容量を確かめる課題としては，3－6－1のように，数字を1つずつ音声や文字で示し，全部の数字が示されたら，順番に復唱する課題がよく用いられます。数字の個数を増やしていき，何個まで復唱できるかを調べます。

　この課題を用いると，およそ7個程度までおぼえることができますが，60歳代，70歳代でも若い世代に比べて，復唱できる数字の個数にそれほど変化はみられません。このように単純なことを短時間でおぼえる短期記憶は加齢にともなう低下が小さいと考えられています。

　短期記憶のなかでも，計算しながら途中の結果をおぼえておく，文章を読みながらその前の内容をおぼえておく，といった複雑な知的活動の途中において使われている記憶を**ワーキングメモリ**といいます。ワーキングメモリは，加齢にともない大きく低下しやすい記憶だと考えられています。

■図6-1-15　記憶の分類

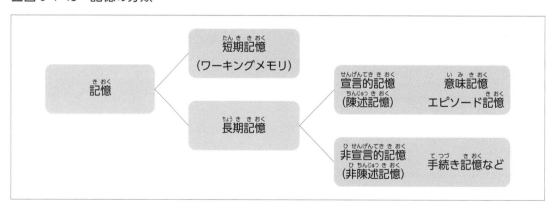

長期記憶（宣言的記憶）

　長期記憶とは，ほぼ無限の容量をもつ，永続的な記憶です。

　長期記憶のなかでも言語的な記憶を**宣言的記憶**（陳述記憶）といいます。言葉の意味やさまざまな知識に関する意味記憶と，個人の経験や出来事に関するエピソード記憶に分類されています。

　意味記憶は，「太陽は東から昇る」「月は地球の衛星である」といった一般的知識があてはまります。こうした文章を読んで理解できるのも，意味記憶のはたらきが大きいといえます。

　エピソード記憶は，「昨日の晩ご飯に○○を食べた」「先週末に映画を観に行った」などの個人的経験として思い出されるような記憶です。

　意味記憶の機能は加齢によってあまり低下しないと考えられており，高齢者にとって知識を活用することは得意な分野といえます。

　しかし，エピソード記憶は加齢にともない低下しやすいことがわかっています。「年をとるとおぼえが悪くなる」という場合の多くは，エピソード記憶をさしていると考えられます。ただし，おぼえ方や思い出し方に工夫をしたり，こまめにメモをとるなど，記憶の補助となる工夫をしたりすることで，うまくエピソード記憶の機能を使うことができると考えられます。

長期記憶（非宣言的記憶）

　言語的に想起されない長期記憶のことを**非宣言的記憶**といいます。代表的なものは手続き記憶です。

　手続き記憶は技能の記憶であり，たとえば，自転車に乗ることや自動車を運転することなど，練習して身につけた技術です。スポーツ，音楽，ものづくりなど，さまざまな分野で経験によって習得された技能があてはまります。

　手続き記憶は加齢によってあまり低下しないと考えられており，若いころに取得した技能は老年期にもいかせるものが多いといえます。ただし，感覚機能や運動機能の低下によって，その技能を若いころと同じような速さでは再現できない場合もあります。手順や判断などは記憶を活用できることも多く，急かされずゆっくり取り組めるかどうかも大切です。

⓫ 認知機能の変化

認知機能とは

　認知機能とは身体各部からの情報の認識や，感覚機能を通じて外部から取り入れる情報の認識，話す，計算する，判断する，記憶する，思考するなど，脳における知的機能を総称しています。

　高齢者の認知機能は，教育，職業，趣味，心身の状況，生活環境，人間関係などさまざまな影響を受け，個人差が非常に大きいです。

　一般的に新しいものをおぼえる能力，計算・暗記などの学習能力など，生まれながらにもっている流動性知能は加齢とともに低下するといわれています。一方で，判断力や理解力など経験や学習で獲得された結晶性知能はほとんど変化しないといわれています。

■図 6-1-16　知的能力の変化

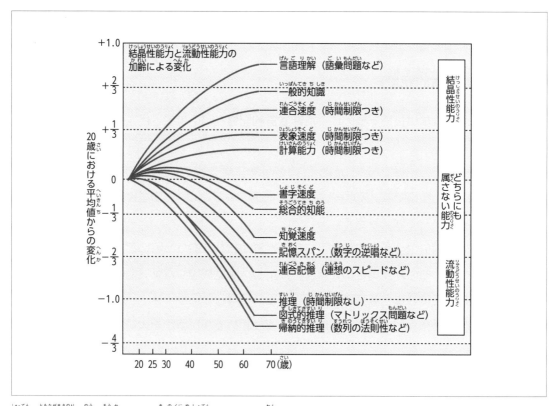

出典：朝長正徳『脳の老化とぼけ』紀伊國屋書店，p. 33，1988年

294

認知機能に影響を及ぼす感覚器の変化

　健康な高齢者の場合は，もの忘れなど加齢にともなう生理的な記憶の低下があっても，脳の器質的な病変による記憶障害をともなわない限り，日常生活には支障をきたすことはないといわれています。

　感覚機能の低下は，情報の量と質に影響を及ぼし，対象物の認識をむずかしくし，正しい情報の入力に支障をきたします。情報が正しく入手できない，あるいは情報の認識に時間がかかる，入手してからの情報処理も加齢にともない遅くなるなど，総じて時間がかかります。また，認知されてから行動に移るまでにも時間がかかり，その行動も感覚機能の低下により適切な実行になりにくいとされています。

認知機能に影響を及ぼす身体機能の変化

　個人差が非常に大きいといわれていますが，加齢とともに脳の萎縮が始まります。脳が萎縮する原因の１つに神経細胞の減少があげられています。脳には平均140億個の神経細胞があり，誕生してからは増えることはなく，１日に10万個ずつ死滅しているといわれています。

　脳の機能を維持するためには，安定した血流が必要になります。脳は安静時で，心臓が送り出す血流量のうち15％を受けとっています。加齢にともない，動脈硬化など血管に変化が起こり，血流障害が生じると脳のはたらきにも支障が生じるので注意が必要です。

　また，加齢にともなう変化として，脳内における情報処理速度が遅くなるために，瞬時の反応や判断が遅くむずかしくなり，課題を行うのにも時間を要します。しかし，時間をかければ正しく遂行できることが多いとされているので，周囲は急がせずにゆったりと待つことが必要です。若い人の感覚で進めると高齢者の能力を低く見積もる危険性があるので，そのことを念頭におく必要があります。

認知機能の低下が及ぼす日常生活への影響

　私たちは多くの刺激（情報）のなかで生活しています。そのなかから必要な情報に注意を向けて意識を集中させたり（選択的注意），逆に同時に複数の情報に注意を向け（分散的注意），情報を処理したりしながら行動しています。認知機能の低下はこれらにも影響を及ぼし，情報が多い環境では１つのことに集中しにくかったり，たくさんの情報を同時に提供されるとおぼえにくいとか，わかりにくいということが起こります。

高齢者と健康

こうれいしゃ　けんこう

学習のポイント

- ●高齢者に多くみられる症状や訴えがどのような疾病から起こるかなど，その特徴について理解する
- ●高齢者に多い病気の原因や特徴，その病気をかかえる高齢者の生活上の留意点について理解する

1　高齢者の症状・疾患の特徴 ::::::::::::::::::::::::::::::::::

❶ 高齢期の健康

　社会が高齢化するにしたがって，高齢者の健康が注目されるようになりました。その背景を考えてみましょう。

　1つには，病気や障害の発生要因が少しずつ明らかにされてきたため，予防に役立つ知識・行動がはっきりしてきたことがあります。また，2つ目としては，感染症のような急性疾患の治療法が発達し，病気の多くは一人ひとりの生活スタイルや習慣に関連する慢性疾患によって占められるようになったこと，さらには，高齢者の人口が増加の一途をたどるとともに医療費の増加もいちじるしいため対策が望まれたこと，などが指摘されています。

　高齢者の健康が注目されるなかで健康寿命という言葉をよく目にするようになりました。これは，病気や障害のない自立した生活を送ることができる状態での寿命をさす言葉で，これからは健康寿命を延ばすことが大切であるという考えが広まっています。

❷ 高齢者の症状・疾患の特徴

慢性ということ

　たいていの器官や臓器に生ずる疾患には，急性と慢性の両方のタイプがあります。急性心不全と慢性心不全，急性胃炎と慢性胃炎，急性肝炎と慢性肝炎（肝硬変）という具合です。

　一般的に，急性の場合は治る可能性が大いにあります。その一方で，慢性の場合は完全に治ることはむずかしく，生活指導を受けながら，食事療法，運動療法，薬物療法などを組み合わせて行っていくことになります。

　また，**生活習慣病**の代表格である糖尿病や脂質異常症も急性の疾患ではなく，生涯を通じて療養を続ける場合が大半です。

　この「慢性」という状態が難問を突きつけます。

　急性疾患の場合，その経過は医療機関での薬物療法を中心とする治療に大きく依存しています。

　一方，**慢性疾患**では，「医師は薬剤を処方する」「薬剤師は服薬指導を行う」「栄養士は栄養指導を行う」「看護師は生活指導を行う」「理学療法士は運動療法を指導する」といったように，さまざまな職種がそれぞれの役割を果たすことによって治療が行われます。

また，急性疾患との最大の違いは，患者本人の関与の度合いです。日々の生活のなかに治療の鍵がある慢性疾患では，これら専門職のかかわりは限定的で，患者みずからが治療の主体になる以外ありません。現在の医学・医療は，このような条件にあることを体系化した慢性疾患の治療法をいまだ確立していません。

複数の疾患がある

　70歳代も後半になると，高齢者は複数の疾患をもっていることが多くなります。白内障や難聴，過去の入院歴なども含めればその数はさらに多くなります。時には本人や家族もおぼえきれていなかったり，いつ病気にかかったのかあやふやだったりすることもあるでしょう。しかしながら，面倒がらずにできる限り詳しく今までに受けた医療の「歴史」を聴きとることはとても大切です。

　ある80歳代後半の男性の場合，腹痛があらわれて入院し，原因が憩室炎とわかり順調に回復しましたが，お粥を食べはじめたとたんに腹痛が再びあらわれました。

　話を聴いたところ，以前誤って部分義歯を飲みこみ，小腸を切除する手術を受けていたことがわかりました。改めて検査をしたところ，手術した部位の付近がせまくなっていることが判明して，再度手術が行われました。幸いもとの生活に戻ることができましたが，小腸の疾患などは検査も容易でなく，見逃されていれば大事にいたった可能性もあります。

　また，複数の疾患がある場合，もっとも重要な注意点の1つは薬物療法です。

　それぞれの担当医師からそれぞれの疾患に対して処方を受けると，かなりの数の薬剤を服用することになります。薬剤のなかには急に中断すると危険なものもあり，主治医は，本人がきちんと服用しているか，中止できる薬剤はないかを慎重に見きわめることが大切です。

　ほかの医師が処方している薬剤をやめることはなかなかむずかしいことですが，高齢者には，それぞれの疾患の担当医だけではなく，全体を考えながら治療を計画する主治医が必要であるといえます。

非定型的な症状

高齢者の疾患の症状は定型的な形であらわれにくいものです。

非定型的な症状で有名なものは，無痛性心筋梗塞と無熱性肺炎でしょう。一般の成人がかかれば，それぞれ胸痛，発熱をともなうのが当然の病態ですから，「痛みがない」「熱がない」のは定型的ではないことになります。

必ずしも年齢という要因だけが非定型的な症状を特徴づけるものではないという意見もありますが，高齢者に多くみられることも事実です。

なぜ高齢期にこのような特徴がみられるようになるのかを，1つのしくみや理由で説明することはできません。

心筋梗塞で強い胸痛がみられない理由としては，「痛みより呼吸困難が強いため」「血栓の起こり方の相違」「心臓の自律神経障害」「大脳機能の低下」などが推測されています。

また，肺炎を起こして発熱がないといっても微熱も出ないことは少なく，体温を測定すれば37℃台の熱は出ているようです。

誤嚥性肺炎では，呼吸数の増加や呼吸困難があらわれる割には，体温の上昇は遅れたり目立たなかったりすることがあります。細菌などとは違って，誤嚥の原因となる食べ物や痰などに対するからだの反応がにぶいのが原因かもしれません。しかし，これがかえって対応を遅らせ，致命的となります。

さらに，感染症に関する例をあげてみましょう。口から肛門までは常にウイルスや細菌にさらされるため，からだの「外部」にあたります。この場合，からだの「内部」は，心臓や肝臓にあたります。そのため，口や肛門からは多少の細菌が入っても大丈夫ですし，すべての人間は大腸菌などの腸内細菌をもっていて消化などに積極的に利用しています。その「外部」の入り口となる気道系と出口となる尿路系の感染症については，高齢になると出入り口付近の症状はみられなくなり，奥に深く入ったところに症状があらわれます。

具体的には，気道系感染では扁桃腫脹や咽頭痛が少なくなり呼吸困難や咳・痰があらわれ，尿路系感染では排尿痛や排尿時不快感が少なくなり，腰痛や発熱がおもな症状になります。

2 高齢者の疾病と日常生活上の留意点 ::::::::::::::::::::

❶ 痛み（腹痛）

腹部には消化器系と，泌尿器系という大切な器官があります。腹痛の大半は，これらの器官に関連した病気によって起こります。

腹痛の原因となる病気のうち高齢者で留意したいものは，腸閉塞，消化性潰瘍，大腸腫瘍の3つです。

高齢者では，消化性潰瘍による腹痛はあまり強くあらわれません。たまたま見つかった潰瘍が驚くほど大きいこともあります。手術などのストレスや鎮痛剤のような薬剤による消化性潰瘍は頻度が高く，突然吐血して発症することがあります。

血液の混じった便が排出されたり便秘がひどくなったりしてきたら，大腸の腫瘍やポリープを疑います。その場合，肛門からカメラを挿入する大腸内視鏡検査を行うことになりますが，口から挿入する上部消化管内視鏡検査に比べて，事前の処置，検査中の苦痛など負担がかかります。

■図 6-2-1　腹痛を起こす疾患と腹痛の部位

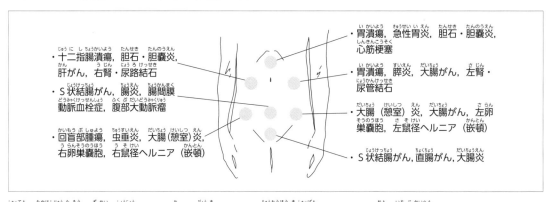

・十二指腸潰瘍，胆石・胆嚢炎，肝がん，右腎・尿路結石

・S状結腸がん，腸炎，腸間膜動脈血栓症，腹部大動脈瘤

・回盲部腫瘍，虫垂炎，大腸（憩室）炎，右卵巣嚢胞，右鼠径ヘルニア（嵌頓）

・胃潰瘍，急性胃炎，胆石・胆嚢炎，心筋梗塞

・胃潰瘍，膵炎，大腸がん，左腎・尿管結石

・大腸（憩室）炎，大腸がん，左卵巣嚢胞，左鼠径ヘルニア（嵌頓）

・S状結腸がん，直腸がん，大腸炎

出典：高橋龍太郎『図解・症状からみる老いと病気とからだ』中央法規出版，p. 152，2002年を一部改変

❷ 痛み（筋肉・骨・関節）

関節や骨の慢性疼痛のおもな疾患

　今までなかったからだの節々の痛みが急にあらわれた場合には，外的要因による損傷（打撲，転倒など）をまず考えますが，数週間以上の時間をかけてあらわれる足腰や節々の痛みは慢性疼痛として，その原因と対策を考慮します。

　高齢者では関節や骨の疼痛が問題になります。おもな疾患は，変形性関節症，関節リウマチ，腰背部脊椎骨の骨粗鬆症です。とくに多い症状として，腰痛や膝の関節痛があります。

変形性関節症

　変形性関節症は股関節と膝関節によくみられます。変形性股関節症は軽度の先天性股関節脱臼が年月を経て股関節の変形にいたったものが多く，変形性膝関節症は肥満によって膝に体重の負担が加わったためとされます。

関節リウマチ

　生活に影響を及ぼすということから，関節の疾患でもっとも重要なのは関節リウマチです。左右の手指，手首，肘などの関節に対称性の腫脹，疼痛があらわれ，からだのほかの場所の関節にも広がっていくことが多い進行性の全身疾患です。

腰背部痛

　四肢の骨の骨粗鬆症は骨折のしやすさという形であらわれます。骨粗鬆症による脊椎骨の変化は圧迫骨折という骨の変形と，変形にともなう腰背部痛があらわれます。尻もちをついたあとに腰痛が出れば，脊椎骨のどこかに新しい圧迫骨折が起こったのではないかと疑います。きっかけがなくても圧迫骨折は発生します。

■図6-2-2　関節リウマチにみられる手指の尺骨側への偏位

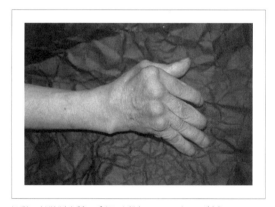

出典：高橋龍太郎『図解・症状からみる老いと病気とからだ』中央法規出版，p.92，2002年

❸ 浮腫（むくみ）

　浮腫（むくみ）があらわれる理由の１つに，血管のはたらきの弱まりがあります。立ち仕事を長くやっていた人にみられる膝下から足首にかけての浮腫や脳卒中で半身が麻痺した人にみられる麻痺側の浮腫などがその典型です。

　おもな原因は静脈にあります。静脈血はごく弱い力で重力に反して心臓に戻ってくる血液なので，足を動かさないで長く立っていたり臥床していたりすると，下肢の筋肉収縮にともなう静脈血を心臓に押し上げる力（レッグパンピング）が弱まるため，浮腫が出現しやすくなるのです。**エコノミークラス症候群（旅行者血栓症）**27（➡ p. 331 参照）や手術後の静脈血栓症も同じメカニズムで発生します。

　もう１つの浮腫の原因は，血液成分の変化によるものです。**アルブミン**28（➡ p. 331 参照）という血液中のたんぱく質成分は血液にねばり気を与え，物質の移動や交換に重要な役割を果たしていますが，そのためにはアルブミン濃度が一定水準以上に保たれている必要があります。

　アルブミンは食事中のたんぱく質を材料として肝臓でつくられるので，食事摂取量が低下し，低栄養になると血液中の濃度も下がってきます。その結果，血管の中にとどまっている水分を保持する力が弱まって，水分が血管と臓器のあいだのスペースにもれ出して浮腫になります。

■図 6-2-3　浮腫

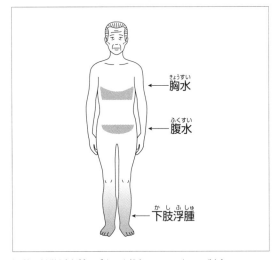

出典：高橋龍太郎『図解・症状からみる老いと病気とからだ』
　　　中央法規出版，p. 59，2002年

■図 6-2-4　浮腫の原因

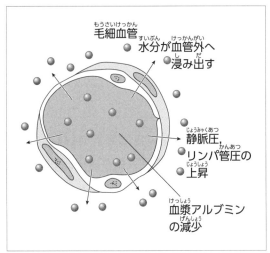

出典：高橋龍太郎『図解・症状からみる老いと病気とからだ』
　　　中央法規出版，p. 59，2002年

❹ 便秘

高齢者と便秘

　下痢が治ったあとや忙しくて寝不足のとき，眠れないときに便が出にくい経験はだれもがもっています。あたりまえのようですが，まったく同じ理由で認知症の人や臥床していることの多い高齢者も便秘になることがあります。

　高齢者の半数が便通の問題をもち，施設利用者では7，8割にも達するといわれます。排便をいかにうまくコントロールするかということは，本人や介護職を大いに悩ませるもので，ひどい苦痛をともなうこともめずらしくありません。便秘がひどくなると，腸のなかに停滞している便もかたさを増して宿便と呼ばれる状態になり，腹部のX線写真に便のかたまりの陰影が映ることもあります（図6-2-5）。

■図6-2-5　便のかたまりのX線写真

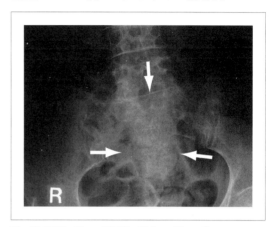

注：臥床状態が続き，腸運動が低下して大きな便のかたまりを形成（矢印）
出典：髙橋龍太郎『図解・症状からみる老いと病気とからだ』中央法規出版，p. 34，2002年

便秘の原因

　高齢者の便秘の原因は，腸の病気によるもの（**器質性便秘**[29]（➡ p. 331 参照））よりも，腸の動きが悪いもの，排便のタイミングやプライバシーのなさといった環境によるもの（**機能性便秘**[30]（➡ p. 332 参照））が大半を占めます。

　機能性便秘の原因として，過去に受けた腹部の手術に関連している場合と，服用している薬剤の影響による場合があります。薬剤の副作用のなかでも消化器症状はもっとも頻度の高いものです。

　高齢者でみられる器質性便秘の多くは大腸がんです。本人からの訴えがとぼしい場合，家族やまわりの人が異変に気づくまでわからなかったり，便に鮮血が混じって気づかれたりすることも多いものです。成人検診で実施される便の潜血検査は，高齢者にも簡便に行える検査として有用で，もし陽性の結果が出たら，少しあいだをおいて，数回くり返してみるとよいでしょう。

❺ 下痢

高齢者と下痢

　からだの不自由な高齢者にとって，下痢はやっかいなものの1つです。下痢が続くと，トイレに行くことを気にして外出をひかえるようになったり，食事をひかえて体力を消耗したりして，急速に活動量の低下を招くことがあります。

　まず，感染症によるものであるかどうかを見きわめることが大切です。原因としては，ウイルス性のものと細菌性のものがあります。程度の差はあっても，嘔吐ないし吐き気，発熱，食欲不振をともなうことがほとんどで，下痢症状だけがみられることはまれです。

ウイルス性の下痢

　ノロウイルス31（➡ p. 332 参照）による下痢症では，ウイルスに強力な感染力があり，まわりの人にも急速に広がるかもしれないので，疑われる場合には，予防のための手洗いや消毒を徹底するとともに，医療機関の受診を要します。

細菌性の下痢

　細菌性の下痢症のなかで対応がむずかしいものとして，通常の抗生物質の効きにくい薬剤耐性菌による下痢症があります。**メチシリン耐性黄色ブドウ球菌（MRSA）** 32（➡ p. 332 参照）が有名ですが，ほかにも何種類もの薬剤耐性菌が知られており，抗生物質治療を受けてきた入院歴のある高齢者に多くみられます。

感染症以外の下痢

　感染症以外による下痢症としては，便秘によるものがあります。身体活動がとぼしい高齢者では，下部大腸あたりに排出されない便が宿便となって，排泄される便は消化不良の下痢であったり，便汁が排泄されたりすることもあります。また，下剤を服用している場合，服用量の加減がうまく調節できず，かえって下痢便になってしまうこともしばしば起こることです。排便を適切にコントロールするためには，水分摂取や身体活動をできるだけ増やすことは当然ですが，排泄空間のプライバシーや排泄時の姿勢の重視，乳製品や食物繊維の摂取を増やす工夫もぜひ行いたいものです。

❻ 誤嚥

高齢者と誤嚥

二本足で歩行ができ，食事をとるだけでなく，話をするというほかの動物にはない能力を人間は獲得しました。しかし，それにともなって，むせやすいという性質ももってしまいました。声を共鳴させるために喉の奥に空間ができたこと，そして，からだを地面に対し垂直にして食べるために，ほかの動物に比べて，食物が気道系（喉頭から気管，気管支）に入りこみやすいのです。とくに，喉頭蓋という気管への誤嚥を防ぐふたの開閉が悪くなると，その危険性は高まります。

誤嚥予防としての口腔ケア

食事中に咳きこんだり，むせたりする高齢者では，誤嚥，窒息（➡第2巻 p. 198 参照）の危険性があるので，口腔ケアを行うこと，飲みこみやすいように食材の調理を工夫することが大切です。

口腔ケア（➡第2巻 pp. 204-205 参照）の基本は，食後のブラッシングやデンタルフロスによって**食物残渣**33（➡ p. 332 参照）を取り除くこと，口腔清掃によって歯垢の付着をできるだけ少なくすることです。これによって，細菌を含んだ唾，痰，歯垢などを睡眠中に誤嚥するために起こる不顕性肺炎を予防することができ，また，口腔の清涼感から食欲増進にもよい効果を発揮するといわれています。

誤嚥予防のための調理の工夫

嚥下しやすい献立としては，マッシュ状のものや茶碗蒸し・卵豆腐などがあります。水はむせやすいですが，コンソメスープやポタージュスープ，牛乳などとろみがあるものは，栄養もとりやすく，比較的むせることも少ないようです。また，1回の摂取量が少なすぎてもむせやすいことがあり，大きめのスプーンなど，その人に合った適当量を観察しながら介助することが大切です。

3 高齢者に多い病気と日常生活上の留意点 ::::::::::::

❶ 生活習慣病

成人病から生活習慣病へ

　以前，中高年期に**罹患者**34（➡ p. 332 参照）が増加し，心身の障害や死亡と密接な関係を示す疾患群を「成人病」と呼んでいました。近年，それらの疾患の多くが日常生活の様式や習慣がもととなって発病することがわかってきました。そこで，成人病に代わって，生活習慣病という名称で呼ばれることになりました。

生活習慣病に含まれる疾患

　生活習慣病に含まれる疾患としては，運動・活動状態や食生活と密接な関連のある糖尿病，高血圧症，脂質異常症（高脂血症），痛風（高尿酸血症），アルコール性肝炎などが代表的なものです。

　また，これらの疾患が引き金となって発症するといわれている脳血管疾患や冠動脈疾患（狭心症や心筋梗塞），閉塞性動脈硬化症など動脈硬化性の血管病や肺がん，大腸がんなどの悪性新生物も生活習慣病の範疇に入れられています。

生活習慣病の対策

　厚生労働省から生活習慣病対策を中心として考え方や指針が示されていますが，どの疾患を含み，どの疾患を除外するかというような厳密な定義や基準はありません。

　現在は，食事や運動，禁煙，適度なアルコール摂取ばかりでなく，適度な休息や睡眠も重要であるとされており，一人ひとりの生活スタイルに合った対策が求められます。

三大生活習慣病

　生活習慣病のなかでも，がん，心疾患，脳血管疾患は日本での死因の上位を占めており，さまざまな生活習慣の乱れや，その結果起こる他の生活習慣病が引き金になっている場合が少なくありません。そこで，これらの病気を三大生活習慣病と呼ぶことがあります。

介護を要する高齢者によくみられる病気・病態（その 1　生活習慣病）

病名	特徴	介護職が知っておくべき点
脳血管疾患（脳血管障害，脳卒中）	脳組織に栄養と酸素を送る脳血管の血栓や出血による破綻状態で，脳梗塞，脳出血，くも膜下出血に区別される。	中程度以上の発作では症状や観察から判断できるが，軽い脳梗塞は確定診断がむずかしいので，CT や MRI などで検査を行う。
心筋梗塞	心臓の栄養血管を「冠動脈」といい，その動脈に起こった血栓症のことである。冠動脈は左右に分岐，左はさらに 2 本に分岐し，計 3 本である。	前胸部の胸痛がなく，圧迫感や不快感，あるいは胸部症状がまったくなくて，心不全やショック状態となって気づかれることがある。
高血圧症	安静時に複数回測定した血圧が，いずれも120／80mmHg 未満である場合を正常血圧，常にどちらかが140／90mmHg 以上の場合を高血圧とする。	加齢にともない収縮期（最高）血圧が上昇し，拡張期（最低）血圧との差，脈圧が大きくなる。4，5 種類の降圧剤のなかから組み合わせて使う。
糖尿病	主要な栄養素であるブドウ糖をうまく代謝できず，血液中のブドウ糖レベル（血糖値）が上昇して，慢性の合併症を起こす。	糖尿病による自覚的な症状はほとんど出現しない。空腹時血糖値や，随時，またはブドウ糖負荷後血糖値，HbA1c の値で診断する。
脂質異常症（高脂血症）	高コレステロール，高 LDL コレステロール，低 HDL コレステロール，高トリグリセリド（中性脂肪）のいずれかの異常をいう。	要介護状態の高齢者について，治療するほうが有益であるかどうか明らかでない。栄養が低下すると脂質の血中濃度も正常化，ないし低下する。
閉塞性動脈硬化症	動脈硬化は，脳，心臓など主要臓器ばかりでなく，大動脈や中小動脈でも進展し，とくに下肢に流れる動脈が閉塞しかかった状態をいう。	歩くと下肢の痛みが出現し，休むと軽減する間欠性跛行が典型的な症状である。左右の下肢の色調差や冷たさの差をみる。

■表 6-2-2　介護時のチェックポイント（その 1　生活習慣病）

- 三大生活習慣病にかかわりの深い症状（食欲の変化，息切れ，体重の変化，四肢の運動・感覚障害）はないか
- 食事や運動，喫煙，飲酒の習慣で極端なものはないか
- 血液検査や身体計測の健康診断で注意すべきと指摘されている点はないか
- 長期間服用したり，過去に服用していた薬にはどんなものがあるか

❷ 運動系の病気

骨格のはたらき

　からだを支えつつ倒れないように運動するために，筋肉，骨，関節などがはたらいています。
　からだの外観の基本を形づくっている骨格は，骨，靱帯，腱，軟骨，関節からつくられています。骨格についている筋肉を骨格筋といい，歩行や姿勢の維持，手を使った動作など運動全般に用いられています。
　骨格はからだを支持しているだけでなく，内臓器官の保護の役割もになっています。

骨粗鬆症と関節リウマチ

　全身をおかす筋肉の疾患は比較的めずらしいので，運動系の疾患はおもに骨と関節の疾患です。代表的なものとして骨粗鬆症と関節リウマチがあります。
　骨粗鬆症は，骨形成と骨吸収のバランスがくずれて骨吸収に傾いた状態が続いたために骨質がもろくなった状態で，大腿骨骨折など，さまざまな骨折が起こりやすくなります。
　関節リウマチは，加齢にともなう関節面の変形とは異なり，滑膜や軟骨なども含めて炎症が広がって起こる疾患で，近年，治療法がいちじるしい進歩を遂げています。

骨折

　骨折の原因として注意しなければならないのが転倒です。社会活動の機会が少なくなってくる後期高齢期では，転倒への恐れから外出をひかえたり，社会交流が減少したりして，閉じこもりが起こり，運動機能をさらに低下させることがあります。そのため，転倒の予防法や運動機能向上のプログラムを活用することが望まれます。

■表 6-2-3　介護時のチェックポイント（その 2　運動系の病気）

- 身長の急激な短縮はないか
- 屋外での運動不足や食事の好みのかたよりはないか
- 腰背部痛，関節痛，四肢末梢のしびれはないか
- 今までみられなかった歩行中の障害（安定性，歩き方の変化，速度の変化，体幹の傾きなど）はないか

■表6-2-4　介護を要する高齢者によくみられる病気・病態（その2　運動系の病気）

病名	特徴	介護職が知っておくべき点
骨粗鬆症	栄養的要因（カルシウムやビタミンD摂取不足）と身体的要因（運動不足），疾患（腎・肝慢性疾患）などが複合的に関与して進行する。	適度な日光浴と歩行のように体重をかけるような運動，乳製品や脂肪を含む食品の摂取とともに転倒の予防に努める。
大腿骨頸部骨折	ほとんどが骨粗鬆症のある高齢者が転倒したことによって起こる。倒れたときに大腿部の側面を打つと骨折の危険性はいちじるしく高まる。	若年者のスポーツや事故にともなう骨折と違って痛みの訴えも強くなく，はっきりわからないことがある。骨折した下肢は外側を向く。
転倒	原因として，筋力・バランス力の低下や視聴覚のおとろえ，床面や室温などの住宅環境に加え，転倒が高頻度で起こる疾患がある。	同じ動作や行動でも，時間帯，室温，その日の体調，ほかに気になっていることの有無によって危険性は大きく変わる。
変形性関節症	加齢にともなって関節の変形が起こり，可動性がそこなわれて関節面の接触による運動時痛が強まってくるもので，膝関節と股関節に多い。	気温や湿度など気候や，1日のなかでも症状が変化する。体重増加や下肢の筋力低下によって痛みは悪化しやすい。
変形性頸椎症	脊髄をおおっている椎骨やまわりの軟骨が，加齢にともなう変形やすり減りによって脊髄を圧迫するため，両上肢のしびれ，運動制限があらわれる。	症状が進行してきたら脊髄を圧迫している変形した骨を除いたり，スペースを広げる手術が必要である。転倒して，項部（うなじ）を強く打ったりしないようにする。
腰部脊柱管狭窄症	頻度の高い原因は，脊椎骨の加齢変化によって骨が変形し，長く歩いたりすると中心を走る脊髄を圧迫して痛みが出るものである。	おもな症状は，腰痛・下肢痛・下肢しびれ感などで重篤な場合は少ないが，痛みが強ければ整形外科で手術を必要とする。
関節リウマチ	組織を自己破壊する物質が産生される自己免疫性疾患の1つであり，左右の手指や膝などの関節痛，腫脹から関節の変形に進行する。	朝の手のこわばり，運動時関節痛から始まり，進行すると，関節，軟骨，骨まで障害され，生活全般に影響を受ける。

❸ 知覚系の病気

　加齢にともなう視覚や聴覚の変化はよく知られていますが，年齢の影響以外に，まだよくわかっていないほかの要因も関与しているようです。

老視

　水晶体のレンズ機能がおとろえて，近くのものを見るときに焦点が合わなくなる老視（老眼）は，人種や生活環境の差を問わず，50歳前後から普遍的に出現するものです。老眼鏡によって矯正が可能であることもあり，一般に病気に入れられませんが，目を使う仕事をしている場合は不便な加齢現象です。

白内障

　水晶体の白濁によって視力低下をきたす白内障（➡第1巻 p. 401 参照）の進行には，遺伝，紫外線，糖尿病などの要因が関与しているとされます。最近は手術法の進歩によって，日帰りなどでも治療が可能となっています。

黄斑変性症

　以前はめずらしかった黄斑変性症の増加にはいちじるしいものがあります。物を見たときに焦点を結ぶ網膜上の部位が黄斑部なので，ここでの病変のひろがりは視力に大きな影響を及ぼします。これといった明確な原因は明らかになっていません。高齢者の増加だけでは説明できず，失明の原因として上位に上がってきています。

聴力や触覚の低下

　聴力の低下は，頻度が高く，高音域から聞こえにくくなるという特徴があります。最近，雑音をカットする補聴器が開発され，利便性が向上しています。

　触覚の低下は，高齢者に高い頻度でみられるものですが，しびれなどがはっきりあらわれる場合は比較的少なく，無症状で経過します。そのため，生活への影響はよくわかっていません。

■図 6-2-6　正常，老視，近視，遠視における遠近調節

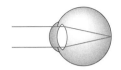

正常

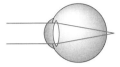

老視：水晶体の弾力が低下し，十分に屈折できなくなる

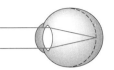

近視：眼球が前後方向に長すぎて，網膜上で焦点が合わなくなる

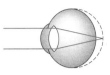

遠視：眼球が前後方向に短く焦点が合わない

出典：高橋龍太郎『図解・症状からみる老いと病気とからだ』中央法規出版，p. 45，2002年

■表 6-2-5　介護を要する高齢者によくみられる病気・病態（その3　知覚系の病気）

病名	特徴	介護職が知っておくべき点
白内障	物を見るときに焦点を合わせるレンズの役割をもつ水晶体が，紫外線などの影響で白濁し，徐々に視力が低下する。	視力が極度に低下して視神経が萎縮する前に水晶体の白濁を除去し，人工的な眼内レンズを入れ，視力を回復させる。
緑内障	眼球内に含まれている液体がつくる圧力（眼圧）が，液体の出入バランスの不調で上昇し，視神経を圧迫して視野や視力が悪化する。	初期には眼圧の上昇による頭痛や眼の痛みが主症状である。視野狭窄が唯一の症状である正常眼圧緑内障が増加している。
黄斑変性症	物を見るときに像を結ぶ網膜上の場所を「黄斑部」といい，原因は不明であるが，この黄斑部の細胞壊死，変性によって視力が低下する。	現在，先進国を中心としてこの疾患による失明者が増加しているが，原因も有効な治療法もまだ確立していない。
加齢性難聴	鼓膜の奥の内耳にある「蝸牛」と呼ばれる小器官に，「コルチ器」という聞こえのセンサーがあり，この「コルチ器」の有毛細胞の脱落や変性による。	有毛細胞の変化は，高音をとらえる蝸牛の入り口付近から進むので，聴力低下は高音から低音へと徐々に広がる。

■表 6-2-6　介護時のチェックポイント（その3　知覚系の病気）

・かすみがかったように見えていないか
・今まで見えていた範囲が見えにくくなっていないか
・急激な視力低下はないか
・音や声の聴きにくさに変化はみられないか

❹ 呼吸器の病気

慢性閉塞性肺疾患（COPD）

　喫煙による健康への影響は，肺がんや食道がんなど，悪性腫瘍の発生リスクの高さが注目されますが，気管支から肺胞にいたる酸素と二酸化炭素の交換の場そのものへの影響によって呼吸機能が悪化することは，ほぼ確実だと考えられています。

　肺の末梢組織が破壊されると，最終的には肺気腫，または，慢性気管支炎といった慢性の肺疾患に進行します。これら2つの疾患をあわせて**慢性閉塞性肺疾患（COPD）**と呼び，在宅酸素療法（HOT）の主要な基礎疾患です。

■図6-2-7　在宅酸素療法（HOT）

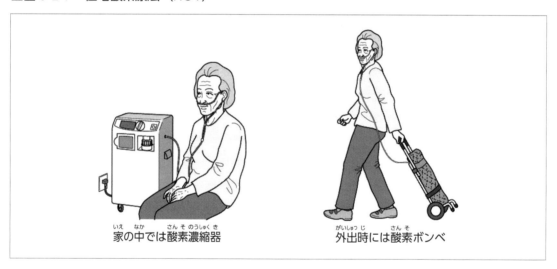

家の中では酸素濃縮器　　　　　外出時には酸素ボンベ

息切れ，呼吸困難

　一般に高齢期には，酸素と二酸化炭素のガス交換に使われる実質的な肺組織量が減少するとともに，外気に排出されることなく肺内にとどまる**残気量**[35]（➡ p. 332 参照）が増加します。
　これに喫煙習慣や喘息などが加わると運動時の効率的な呼吸がむずかしくなり，息切れや呼吸困難が出やすくなります。

肺がん

　肺がんは，乳がんなどとともに増加しています。がん細胞のタイプごとに化学療法や手術法が開発されていますが，完治がむずかしいことも多く，早期発見が鍵をにぎります。

第一度	激しい運動以外では息切れを感じない。
第二度	ゆるやかな上り坂で息切れを感じる。
第三度	息切れのため普通の人と同じ速度では歩けない。
第四度	休み休みでないと歩けない。
第五度	戸外に出ることや，身の回りのことをするのに息切れがする。

出典：高橋龍太郎『図解・症状からみる老いと病気とからだ』中央法規出版，p. 112，2002年

肺結核の後遺症

　過去にかかった肺結核36（➡ p. 332 参照）の後遺症や，その手術のために肺活量が落ちていることもあります。慢性の肺疾患や肺結核の後遺症をもつ場合は，結核を含むさまざまな呼吸器感染症にかかる頻度が高く，主要な直接死因になります。そのため，早期に適切な診断をして，その感染症に合った抗生剤を選択する工夫が必要になります。

■表 6-2-8　介護を要する高齢者によくみられる病気・病態（その4　呼吸器の病気）

病名	特徴	介護職が知っておくべき点
慢性閉塞性肺疾患（COPD）・呼吸不全	喫煙等で長期間肺の細胞に負荷がかかり破壊され，炭酸ガスと酸素の交換がうまくできない。重症の場合，「呼吸不全」と呼ぶ。	全身への酸素の供給不足に対して，簡便な酸素の生成装置が発達したため酸素吸入が容易になり，外出の範囲も広がっている。
肺がん	近年急増している悪性腫瘍である。喫煙が主因といわれているが，環境汚染など複合的な要因が関与している。	頻度が高いけれどもはっきりした症状が出にくいので，空咳が続くときや年1回程度の定期的なレントゲン検査，時にはCTで調べる。

■表 6-2-9　介護時のチェックポイント（その4　呼吸器の病気）

・喫煙者では，喫煙指数（1日の喫煙本数×喫煙年数）が600を超えていないか
・息切れがある場合，どの程度の活動で息が切れるか
・発熱をともなわない咳が続くか
・定期的な胸部レントゲン検査を受けているか

❺ 腎・泌尿器の病気

慢性腎疾患のおもな原因

　体液を絶え間なくろ過して，老廃物以外の大部分を再度吸収し，体液量や酸とアルカリの平衡を維持している腎臓は，とても大切な臓器です。

　以前は，細菌感染症をきっかけに発症した急性腎炎が徐々に進行して慢性腎炎となった場合が慢性腎疾患のおもな原因でした。現在は，生活習慣病に起因するものが主体となり大きく様変わりしました。とくに長い時間をかけて進行する糖尿病に合併した糖尿病性腎症は，慢性腎不全のもっとも多い原因です。

慢性腎不全と人工透析

　慢性腎不全になると，貧血や食欲低下，骨量の低下などから尿毒症へと進行し，放置すると死にいたります。このような場合，人工透析か腎移植が必要になります。

　人工透析には2種類あり，動脈と静脈をつないだ血管を利用して血液を体外に導き，人工透析器で透析する血液透析と，腹腔内に透析液を入れ，一定の時間後に腹膜によってこし出された老廃物を含む透析液を排出する腹膜透析があります。

　一方，手術法は確立されているにもかかわらず，提供システムが未熟であるために，腎移植はあまり進んでいない状況にあります。

生殖器の疾患

　生殖器の疾患では，男性の前立腺肥大症，女性の膣炎や子宮脱が多くみられます。

　尿路感染症は男女ともに高い頻度でみられますが，とくに女性では，症状のない無症候性感染もめずらしくなく，腎盂炎から敗血症を招くことがあります。男性でも後期高齢期になると，膀胱機能のおとろえから残尿があらわれ，前立腺肥大症による尿の排出障害が合併すると尿路感染の頻度は高くなります。そのため，急な発熱時には注意が必要です。

■表6-2-10　介護時のチェックポイント（その5　腎・泌尿器の病気）

・排尿障害（頻尿，尿失禁，排尿困難）の症状はないか
・（男性では）PSAの血液検査（前立腺がん）を受けたことがあるか
・（女性では）陰部のかゆみや痛み，下着の汚れはないか
・尿検査の異常はないか

■表 6-2-11　慢性腎不全の治療

❶ 高カロリー，低たんぱく，減塩，低カリウム食
❷ 必須アミノ酸補給
❸ 1日尿量1,500～2,000ml の確保
❹ 高血圧の治療
❺ 循環血液量の是正：減少時の水，電解質補給，過剰時にはループ利尿薬
❻ 高カリウム血症：カリウム排泄薬投与
❼ 高リン血症の治療：アルミゲル投与
❽ 代謝性アシドーシスの治療：重曹の投与
❾ 高尿酸血症の治療：尿酸合成阻害薬，尿酸排泄促進薬
❿ 貧血：エリスロポエチンの投与
⓫ 透析療法：上記の保存的療法では尿毒症の増強が避けられない場合。検査所見の目安：血清クレアチニン 8 mg/dl 以上，クレアチニンクリアランス10ml/ 分以下。からだへの負担の少ない腹膜透析も普及しつつある。

出典：高橋龍太郎『図解・症状からみる老いと病気とからだ』中央法規出版, p. 61, 2002年を一部改変

■表 6-2-12　介護を要する高齢者によくみられる病気・病態（その 5　腎・泌尿器の病気）

病名	特徴	介護職が知っておくべき点
前立腺がん	男性にある前立腺の外側部分（外腺）に発生するがんで，高齢になるときわめて頻度が高くなり，近年急増している悪性腫瘍である。	簡便な血液検査で診断可能であり，治療ではホルモン療法の進歩によってがんの進行を防ぐことができるが死者数も増加している。
尿失禁	膀胱の収縮は自分の意思でコントロールできず，加齢にともなって機能低下をきたしやすいことが背景にあり，いくつかのタイプがある。	発生原因によって治療法やケア方法が異なるが，使い勝手のよいパッドなどの介護用品，トイレまでの動線の工夫は大切である。
慢性腎不全・慢性腎疾患	原因としては，糖尿病，高血圧，急性腎炎の慢性化が大半を占める。治療としては食事療法や適切な運動，水分制限などを基本とする。	腎機能の悪化が中程度進行してきた段階では，血液透析や腹膜透析の導入も考慮する。生活の質を維持できる過ごし方を探る。
膣炎	女性の外陰部は排泄物による汚染や加齢にともなう免疫力の低下などで感染の危険が高く，とくに膣の炎症の頻度は高い。	閉経後の女性ホルモン減少による膣の自浄作用低下が背景にある場合はホルモン製剤が使われる。細菌の種類によっては抗生剤を使う。

❻ 消化器の病気

高齢者の消化機能

　栄養を体内に取りこむために必要となる消化機能は，高齢になっても比較的維持されるといわれます。ただし，唾液量の減少，食べ物の胃通過時間の延長，蠕動運動の遅延などは，空腹感のとぼしさや食欲の低下に関係しているものと思われます。

消化性潰瘍

　暴飲暴食やストレスなどに起因する消化性潰瘍は，中年期までは十二指腸にできることが多く，みぞおち付近の痛みをともなうものです。しかし，高齢期になると症状はとぼしく，また，胃潰瘍が圧倒的に多くなります。内視鏡検査を実施したら巨大な潰瘍ができていたなどということもめずらしくありません。

逆流性食道炎

　脊柱の変形などで食道と胃の位置がずれ，胃液が食道を傷つけて起こる逆流性食道炎も頻度が高いものです。これは，胃液が食道へ逆流し，食道の粘膜に炎症が起こる病気です。嘔吐のほか，胸やけがあらわれるのが特徴です。

肝硬変

　長い時間をかけて進行した肝硬変も高齢期に発症することがあり，ほとんど症状がみられないまま経過することで知られています。

胃がん，大腸がん

　徐々に減少してきたとはいえ，胃がんもめずらしい疾患ではなく，増加傾向にある大腸がんとともに，代表的な消化器系の悪性腫瘍です。日本での胃がん，大腸がんの死亡数は，肺がん同様，多くみられます。
　早期の大腸がんであれば，目立った自覚症状はありません。進行していくと，がんからの出血による血便や便通異常がみられ，さらに進行すると貧血，体重減少などの症状が出てきます。また，腸閉塞を起こすこともあります。

肝炎

　肝臓の病気において，日本人に一般的なものとしては，肝炎ウイルスの感染が原因で起こる**ウイルス性肝炎**があります。

　60歳以上では，Ａ型肝炎ウイルスに対する抗体の保有率が90％を超え，また，Ｂ型肝炎ウイルスに対する抗体の陽性率は40％を超え，感染の機会も少ないため，高齢者では，Ａ型肝炎やＢ型肝炎の発生頻度は高くありません。一方，Ｃ型肝炎は，過去の手術などで輸血の機会があるため，高齢者でも多く認められます。

■表6-2-13　介護を要する高齢者によくみられる病気・病態（その6　消化器の病気）

病名	特徴	介護職が知っておくべき点
消化性潰瘍（胃・十二指腸潰瘍）	胃炎・胃潰瘍の原因としてピロリ菌感染が注目されている。高齢者では急性疾患のストレスにともなう広範囲の出血性胃潰瘍が多い。	緊急手術を必要とする大量の吐血など，まれな例を除けば，点滴，ないし経口薬によって完治する。
胃がん	近年減少している悪性腫瘍であるが，今なお発症率は高い。新しい内視鏡の発達によって検査も受けやすくなっている。	胃の痛みから診断されることは少なく，不快感やもたれ感など消化器症状が続いたら検査をすすめる。手術療法が基本である。
大腸がん	近年急増している悪性腫瘍である。がんの発生部位も肛門近くの直腸ばかりでなく，大腸全体にみられる。	便に血が混じっている，便通異常がひどくなるといった症状や，年1回程度の定期的な便潜血検査が発見のきっかけとなる。
慢性肝炎・肝硬変	肝炎ウイルスの発見と治療法の開発によって今後は減少していくと思われるが，当分はＢ型肝炎，Ｃ型肝炎の慢性化がみられる。	慢性肝炎・肝硬変に進行していてもはっきりとした症状がないことも多い。肝機能・栄養検査値の異常や出血しやすさがみられる。

■表6-2-14　介護時のチェックポイント（その6　消化器の病気）

- ・便が黒かったり，血液が混じったりしていないか
- ・食事摂取量や体重の変化はみられないか
- ・最近，便通の変化（便秘や下痢・軟便の出現，排便回数の変化）はないか
- ・消炎鎮痛剤を過量に服用していないか

❼ 循環器の病気

心臓のはたらき

　活動を支えるエネルギーを絶えずつくり出すためには，全身にくまなく酸素を供給する必要があります。そのはたらきは心臓がになっています。

　心臓は酸素を含んだ動脈血を休まず送り出していますが，この心臓のはたらきがうまくいっているかどうかをあらわす指標が心拍出量です。通常，1分間あたり何lの血液が心臓から送り出されるかという単位であらわされ，減少すると日常の動作や活動に支障が出ます。また，個人差が大きいものの，この心拍出量は高齢になると，徐々に低下していきます。

心不全

　高血圧によって心臓が肥大したり，冠動脈疾患によって動脈の血流が不足したりすると，心機能の低下が一挙に進み，心臓が収縮して血液を拍出する力が弱まり，息切れ，動悸，呼吸の苦しさがあらわれます。このような状態を心不全と呼びます。

　呼吸困難のような強い症状は，薬物療法，酸素療法，水分の制限によって軽減がはかられますが，慢性化すると，活動量，運動機能量の低下は避けられません。

　心不全は，さまざまな心臓の病気が原因で心臓の機能が悪くなり，息切れや倦怠感，下肢のむくみなどの症状を生じる症候群で，100万～200万人の患者がいるといわれています。心不全は高齢者に多く，死亡率も高い病気で，しばしば入院が必要となります。

　心不全の原因としては，虚血性心疾患（狭心症，心筋梗塞）がもっとも多いです。また，高血圧，弁膜症，心筋症，先天性心疾患など，あらゆる心疾患の最後には心不全となるため，利用者が何らかの心疾患をもっているかという情報は重要です。

　また，心不全の誘因には，感染，食塩過剰摂取，虚血，不整脈，貧血，薬物関連などがあります。後期高齢者では感染，貧血が多くみられます。

　肺炎による呼吸困難は，心不全を悪化させ，貧血は入院の誘因となるだけでなく，貧血があると心不全の予後は悪くなります。

　心不全の症状はとくに自覚がないことも多く，精神症状や不穏，活動性の低下であらわれることもあるので，利用者の息が荒くなった，元気がなくなった，動くと顔色が悪くなるなどのちょっとした変化に注意する必要があります。

不整脈

　加齢とともに増える不整脈としては，心房細動や洞不全症候群といった病気があります。

　とくにこわい不整脈の症状としては，急に失神状態になる（アダムス・ストークス症候群），脈拍が減る（毎分40未満），強い息切れを感じるなどがあります。

　一般的には，すでに何らかの心疾患が指摘されている場合に起こることが多いのですが，心筋梗塞の発作などにともなって，突然起こってくることもあります。

　そのほかには，突然，動悸が始まり，脈拍数が毎分150以上になる，脈拍がバラバラでしかも速く打つなどがあります。

■表6-2-15　介護を要する高齢者によくみられる病気・病態（その7　循環器の病気）

病名	特徴	介護職が知っておくべき点
心不全	血液を全身の臓器に送り出す心臓のポンプ作用が低下している状態で，心筋梗塞や心臓弁膜症が進行して起こることが多い。	軽症のときは歩行や運動，活動時に息切れや動悸が出現するが，重症になると安静でも息苦しくなり，水分制限や半座位が必要になる。
不整脈	心臓の拍動をコントロールする刺激伝導系の細胞の障害によって規則的な拍動がさまたげられて起こる。徐脈性と頻脈性などに区別される。	脈拍数がふつうである場合は様子をみてよい。頻脈性のときは動悸や胸部圧迫感などの症状が出る。徐脈性では失神することがある。

■表6-2-16　介護時のチェックポイント（その7　循環器の病気）

・心疾患の症状（息切れ，呼吸困難，むくみ，動悸など）はみられないか
・急なめまいや意識喪失発作はないか
・安静時にも動悸が続くことはないか
・定期的に血圧や脈拍数を調べているか

❽ 脳・神経，精神の病気

脳血管疾患

　脳に栄養を補給している動脈の障害によって，補給先の大脳や小脳，脳幹部など，脳組織の機能低下をきたした状態を脳血管疾患といいます。
　起こり方から3つに区別され，血栓によって血流が滞った状態を脳梗塞，動脈が破綻して出血を起こした状態を脳（内）出血，脳の外の動脈にできたコブ（脳動脈瘤）が破れた状態をくも膜下出血といいます。
　発症とともに片麻痺や感覚障害，失語，構音障害，失調などの症状があらわれ，後遺症として残ることも多くみられます。

パーキンソン病

　原因が血管ではなく，特定の部位の神経細胞の変性壊死がきっかけになる脳神経疾患を，まとめて神経変性疾患と呼ぶことがあります。その代表がパーキンソン病です。
　パーキンソン病は，歩行がゆっくりとなり，細かい動作をうまく行えなかったり，手指がふるえたりします。これは中脳の黒質の神経細胞の変化によるもので，ドーパミンと呼ばれる物質が不足するため薬剤によっておぎなう治療を行います。

認知症，うつ病

　認知症や脳血管疾患などは，CTスキャンの画像上の病変によって，症状や病態を説明することが可能な場合があります。しかし，人間の精神のはたらきは，個人の経験や教育，環境など，多くの要因の影響を受けています。そのため，うつ病や神経症のような精神疾患の診断は画像検査によって得られる情報が少ないため，病歴や病状の評価にもとづいて行われます。
　さらに，認知症も精神疾患の1つであり，画像の評価に加え，同様の考え方が有用です。精神疾患では，認知症の特徴である記憶障害や認知機能の低下があらわれることがあり，治療や経過とともに軽快することが多く，仮性認知症と呼ばれています。その原因疾患のなかでも頻度が高いのがうつ病で，この場合はうつ病性仮性認知症といいます。

■図 6-2-8　パーキンソン病の症状

安静時のふるえ
（振戦）

仮面様顔貌

歩行・動作が遅く拙劣

出典：高橋龍太郎『図解・症状からみる老いと病気とからだ』中央法規出版，p. 12，2002年を一部改変

■表 6-2-17　介護を要する高齢者によくみられる病気・病態（その8　脳・神経，精神の病気）

病名	特徴	介護職が知っておくべき点
パーキンソン病	動作や活動が緩慢になって，歩行のスピードや活動性がおとろえるとともに，安静時，手指にふるえが認められる。	歩行や動作が遅くなるのを加齢のためととらえがちであるが，手指のふるえをともない，転倒しやすくなる点に注意する。
認知症	もの忘れといった認知機能の低下によって社会生活で支障をきたす。アルツハイマー型認知症，血管性認知症，レビー小体型認知症などがある。	記憶がおとろえていく不安や困難をかかえている高齢者の状況を理解しつつ，互いの生活を安定させる介護サービスの利用をはかる。
うつ病・うつ状態	抑うつ状態にあるだけでなく，頭痛や食欲不振などの身体症状，認知機能のおとろえといったほかの疾患に間違われやすい症状を示す。	高齢者の自殺の原因としてもっとも重要な疾患であり，若年者と比べて症状が非定型的であり，気づかれにくいことがある。

■表 6-2-18　介護時のチェックポイント（その8　脳・神経，精神の病気）

・手足の麻痺やしびれなどはないか
・歩行の変化（速度やリズム，歩行中の傾きなど）はみられないか
・短期記憶の低下や会話における同じ内容のくり返しはみられないか
・抑うつ，焦燥感，過度の身体症状の訴えがみられないか

❾ 介護保険の特定疾病

　介護保険制度において，40歳以上65歳未満の第2号被保険者が要介護認定を受けるためには，要介護状態等の原因である身体上または精神上の障害が，介護保険法施行令第2条で定める16の疾病（特定疾病）によることが要件とされています。

■表6-2-19　介護保険の特定疾病

がん（がん末期：医師が一般に認められている医学的知見にもとづき回復の見こみがない状態にいたったと判断したものに限る。）	悪性新生物であると診断され，かつ治癒を目的とした治療に反応せず，進行性かつ治癒困難な状態にあるものが対象となる。治癒困難な状態とは，おおむね余命が6か月間程度であると判断される場合をさす。
関節リウマチ	全身の多くの関節に炎症が起こり，疼痛，変形，機能障害があらわれる。30～50歳代に多く発症し，女性に多い。原因は不明であり，根治療法はない。
筋萎縮性側索硬化症（ALS）	脊髄と脳の運動神経細胞が減少していくことにより，進行性に全身の筋力が低下，筋肉が萎縮していく疾患。四肢筋力低下や構音障害・嚥下障害などで発症し，発病後3～5年の経過で呼吸筋力が低下し，死亡ないし人工呼吸器が必要な状態となる。原因不明で，おもな治療法は対症療法である。
後縦靱帯骨化症	脊椎の背側にある後縦靱帯が骨化し増大する結果，脊髄の入っている脊柱管がせまくなり，脊髄や神経根が圧迫されて，知覚障害や運動障害等の神経障害を引き起こす病気。原因は不明である。
骨折をともなう骨粗鬆症	骨に含まれるカルシウムなどの量（骨量）は，若年期をピークに年齢とともに減っていく。そして骨量が減少すると，骨のなかの構造が壊れ，骨は非常にもろい状態になり，折れやすくなる。とくに更年期以降の女性において目立つ。
初老期における認知症	診断基準としては，記憶障害が必須で，さらに失語，失行，失認，遂行機能の障害のいずれかを合併する場合に該当する（この診断基準はアルツハイマー型認知症のものだが，認知症には前頭側頭型認知症（ピック病など）などのほかの認知症もある）。なお，外傷や中毒疾患，全身疾患によるもの，一時的な認知機能障害などは除く。

進行性核上性麻痺，大脳皮質基底核変性症およびパーキンソン病	これらはパーキンソン症状（振戦，筋強剛，動作緩慢など）があらわれる疾患群で，認知症がみられることもある。
脊髄小脳変性症	運動失調（歩行時ふらつき，手がうまく使えない，しゃべるときに舌がもつれるなどの症状）が徐々に進行し，悪化する神経変性疾患の総称。遺伝性のもの以外は原因不明で，根治療法はなく，対症療法やリハビリテーションが行われる。
脊柱管狭窄症	脊髄が入っている脊柱管がせまくなることにより，四肢・体幹の痛み，しびれ，筋力低下，間欠性跛行（数十～数百mで歩行困難となり，立ち止まってしばらく休むと回復する），排尿・排便障害を起こす。症状は悪化・軽快をくり返し，しだいに悪化して歩行困難となる。転倒などの軽微な外傷により，症状が急激に悪化し，重篤な四肢麻痺になることがある。
早老症	早期に老化が始まり，寿命が短縮するまれな疾患で，各疾患の原因となる遺伝子異常が見つかっている。
多系統萎縮症	多系統萎縮症とは，オリーブ橋小脳萎縮症，線条体黒質変性症，シャイ・ドレーガー症候群という3つの疾患の総称。中年期以降の発症で，小脳性運動失調症（起立や歩行が不安定になるなど），パーキンソン症状（筋強剛，動作緩慢など），自律神経症状（強い立ちくらみなど）のいずれかを初発症状とし，経過とともにそれ以外の症状も明らかになる。進行例では，睡眠時に激しいいびきや無呼吸がみられることが多く，まれに突然死を起こすことがあり注意が必要である。
糖尿病性神経障害，糖尿病性腎症および糖尿病性網膜症	糖尿病のおもな合併症として，神経障害，腎症，網膜症がある。糖尿病があり，しびれ感や筋力低下，起立性低血圧，神経伝導検査異常などを認めるときに糖尿病性神経障害と診断される。糖尿病性腎症は人工透析を導入する原因疾患としてもっとも多い。糖尿病性網膜症は進行すると失明にいたり，失明の主要原因となっている。
脳血管疾患	脳梗塞，脳出血，くも膜下出血が主要疾患。急性発症し，片麻痺，言語障害，認知機能障害等が残ることが多く，長期間のリハビリテーションを必要とすることがある。

閉塞性動脈硬化症	動脈硬化症は全身性疾患だが，とくに閉塞性動脈硬化症は，腹部から下肢の動脈硬化のために血液の流れが悪くなり，血行障害を起こした状態である。冷感（足が冷たい感じ），しびれ感だけでなく，間欠性跛行，安静時痛，潰瘍，壊死がみられる場合が該当する。
慢性閉塞性肺疾患（COPD）	慢性気管支炎と肺気腫の2つを総称して慢性閉塞性肺疾患（COPD）と呼ぶ。進行すると，在宅酸素療法が必要となることがある。気管支や肺に障害が生じ，肺への空気の通りが悪くなり，呼吸がしにくくなる。慢性気管支炎では咳や痰が増加するなどの症状があらわれる。肺気腫では，息切れ，息苦しさなどを感じるようになる。
両側の膝関節または股関節にいちじるしい変形をともなう変形性関節症	変形性関節症は，軟骨・骨の病変がみられ，痛みや歩行障害を生じる病気。体重がかかる膝関節と股関節に起こりやすく，介護保険の特定疾病では，両側の膝関節や股関節にX線所見上，いちじるしい変形をともない，疼痛や歩行障害がある場合に該当する。

❿ 感染症

細菌感染症

代表的な細菌感染症として，排尿機能の低下などによる膀胱炎や腎盂炎といった尿路感染症，外部から吸いこまれる細菌などを食いとめる力が低下したために起こる肺炎などの呼吸器感染症，胆汁の流れや胆嚢収縮の弱まりによる胆管炎などの胆道感染症，そして，これらの感染に続発する**敗血症**[37]（➡ p. 332 参照）があります。

ウイルス感染症

ウイルス感染症では，インフルエンザウイルスやノロウイルスによる集団感染は，いったん発症すると高齢者では死亡にいたることも多く，施設や医療機関に重大な支障が生じるため，対策を講じて予防に努めるべきです。

慢性疾患をもつ高齢者や要介護高齢者は，社会的な交流や接触も限られています。そのため，とくにウイルス感染症については，家族や介護職が感染症を媒介する場合が大半であることを忘れてはなりません。

結核

結核は，低栄養の人や高齢者においては，終息した感染症と考えるべきではありません。原因がわからない発熱，咳や痰が続くときには念頭におくべきものです。

新しい感染症

1970 年代の終わりから，まったく新しい感染症として後天性免疫不全症候群（エイズ）（➡第 1 巻 p. 423 参照）があらわれ，急速に患者数が増えていきました。

また，撲滅可能と思われた細菌感染症も，薬剤が効かない薬剤耐性の細菌が次々とあらわれて，感染症治療の事態は複雑になりました。

ウイルスについても，重症急性呼吸器症候群（SARS）や新型インフルエンザ，そしてこの数年世界的に流行している新型コロナウイルス感染症（COVID-19）など，解決すべき課題が山積しています。

高齢者では，免疫をになうリンパ球の減少や免疫応答の弱まりから，感染症にかかる危険性が高まります。実際に起こりやすい感染症では，その臓器や器官の加齢変化という要因も関与しています。

病名	特徴	介護職が知っておくべき点
肺炎	もっとも多い感染症で，直接死因のトップを占める。肺炎球菌など一般細菌によるものと飲食物や唾液の誤嚥によるものとがある。	37℃前後，またはそれ以上の発熱とともに呼吸数の増加がみられる。食欲低下，息苦しさ，肩で呼吸するなどの症状に注意する。
結核	現在の高齢者では，若いころ一度感染したときにつくられた結核巣が栄養状態や免疫力の低下によって再燃する場合が多い。	微熱程度の発熱や軽い咳がみられることもあるが，症状はあまり出ない。診断は，X線検査だけでは不十分で，痰の検査によって行う。
インフルエンザ	ウイルス感染症の代表的なもので，どの年代の人でも，高熱，全身倦怠感，関節痛などが出現する。年によって流行のタイプが変化する。	インフルエンザワクチンによって感染予防や重症化予防ができ，発症後48時間以内であれば治療薬もある。
尿路感染症	解剖学的構造上，女性は膀胱から尿道までの尿路が汚染されやすく，大腸菌などによる感染を起こす。慢性化しやすい。	高齢者では頻尿や排尿時痛がなく，無症状のことが多い。膀胱炎，腎盂炎から敗血症に進展し，突然の発熱で発症することがある。
胆嚢炎・胆管炎	高齢期にも消化器系感染症として頻度が高く，外科手術が必要になることがある。敗血症に進展すると重症である。	腹痛や悪心・嘔吐，発熱がみられたら第1に考え，血液検査，超音波検査を実施すると診断は容易である。通常，抗生剤がよく効く。
疥癬	ヒゼンダニの成虫，虫卵が寄生，拡大することによる皮膚感染症の1つである。ほこりやちり，ふけなどに混じって感染が広がる。	腹部や股・陰部，手指のあいだなど皮膚のやわらかいところに激しいかゆみと発疹が出る。ただし，要介護高齢者では皮膚の反応が弱く，通常かゆみは強くない。
敗血症	細菌が血流にのって全身をまわっている状態で，感染症の最重症状態である。尿路感染，胆道感染，褥瘡感染にともなって起きやすい。	細菌が産出する毒素などによって血圧低下をともなうショック状態におちいりやすく，もし敗血症が疑われたら入院治療は必須である。

■表6-2-21　介護時のチェックポイント（その9　感染症）

・日ごろの体温よりも明らかに高い発熱はみられないか
・呼吸数が増加していないか
・同居者や日常的に接する人に感染症の人はいないか
・発熱がみられた場合，ほかにどのような症状があるか

1 ステレオタイプ

すてれおたいぷ
➡ p. 268 参照

ある集団の成員全般に対する認知・信念などのこと。実際にはどんな集団でも個人差があり，そのステレオタイプが全員にあてはまることはないが，ステレオタイプが集団の全員にあてはまると考えがちである。

2 世界保健機関（WHO）

せかいほけんきかん（ダブリューエイチオー）
➡ p. 269 参照

国際連合の専門機関の1つ。世界中の人々が最高水準の健康を維持することを目的に，感染症対策，衛生統計，基準づくり，研究開発などを行っている。

3 生得的な要素と学習的な要素

せいとくてきなようそとがくしゅうてきなようそ
➡ p. 272 参照

人間の特性は生得的なもの（生まれつきに得られているもの）と学習的なもの（生後に経験によって獲得したもの）に分けられる。ただし，遺伝的な素質はあるが，経験がないと獲得できない特性もある（たとえば，言葉の理解や発話など）。

4 キューブラー－ロス（Kübler-Ross, E.）

きゅーぶらーーろす
➡ p. 273 参照

アメリカの精神科医。死の直前の重症患者から直接面接，聞きとりをして，その心理過程を『死ぬ瞬間』などにまとめた。そのなかで，死を受容するまでに5段階のプロセスがあると示している。

5 明暗順応

めいあんじゅんのう
➡ p. 278 参照

暗い場所から明るい場所に出た際に，眼が明るさに慣れることを「明順応」という。逆に，暗さに眼が慣れることを「暗順応」という。

6 有毛細胞

ゆうもうさいぼう
➡ p. 279 参照

内耳の蝸牛内にある音を感じとる細胞。鼓膜や耳小骨を伝わった音は，内耳の蝸牛でリンパ液の振動となる。有毛細胞はこの振動を電気的な信号に変換する。その種類には外有毛細胞と内有毛細胞があり，位置する場所によって，変換する音の周波数が異なる。

7 補聴器

ほちょうき

➡ p. 279 参照

箱型，耳掛け型，挿耳型などがある。補聴器装着の効果は大きいが，音の分析能力の改善には限界があるため，音がゆがんで聞こえたり，聞き誤りが生じたりすることもある。

8 感覚点

かんかくてん

➡ p. 279 参照

皮膚に点状に分布する感覚部位で，触点・温点・冷点・痛点・圧点がある。

9 歯周病

ししゅうびょう

➡ p. 280 参照

歯周組織が歯垢に含まれている細菌に感染し，歯肉（歯茎）が腫れたり，出血したり，最終的には歯が抜けてしまう病気のこと。日本人が歯を失うもっとも大きな原因である。

10 食塊

しょっかい

➡ p. 280 参照

かんで細かくなって唾液と混ぜられ，飲みこむ直前の状態になった食べ物のまとまりのこと。

11 蠕動運動

ぜんどううんどう

➡ p. 280 参照

消化管などの管状の臓器が，その内容物を波状に送る基本的な運動形式のこと。

12 収縮期血圧

しゅうしゅくきけつあつ

➡ p. 282 参照

心臓が収縮したときの血圧。血液が心臓から全身に送り出された状態で，血管壁にかかる圧力が高くなり，血圧がもっとも高くなるため，最高血圧とも呼ばれる。

13 拡張期血圧

かくちょうきけつあつ

➡ p. 282 参照

心臓が拡張したときの血圧。全身を循環する血液が肺静脈から心臓へ戻った状態で，血流がゆるやかになり，血圧がもっとも低くなるため，最低血圧とも呼ばれる。

14 起立性低血圧

きりつせいていけつあつ

➡ p. 282 参照

臥位からの起立時に血圧が低下する状態で，立ちくらみや，時に失神を生じる。

15 レッグパンピング

れっぐぱんぴんぐ

➡ p. 283 参照

下肢による血液ポンプ作用のこと。歩行により血液を送り返す作用であり，第2の心臓といわれている。

16 肺活量

はいかつりょう

➡ p. 284 参照

呼吸機能をあらわす指標の1つ。深呼吸によって吸った空気を最大排出した呼吸量（空気量）で示される。

17 誤嚥性肺炎

ごえんせいはいえん

➡ p. 284 参照

細菌が食べ物や唾液などとともに誤って気管から肺に入り，肺に炎症を起こしたもの。

18 海綿骨

かいめんこつ

➡ p. 286 参照

骨の内部にあるスポンジ（海綿）のような構造をした骨のこと。

19 QOL

キューオーエル

➡ p. 287 参照

Quality of Life の略。「生活の質」「人生の質」「生命の質」などと訳される。一般的な考えは，生活者の満足感・安定感・幸福感を規定している諸要因の質のこと。諸要因の一方に生活者自身の意識構造，もう一方に生活の場の諸環境があると考えられる。

20 恒常性

こうじょうせい

➡ p. 288 参照

ホメオスタシスともいい，体内が外部環境の変化に左右されず，一定に維持されていることをいう。体温，血液中の酸素レベルなど，多くに恒常性がみられる。

21 電解質

でんかいしつ

➡ p. 288 参照

水や体液などに溶解するとイオンになる物質（ナトリウム，カリウムなど）。発汗や排尿・排便で体外に排泄される。激しい運動をしたとき，激しい下痢や嘔吐があったときには電解質の補給が必要になる。

22 前立腺

ぜんりつせん

➡ p. 289 参照

ヒトを含め，哺乳類の雄のみに存在する栗の実大の器官。膀胱の下に尿道を取り囲むように位置し，真ん中を尿道がつらぬき，さらに左右から両側の精管が入り射精管となって前立腺部の尿道に注ぐ。

23 視床下部

ししょうかぶ

→ p. 290 参照

間脳にあり，自律神経系，内臓機能，内分泌系の調節を行う総合中枢として重要な役割をもつ。

24 シバリング

しばりんぐ

→ p. 291 参照

体温が下がったときに筋肉を動かすことで熱を発生させ，体温を保とうとする生理現象のこと。

25 熱中症

ねっちゅうしょう

→ p. 291 参照

炎天下での激しい運動などで体温調節が障害を受け，けいれん，めまい，頻脈，意識不明などを起こす症状。死亡にいたることもある。

26 代謝

たいしゃ

→ p. 291 参照

体外から取り入れた物質をもとに生物の体内で起こる化学的変化（反応）のこと。分解・合成されることにより古いものと新しいものが入れ替わり，それにともないエネルギーの生産や消費が行われることをいう。

27 エコノミークラス症候群（旅行者血栓症）

えこのみーくらすしょうこうぐん（りょこうしゃけっせんしょう）

→ p. 302 参照

航空機のせまいエコノミー席などで長時間座りつづけることで起こる下肢や骨盤内の深部静脈血栓症に続いて発症した肺動脈の血栓塞栓症（肺梗塞ともいう）のこと。旅行者血栓症ともいう。

28 アルブミン

あるぶみん

→ p. 302 参照

血液中や筋肉中に広く分布し，細胞のはたらきを助ける機能をもつたんぱく質成分。1 日に約 12g がおもに肝臓でつくられており，所定の役目を果たしたあとは再び肝臓で分解される。

29 器質性便秘

きしつせいべんぴ

→ p. 303 参照

大腸などの病気が原因で，大腸が部分的にせまくなるなど，便が通過しにくい状態により起こる便秘。血液が混じる場合などに疑われる。

30 機能性便秘

きのうせいべんぴ

→ p. 303 参照

大腸の運動機能や反射の異常による便秘。その原因により弛緩性便秘，けいれん性便秘，直腸性便秘などに分類される。

31 ノロウイルス

のろういるす

→ p. 304 参照

感染性胃腸炎の原因となるウイルスの1つ。感染すると激しい腹痛とともに嘔吐や下痢の症状を引き起こす。感染した人の糞便や嘔吐物などを通じて感染する経口感染がほとんどである。

32 メチシリン耐性黄色ブドウ球菌（MRSA）

めちしりんたいせいおうしょくぶどうきゅうきん

（エムアールエスエー）

→ p. 304 参照

耐性を獲得し，通常は有効なメチシリンという抗生物質が効かなくなった黄色ブドウ球菌。院内感染の原因ともなり，抵抗力の弱い手術後の患者や高齢者，未熟児などが感染しやすい。

33 食物残渣

しょくもつざんさ

→ p. 305 参照

口腔内に残された食べ物のかすのこと。

34 罹患者

りかんしゃ

→ p. 306 参照

病気にかかっている人のこと。

35 残気量

ざんきりょう

→ p. 312 参照

肺機能の目安の1つで，肺から空気を吐き出したあとも肺に残っている気体の量のこと。

36 肺結核

はいけっかく

→ p. 313 参照

結核菌で起こる感染症を結核というが，そのうち肺に感染し発病したもの。結核は，初期感染のほとんどすべてが肺に起こる。

37 敗血症

はいけつしょう

→ p. 325 参照

からだのどこかに細菌による疾病があり，ここから細菌が血液の流れのなかに入って増殖し，その産生した毒素によって中毒症状を起こしたり，細菌が血液の循環によって全身に広がったりして，二次的にいろいろな臓器に感染を起こす重い疾病。

第 7 章

だい　　　しょう

認知症の理解

にんちしょう　　りかい

ね　ら　い

● 介護において認知症を理解することの必要性に気づき，認知症の利用者を介護
　　かいご　　　　　　にんちしょう　りかい　　　　　　　　　　ひつようせい　き　　　にんちしょう　りようしゃ　かいご
　する時の判断の基準となる原則を理解する。
　　とき　はんだん　きじゅん　　　　　げんそく　りかい

認知症を取り巻く環境

●「認知症を中心としたケア」から，「その人を中心としたケア」に転換することの
意義を理解する
●問題視するのではなく，人として接することを理解する
●できないことではなく，できることをみて支援することを理解する

1 認知症ケアの理念 ::

❶ その人を中心としたケア

その人らしくありつづけるための支援

　その人を中心としたケアとは，その人らしくありつづけるための支援です。では，「その人らしい」とはどういうことでしょうか。なぜ，認知症ケアでは，その人らしさが大切にされるのでしょうか。

　その人らしい生き方とは，何よりも人間らしい生き方です。このことはだれもが望むことであり，お互いに尊重しなければならないことです。これは認知症ケアの大前提であり，認知症ケアはそれを実現するためにあるのです。

　しかし，認知症が進むと人間らしい生き方はできないとか，本人も理解できないと考えられることも少なくありません。これは事実であるというよりも，認知症に対する先入観です。認知症の人が人間らしい生き方をできるかどうかは，介護職やまわりの人たちがどれだけ本人の尊厳を保っているかにかかっています。

　また，介護職やまわりの人たちが認知症の人の言葉や行動を理解できないとき，本人も理解できていないと決めつけていることが多いのです。そしてこれらは，認知症という障害そのものによって引き起こされるよりも，介護職やまわりの人たちのかかわりが適切でないために起こることが多いのです。その結果，認知症の人は，認知症という障害に加え，不適切なケアという障害も負うことになります。

❷ その人らしくありつづけるための支援の実現

介護職の視点の変化

　これまで認知症がよく理解されていないときには，「時間とともに認知症の症状は悪化し，これまでの自立した生活は困難になる。だから，介護職のできることは，本人の安全と身体的ニーズを満たすことぐらいしかない」と考えられてきました。

　しかし，日々認知症の人をケアしている家族や介護職は，新しい考えをもつようになりました。それは，「認知症という障害になった」と考えるのではなく，「認知症をかかえながら，どのようにその人らしく暮らしていくことができるのか」と考えることでした。

　これは，認知症の人や家族，介護職にとって，"あきらめ"から"希望"への大きなギアチェンジを意味していました。認知症の人の気持ちを知り，その人の立場に立つことで，認知症をかかえていてもできることがたくさんあることがわかったからです。

　このことは，介護職の視点が，認知症という障害から，認知症のあるその人へと移り変わったことを意味します。

認知症ケアを取り巻く古い考えの見直し

　もし認知症の症状の緩和や改善だけがケアの目的ならば，その人ではなくて，認知症を中心に考えていることになります。うまくいかないことが続くと，「認知症が進行したので，これ以上できることはないだろう」と，介護職があきらめてしまうかもしれません。

　介護職が希望を失うことは，認知症の人や家族も希望を失うことにつながります。介護職として大切なことは，その人らしい生活を続ける支援をあきらめないことです。

　たしかに，特定の介護職がすべてを負担するようなケアのやり方では，1人の認知症の人を支えることさえむずかしいでしょう。しかし，家族，地域の人，ほかの介護職や専門職と協力していくことができれば，ともに生きていくよい方法を見つけることができ，これまで無理だと思われてきたことにも道が開かれるものです。しかも，認知症の人にも，この協力関係に参加できる力があることを発見することがあるのです。

　問題は，新しい考え方がむずかしいのではなく，古い考え方を見直すことがむずかしいのです。したがって，認知症の人とともに暮らしていく支援が可能なことを共有していくことが大切です。

2 認知症ケアの視点 ::

❶ 問題視するのではなく，人として接する

自由を保障する

　医療では「病気を明らかにすること」が期待されますが，介護では「障害をかかえていても，その人らしく暮らせる可能性を明らかにすること」が期待されます。問題に対処することばかりがケアの中心になると，その人自身が問題であるとみられることも起こります。そうなると，本人を抑制したり行動をコントロールしたりすることがケアだと考えられるようになります。

　その人を中心としたケアとは，本人にできる限りの自由を保障することです。そのためには，その人をよく知らなければなりません。これまでのさまざまな困難をどのように乗り越えてきたのか，何を大切にしてきたのか，どのような好みがあるのかなど，その人を理解するために必要なことがたくさんあります。

物語に参加する

　人はそれぞれ独自の人生の物語を生きています。たとえ本人が忘れてしまうことがあったとしても，ほかの人たちが忘れない限り，その物語は生きているのです。

　認知症の人にかかわるということは，その物語に参加することですが，その物語を勝手に書き換えることではありません。本人が自分の物語を生きつづけられるよう支援していくことが，自由を保障していくことなのです。このことにやりがいを見いだすとき，介護職の物語も豊かになっていきます。

共感的に受け入れる

　認知症の人とコミュニケーションをはかるときに大切なことは，本人が考え，思っている「現実」を否定するのではなく，それを認めて，共感的に受け入れることです。さまざまな「現実」があることを認め，相手の立場に立って考えることです。

　人は自分が受け入れられたと感じるとき，充実感や自信をもつことができますが，認知症をかかえていても同じです。このとき，ともに時間を共有し，寄り添うことが何よりも重要になります。

❷ できないことではなく，できることをみて支援する

寄り添って，平等な関係を築く

　寄り添うとは，認知症の人を共感的に受け入れ，そのかたわらにいることです。これは介護の技術ではなく，介護職の姿勢ということがいえるでしょう。「支援する―支援される」という関係ではなく，平等な関係を築くことです。

　しかし，介護職が知らず知らずのうちに，急かしていたり，その場しのぎの言い訳を言ったり，本人がしはじめたことを中断させたりすることで，認知症の人本人ができること，したいことをうばってしまうことがあります。

　むろん，これは悪意から起こることではなく，介護職が忙しすぎたり，疲れていたり，必要なサポートを受けていなかったり，あるいは認知症ケアについて十分な研修を受けていなかったりするときに起こりやすいのです。

　だからといって，正当化できることではありません。このようなときには，介護職は認知症の人の尊厳を侵害していることに気づかなければなりません。介護職が意識することで，尊厳の侵害をなくしていくことができます。

本人のもっている力や本人の思いに気づく

　介護職が，本人はできないと思っていたこと，したくないだろうと思っていたことが，何かの機会に間違っていたとわかることもあります。これは介護職にとって発見であったり，驚きであったりします。介護職は援助関係のなかで一面的にしかみていなかったことを知るのですが，こういうときこそ，本人のもっている力や本人の思いに気づくことがあるのです。

　これは予期できない偶然の出来事である場合が多いのですが，それを見逃さないためには介護職の力量を必要とします。

　できることをみて支援するということは，介護職にとって創造的な取り組みです。それは技術的な問題解決ではなく，認知症の人を中心に，そのほかの人たちと協力して，認知症という困難を乗り越えていく物語をつくっていくようなものです。

医学的側面からみた
認知症の基礎と健康管理

学習のポイント 📋

● 老化のしくみと脳の変化を学び，認知症の原因を理解する
● 認知症に類似した症状をもつ疾病について学ぶ
● アルツハイマー型認知症，血管性認知症をはじめとした認知症のおもな原因疾患の病態，症状について学ぶ

1 認知症とは ::

❶ 脳の機能と認知症

脳の構造と機能

　脳は脊髄とともに中枢神経を構成していて，生命維持のほかにヒトでは感情や思考・判断，運動の制御，さまざまな神経活動をつかさどる部位です。ヒトの脳は出生時では400g程度ですが，成人では1200〜1500gになり，男性のほうがやや重くなっています。脳の細胞数は生後1，2か月まで増加し，その後はほとんど増加しませんが，成長・発達の過程で脳細胞が大きくなり，細胞間のネットワークが増大するために脳が重くなります。神経細胞は細胞核のある細胞体，他の細胞からの入力を受ける樹状突起，他の細胞に出力する軸索の3つの構造をもちます。神経伝達物質をやりとりする軸索終末と樹状突起の微小な間隙をシナプスといいますが，脳では神経細胞がシナプスを介して情報伝達の複雑なネットワークを構成しています。

　脳は大脳，小脳，脳幹からなります。鳥類・哺乳類で大脳が発達し，霊長類では大脳新皮質（大脳の外側を構成する部位）がより拡大し，ヒトでもっとも発達しています。ヒトの脳全体で神経細胞は約1000億個あるといわれ，そのうち大脳の神経細胞は約140億個です。

　大脳は脳で一番大きな部分で，左右の半球に分かれていて，感覚や運動情報を処理して意識や高次の知的機能をつかさどる部分です。大脳の表面は内部に折りこまれる構造（脳溝）をしているために，多数のしわがあるように見えます。大脳は前頭葉，側頭葉，後頭葉，頭頂葉に分かれており，それぞれ役割が異なります。

■図7-2-1　神経細胞の基本構造

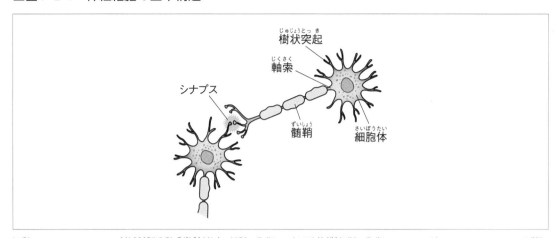

出典：M・H・ビアーズ，福島雅典日本語版総監修・監訳，日経BP社医療情報開発・日経メディカル編『メルクマニュアル医学百科最新家庭版』日経BP社，p.435，2004年

■図7-2-2　脳の各部位とそのはたらき

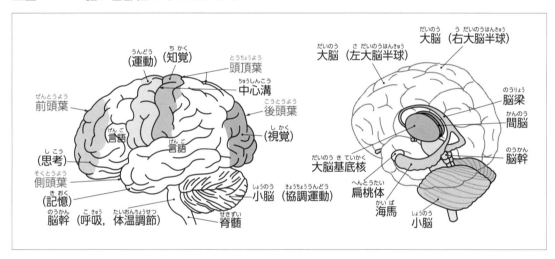

　前頭葉はヒトでもっとも発達した部位であり，脳全体の約40％を占めています。前頭葉の前方部の前頭前野は総合的な思考や判断，感情や衝動のコントロールを行っています。前頭葉の後方部は動作のコントロールも行っており，左前頭葉が右半身，右前頭葉が左半身の動きを調節しています。

　側頭葉は記憶や言語をつかさどっています。側頭葉の内側には海馬があり，短期記憶にかかわっています。また側頭葉には感覚性言語野（ウェルニッケ野）という言語をつかさどる部分があり，言葉の理解にかかわっています。ウェルニッケ野は多くの場合，左側頭葉に位置します。

　後頭葉には視覚野があり，視覚情報の処理や記憶形成にかかわっています。

　頭頂葉は感覚情報の解釈や数字とそれらに関係する知識，道具の操作などに関する機能をもっています。また，位置や大きさ，傾きや動きの把握などの空間的な認知とその記憶にかか

わっています。

小脳は脳幹の背側にあり，大脳と同じように左右の半球に分かれています。さまざまな運動の協調や，姿勢やバランスを保つはたらきがあります。

脳幹は延髄，橋，中脳，間脳からなり，脊髄と大脳を接続するはたらきのほかに，意識と覚醒レベルの調節，呼吸や循環，嚥下，自律神経などの重要な身体機能の調節，生命維持にかかわるはたらきをしています。

認知症の脳

認知症ではさまざまな原因により神経細胞死または細胞が変性してしまうことで脳が機能低下を起こし，障害を受けた部位により異なる症状が出現します。進行したアルツハイマー型認知症では脳萎縮が進行した結果，脳重量が 1000g 未満となることもあります。

側頭葉の海馬が変性すると記憶障害が出現し，新しいことを記憶しておくことが難しくなります（近時記憶の障害）。また言語野の障害では言語の意味理解や記憶が障害されます。前頭前野の障害では思考や判断の障害が起こり，感情や衝動のコントロールがうまくできなくなります。このように認知症の原因により障害される部位が異なると，症状も異なります。

❷ 認知症とは何か

認知機能とは

ヒトは生活のなかで多くの情報を受けとりながら過去の経験や記憶，関連する知識を利用して状況を判断し，行動を決定しています。物事を正しく理解・判断して適切に実行するために必要な知的機能を認知機能といいます。

調理を例にあげます。空腹を感じたときには何かを食べようと考えます。何を食べるかを考えるときには空腹の度合いや体調，最近何を食べたか，栄養面での問題はないか，手間や費用などについて考えるでしょう。そのときの買い物や調理の手間に対する意欲も影響します。調理は必要があれば買い物をして材料をそろえ，計画的に手順を考えながら味や量を調整しなければなりません。このように，ヒトは多くのことを考え，記憶，計画や手順の実行（遂行機能），計算などをしながら判断，行動をしているのです。

認知症とは

　認知症とは，一度正常に発達した認知機能が障害されたために，職業上，日常生活上の支障をきたした状態です。意識障害がないこと，ほかの精神疾患や身体疾患が原因でないことが条件になります。認知機能障害の原因が先天性，あるいは発育段階で起こったために，正常な発達ができなかった場合は知的障害といわれます。

　認知機能障害が認められても日常生活が自立している状態はMCI（軽度認知機能障害）といわれます。MCIは正常の老化でもみられるほか，アルツハイマー型認知症やほかの認知症のごく初期のこともあります。MCIは認知症への進行リスクが高いとされていますが，最近ではMCI期にさまざまな介入をすることにより，認知症への進行を抑制できる可能性があるといわれています。

　認知症では先の調理をする場面で，記憶障害があると昨日の献立を思い出せずに，同じ物をつくってしまうことがあります。認知機能障害のために，材料を買いに行っても必要な物を思い出せない，必要以上に買ってしまう，支払いがうまくできない，ということもあります。また遂行機能や注意機能の障害で調理の計画や準備，手順，行為がうまくいかずにイメージした料理を完成させることができずに，おいしい食事を食べられない場合があります。

　このように，認知症になると認知機能障害のために生活に必要な行為が1人でうまくできない生活機能障害が起こります。

認知症の統計

　2012（平成24）年に日本の認知症高齢者は462万人，老年人口の15％であるとの報告がなされました。加齢とともに認知症の有病率は増加し，70歳代では10％前後，80歳代では30％，90歳代では60％以上となります。団塊の世代が後期高齢者となる2025（令和7）年には認知症の人が700万人を超え，老年人口の20％になると推測されました（2025年問題）。

　日本の高齢化は進行し，認知症に大きな影響を与えるとされる糖尿病患者数も増加しており，認知症になる人の数も増えることが推定されていますが，糖尿病の増加を抑制することで認知症の人の数の増加も抑制できるといわれています。

■**図** 7-2-3　年齢階級別の認知症有病率

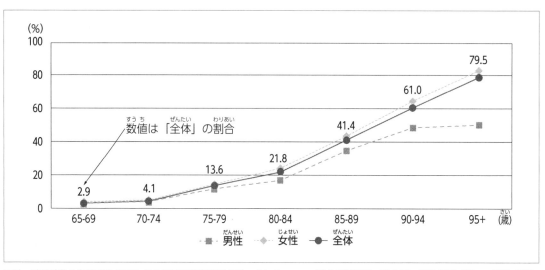

出典：厚生労働科学研究費補助金　認知症対策総合研究事業「都市部における認知症有病率と認知症の生活機能障害への対応　平成23年度～平成24年度総合研究報告書」2013年

　認知症の原因にはさまざまな疾患があります。厚生労働省の 2013（平成 25）年の資料ではアルツハイマー型認知症がもっとも多く，血管性認知症が続きます（図7-2-4）。

■**図** 7-2-4　認知症の原因疾患

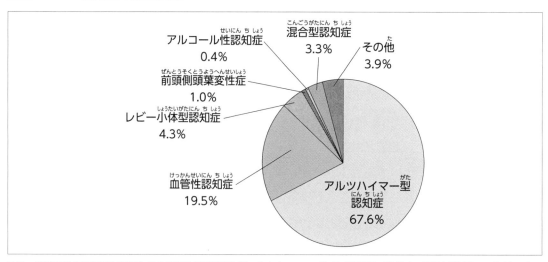

出典：厚生労働科学研究費補助金　認知症対策総合研究事業「都市部における認知症有病率と認知症の生活機能障害への対応　平成23年度～平成24年度総合研究報告書」2013年

❸ 認知症ともの忘れの違い

記憶について

　記憶は①記銘（物事をおぼえこむ），②保持（記銘した情報をとどめおく），③想起（保持している情報を思い出す）という過程を経て，不要な情報は忘却されます。必要とされた情報は消去されずに遠隔記憶として長期間にわたって貯蔵されます。

　健康な人が経験するもの忘れは想起がスムーズにできない状態であり，情報はしっかりと保持・貯蔵されていますから，何らかのきっかけがあれば思い出すことができ，呈示されればそのことを想起することができます（再認）。また，体験の一部を思い出せないことはあっても，体験のすべてを忘れることはありません。

認知症の記憶障害

　海馬の機能低下が起こると，記銘と保持の機能が低下し，新しい情報を覚えておくことが難しくなります。そのため，きっかけがあっても思い出せず，再認ができず，自身の記憶にないことを「なかったこと」と否定するようになります。たとえば旅行をしたことそのものを思い出せないというように，体験のすべてを想起することができなくなりますが，これをエピソード記憶の障害といいます。一方で認知症になる以前の出来事については遠隔記憶として貯蔵されているために想起することが可能です。

　私たちは過去から現在，未来が連続して存在し，その線上に生きています。認知症では記憶障害のために過去，現在，未来の出来事をつなぐことができずに，目の前の「現在」の体験のみに生きていることになります。点と点がつながらない状態は不安な気分を引き起こし，過去の記憶（遠隔記憶）と現在を混同させ，混乱を招きます。

　認知症の初期には記憶障害の自覚がある場合もありますが，多くは自覚が薄れていき，もの忘れをしていることがわからなくなります。記憶にないことは「なかったこと」になるため，周囲からの助言や忠告，訂正を理解できなくなり，反発することも多くなります。これが認知症介護における困難の一因となっています。

　認知症の人は事実と異なる話をすることがあります。これを「取り繕い」といい，記憶にないことについて記憶にあるものを組み合わせて自動的に話すという特性です。介護者はとぼけているのではないか，都合のいいことばかり言う，などと言いますが，認知症では「本当にすっかり忘れて思い出すことができない」ということを周囲が理解することが重要です。

❹ 認知症に類似した状態

せん妄

せん妄とは，一過性の意識障害により脳機能が混乱した状態であり，**幻覚**[1]（➡ p. 386 参照）や**見当識障害（失見当）**[2]（→ p.386 参照），多動や興奮が出現した状態をいいます。せん妄の発症には 3 つの因子が関与しています（**表7-2-1**）。高齢，認知症が準備因子となるため，認知症ではせん妄を起こしやすいといえます。

肺炎などで入院してせん妄を発症すると，夜中に眠れずに大声をあげて，点滴を自己抜去したり，ベッドから起き上がって歩き回り，スタッフが声をかけても話がかみ合わずに興奮することがあります。このような状態のために認知症の症状，または認知症の増悪ととらえられることがありますが，意識障害をともなう状態は認知症とは異なります。せん妄は夜間に多く，急に発症し，意識障害を認めることが認知症との大きな違いです。

■表 7-2-1　せん妄の 3 因子

準備因子 (せん妄のなりやすさ)	高齢，認知症，脳血管障害，せん妄の既往など
誘発因子 (せん妄発症を促進)	環境（入院・明度・騒音），睡眠（不眠・昼夜逆転），身体（疼痛，便秘，発熱）など
直接因子 (せん妄発症の引き金)	炎症，低酸素，脱水，貧血，電解質異常，薬剤，手術など

せん妄への対応

せん妄の発症には何らかのきっかけ（因子）があるため，その確認と対応が必要です。準備因子は対応が困難であるため，誘発因子・直接因子の評価と対応が重要となります。たとえば，肺炎で入院した認知症の人がせん妄を発症した場合には，しっかりと肺炎を治して早期に退院すること。せん妄予防には生活リズムの安定，入院中であっても生活感を保つことが有効です。せん妄を発症しているときには強い不安や混乱のなかにいるため，ゆったりと接すること，本人が安心できるようなかかわりが大切です。

うつ病

　うつ病は気分の障害を引き起こす精神疾患で、高齢者にも多くみられます。気分が落ちこんで悲しくなり、興味や関心、意欲が低下します。食欲の低下や睡眠障害、不安や焦燥感がみられ、ときには生きていても仕方ないという希死念慮が出現します。高齢者のうつ病では抑うつ感よりも不安・焦燥が目立ち、食欲低下、不眠のほか、頭重感やめまい・ふらつき、嘔気や動悸、痛みや倦怠感などの身体症状の訴えが多いことが特徴です。

　さらに思考力の低下、注意・集中力の低下が起こると、考えることが難しくなり、認知機能検査の得点が低下して認知症のようにみえることがあります。このような状態は仮性認知症と呼ばれていますが、うつ病の治療をすると思考機能が改善します。

うつ病への対応

　うつ病の治療は、休養と抗うつ薬治療が原則です。抗うつ薬は効果発現までに1〜2週間かかることがありますが、十分量で十分期間治療することで改善が期待できます。

　うつ病は、自覚があり苦痛が大きいことが特徴です。やらなければならない自身の役割を果たせないことに対する焦りも強くみられます。治療も数週間以上かかるので、なかなか改善しないことに不安を感じて、いらだつ人もいます。

　うつ病の人に対して周囲は話を聞くことが大切です。自分のつらい思いを人が聞いてくれるだけでずいぶんと楽になります。話を聞くときには意見をせず、聞き入れることが重要です（傾聴）。本人なりにがんばっているのにうまくいかないのがうつ病なので、「がんばって」などのはげましは禁句とされます。「つらいのですね」などの共感と「大丈夫」といった安心を与える声かけ、支えが大切です。

　うつ病が重症になると希死念慮が出現して「死にたい」と訴えることがあります。周囲は驚いてしまいますが、「なぜ？」「自殺はダメ！」ではなく、まず「死にたいほどつらいのですね」と寄り添うことが重要です。あなたのことを心配していると伝え、日常のあいさつなどのコミュニケーションを保つようにしてください。希死念慮がある場合には精神科での治療が必要になるので、「死にたい」と言われた場合は、1人でかかえずに同僚や職場に相談しましょう。

2 認知症の診断 ::

❶ 診断の過程

認知症の診断基準

　認知症の定義は，①明らかな認知機能障害があること，②生活の自立が阻害されていること，③ほかの精神疾患やせん妄ではないことです。かつては記憶障害が条件とされましたが，最近の診断基準（DSM-5）では記憶障害が必須ではなくなっています。

■表7-2-2　DSM-5における認知症（神経認知障害）の診断基準

❶ 1つ以上の認知領域（複雑性注意，遂行機能，学習・記憶，言語，知覚－運動，社会的認知）における有意な認知の低下
❷ 認知欠損が生活を阻害する
❸ せん妄，ほかの精神疾患ではない

診断の手順

　認知症の診断には，①認知症か否かの判断の後に，②原因は何かを調べていきます。
　認知症か否かの判断では，症状の変化を確認して診断基準と照合します。本人との面接も重要ですが，事実を思い出せないことも多いため，同居する家族や介護にかかわる人からも生活の様子を聞きとります。記憶障害などの認知機能障害の変化とあわせて，生活の自立度の変化や歩行障害などの運動機能についても時系列にそって確認します。本人・家族が認知症についての知識をもち，変化に気づいて医療職などに相談することが早期発見・診断につながります。

認知機能のスクリーニング検査

　認知機能障害の確認にはMMSE（ミニメンタルステートテスト），改訂長谷川式簡易知能評価スケール（HDS-R）などのスクリーニング検査が用いられます。10～15分で簡単に実施でき，記憶障害を中心とした障害を発見するのに役立ちます。

① MMSE

　MMSE（Mini-Mental State Examination）は，国際的に広く使用されているアメリカのフォルスタイン（Folstein, M. F.）が開発した検査です。11項目の質問があり，記憶障害のほかに失行などを確認することができます。30点満点で23点以下は認知症の疑いが高

いとされています。

② 改訂長谷川式簡易知能評価スケール

　日本人の長谷川和夫が開発した検査で，長谷川式認知症スケールまたは HDS-R と略して呼ばれています。9 項目からなり MMSE と比較して記憶障害の検出に優れています。30 点満点で 20 点以下は認知症の疑いが高いとされます。

③ スクリーニング検査の注意点

　体調や環境などが影響する場合があるので，確認が必要です。この検査のみでは認知症か否かの判断はできません。また総得点が基準を超えても正常ではない可能性があることも注意する点です。記憶に関する項目で失点が目立つ場合には，総得点が基準を超えていても記憶障害がないかを生活の様子から確認して，より精密な神経心理学的検査を検討します。誤答した質問の確認が重要で，また検査中の様子（集中力や答え方など）も本人の様子を知るために重要なポイントになります。

❷ 認知症の原因疾患の診断（鑑別診断）

認知症の原因疾患は非常に多く，脳内疾患がほとんどをしめますが，内分泌疾患，代謝性疾患，血液疾患，中毒性疾患などの全身性疾患も原因となる場合があります。なかには適切な治療で認知症の治癒が望めるものもあるため，早期の正しい診断が重要です。

認知症の鑑別診断には，まず病歴の確認が重要です。本人のみでなく家族や介護者から症状の変化を聞きとり，細かく確認することによって，特徴的な症状や経過から原因疾患を類推することができます。

補助診断として血液検査，心電図，脳波，頭部画像検査を行います。全身性疾患が原因になっている可能性を確認し，頭部画像検査では脳内疾患の原因を調べます。

頭部画像検査には脳の形をみる検査（CT・MRI）と機能をみる検査（脳血流SPECT）などがあります。原因疾患にはそれぞれ特徴的な所見があり，より正確な診断が可能となっています。慢性硬膜下血腫や特発性正常圧水頭症などの治療可能な認知症の鑑別のために，一度はCTまたはMRIを実施することが重要です。

■図7-2-5　認知症診断の流れ

348

❸ 認知症の重症度の評価

認知症の診断では，認知機能検査の点数が注目されますが，認知機能障害は認知症の症状の一部であり，認知症の重症度は認知機能のみでは測れません。認知症の重症度の評価には日常生活の確認が重要です。生活機能評価は観察によって行われるために本人の負担が少なく，言語障害や知覚・聴覚などの障害があるために認知機能検査が難しくても可能です。ただし，生活の評価のためには日常生活を十分に知っていることが必要であり，情報提供者が認知症を意識して本人を観察していることも重要なポイントになります。

CDR

CDR（Clinical Dementia Rating）は，認知機能や生活機能などに関する6項目についての観察式の重症度評価尺度で，国際的に広く使われています。健康（CDR 0），認知症の疑い（CDR0.5），軽度認知症（CDR 1），中等度認知症（CDR 2），高度認知症（CDR 3）の5段階に分類されます。

FAST

FAST（Functional Assessment Staging of Alzheimer's Disease）は，アルツハイマー型認知症の病期ステージを生活機能から分類した観察式の評価尺度です。典型的なアルツハイマー型認知症では，FASTのように病状が進行します。FASTによりアルツハイマー型認知症の重症度を知ることで，今後の進行に予測がつき必要な介護を事前に検討することも可能になります。また，アルツハイマー型認知症で早期に失禁や歩行障害が出現したときなど，FASTと異なる症状がみられた場合に，ほかの原因について考えるきっかけにもなります。

認知症高齢者の日常生活自立度判定基準

認知症高齢者の日常生活自立度判定基準は，厚生労働省が示した基準であり，要介護度認定の際に使用されています。

■表 7-2-3　認知症高齢者の日常生活自立度判定基準

ランク	判定基準		見られる症状，行動の例	判定にあたっての留意事項
Ⅰ	何らかの認知症を有するが，日常生活は家庭内及び社会的にほぼ自立している			在宅生活が基本であり独居可能。
Ⅱ	日常生活に支障をきたすような症状・行動や意思疎通の困難さが多少みられても，だれかが注意していれば自立できる。	Ⅱa：家庭外でⅡの状態がみられる	たびたび道に迷う，買い物や事務，金銭管理などそれまでできたことにミスが目立つ	在宅生活が基本であるが，独居は困難な場合もあるので，日中のサービス利用を検討する
		Ⅱb：家庭内でもⅡの状態がみられる	服薬管理ができない，電話の応対や訪問者の対応など1人で留守番ができない	
Ⅲ	日常生活に支障をきたすような症状・行動や意思疎通の困難さが時々みられ，介護を必要とする。	Ⅲa：日中を主としてⅢの状態がみられる	着替え，食事，排泄が上手にできない，時間がかかる。やたらにものを口に入れる，ものを拾い集める，徘徊，失禁，大声・奇声をあげる，火の不始末，不潔行為，性的異常行動	ランクⅡより重度であるが，ひと時も目を離せない状態ではない。在宅生活が基本であるが，独居は困難であるので，夜間を含めたサービス利用を検討する。
		Ⅲb：夜間を中心としてⅢの状態がみられる		
Ⅳ	日常生活に支障をきたすような症状・行動や意思疎通の困難さが頻繁にみられ，常に介護を必要とする。		ランクⅢに同じ	常に目を離せない状態。家族の介護力等の在宅基盤の強弱により在宅か施設サービスを利用するかを検討する。
M	いちじるしい精神症状や周辺症状あるいは重篤な身体疾患がみられ，専門医療を必要とする。		せん妄，妄想，興奮，自傷・他害等の精神症状に起因する問題行動が継続する状態	精神科病院・老人病院などでの治療が必要となった状態。

3 認知症の原因疾患とその病態 ::::::::::::::::::::::::::::

❶ アルツハイマー型認知症

病態

　進行性の記憶障害と妄想を主症状として初老期に発症し，病理解剖では老人斑と神経原線維変化を認める認知症として，ドイツの精神科医アルツハイマー（Alzheimer A.）が報告しました。その後研究が進み，アミロイドβたんぱく，リン酸化タウたんぱくが関与することがわかっています。画像検査では海馬に目立つびまん性の**大脳萎縮**，脳血流 SPECT では頭頂側頭葉・後部帯状回・楔前部の血流低下が特徴です。保険適用外ですが脳内のアミロイドβを画像で確認できるアミロイド PET，タウ沈着の有無をみるタウ PET という検査もあります。

症状

① 記憶障害

　アルツハイマー型認知症では，記憶障害が初発・必発の症状です。エピソード記憶の障害によって，日常生活に支障がみられるようになります。記憶障害のために物のありかがわからず，自分でしまった物も見つけられなくなります。自分の物が見つからないことが増えることで，誰かが盗ったのではないかと家族や周囲の人を犯人扱いすることがみられます（もの盗られ妄想）。

　特に初期には，思い出せないという自覚があることも多く，自分がおかしいのではないか，会話についていけない，何か大切なことを忘れているのではないかという不安が起こり，自分の変化を感じて抑うつ的となることもみられます。また，周囲に自分の記憶力低下を知られたくないという気持ちが起こり，社会的交流が減少し，周囲の指摘に過剰に反応して怒り出すことも認められるようになります。

② 遂行機能障害

　何かをしようと考えたときにはそのための準備，手順などを計画して，状況を確認しながら，よりよい結果が得られるように適切に修正をしながら手順を実行します。この一連の段取りを遂行機能といい，前頭葉の重要な機能です。認知症では段取りの障害が起こり，たとえば料理をつくろうと思ってもその材料の準備や調理手順がうまく実行できません。ただ，初期からすべての行為ができなくなるわけではありません。1 つひとつの段階が自立している場合には，周囲が段階の橋渡しや適切なサポートをすることで本人が料理を完成させることもできます。

③ 判断の障害

　人は常に状況を確認しながら自分の行動を決定するために思考・判断をしており，認知症でも同様です。まず目の前の状況について，それに関する最近の情報と過去の経験・記憶などを参照しながら判断，意思決定をして，目的を達成するために遂行機能を用いて手順を進めていきます。認知症になると，目の前の状況は把握できても近時記憶の障害のために関連する最近の情報を想起できません。代わって過去の記憶や自己の習慣などから状況へ対応しようとします。たとえば主婦であった人が認知症になり，炊事が困難となった場合，家族が食事の支度をするようになっても，夕暮れになると本人が買い物に行って夕食の支度をしようとすることがあります。いざ食事の支度にとりかかっても遂行機能障害のためにうまく料理ができません。周囲からみると現実にそぐわないちぐはぐな行動に思えますが，本人なりの理由にもとづく判断があります。

④ 見当識障害

　今の時間や場所，目の前の人に関する認識を**見当識**③（➡ p. 386 参照）といいます。アルツハイマー型認知症では時間→場所→人物の順で見当識が障害されていきます。時間の見当識が障害されると今日の日付や曜日がわからなくなり，たとえば今日ゴミを出してよいのかがわからなくなります。場所の見当識が障害されると，今自分がいる場所が定かでなくなり，外出して迷子になります。症状が進行すると人物の見当識障害が出現し，目の前の人がだれかわからなくなります。

経過

　アルツハイマー型認知症は発症時期がはっきりせず，加齢によるもの忘れと思っていたものが徐々に進行して日常生活に支障をきたすようになります。初期には記憶障害，遂行機能障害などによって日常生活の比較的複雑な行為（家事や金銭管理など）に支障をきたしますが，中等度になると失行が出現して道具の使用が困難，家事は不可能となり，更衣などに支障をきたします。さらに進行すると更衣・入浴・排泄などのセルフケア全般に介助が必要となり，目の前のものがわからないなどの失認も目立つようになります。後期では言語機能障害，運動機能障害をきたし無言・無動となります。BPSD（行動・心理症状）④（➡ p. 386 参照）も病期により傾向があります。初期には不安・抑うつやもの盗られ妄想が多く，中等度では徘徊や興奮が目立つようになります。

　病気の進行に伴い，必要な介護や対応を工夫する必要があります。8 ～ 12 年とされる平均余命ですが，適切な介護と生活の工夫で延長も期待できます。

❷ 血管性認知症

病態

　血管性認知症は**脳梗塞**⑤（➡ p. 386 参照），**脳出血**⑥（➡ p. 386 参照），脳動脈硬化などの脳血管障害による認知症です。かつては認知症の原因で最多とされていましたが，脳血管障害のリスクとなる生活習慣病のコントロールが良好となり，脳梗塞や脳出血による脳卒中が減少したことで，最近の報告では認知症の原因としての割合は 10 ～ 20％となっています。

　画像検査では原因となる脳血管障害の所見が認められます。

症状

　脳血管障害と関連した麻痺などの運動症状や高次脳機能障害などの局所症状が出現して認知症をきたします。原因となる脳血管障害によって多発性梗塞，重要な領域の単発梗塞，多発性ラクナ梗塞，広範な白質病変，脳出血などに分類されます。

　血管性認知症では，障害部位によっては記憶障害が目立たないことがあります。遂行機能障害，注意障害が目立つことが多く，自発性の低下，不安・抑うつ，感情失禁，せん妄がみられやすいことが特徴です。障害されていない部位の脳機能は保たれるため，まだら認知症ともいわれます。

経過

① 階段状の経過

　脳梗塞や脳出血を原因とした血管性認知症では脳血管障害を発症するたびに急激な症状の変化がみられますが，急性期を過ぎると症状は安定し，進行は目立たなくなります。脳卒中の部位に応じた麻痺や言語障害などの局所症状をともないます。脳卒中の減少や治療の進歩にともない，階段状の経過を示す血管性認知症は減少傾向にあります。

② 緩徐進行性の経過

　白質の動脈硬化を原因とした血管性認知症では，症状は緩徐に進行します。症状は徐々に出現し，局所症状はとぼしいのが特徴です。緩徐に進行して高度の認知機能障害にいたる場合には，臨床経過からアルツハイマー型認知症と区別することが困難になります。

アルツハイマー型認知症との鑑別

　アルツハイマー型認知症は，記憶障害に始まり，緩徐に進行しながら他の認知機能障害が出現し，生活機能が低下して，比較的一様の経過をたどることが特徴です。一方，血管性認知症

は，脳卒中による階段状の変化，動脈硬化による緩徐進行性の経過をたどりますが，脳血管障害の部位により症状の出現はさまざまであり，局所症状をともなうことが多いのが特徴です。緩徐進行性の初期には頭痛や頭重，耳鳴り，肩こり，めまい，ふらつき，しびれ，もの忘れなど神経衰弱様の自覚症状がみられやすく，特に頭痛・頭重，めまい，もの忘れは多くみられます。両者の特徴を表7-2-4に示しますが，アルツハイマー型認知症の約半数に脳血管障害をともなうことが知られており，その鑑別には症状と画像所見の確認が重要です。

■図 7-2-6　階段状の経過と緩徐進行性の経過

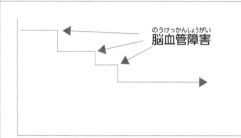
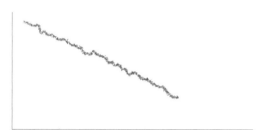

[階段状の経過]
脳血管障害を契機とした機能低下。
症状は脳血管障害の部位と程度による。次の脳血管障害まで機能低下の進行は目立たない。

[緩徐進行性の経過]
白質の動脈硬化を原因とする機能低下。
急激な症状変化はとぼしく，緩徐な進行がみられる。

■表 7-2-4　アルツハイマー型認知症と血管性認知症の違い

アルツハイマー型認知症		血管性認知症
70歳以上の発症が多い	発症年齢	50歳以上に多い
女性に多い	性差	男性に多い
神経細胞の障害	原因	脳血管の障害
緩徐進行 徐々に全般性知能低下	経過	階段状または緩徐進行 障害部位による「まだら」
記憶障害	初期症状	頭痛，めまい，もの忘れ
もの盗られ妄想，取り繕い	みられやすい症状	感情失禁，抑うつ，せん妄

❸ レビー小体型認知症

病態

　パーキンソン病の病理変化としてのレビー小体が大脳皮質にも存在する認知症があること
を，日本の精神科医である小阪憲司が発見しました。厚生労働省の資料では，認知症の原因の
4.3％となっていますが，実際には 10 ～ 20％と考えられています。またレビー小体型認知症に
アルツハイマー型認知症の所見を合併していることも多いといわれています。

症状

　レビー小体型認知症では初期に記憶障害が目立たないことがあります。特徴的な症状とし
て，①認知機能の動揺，②具体的な幻視，③レム睡眠行動障害，④パーキンソン症状がありま
す。
　①認知機能の動揺によって注意力・覚醒レベルの変動が大きく，日によって ADL[7] (➡ p. 387
参照) も大きく変化することがあります。②幻視は具体的，色彩豊かであることが特徴です。
幻視とは何もないところに何かが見えることですが，実際にあるものを見間違える錯視もレ
ビー小体型認知症では多く認められます。周囲の人には何も見えませんが，幻視，錯視とも本
人はしっかり見えていると感じています。本人の訴えを否定せずに，周囲が理解をもって対応
することが重要になります。③人はレム睡眠で夢をみているときには身体が弛緩して発声や体
動ができない状態になっています。しかし，夢をみながら叫んだり，身体を動かす症状をレム
睡眠行動障害といい，認知機能障害を認める前から出現することがあります。激しい体動でけ
がをすることもあり，注意が必要です。④パーキンソン症状では動作緩慢，表情がとぼしくな
る（仮面様顔貌），歩行障害（すくみ足，前傾，小刻み歩行，突進歩行），手のふるえ（振戦），
嚥下障害などがみられます。レビー小体型認知症では多彩な症状がみられ，便秘や発汗，血
圧・脈拍の変動などの自律神経症状，精神症状では不安・抑うつの合併が多いといわれていま
す。

経過

　パーキンソン症状と関連した転倒による骨折，嚥下障害による誤嚥性肺炎の合併などが予後
に影響するため，十分な医療・介護が重要です。

❹ 前頭側頭葉変性症

病態

　大脳の前頭葉や側頭葉を中心に神経変性をきたすために人格変化や行動障害，失語症，認知機能障害，運動障害などが緩徐に進行する神経変性疾患です。複数の疾患を含み，65歳未満の発症が多いことが特徴です。また，画像検査では各疾患の障害部位に応じて前頭葉や側頭葉に限局的な強い大脳萎縮を認め，脳血流SPECTでは同部位の血流低下を認めます。

症状

　障害部位により①行動障害型，②言語障害型に大別されます。

① 行動障害型

　前頭葉の変性・機能障害によって，人格変化といわれる症状がみられます。自発性が低下して無関心となりますが，一方で衝動のコントロールや社会通念が欠如するために周囲をかまわない自己本位な言動（わが道を行く行動）や社会ルールを無視した行動（万引きなど）が出現します。同じことをくり返す常同性，決まったスケジュールでの強迫的行動（時刻表的生活）などの症状がみられ，食事をとらずに甘い物ばかり食べるようになるなど食行動・嗜好の変化，偏食がみられることもあります。

② 言語障害型

　側頭葉の変性・機能障害により言語機能障害が起こりますが，障害部位によって意味記憶障害型と進行性非流暢性失語型に分けられます。意味記憶障害とは言葉の意味などの知識が利用できなくなる状態です。「鉛筆を取ってください」とお願いすると「鉛筆とは何ですか？」と答えが返ってきます。我々があたりまえのように使っている物の名前などの意味がわからなくなるため，コミュニケーションに困難が生じます。進行性非流暢性失語では発語がスムーズでなくなり，文法・語法の誤りなどがみられます。本人は「うまく話せない」と自覚しており，周囲の理解と対応が重要です。

　前頭側頭葉変性症では初期には記憶障害が目立たないことが多く，見当識障害をともなわず，通い慣れた道では迷子になりづらいという特徴があります。行動障害型は特異な言動から精神疾患と診断されてしまうことがあります。

経過

　比較的緩徐な進行を示すことが多いですが，進行すると運動機能障害が出現し寝たきりになります。

❺ クロイツフェルト・ヤコブ病

病態

　クロイツフェルト（Creutzfeldt.H.G.）とヤコブ（Jacob.A.M.）によって報告された急速に進行する認知症の原因疾患です。異常プリオンたんぱくの中枢神経への沈着が原因とされ（プリオン病），大脳から脊髄にいたるまで海綿状の空胞をつくって機能障害を引き起こします。50 〜 60歳代にみられることが多く，症状発現から死亡までは 1 〜 2 年です。
　画像検査では大脳萎縮が認められ，MRI で大脳皮質・視床・線条体などに異常信号を認めます。

症状と経過

　初期にはめまい，倦怠感，視覚異常，抑うつ，記憶障害など非特異的症状がみられます。その後，認知症が急速に進行して言語機能障害のために疎通困難となり，筋肉がビクッとなる不随意運動（ミオクローヌス）が出現し，運動機能障害が急速に進行して歩行困難，寝たきりとなります。幻覚や妄想，興奮などの精神症状も多くみられます。そして無言無動状態になり，全身の硬直・拘縮が出現し，全身衰弱，呼吸不全，肺炎などで死亡します。現在有効な治療法はありません。

❻ 治療で回復する認知症

　認知症の原因は❶〜❹で大部分を占めています。現在の医学では治療による回復は困難ですが，適切な治療により回復可能な認知症もあるので，正しい診断と対応が重要です。

慢性硬膜下血腫

① 病態と症状

　脳は軟膜，くも膜，硬膜という 3 枚の膜で包まれていて，いちばん外側の硬膜の下にできた血腫を硬膜下血腫といいます。慢性硬膜下血腫は，転倒などの際に頭部を打撲したことが原因で起こりますが，一時的な打撲痛のほかに症状はなく，このときには画像検査でも異常はみられません。ところが，硬膜の血管など

■図 7-2-7　慢性硬膜下血腫の画像所見

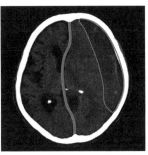

左硬膜下控に血腫を認める：細い色線で囲んだ部分
左大脳は血腫により圧排され，正中偏位（Midline shift）が認められる：太い色線

が破れて少量の出血が持続して血腫となり，脳を圧迫すると神経細胞の障害を引き起こし，麻痺や失禁，認知機能障害などが出現します。脳梗塞の予防のために抗血小板薬などを内服していると慢性硬膜下血腫のリスクが高くなります。画像検査をすると硬膜下に三日月状の血腫があり，大脳を圧迫している様子が確認できます。

② 経過

慢性硬膜下血腫は，頭部打撲などの原因の2週間から3か月程度あとになって症状が出現して気づかれることが多い疾患です。ぼんやりする，つじつまの合わないことをする，歩き方が不安定になって転倒するなど，日常での変化がみられます。

慢性硬膜下血腫は生命にかかわることは少ないですが，認知機能障害や尿失禁，運動麻痺による歩行障害や寝たきりを誘発しやすい疾患です。画像検査ですぐに見つかり，脳神経外科で血腫を取り除く手術をすると症状が改善します。

特発性正常圧水頭症

① 病態と症状

人間の脳は髄液で満たされた中にあり，髄液は産生・吸収・循環によってバランスが保たれています。とくに誘因なくこのバランスがくずれてしまい，頭蓋内に髄液がたまってしまうのが特発性正常圧水頭症です。

特発性正常圧水頭症では，①認知機能障害，②歩行障害，③尿失禁がおもな症状ですが，認知機能障害ではぼーっとすることが増える，反応が遅くなるなどの注意機能の障害が多くみられます。歩行障害は足を開いた不安定な小刻み歩行（開脚歩行）が特徴的です。また，尿意はあるのですが，我慢ができずに失禁をしてしまうこともあります。

頭部のCTやMRIでは脳室の拡大などの特徴的な所見が認められ，症状とあわせて診断が可能です。また，試験的に腰椎から髄液を抜くことにより症状の改善をみる検査（タップテスト）が行われます。

② 経過

特発性正常圧水頭症では，初期から尿失禁・歩行障害が出現します。脳室に過剰にたまった髄液を外に流す，シャント術という手術を行うことで，脳機能・症状が改善します。

ビタミン欠乏による認知機能障害

病態と症状，経過

ビタミンは生存・生育に必須の体内合成ができない物質ですが，食事から摂取できない，胃切除などにより吸収ができないなどの理由により慢性的なビタミン不足状態となると，欠乏症となります。特にビタミンB群欠乏は認知機能障害の原因となることが知られていま

す。ビタミン B_1 が欠乏すると健忘をきたすことがあり，ビタミン B_{12} が欠乏すると貧血や神経症状，認知機能障害が出現することがあります。

ビタミン欠乏は血液検査により確認ができます。欠乏にいたった原因の確認と対応，ビタミン摂取により治療します。

甲状腺ホルモン機能低下による認知機能障害

病態と症状，経過

甲状腺ホルモンは全身の代謝にかかわるホルモンですが，橋本病などによりホルモン不足が生じるとさまざまな症状が出現します。むくみや脈拍の減少，疲れやすさなど身体の症状のほか，活気がない，やる気がないという精神症状，記憶や思考が困難となる認知機能障害が出現することもあります。

甲状腺ホルモンはビタミン B 群と同様に血液検査で確認ができ，認知症の原因診断の際には必須の検査です。ホルモン異常の原因の確認と治療を進めていきます。

糖尿病による認知機能障害

糖尿病は脳血管障害の大きなリスクですが，最近ではアルツハイマー型認知症のリスクになることや，血糖のコントロールが悪いことが認知機能に影響を与えることが知られてきました。記憶障害よりも注意障害が目立つとされ，適切な糖尿病治療による血糖コントロールにより症状が改善することが期待できます。

❼ 若年性認知症

65 歳未満で発症した認知症を若年性認知症と呼んでいます。人口 10 万人あたり 50.9 人，全国で 4 万人弱の患者がいると推定されています。以前は若年性認知症では血管性認知症が約 40％で最多，アルツハイマー型認知症は約 25％でしたが，2020（令和 2）年の報告ではアルツハイマー型認知症が 52.6％で最多，血管性認知症は 17.1％とされています。また，高齢者では 1％程度とまれな前頭側頭葉変性症は若年性認知症では 9.4％と高頻度となることが特徴です（図7-2-7）。また，高齢発症の認知症と比較して遺伝的な要因の関連が多く，症状の進行が速い傾向があるといわれます。

若年性認知症では本人の多くが現役世代であり，仕事がうまくできない，子育てや家事がむずかしくなったなどの変化がみられ，就労や経済的な問題，家庭機能などへの影響が大きく，幅広い支援が必要となります。しかし，症状への気づきの遅れや受診までの時間がかかること，診断のむずかしさによる不適切な診断により対応が遅れてしまうことも少なくありません。年齢的に認知症を疑うことができず，また本人・家族とも受容ができないなどの側面があり，心

理的サポートも必要となります。

　厚生労働省の認知症施策においても若年性認知症対策の充実をうたい，各都道府県に若年性認知症支援コーディネーターの配置や若年性認知症コールセンターの設置を進めていますが，介護支援体制や就労支援については不足しているのが現状です。若年性認知症の介護者は同年代で現役世代の配偶者か，親世代が多いですが，未成年の子どもが介護をになう必要に迫られる（ヤングケアラー）こともあり，公的サービスでのサポートが重要となります。しかし，介護保険サービスは高齢者がおもな対象であるため，若年性認知症の人はなじみにくいのが現実です。また，仕事をしていた場合には，認知症を発症しても職場・社会の理解と協力により就労の継続が可能となると，経済面だけでなく本人の生きがいを支えることができると考えられます。若年性認知症については社会でもまだ認知が十分でなく，今後も周知啓発の継続が大切となります。

■図 7-2-7　若年性認知症（調査時 65 歳未満）の原因疾患の内訳

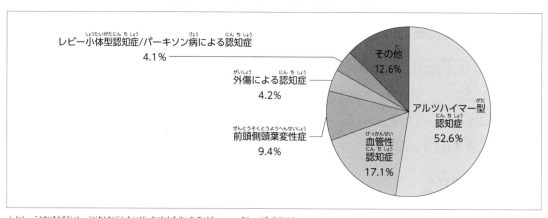

資料：厚生労働省「若年性認知症実態調査結果概要」2020年 を一部改変

4 認知症の治療と予防

❶ 認知症の治療

認知症の治療とは

認知症の大部分は現在の医学では治すことができません。では，なぜ治療をするのでしょうか。多くの認知症は時間とともに認知機能障害・生活機能障害が進行し，本人の機能低下は周囲の介護負担の増大につながります。また，症状の急激な変化やBPSD（行動・心理症状）などで本人・介護者の生活が不安定となることも少なくありません。認知症の治療とは症状の安定と進行を抑制して本人・介護者の生活を維持することであり，住み慣れた地域・家庭での生活を継続できることが目標となります。

認知症の治療で重要なことは，健康・体調の管理です。肺炎などで入院してしまった，骨折で動けなくなってしまったといったことをきっかけに認知症が急激に進行する場合があります。そのような事態にならないためには日々の健康管理が大切で，そのためには食事や内服の管理，必要な病気の治療継続が重要です。しかし，認知症になると日々の生活行為が困難になるため，周囲のサポートが必要となります。

また，脳機能を維持するためには生活のなかで適切な刺激があることが必要です。脳も使わないと衰えますので，活発な生活を送ることが望ましいと考えられています。日常的には自宅に閉じこもらずに外出をする，適度な運動，趣味などの楽しみのほか，他人との交流が重要です。周囲とのかかわり（社会的交流）を保つことは脳機能を維持するだけでなく，孤立を防ぎ，気分の安定にも有効とされます。ただし，認知症になると自発性が低下して活動性が低下しがちになるので，周囲のかかわりにより本人の生活機能・刺激を維持する工夫が必要となります。介護保険サービスの利用も有効です。

認知症の非薬物療法

非薬物療法とは薬物を用いずに，本人の生活のなかでのはたらきかけ，活動により治療効果を期待する療法です。認知機能に焦点を当てたものとしてリアリティ・オリエンテーションや認知トレーニングが，認知機能以外に焦点を当てたものとして**音楽療法**⑧（➡ p. 387 参照）や回想法⑨（➡ p. 387 参照），運動療法が行われています（**表7-2-5**）。

リアリティ・オリエンテーション	本人に対して正しい日時や場所，人物の情報を繰り返し伝えることで現実の認識，見当識を高めようとするアプローチ。認知機能改善の可能性があるとされる。
認知トレーニング	記憶，注意，問題解決などの領域に焦点をあてたプログラムで，個人療法と集団療法がある。認知機能改善の可能性があるとされる。
音楽療法	音楽を聴く，歌う，楽器を演奏する，リズム運動などの方法がある。不安や抑うつ，行動障害に効果がある可能性があるとされる。
回想法	高齢者の過去の人生の歴史に焦点をあてて，ライフヒストリーを聞き手が受容的，共感的，支持的に傾聴することを通じて，こころを支えることを目的とする。気分の安定，幸福感の増大，認知機能改善の可能性があるとされる。
運動療法	有酸素運動，筋力強化訓練，平衡感覚訓練などがあり，複数を組み合わせたプログラムを作成して，週2回〜毎日，20〜75分で設定されることが多い。ADL改善，認知機能改善の可能性があるとされる。

アルツハイマー型認知症の薬物治療

　人の学習・記憶に必要なアセチルコリンという神経伝達物質があります。アルツハイマー型認知症では記憶障害がおもな症状ですが，脳内ではアセチルコリンの減少が起こっていることがわかりました。そこで，アセチルコリンを間接的に増やす作用をもつ薬剤（コリンエステラーゼ阻害薬）が開発されました。日本でも1999（平成11）年にはドネペジル，2011（平成23）年にはガランタミン，リバスチグミンが認可されて使われるようになりました。

　また，アルツハイマー型認知症ではグルタミン酸という神経伝達物質が過剰であり，そのために神経伝達がうまくいかないことが考えられています。そこで，グルタミン酸の過剰な神経伝達を調整する薬剤（NMDA受容体拮抗薬）としてメマンチンが開発され，2011（平成23）年から日本でも使われています。

　このように現在4種類のアルツハイマー型認知症治療薬がありますが，原因治療薬ではないので，アルツハイマー型認知症を治すことはできません。重症度に応じて使用できる薬剤が医療保険で定められており，それぞれの薬剤の効果として認知機能障害や生活機能障害の進行を抑制することが期待できますが，その期間は6〜12か月程度です。現在の薬ではアルツハイ

マー病の神経脳細胞死を止めることができないため，治療をしていても1〜2年くらい経過すると症状の進行がみられます。しかし，症状の進行を1年でも先送りできるということは，本人だけでなく，介護者の生活を保つうえでも重要な意味をもつ効果となります。

治療薬には副作用の可能性があり，治療開始時や薬の増量時に多くみられます。それぞれの薬剤の服用方法や副作用を確認しながら，安全に治療を継続することが重要です。

■表7-2-6　抗認知症薬

薬理作用	薬剤名	軽	中	高	服用法	副作用	
コリンエステラーゼ阻害	ドネペジル	○	○	○	1日1回内服	嘔気，食欲低下	徐脈，心ブロック
	ガランタミン	○	○		1日2回内服		
	リバスチグミン	○	○		1日1回貼付	発赤，かゆみ	
NMDA受容体拮抗	メマンチン		○	○	1日1回内服	眠気，めまい，便秘	

軽度：もの忘れが出現，仕事や家事が困難
中等度：家事ができない，着替えや入浴が完全にできない
高度：着替えや入浴，排泄などの自立困難

BPSD（行動・心理症状）の治療

認知症では BPSD（行動・心理症状）と呼ばれる症状が出現することがあります。BPSD は本人の苦痛も大きく，介護や医療においても対応するべき課題となっています。

BPSD がなぜ起こるのか，その理由を考えることが大切です。妄想や興奮，徘徊などさまざまな症状がありますが，それらすべてが本人の認知機能障害，生活機能障害，心理状態や環境などを背景とした理由のある言動であると理解して対応することが重要です。

認知機能障害がある人も日常生活のさまざまな場面において，本人の意志にもとづいて行動をします。目的を達成するためには認知機能や運動機能を必要としますが，認知症では記憶障害などの認知機能障害のために適切な判断や行為が困難となります。そのため自分の意志・目的を達成することができず，認知症の人は日常的に不満足を感じ，自分に対する自信喪失や不安感があり，この心理状態が BPSD の背景と考えられます。

BPSD の対応の原則は非薬物的アプローチです。同じ人であっても時・場所・相手によって症状が変動するのが BPSD の特徴です。BPSD に対してはケアや環境などが大きな影響を与えていると考えられます。ケアや環境のよしあしにより BPSD の様子は大きく変わります。そのため，症状の出現する状況や変化（悪化・改善）する状況を評価，対応することが BPSD 治療の第一歩となります。

非薬物的アプローチによっても改善が得られない場合，または症状が重くて緊急の対応を要する場合には薬物療法が検討されます。妄想や興奮には抗精神病薬，不安や抑うつには抗うつ薬の効果が期待されます。不眠に対しては安易に睡眠薬を使用せずに非薬物療法・睡眠衛生指導が大切です。いずれの薬物療法についても過鎮静や転倒，誤嚥などの副作用には十分注意が必要で，薬による二次的なトラブルは避けなくてはなりません。

■図 7-2-8　BPSD のしくみ

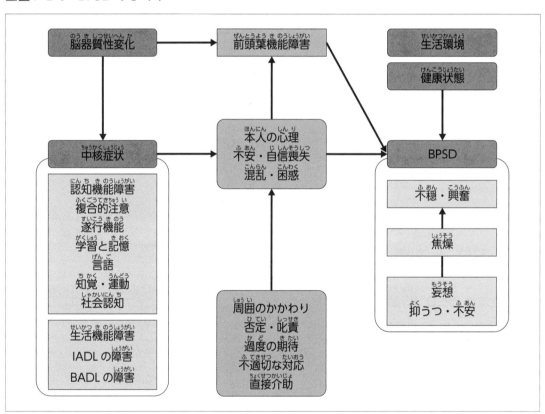

❷ 認知症の予防

認知症の危険因子

　ある条件をもった人が疾患にかかる率が高い場合，その条件をその疾患の危険因子（リスク因子）といいます。血管性認知症では加齢の影響はありますが，もっとも重要な危険因子は中高年以降の高血圧です。そのほかに脂質異常症や糖尿病，肥満，喫煙，メタボリックシンドロームなども危険因子です。アルツハイマー型認知症では加齢が最大の危険因子であり，性別（女性）もリスクとされます。以前は高血圧や糖尿病，メタボリックシンドロームなどによる動脈硬化は血管性認知症のリスクとされていましたが，最近ではアルツハイマー型認知症のリスクにもなることがわかってきました。

認知症の予防

　2017 年にイギリスのランセット誌に認知症のリスクと予防に関するレポートが発表されました。ランセット委員会は，認知症における 9 つのリスクとして，15 歳までの教育（若年期），高血圧，肥満，難聴（中年期），うつ病，糖尿病，不活発，喫煙，社会的孤立，（老年期）を示しました。これらへの対応・治療により，認知症の 3 分の 1 が予防できる可能性があるとされています。
　また，2019 年には WHO（世界保健機関）が認知症・認知機能障害の予防ガイドラインを発表しました。高血圧や糖尿病，脂質異常症などの生活習慣病のコントロールのほか，うつ病への対応や難聴の管理，禁煙や運動，食習慣，社会的交流などの重要性が書かれています。

認知症予防で大切なこと

　2019（令和元）年に厚生労働省が公表した「認知症施策推進大綱」のなかで「予防」という言葉が用いられています。ここでの予防は「認知症にならない」ことではなく，「認知症になるのを遅らせる」「認知症になっても進行を緩やかにする」という意味になります。認知症予防について多くの研究が行われていますが，現在のところ完全な予防は不可能です。さまざまな努力をしても，認知症になってしまう可能性が十分にあることを前提に，同じく「認知症施策推進大綱」でうたわれている「共生」のための一人ひとりの意識づけ，地域づくりが重要です。

認知症にともなう
こころとからだの変化と日常生活

学習のポイント 📋

● 認知症の症状を知ることによって，どのようなケアが必要かを学ぶ
● 認知症の人の行動と環境との関係について理解する
● 病気の症状があっても，その人の尊厳を守る視点をもつことについて理解する

1 認知症の人の生活障害，心理・行動の特徴 ::::::::::

❶ 認知症の中核症状

　認知症の人は，何もわからなくなるわけではありません。病気の進行にともなってあらわれる中核症状と BPSD（行動・心理症状）をしっかり把握することで，目の前の認知症の人をよく理解することができます。まず代表的な中核症状をみていきましょう。

記憶障害

　だれでも年をとれば記憶の低下はあるものですが，年相応のもの忘れの場合には，認知症ではなく，だれにでもある生理的健忘です。認知症の記憶障害は明らかに病気の結果としてものを忘れていく状態のことです。記憶には，表7-3-1のような3つの力がありますが，認知症により3つの力とも弱くなっていきます。
　認知症が軽度であれば最近の出来事は忘れますが，過去の出来事はよくおぼえています。前日に通所介護（デイサービス）の仲間といっしょに出かけた公園の名前は忘れても，苦労した時代の隣近所の人の名前は忘れていないことなどはよくみられます。しかし，過去の忘れられないはずの出来事（たとえば，楽しい旅行の思い出といったエピソード）を忘れていれば認知症は確実に進行しているといえます。

■表7-3-1　人間の記憶がもつ3つの力

❶ 記銘力：新しいことをおぼえこむ力
❷ 保持力：おぼえたことを記憶のなかにとどめておく力
❸ 想起力：改めて過去の記憶を呼び起こす力

見当識障害（失見当）

　時間や場所，人を把握する力を見当識といいます。この力が低下することを見当識障害（失見当）といいます。日付変更線を越えて海外旅行をした翌朝に，一瞬だけ朝か夜かわからなくなることを経験した人がいるかもしれません。旅行による環境の激変がある状況では，たとえ病気がなくても，人間のリズムは一瞬混乱するものです。認知症の人は病気のために，より大きな混乱があり，昼夜のわからない状態が起こりやすくなります。

計算力の低下

　認知症の人は，数字が関係したことを把握する力や計算力の低下が初期の段階から目立ちます。ほかの症状が表面化していなくても，数字に関係することでは混乱が起きていることも多いため，初期症状を理解するために大切なポイントです。

　ある程度まで認知症が進行してくると，その混乱は買い物の際に目立ってきます。安いものを買うにもかかわらず，いつも1000円札を出している人を見た場合には，計算力が低下し，いつも安心できるようにお札で買い物をしている場合があるので，注意して見守りましょう。

判断力の低下

　記憶力が低下して，見当識も低下してくるにつれて，その人には物事を判断する力の低下がみられるようになります。判断が必要なときに頭の中が真っ白になり，どうすればよいのかわからなくなる経験はだれにもあることだと思いますが，認知症になると，見当識と同様に，判断力も一般的な程度を超えて低下します。

　私たちが安心して毎日を送るためには，ふだんはあまり気にかけていなくても，とっさの際には瞬時に何らかの判断をしています。自分の判断力が低下したことに気づいた認知症の人は，自信を失い，外出も避けがちになります。

❷ 認知症の BPSD（行動・心理症状）

不安感・心気状態

　初期の認知症の人の精神症状としてとくに注意しなければならないのが，**不安感と焦燥感**，抑うつ気分，やる気のなさです。不安や気分の沈みなどは，それぞれが独立した病気（不安障害，うつ病）としても存在しますが，その一方で，初期の BPSD としても認められるため，注意していなければ間違えてしまいます。

　急に起こる胸のドキドキ（動悸）がとてつもない恐怖となって，その後，外出できなくなることもあります。このような状況を**パニック発作**といい，若い人に多くみられる不安障害ですが，これと似た症状が認知症の初期に出てくる場合もあります。

　また，実際にはからだのどこにも悪いところがないにもかかわらず，自分のからだのある部分にこだわって具合の悪さを心配することを**心気状態**といいます。この状態が続いたあとに，認知症が表面化してくることもあります。「自分のからだに何か悪い病気があるに違いない」と主張して，いくつもの医療機関の受診をくり返す人がいます。

　それぞれが独立した病気である場合には，もの忘れが表面化することはありませんが，これらの症状がいったん改善したようにみえて，その後，認知症が表面にあらわれることがあれば，認知症の初期症状として出ていたものだと理解してください。

強迫症状

　認知症でもとくに**強迫症状**が出る人もいます。なかには洗浄強迫といって，自分の手が汚いと感じ，洗いつづけないと気がすまない状態になり，本人にとってとてもつらい状況が続きます。また，確認強迫といって，自分の家のドアに鍵をかけたことの確認をくり返さないと気が治まらない人もいます。これは独立した病気（強迫性障害）としても存在し，認知症の初期に目立つ場合があります。

抑うつ状態と無気力状態

　初期の認知症が始まる前に，幾度にもわたり気分の沈みをくり返すことがあります。典型的なうつ病（➡第 1 巻 p.321 参照）であれば，3 か月ほどのあいだ，不眠や食欲の低下があり，自分の部屋にこもって窓のカーテンを閉めたままで一日中過ごすといったイメージがありますが，認知症になる前の**抑うつ状態**はそのようなものではありません。気分が滅入る時期を数か月から数年過ごしたあとに，あるときふと，その人の気分が改善することがあります。

　急速に抑うつ状態が改善したことを素直に喜んでいたところ，気分の沈みが改善するのとは

逆に，もの忘れが激しくなる例があります。そのような場合には，BPSD が先に出て，のちに中核症状としての記憶障害がそれを追い越して出現したと考えられます。

また，「何もする気にならない」といった無気力状態を出す場合もあります。抑うつ状態が自分を責めて「悪いのは私だ」と自責的になるのに対し，無気力状態はやる気のなさが前面に出ます。

幻覚

幻覚とは，現実にはないことを見たり聞いたりすることをいいます。しかも一瞬の錯覚ではなく，一定の時間の経過のなかで，「あり得ないこと」の体験は継続します。

いないはずの人が見えることを幻視，聞こえるはずがない声を聞くことを幻聴といいますが，認知症の人自身にとっては，まさに事実として体験しているのですから，本人はあたりまえの反応としてその声にこたえ，そこに見える人に声をかけます。その体験を頭から否定すると，認知症の人は深く傷つきます。しかし，こちらがその病的体験を無条件に受け入れてしまうと，今度はそのような病的体験が本人の頭から離れなくなるので，注意が必要です。

妄想

周囲からみると明らかにあり得ないようなことでも，自分が直感的に何かを感じてしまうのが妄想です。認知症の妄想の場合，その多くは「お金がない」「だれかが部屋に入ってきた」「食事に毒が入っている」などの被害感が出てくる場合があります。

その反面，みずからの感情はかなりの程度までしっかりしていると考えられます。人間の感情には喜怒哀楽がありますが，「周囲から攻撃されているのではないか」といった精神的な症状が出てくる状態であれば，喜と楽の感情は影をひそめ，むしろ怒と哀の感情が表面化しやすくなります。高齢者の場合にも，**統合失調症**[10]（➡ p. 387 参照）に似たような被害感が出ることがあります。この場合は「高齢者の幻覚妄想状態」と呼び，認知症と異なり，知的能力は保たれることが特徴です。

睡眠障害

高齢者は一般に寝つきの悪さを訴え，十分に寝た感じ（熟眠感）がなくなるものですが，認知症にともなう脳の萎縮があると，睡眠は乱れ，認知症の悪化につながりやすくなります。

すべての認知症の人に睡眠障害（➡第 2 巻 p. 286 参照）が出るとは限りませんが，睡眠がさまたげられると認知症の人の行動は大きく混乱するので，入眠障害・中途覚醒・早朝覚醒などの症状を正しく理解したうえでの介助が必要です。

徘徊，帰宅行動

　自宅から外出して帰り道がわからなくなり，町内を歩きまわることなどが起きます。徘徊は夕刻から激しくなることが多く，施設でも帰宅行動が目立つようになります。帰宅行動は，本人の自宅にいても生じます。その人の自宅や自室にいても，そこが自分の家であり居場所であることがわからず，以前に住んでいたところに行っても，やはり「家に帰る」との訴えをくり返します。

　近年，徘徊という言葉のもつマイナスイメージを変えようとする試みも各地で行われています。認知症の人の人権に配慮しながら用語を使うよう心がけることが必要です。

攻撃的な言動，介助への抵抗

　認知症の夫のからだをふこうとした妻が近づいたときに，認知症の夫が「からだをふく」ということを理解できないとすると，「だれか知らない人がやってくるが，何をするんだろう」と疑い，恐怖感をもちます。そうとは知らずに，妻が夫に近寄ると，夫は恐怖を避けるため，妻に拳をふり上げて（他者からみると）攻撃的な言動をとるかもしれません。夫のからだをふこうとしたら，突然なぐられた妻も困惑するでしょう。

　介助への抵抗も，同じようなメカニズムで起こります。認知症の人に対して「介助をしている」と思っていることが，本人にとって攻撃であるかのように感じられた場合，本人は介助に対して抵抗します。しかし，このような行動はいつまでも続くわけではありません。認知症が進行するにしたがってあらわれないようになっていきます。

昼夜逆転，せん妄

　認知症では，意識障害（混濁）がなくても，知的水準の低下がみられます。認知症の BPSD のなかでもっとも介助が大変なものの 1 つに，昼夜逆転があります。認知症とは別の症状ですが，軽度に意識が混濁するせん妄（➡第 1 巻 p. 344 参照）も合併しやすく，注意が必要です。

　朝から夕刻までは，目を覚ましているつもりでも何となく意識が軽度に混濁した状態で過ごし，夕刻以降は逆に活発になり，場合によっては興奮状態になるような昼夜逆転がみられると，介護する人の負担は急激に増大します。

不潔行為

　たとえば，中等度のアルツハイマー型認知症の人が街を歩いていて，自分のお尻のあたりに違和感をおぼえると，とっさの反応でそこに手をやり，手には便がついてしまいますが，手洗いに行って洗い流せばよいことが理解できず，気がつくと壁にその手をこすりつけていたりします。このようなことを不潔行為と呼んだりします。

収集癖

　すでに中核症状もある程度進行していると，物を買う，もしくは集めて帰った直後には自分の行為を忘れていて，何ごともなかったかのように収集をくり返す収集癖が起きます。

異食行為

　食べられないものを口に入れる，あるいは食べてしまうことを異食といいます。目につくものを何でも口にもっていく傾向にありますが，本人は何も本気で「食べたい」と思っているわけではありません。「目につくもの＝口に運ぶ行動」に結びついているだけだと考えてください。こうした行為は，脳の側頭葉の変化にともないあらわれやすい症状です。

失禁

　脳の変化により，これまでコントロールされてきた排尿，排便のメカニズムがうまくはたらかなくなると，失禁が始まります。人によっては，尿意，便意が感じられたあと，トイレに行くのに間に合わなくなることから始まる場合もあります。

認知症と環境

　認知症の人にとって環境はとても重要な要素です。環境のあり方次第では，認知症という病は治せなくてもその症状を落ち着かせ，その人らしい暮らしを支えることや，その人の自立を高めることも十分可能です。認知症の人を支える一要素としての環境を意識し，適切に整えていくことはとても大切です。

　認知症は脳の病です。脳はその人そのものです。その人の人格や背負ってきた人生や記憶，そして時間のすべてをきざみこむ尊いものです。だからこそ認知症ケアはむずかしくも，深く尊いのです。認知症によってつくり出される表層的な症状だけ見ていても，認知症の人を理解し，また支えることはできません。その人の歩んできた歴史とそこにきざまれた「記憶」に向き合い，その人がおかれてきた（そして今，おかれている）状況や環境を的確に把握し，理解することから認知症ケアは始まります。

環境と向き合う力

　ここでいう「環境」にはさまざまな要素や意味を含みます。その人がおかれている状況や物理的な環境，その人のまわりにいる人とのかかわり，介護サービスのあり方，そして過去から現在，未来までの時間。これらすべてが認知症の人に影響を与える要素であることを意識しましょう。しかし，これは特別なことではありません。私たち自身の生活や日常を考えれば容易に理解できることです。それらの要素が適切に，またふさわしくあることで，自分らしくいることができますし，ストレスなく心地よく，安定した生活を送ることができます。私たちは，それら環境要素のなかに身をおき，バランスを保ちながら生活しています。私たちは，環境要素に向き合い，折り合いをつけて生きていく力をもっています。しかし，それがむずかしくなるのが認知症です。だからこそ，認知症の人の環境のあり方はより慎重に考えなくてはなりません。

物理的な環境の重要性

　認知症ケアにおいては，その人を取り巻く**物理的な環境**が非常に重要になります。見方を変えれば，どれほど身体的な介護を充実させても，その物理的な環境が整っていなければ十分な対応ができないということを意味しています。

　認知症ケアのなかでの物理的な側面からの環境づくりは，介護と同様に大切な支援の一要素であるという意識をもち，適切な環境づくりに努めるようにしましょう。

❹ 認知症の人の環境づくりの実際

自宅での環境づくり

　自宅ではその人の暮らしの形を尊重した環境づくりが求められます。家のなかでの動きには習慣化されたことや，その人なりの意味をもつものが少なくありません。その人にとっての生活の全体像を的確に把握・理解したうえで，そこにある秩序を乱さない配慮も必要です。また，地域のなかでその人の生活をとらえ，支えていくしくみづくりも不可欠です。住み慣れた地域では，見慣れた景色や風景，その地域のお店や施設などが道標となって次の行動を導き，また自分の居場所の目印ともなります。当然，認知症になってから知らない地域に住めば，思うようにはいかず，なじむことがむずかしい状況が生まれます。だからこそ住み慣れた地域で暮らすことを大切にし，認知症の人を地域で支え合う意識を育てていくことが重要です。

施設での環境づくり

　認知症の人にとって自宅以外の場所に移ることは大きな困難をともないます。しかし，1人家で刺激のないなかで暮らしている状況や，家族介護のもとお互いにストレスをかかえながら過ごす状況がある場合には環境を変えることで，その人の QOL（生活の質）を高めることにもつながります。以下が，環境づくりのポイントになります。

① **わかりやすい環境**

　「わかりやすい環境」と「単純で単調な環境」とは異なります。本来"あるべきところ"に部屋やもの，空間のしつらえがないような環境では認知症の人は混乱します。逆にその環境が"あるべき"姿をもち，ふさわしい雰囲気を備えていれば，それをきっかけにして生活が展開されます。家庭的で親しみやすい環境と言い換えることもできます。

② **五感に訴えかける環境**

　記憶を頼りにした生活や行動が困難になるため，五感によるはたらきかけが重要になります。五感が記憶に訴えかけ，生活や行為を導くこともあります。五感に対して積極的にはたらきかける環境づくりをすることで，大きな効果を生み出す可能性もあります。

③ **自立心・自尊心・個性を高める環境**

　認知症になっても自立心や自尊心，個性は残ります。自分に合った生活が実現できるように選択できる環境づくりや，個性をいかした生活が送れる環境づくりが必要です。

④ **「暮らし」のための環境**

　普通で自然な「暮らし」ができる環境づくりが求められます。非日常的な環境とならないように，その人らしく暮らせるような配慮と温かみのある環境づくりが大切です。

2 認知症の人への対応 ::

❶ 認知症の人にかかわる際の前提

認知症の人にかかわる前に

認知症になったからといって，すべての能力がそこなわれているわけではありません。配慮しなければいけないのは，認知症になったためにより鋭敏になっている部分もあるということです。

たとえ重度の認知症でも，ほとんどの人はまわりの動きをじっと観察しています。そして，できるだけその場に合わせた適切な行動をとりたいと思っているのです。実際，認知機能の障害があるために，場面に合わせた適切な行動がなかなかとれないことが多くなりますが，まわりのちょっとした支援で乗り越えることができるのです。

認知症の人への対応のなかで大切にしなければならないのは，まずは，介護職としての自分の姿勢や態度などを確認することです。これは自己覚知⑪（➡ p.387 参照）とよばれていますが，そのなかでチェックするべき重要なポイントを検討して，認知症ケアに必要な事柄を考えてみます。

自分の特徴を知る

人にはそれぞれ，自分なりの考え方や受けとめ方，行動パターンがあります。**自分の特徴を**把握しておきましょう。

自分の特徴や傾向を知ったうえで，他者とのかかわり方を調整していく必要があります。そうすれば，異なる特徴をもつ人々とうまく合わせていくことができ，信頼されるようになります。

自分の気持ちを確認する

認知症の人は，言葉の意味を理解しなくても，表情や印象などでこちらの気持ちを感じとります。あなたの今日の気持ちはどのようなものですか？　自分の気持ちをじっとみつめてみましょう。

あなたがイライラしていれば，相手も落ち着かなくなります。相手の反応の起点は，あなたの気持ちなのです。

自分の気持ちを確認したら，努めておだやかなこころでのぞみましょう。おだやかなこころをもてば，自然と表情や行動がおだやかになります。

自分の心身の状態を確認する

おだやかなこころをもつために必要なものは，健康なからだです。こころとからだは密接に関係しています。自分のからだに不調がある場合は，動きが悪くなります。自分のからだのことで頭がいっぱいになり，相手のことを考えることができません。健やかな心身になるように自己管理しましょう。

自分の表情を確認する

「自分の顔は自分だけのものではない」と意識しましょう。あなたは，1日に何回自分の顔を鏡で見ていますか？　多くても数回でしょう。しかし，あなたの顔は，他人からずっと見られているのです。

顔は能面ではなく表情をもっています。休みの計画を立てているときは楽しそうな表情，仕事に追われてあせっていれば厳しい表情をしているでしょう。あなたの顔はあなたの気持ちの発信源です。

いちばん大切なのは，こころを落ち着けて，相手を安心させて楽しくさせるような表情を意図的につくることです。それには笑顔がいちばんです。笑顔は楽しい気持ちを伝えます。そして，笑顔はあなたからほかの人に伝わります。意識的に笑顔をつくりましょう。

相手のプライドを傷つけない

認知症の人は，自分ができなくなっていることに気づいています。それは，本人の言葉を聞きとっていると，「私はこんなにできなくなって」というように，自分が以前と違うことに本人がいちばんとまどっていることを示しています。

そのような状態のときに，行動が不適切だったと本人を責めたら，その人のプライドを傷つけてしまうでしょう。すると，認知症の人は自分を守ろうとして暴力的になったり，反対に閉じこもったりしてしまいます。だれもが自分の尊厳を守りたいと思っています。お互いを尊重したかかわり方が大切です。

相手の話に耳を傾ける

認知症の人の言っていることに耳を傾けて聴くことが大切です。耳を傾けているときはこころが動きます。「また同じ話をしている」と思ったら，聴こうとする姿勢は出てこないでしょう。「こんな忙しいときにまた話しはじめて」と拒否する気持ちをもっては，傾聴はできません。その人を受け入れようと思ったときに，耳を傾けられるのです。

相手をそのまま受け入れる

　相手をそのまま受け入れることを受容（➡第1巻 p. 235 参照）といいます。受容の気持ち
とは，その人のおだやかな部分も，混乱している部分もすべてを受け入れることです。

　これは，わが子を受け入れる母親の愛情に似ています。そこまで他者を受け入れることはむ
ずかしいと思いますか？　介護職は，それを仕事とする尊いものなのです。

非審判的態度をとる

　認知症の人は他者のこころの動きを鋭敏に読みとります。そのため，介護職は非審判的態度
（➡第1巻 p. 235 参照）をとりましょう。

　「あなたは人の食事に手を出しました。それは悪いことです」などと介護職が判断して，他
人の食事に手を出すことを禁止したとします。そのとき，相手が興奮して怒ってしまったとし
ます。これは，介護職が審判したということが，認知症の人を傷つけ興奮させてしまった結果
といえるでしょう。

　本人には本人なりの理由があるかもしれません。認知症のため，やってよいことと悪いこと
の区別がつかなくなっているだけで，おいしそうなものが欲しくなるのは本人にとっては当然
なことだったのかもしれません。

　介護職による一方的な判断は，認知症の人の言動に大きな影響を与えます。

相手の価値観を尊重する

　認知症の人はそれぞれ，これまでの人生のなかでつくり上げてきた価値観をもっています。
介護職は，その人が大切にしている生活スタイルやこだわりなどを最大限に尊重しましょう。

　「その人らしさ」という言葉は，その人のこれまでの生活を守ることで，価値観を尊重し，
ひいては積極的に人権を守ることを意味しています。

❷ 実際のかかわり方の基本

相手の気持ちの読みとり方

　認知症の人とのかかわりでは，相手の気持ちを読みとることが大切です。
　相手の気持ちを読みとることができる人は，交渉能力も高くなります。「今は機嫌がよさそうだから，ここまで話そう」「今暗い表情だけど何かあったのかな，複雑な話はあとにしよう」など，相手の気持ちを読みとって行動を変えているのです。
　認知症ケアでも，相手のそのときの気持ちを読みとることによって，介護の方向性が変わることがあります。
　たとえば，おむつに便をしていても，触られることに抵抗を示す様子であれば，無理に交換するのはよい介護ではありません。もし，清潔保持のために3人がかりで押さえつけてでも交換しようとすると，何をされるかわからないという恐怖心と介護職に対する不信感が本人には刷りこまれてしまうでしょう。それは，次に介護をするときにも残っていて，再度抵抗を引き起こすことになります。
　そこで，本人に不安を与えない介護方法をみんなで検討しましょう。まず，トイレに誘導できるか試してみます。トイレに誘導するときに，あらかじめ清拭用のおしぼりと着替えを準備してから声をかけましょう。
　「便が出ているからトイレに行きましょう」と声をかけると羞恥心が出てしまいます。「食事の前にトイレに行きましょう」や「新しいズボンに換えましょう」「午後から出かけるので着替えましょう」など，便失禁に触れないように言葉を選びます。
　トイレ誘導ができないときは，入浴に誘うことで，羞恥心を刺激することなく衣服を脱ぐことができます。また，足浴に誘い，足を洗う際にズボンが濡れたから交換しましょうなどと工夫することでおむつ交換ができます。
　気持ちを読みとるには，本人の表情に注意を払うことです。介護の現場では表情の変化には日常的に気がついているはずなので，決してむずかしいことではないと思います。

本人の行動をさまたげない介護の方法

　認知症ケアで重要なことは，「本人は何か思いがあって行動している」ということを理解することです。うろうろと歩きまわっている行動も，本人には何か目的があるのです。その思いと目的を理解して共有することが重要です。
　認知症の人の思いと目的を知るには，本人が行動しているときに何を話しているのか，その言葉を聴くことから始まります。

認知症の人は，認知症がかなり進んでも「おいしい」「おなかがすいた」「トイレはどこ」「急いで行かなくちゃ」「帰らなければいけないんです」など，簡単な気持ちをあらわす言葉をいろいろ話しています。そのとき，介護職が本人の気持ちを聴こうともせずに，無理やりやめさせようとすると，興奮してしまうことがあります。本人にとって必要な行動を止められるため，怒りが出てくるのです。ですから，本人の気持ちに寄り添って介護を組み立てましょう。

　本人の気持ちが読みとれないときのために，家族から本人の好きな話や得意なこと，こだわりなど，いろいろな情報を聞いておきましょう。

上手に質問する

　たとえば，帰りたいという言動1つにしても，「子どものご飯をつくる」「家にだれもいないと困るから，自分が留守番をする」「仕事が気になる」など，理由はさまざまです。本人が何をしたいと思っているかについては，本人に聞く以外にはわかりません。

　本人の思いを聞き出すためには，上手に質問を組み立てることが大切です。本人の言葉にとらわれすぎると，次の事例のように，どのように質問を続けたらよいのかわからなくなることがあります。

事例1 ▶ 言葉にとらわれて，思いに近づけなかったケース

Ａさん：早く帰らなければ……。

介護職：どこへ帰るのですか？

Ａさん：急いでるんだよ。

介護職：もう遅いから明日にしましょう。

Ａさん：何を言ってるんだ！

事例2 ▶ Ａさんの思いを共有したケース

Ａさん：早く帰らなければ……。

介護職：どこへ帰るのですか？

Ａさん：急いでるんだよ。

介護職：急いで行きたいのですね。どんな用事ですか？

Ａさん：お金のことだよ。

介護職：そうですか。大事なことですから，まずはご家族に連絡をとってみますね。ここでお待ちいただけますか。

Ａさん：いいよ。

本人に質問をすることは，質問と同時に「あなたに関心をもっています。そして，あなたのお手伝いをしたいのです」という気持ちを伝えることにもなります。この気持ちがつながると信頼関係が構築され，そのあとの介護がうまくいきます。

また，質問しながら，本人の気持ちが落ち着くような方向に話題を変えていくことも適切な工夫です。

感謝の気持ちを伝える

できるだけ機会を見つけては，認知症の人に感謝の気持ちを伝えましょう。

人は感謝されることに非常に喜びを感じます。どんな小さなことでも感謝すれば，認知症の人の気持ちはおだやかで豊かになります。

介護職は，日ごろから認知症の人ができなくなっていることを見つけて介護することを意識していますが，上手なところや，できている行動をほめることが少ないようです。

ほめて感謝することは，本人のプライドを満足させる行動を増やしていくことと同じです。できることは本人にやってもらい，そのときにすぐに感謝しましょう。

事例3 ▶ 通所介護での出来事

Bさん（80代，女性）は認知症があるので，家事は長男の妻がすべて行うようになっていました。家でも通所介護でも，あまり話をすることがなく，沈んだ様子でした。

ある日，通所介護で，「お彼岸なので，おはぎをつくりましょう」と，みんなであんこを丸めていたら，「昔はぬれたふきんであんこを包んで，形を整えていたんだ」と，手なれた様子でつくってくれました。

そのとき，若い職員が「すごいですね。生活の知恵ですね。教えてくれてありがとうございます。皆さんもこうしてつくっていらしたのですか？」とほめるととてもうれしそうで，まわりの人も昔話に花が咲きました。いつも静かなBさんが，楽しそうに話の中心に入っていました。

介護の現場で大切なことは，利用者の尊厳を守ることです。認知症の人に対しては，本人のプライドを大切にして，本人の気持ちに寄り添ったかかわり方が必要です。

家族への支援

●家族介護者の介護の大変さについて理解し，レスパイトの重要性を学ぶ
●家族とは助けるだけの存在ではなく，ともに認知症の人を支えていくパートナーであることを学ぶ

1 家族への支援 ::

❶ 家族介護者の心理過程と葛藤

家族の心理状況の段階的変化

　介護を必要とする認知症の人に対し，それぞれ異なるかかわり方や支援計画を立てることと同じように，家族介護者に対してもそれぞれ異なるかかわり方が求められます。ひとくくりに家族介護者としてとらえるのではなく，1人の人として，心理状態や今の家庭状況によく耳を傾け，ともに考えていく姿勢が必要です。そのための1つの指標が，心理過程のステージ理論です（図7-4-1）。ここで紹介するプロセスには，当然個人差があります。このプロセスの各段階で何らかの支援が不足すると，家族介護者は社会的に孤立し疲弊してしまいます。そこで，介護職は専門家として相談に乗り，その心理状態に社会資源がつながる支援をすることが求められます。

■図7-4-1　家族の心理状況の段階的変化

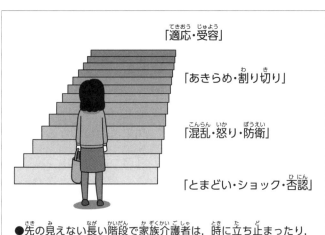

「適応・受容」

「あきらめ・割り切り」

「混乱・怒り・防衛」

「とまどい・ショック・否認」

●先の見えない長い階段で家族介護者は，時に立ち止まったり，戻ったりします。

「とまどい・ショック・否認」

　認知症かもしれないという疑いや違和感をおぼえはじめる段階です。頻繁に起こる記憶の障害に対し，不安を感じ医療機関に相談や受診に行くと，認知症を告知され大きなショックを受けます。一時的なもので治るかもしれないという希望は絶たれ，その事実を受けとめきれず疑い，とまどいます。自身の気持ちを受け入れる際には，ピア・サポート（同様の経験や体験を共有する人同士による支え合い）が有効です。実際に同じ思いをもって生活している人と話をしたり，将来の経過や有効なサービスの使い方等を聞くことで精神的な安定につながります。

「混乱・怒り・防衛」

　生活のなかでさまざまな理解しがたい出来事が頻繁に起こり混乱し，今の状況に怒りさえおぼえはじめる時期です。この怒りは，認知症の人の言動に対する怒りや憤りと同時に，怒ってしまった後悔と人に話せないという孤独感も生じさせます。また，徐々に目が離せない状況になり，家族介護者のこれまでの生活を変えたり仕事を制限したりしなくてはならなくなる時期です。家族，同志，周囲の人が認知症について理解するための情報提供や話し合いの場面をつくることが大切です。

「あきらめ・割り切り」

　今の状況を受け入れると同時に，周囲の助けに限界を感じ，介護者として生きていこうといった割り切りも生まれる時期です。徐々に「私にしかこの介護はできない」といった介護への依存傾向が出現することがあります。また，人との接触を避けることによる抑うつ傾向もみられはじめます。家族介護者の心身の健康に注意を払い，休息時間を設けることが大切です。

「適応・受容」

　家族介護者自身で生活のリズムを調整したり，上手に介護サービスを活用して介護をすることで，自己の成長や新たな価値観を見いだす時期です。また，できること，できないことの見定めや，認知症の人に何が必要かを受け入れることができる時期でもあります。しかし，認知症の人の症状や家族介護者の環境や健康状況によって，再び混乱することもあります。

家族と本人の QOL を高める選択を支える

　認知症ケアは，診断の直後から家庭生活に変化と選択を迫られます。認知症の人も家族ももっとも QOL が高くなる選択を家族とともに考え支援することが，家族支援の基本姿勢として求められます。

2 認知症の人を介護する家族へのレスパイトケア ⠿⠿

❶ レスパイトケアとは

　レスパイトケアとは，自宅で介護をする家族に，一時的な休息や息抜きを行う支援のことです。家族が生活の一部として長期にわたり介護を継続するためには，家族がこころもからだも健康でなければなりません。在宅の介護者の状況を見ると，2019（令和元）年の調査では，65歳以上の高齢者が高齢者を介護する老老介護の世帯は，全体の半数を占めています。身体的な負担も重く，自分自身の健康状態の悩みも増え，精神的にも経済的にも負担が大きくのしかかります。介護の負担感は，急に重くなるのではなくさまざまなことが少しずつ蓄積していきます。そのことから，長期間にわたる介護生活を継続するためには，レスパイトケアが行われることが大切です。レスパイトケアが行われることで，介護職とのかかわりも増え，介護にかかわる助言を受ける機会も増加します。

介護保険サービスにおけるレスパイトケア

① 認知症対応型通所介護（認知症デイサービス）
　日中の時間に利用ができるために，家族にとって家事や自分の時間をつくる助けになります。また，通常の通所介護（デイサービス）との違いは，認知症と診断された人のみが利用できることです。通常の通所介護より小規模で 12 人が定員となっています。小規模であることは認知症の人にとって混乱が少なく，安心する環境で過ごすために大切です。

② 通所介護（デイサービス）
　日中の時間の介護者の一時的な休息に役立ちます。どの地域にも多くあり，特別養護老人ホームや短期入所生活介護（ショートステイ）等との併設が多いので，利用しやすいサービスです。日中の活動性を高めることで生活リズムが回復することも期待できます。一方，認知症ではない利用者とのトラブルが生じることもあるので，本人や家族からこれまでの生活や趣味について事前にアセスメントし，その人に合う通所介護を利用することが必要です。

③ 小規模多機能型居宅介護
　「通い（デイサービス）」「訪問（ホームヘルプサービス）」「泊まり（ショートステイ）」のすべてのサービスを一体的に組み合わせて利用できるために，家族の都合にあわせて利用することができるサービスの 1 つです。24 時間の在宅生活を見守られているという安心感も得ることができ，精神的なケアとしても効果が期待できます。

④ 短期入所生活介護・短期入所療養介護（ショートステイ）
　まとまった期間利用することが可能で，食事，入浴，排泄の介護やレクリエーション，相

談支援なども行われるためにレスパイトケアとして大きな効果があります。しかし認知症の人にとって環境が急に変わることは混乱をきたし，せん妄や妄想などの精神症状が起こることがあります。これをリロケーションダメージといいます。利用の際には，本人の自宅での生活や排泄のリズム，食事量などをよく把握し，できるだけこれまでの生活を継続することが大切です。また，自宅に帰ってからも混乱することがあるので注意しましょう。

介護保険サービス以外のレスパイトケア

① 家族会

　同じ境遇にある家族同士の語り合いの場は，家族のこころのよりどころになり，心理的な休息につながります。家族会は全国的な組織である「認知症の人と家族の会」が開催するものや，市町村が地域支援事業のなかで開催する家族介護支援事業での介護者交流会等があります。いずれも，同じ境遇の人が，同じ立場で，「支援する－される」という関係ではなく，対等で水平な関係でありお互いから学ぶ姿勢をもつことから始まります。お互いが今感じていること，悩んでいること等を話すことで自分自身と向き合う機会になります。また，ほかの参加者からはげましをもらい，お互いが支えになることをめざしています。家族会には，専門職が入ることもありますが，指導などは行わず，あくまで，情報提供や司会進行の役割です。このようなプロセスを経て，疲弊した気持ちを回復していくことをめざします。

② 介護者教室

　認知症ケアは，がんばりすぎて疲弊してしまうことが多くあります。そのなかで介護者教室は，認知症の知識や介護方法を学ぶことで客観的に自分の介護を見つめ直す機会になります。開催は，地域支援事業として市町村が行う場合や，特定非営利活動法人（NPO法人）や介護サービス事業所等で独自に行う場合などさまざまです。内容は，認知症の症状や対応の工夫，食事介助，健康管理，排泄介助やおむつの使い方，移乗の方法，介護保険制度や費用など，介護をするうえで知っておくべき内容についての講話や実技などが中心です。

③ 認知症カフェ

　認知症カフェは，実際のカフェや公民館など地域のなかのオープンな場所で認知症の人，家族や友人，地域住民，専門職が語り合う場所です。認知症の人も家族もいっしょに気兼ねなく入ることができます。この活動によって認知症があっても過ごしやすく理解のある地域づくりがなされます。そのため，本人や介護をする家族が，地域でのストレスを軽減し介護生活がしやすくなることが期待されています。認知症カフェは介護保険サービスではないので，そこで出会う専門職とも分けへだてなく本音で話ができることも魅力の1つです。また，対象は高齢者だけではなく，さまざまな世代の人が自由に出入りすることができ間口が広くなっています。介護職なども運営スタッフや来場者として参加することができます。

❷ 介護職が行う認知症の家族への支援

入所施設での家族支援

　家族支援は，在宅介護をしている家族だけでなく，施設入所をしてからも行われなければなりません。入所をしても家族の一員です。入所にあたって自分の家族を他人にまかせてしまって申し訳ないと感じる家族も少なくありません。どのように生活しているか，健康でいるか等の不安感をもつ家族もいます。本人も，入所後は環境になじめずしばらく落ち着かなかったり，これまでにない症状があらわれたりすることがあります。介護職は，家族から自宅での生活の様子や本人の好みや趣味等を詳しく聞く機会を設けましょう。その機会をつくることで施設でも変わらない支援を考えてくれているという家族の安心感につながり，信頼関係にもつながります。それにより，本人にとってよい介護計画や支援につながるヒントも得られることがあります。また，家族が面会に訪れたときにもあいさつだけではなく，日常生活の様子，家族が不安なことはないかなど，コミュニケーションをとることを心がけます。

居宅系サービスでの家族支援

　訪問系サービスや通所系サービスの職員は，家族の負担感をやわらげる役割もあります。家族とかかわる機会が多く，そのつど観察し声かけを積極的に行うことが望まれます。家族は，申し訳ないという気持ちも多くあり，要望を言いがたく遠慮している場合もあります。表情や様子から，今困っていることはないか，何か不安なことはないかを察し，声をかけるようにします。家族の体調や睡眠時間，健康についてさりげなく聞きとり，サービスの提案や相談が必要であれば，介護支援専門員（ケアマネジャー）や**相談支援専門員**⑫（➡ p. 387 参照）につなげることを伝えます。

　在宅介護が，「うまくいっている」「ていねいに行えている」など評価することも介護職の役割です。「わたしを見てくれている人がいる」と感じることで介護を続けるはげみにもなり，孤立感も軽減していきます。また，通所介護等で家族が見ていないときの様子を伝えることも家族の安心と気づきにつながります。自宅では何もしなかった人が通所介護では明るく楽しそうに過ごしていることもあります。家族は，通所介護に行っているときも，どうしているか不安が頭から離れないことがあるので，こうしたことを伝えると，不安が軽減し介護サービスを利用してよかったと思える気持ちになります。

❸ 家族への情報提供と助言の方法

理想論だけを述べない

「認知症になってもこころは生きています」ということを伝えても，「あなたには何もわからない」と思われてしまうことがあります。「問題行動という言葉はやめましょう」と言うのも同じように感じられてしまうことがあります。家族が知りたいのは，理想ではなくどのように今の状況を回避すればよいのかという現実的な生活の工夫なのです。家族にとっては，生活をおびやかす問題行動なのかもしれません。その際は，まずは十分に話を聞くことが重要です。何に困っていてどんな気持ちなのかについて耳を傾けましょう。そして，すぐに助言をするのではなく，家族が望ましい生活をするためにどうしていくことがよいのかを考えましょう。もしかしたら，買い物に行く時間や友達に会う時間がほしいのかもしれません。こうした要望をかなえるためにどうしたらよいのかをいっしょに考えたうえで，対応方法について助言するようにします。

あいまいな概念を使わない

「その人らしさが大切です」「説得より納得」等のあいまいな概念での説明は避けましょう。家族は，具体的な助言を聞きたいのです。たとえば「何度も時間を聞いてきてイライラする」という悩みに対して，「怒ってはだめです。その人の気持ちになってみましょう」では具体性がありません。まずは，家族の気持ちを受けとめ，「怒りたくなる気持ち」を理解し，そのうえで，いくつかのアイデアを出していきます。たとえば，時計を目の前に置く，またはできるだけ本人の目の前に行って伝える，それでもだめなときは3回までしっかり答えて，そのあとは別の話題にするなど，具体的で実用的な，試すことができる助言を心がけます。概念的な話ではなく，今後に役立つ話をするようにしましょう。

家族が助かったと感じる言葉

言葉は，同じ言葉でもだれに言われたかによって感じ方が異なります。2012（平成24）年に認知症介護研究・研修仙台センターが行った調査で，認知症の人を介護する家族838人に「専門職から言われて嬉しかった言葉」を聞いたアンケートでは，家族への「体調への気遣い」や「介護者への気遣い」が嬉しいと感じる人が多いという結果でした。家族の体調を聞いてくれることがないと感じているからこそ，体調を気遣った声かけを嬉しいと思うのかもしれません。家族介護者が健康であれば，介護職の助言や情報提供ももっと活用できることでしょう。介護職と家族が協力し合うことが，よりよい介護につながる近道なのかもしれません。

1 幻覚

げんかく
➡ p.344 参照

対象のない知覚。外からの感覚刺激がないのに，あたかもあったかのように知覚されること。幻覚の種類としては，幻視，幻聴，幻嗅，幻触，幻味などがある。

2 見当識障害（失見当）

けんとうしきしょうがい（しつけんとう）
➡ p.344 参照

認知症の中核症状の1つ。現在の時刻や年月日，季節（時間の見当識），あるいは場所（場所の見当識）などの基本的な状況を感覚的に把握できなくなること。また，人の顔（人物の見当識）の識別や関係性がわからなくなること。

3 見当識

けんとうしき
➡ p.352 参照

自分が今，どんな状況にいるかという認識。自分と家族の関係や自分がだれかという人間的関係の認識，今が何月何日なのかという時間的関係の認識，今自分がどこにいるのかという地理的関係の認識などをいう。

4 BPSD（行動・心理症状）

ビーピーエスディー（こうどう・しんりしょうじょう）
➡ p.352 参照

従来，認知症の「周辺症状」と呼ばれていたものが，最近では BPSD（Behavioral and Psychological symptoms of Dementia）と表現されることが増えた。以前は認知症の初期症状としては中核症状だけがあり，周辺症状はないと考えられていたが，実は初期の段階でも，不安感や気分の沈みなどの心理面の障害があらわれることがわかった。そこで，BPSD という言葉により，認知症の初期から行動面・心理面の変化があらわれることを理解し，より本人の気持ちに寄り添ったケアをめざすようになった。

5 脳梗塞

のうこうそく
➡ p.353 参照

脳血栓や脳塞栓などによる脳血流障害により，脳細胞が壊死におちいった状態のこと。

6 脳出血

のうしゅっけつ
➡ p.353 参照

さまざまな原因で起こる脳の血管からの出血。脳の血管が切れる脳内出血と，脳の表

面の血管が切れて起こるくも膜下出血とが

ある。

7 ADL

エーディーエル

➡ p. 355 参照

Activities of Daily Living の略。「日常生活動作」「日常生活活動」などと訳される。人間が毎日の生活を送るための基本的動作群のことで，食事，更衣，整容，排泄，入浴，移乗，移動などがある。

8 音楽療法

おんがくりょうほう

➡ p. 361 参照

音楽を媒体とする心理療法。心地よい音楽を聴くことによりリラックス効果をめざすものから，楽器の演奏や合唱など集団療法として実施されるものまで，その理論や技法にはさまざまなものがある。

9 回想法

かいそうほう

➡ p. 361 参照

高齢者が自分の思い出を語ることに対して聞き手が共感的，受容的な態度をもってかかわり，高齢者の人生の再評価や QOL（生活の質）の向上，あるいは対人関係の形成化をはかろうとする心理的アプローチの 1 つ。

10 統合失調症

とうごうしっちょうしょう

➡ p. 369 参照

原因不明の疾患で，青年期に多く発症する。症状はさまざまで，おもに思考・感情・知覚・行動に大きく影響し，治療は，薬物療法，生活療法，精神療法が中心となっている。

11 自己覚知

じこかくち

➡ p. 374 参照

介護職がみずからの能力，性格，個性を知り，感情や態度を意識的にコントロールすること。

12 相談支援専門員

そうだんしえんせんもんいん

➡ p. 384 参照

障害のある人が自立した日常生活や社会生活を送ることができるように，全般的な相談支援を行う専門職であり，サービス等利用計画を作成するほか，関係機関との円滑な調整をはかることなどをおもな役割としている。

障害の理解
しょうがい　りかい

●障害の概念と ICF，障害福祉の基本的な考え方について理解し，介護における
しょうがい　がいねん　　　　　　　　しょうがいふくし　きほんてき　かんが　かた　　　　　　　　りかい　　　かいご
基本的な考え方について理解する。
きほんてき　かんが　かた　　　　　　　りかい

障害の基礎的理解

学習のポイント

- 「障害とはどういうものなのか」という考え方を学ぶ
- 国際生活機能分類（ICF）にもとづきながら，「障害」の概念について理解する
- 障害福祉の基本理念（ノーマライゼーション，リハビリテーション，インクルージョン）について理解する

1 障害の概念とICF

❶ 「障害」をどうみるのか

「障害」がもつマイナスイメージ

これまでの障害者福祉制度における障害者に関する規定は，さまざまに必要となるサービスを提供するために対象者を一般市民と区別して，障害者を特別に扱う側面がありました。しかし，その反面として，障害者に対する「差別」「偏見」といったマイナスイメージを生み出してきたともよくいわれています。

「障害は個性」という見方

これに対して，「障害は個性」という見方は，これまでの障害福祉の価値観とはかなり異なった考え方を提起しています。

これは，障害のある人の自己否定的なセルフイメージを変化させ，障害のある人自身の前向き，肯定的な生き方を生み出し，生きる意欲，自立への動機づけを強化する可能性を生み出してきた点で重要です。

ただし，個性を強調しても，障害から生じる生活の困難さは現実に存在しています。また，いわゆる中途障害者にとっては，障害を個性とする見方には問題も大きいと思われます。

「障害は個性」という見方だけを強調することによって見落としかねない課題もあるため，バランスよく考えることが重要です。

❷ 障害の定義

障害者の法的定義

　日本の障害者に関する法的定義は，障害福祉サービスの利用，障害基礎年金の受給資格，障害者雇用の対象など，関係法律の目的によってそれぞれ異なっています。ここでは，障害福祉サービスの利用に関係する法律の定義をみてみましょう。

障害者基本法

　障害者基本法は，日本の障害者福祉の憲法ともいわれる性格をもっており，障害者に関係する法律の基本となっています。

■表 8-1-1　障害者基本法第 2 条の障害者の定義

　身体障害，知的障害，精神障害（発達障害を含む。）その他の心身の機能の障害（以下「障害」と総称する。）がある者であって，障害及び社会的障壁により継続的に日常生活又は社会生活に相当な制限を受ける状態にあるものをいう。

障害者総合支援法

　障害者の日常生活及び社会生活を総合的に支援するための法律（障害者総合支援法）は，おもに自立支援のサービス体系を規定しています。この法律にもとづいて，障害者は，共同生活援助（グループホーム），居宅介護（ホームヘルプ），短期入所（ショートステイ）などの障害福祉サービスを利用することができます。

■表 8-1-2　障害者総合支援法第 4 条の障害児・者の定義

　この法律において「障害者」とは，身体障害者福祉法第 4 条に規定する身体障害者，知的障害者福祉法にいう知的障害者のうち18歳以上である者及び精神保健及び精神障害者福祉に関する法律第 5 条（※ 1）に規定する精神障害者（発達障害者支援法第 2 条第 2 項に規定する発達障害者を含み，知的障害者福祉法にいう知的障害者を除く。以下「精神障害者」という。）のうち18歳以上である者並びに治療方法が確立していない疾病その他の特殊の疾病であって政令で定めるものによる障害の程度が厚生労働大臣（※ 2）が定める程度である者であって18歳以上であるものをいう。
　2　この法律において「障害児」とは，児童福祉法第 4 条第 2 項に規定する障害児をいう。

下線部分は，法改正により下記のように変更される（2023（令和 5）年 4 月 1 日施行予定）。
※ 1：第 5 条第 1 項に変更。
　　 2：主務大臣に変更。

障害者に関する各法律での定義

　身体障害者福祉法は，第4条で身体障害者について定義しています。なお，定義のなかにある「別表」によれば，身体障害者は，視覚障害，聴覚または平衡機能の障害，音声機能・言語機能または咀嚼機能の障害，肢体不自由，心臓機能障害，腎臓機能障害，呼吸器機能障害，膀胱または直腸の機能障害，小腸機能障害，ヒト免疫不全ウイルスによる免疫機能障害，肝臓機能障害の種類に該当し，障害の状態が永続していることとされています。

　知的障害者福祉法では，知的障害者について定義していません。「療育手帳制度について」という厚生事務次官通知のなかで「児童相談所又は知的障害者更生相談所において知的障害であると判定された者」となっています。

　精神保健及び精神障害者福祉に関する法律（精神保健福祉法）は，第5条（2023（令和5）年4月1日より第5条第1項に変更予定。）で精神障害者について定義しています。

　高次脳機能障害は，法律上の定義はありません。高次脳機能障害支援モデル事業を通じて高次脳機能障害の行政的な診断基準が示されました。

　発達障害者支援法は，第2条第1項で発達障害について定義しています。

　また，障害者総合支援法は2013（平成25）年に障害者の範囲を見直し，治療方法が確立していない疾病その他の特殊な疾病がある者，いわゆる難病患者などを法の対象としました。障害者総合支援法の対象疾病（難病等）として，2021（令和3）年11月現在，366疾病が規定されています。

■表8-1-3　障害者に関する各法律での定義

【身体障害者福祉法第4条】
　この法律において，「身体障害者」とは，別表に掲げる身体上の障害がある18歳以上の者であって，都道府県知事から身体障害者手帳の交付を受けたものをいう。

【精神保健福祉法第5条（※）】
　この法律で「精神障害者」とは，統合失調症，精神作用物質による急性中毒又はその依存症，知的障害その他の精神疾患を有する者をいう。

【発達障害者支援法第2条第1項】
　この法律において，「発達障害」とは，自閉症，アスペルガー症候群その他の広汎性発達障害，学習障害，注意欠陥多動性障害その他これに類する脳機能の障害であってその症状が通常低年齢において発現するものとして政令で定めるものをいう。

※下線部分は，法改正により第5条第1項に変更される（2023（令和5）年4月1日施行予定）。

❸ 国際障害分類と国際生活機能分類

国際障害分類

　「障害」を概念として整理しようとする国際的な試みとして，**世界保健機関（WHO）**[1]（➡ p.448 参照）の国際障害分類（ICIDH）[2]（➡ p.448 参照）（1980 年）が重要です（図 8-1-1）。

　ICIDH の目的は，障害に関する統計データの整備，それを用いた研究，障害者支援のための実践，障害福祉政策の立案とその評価，市民の障害に関する理解と啓発，とされています。

　ここで提案された障害の 3 つの次元は，「機能障害」「能力障害」「社会的不利」です。

■図 8-1-1　国際障害分類（ICIDH）の障害モデル

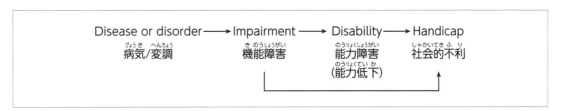

国際生活機能分類

　さらに，2001 年には，ICIDH に代わるものとして国際生活機能分類（ICF）[3]（➡ p.448 参照）が WHO により正式に決定され，日本語訳は 2002（平成 14）年に公表されました。

　ICF の目的は，「健康状況と健康関連状況」の研究のための科学的基盤の提供，「健康状況と健康関連状況」を表現するための共通言語の確立です。

　具体的には，ICF では，環境因子と個人因子をより重視した形で，「心身機能・身体構造」「活動」「参加」という 3 つの次元を提案し，それらが相互に影響し合うモデルが提案されています（図 8-1-2）。

　なお，ICF は，中立的な用語を使用，否定的な用語を使用しないことを原則としています。そのため，ICIDH の「病気／変調」に該当する部分が「健康状態」という表現になっています。

■図 8-1-2　ICF の構成要素間の相互作用

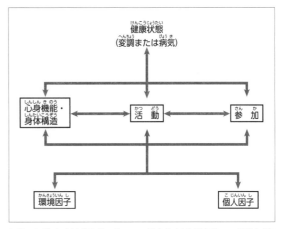

出典：障害者福祉研究会編『ICF 国際生活機能分類——国際障害分類改定版』中央法規出版，p.17，2002年

ICF における「心身機能・身体構造」の考え方

ICIDH における「機能障害」と ICF の「心身機能・身体構造」を対比すると，表8-1-4 のようになります。

ICF では最初に否定的な意味の含まれない「心身機能・身体構造」を定義し，次に，そこから生じる「機能障害」と明確に分けて定義している点が特徴的です。

■表8-1-4　「機能障害」と「心身機能・身体構造」の対比

- ICIDH における「機能障害」
  機能障害＝心理的，生理的または解剖学的な構造，機能の何らかの喪失または異常
- ICF における「心身機能・身体構造」
  ❶心身機能＝身体系の生理的機能（心理的機能を含む）
  ❷身体構造＝器官・肢体とその構成部分などの，身体の解剖学的部分
  ❸機能障害＝いちじるしい変異や喪失などといった，心身機能または身体構造上の問題

ICF における「活動」の考え方

ICIDH における「能力障害」と ICF の「活動」を対比すると，表8-1-5 のようになります。

ここでも ICF は，最初に否定的な意味の含まれない「活動」を定義し，次に，そこから生じる「活動制限」とを明確に分けて定義しています。

■表8-1-5　「能力障害」と「活動」の対比

- ICIDH における「能力障害」
  能力障害＝人間として正常とみなされる方法や範囲で活動していく能力の（機能障害に起因する）何らかの制限や欠如
- ICF における「活動」
  ❶活　　動＝課題や行為の個人による遂行のこと
  ❷活動制限＝個人が活動を行うときに生じるむずかしさのこと

ICFにおける「参加」の考え方

ICIDHにおける「社会的不利」とICFの「参加」を対比すると，表8-1-6のようになります。
先と同様に，ICFは否定的な意味の含まれない「参加」を定義し，次に，そこから生じる
「参加制約」とを分けて定義しています。

■表8-1-6 「社会的不利」と「参加」の対比

・ICIDHにおける「社会的不利」
　社会的不利＝機能障害や能力障害の結果として，その個人に生じた不利益であって，その個人にとって
　　　　　　　（年齢，性別，社会文化的因子からみて）正常な役割を果たすことが制限されたりさまた
　　　　　　　げられたりすること
・ICFにおける「参加」
　❶参　加＝生活・人生場面へのかかわりのこと
　❷参加制約＝個人が何らかの生活・人生場面にかかわるときに経験するむずかしさのこと

このような，それぞれの用語の定義の違いという特徴に加えて，ICFのもっとも大きな特徴
は，環境因子，個人因子によって，機能障害が生じたり，活動の制限が生じたり，社会参加の
制約が生じたりすることが示されているところにあります。

「国際障害分類」から「国際生活機能分類」への変化

さまざまな要因が相互に影響し合って，「機能障害」「活動制限」「参加制約」が発生すると
いう考え方をするICFのほうが，ICIDHに比べてより複雑なモデルになっています。

それでは，なぜ20年の経過で，より複雑なモデルになったのでしょうか。この大きな理由
としては，この20年間の障害者福祉にかかわる思想と支援の考え方の変化といった社会的な
流れが大きく影響していると考えられます。

とくに，1981年の国際障害者年[4]（➡ p.448参照）以降，障害者運動による当事者主体，
エンパワメント[5]（➡ p.448参照），自己選択と自己決定（意思決定）といった考え方が支援
の中心的な位置を占めるようになってきました。

このような思想と支援の考え方の変化のなかで，ICIDHよりも，さらに，環境，社会参
加，環境と個人との相互作用を重視した障害に関するモデルの必要性が高まってきたことが
ICFを生み出してきた背景として考えられます。

医学モデルと社会モデルの概念

　ここでは，国際生活機能分類（ICF）誕生の背景となった医学モデルと社会モデルの 2 つの対比的な考え方を取り上げます。

　ICF によれば，医学モデル⑥（➡ p. 448 参照）は，障害を個人の問題としてとらえ，病気・外傷などを原因として直接的に生じるものであり，専門職による個別的な治療という形で医療などの援助を必要とするもの，としています。

　これに対して，社会モデル⑦（➡ p. 449 参照）は，障害を社会への完全な統合の問題として見て，その多くが社会的環境によってつくり出されたものであるとしています。

　もともと，ICF の制定以前から，「障害に対する見方」に関しては，医学モデルと社会モデルとを対比しながら，その特徴を整理する考え方がありました。このような整理は，「障害」をめぐる社会的な差別や権利保障，政治的な取り組みのあり方に関しての見方を広げる点できわめて重要です。

　2006 年に国連総会で成立し，2014（平成 26）年には日本政府が批准した障害者の権利に関する条約の第 1 条で，障害の考え方についてふれています。そこでは，「障害者には，長期的な身体的，精神的，知的又は感覚的な機能障害であって，様々な障壁との相互作用により他の者との平等を基礎として社会に完全かつ効果的に参加することを妨げ得るものを有する者を含む」（政府公定訳）としています。この内容は，障壁となる環境との相互作用により障害が生み出されていることと，他の者との平等という点からみて社会への参加がさまたげられている状態を障害として考えており，この点で「社会モデル」の考えを強く意識したものとなっています。

　ICF に関しては，医学モデルと社会モデルの 2 つの対立するモデルの統合にもとづいているとされています。医学モデルから社会モデルへの転換としてとらえるのではなく，2 つのモデルの統合としてとらえることが重要です。言い換えれば，医学モデルと社会モデルとの概念的な対立を超えた両者の考え方の対話の道をひらいた，と考えることもできます。

2 障害者福祉の基本理念 ::::::::::::::::::::::::::::::::::

❶ ノーマライゼーション

ノーマライゼーションの2つの大きな流れ

　ノーマライゼーションは，歴史的には，北欧で生まれた考えと，アメリカで生まれた考えの2つの大きな流れが，徐々に1つの方向に形づくられてきました。

　2つの大きなノーマライゼーションの流れとは，バンク－ミケルセン（Bank-Mikkelsen, N. E.）⑧（➡ p. 449 参照）やニィリエ（Nirje, B.）⑨（➡ p. 449 参照）などが提唱した流れと，ヴォルフェンスベルガー（Wolfensberger, W.）⑩（➡ p. 449 参照）が提唱した流れです。

　いずれの考え方も，障害者自身よりも，むしろ障害者のおかれている生活条件や生活環境といった，社会環境の現状やあり方に焦点をあてて問題をとらえようとする考え方です。

バンク－ミケルセン，ニィリエのノーマライゼーション論

　バンク－ミケルセンの考え方に一貫していることは，障害者を市民生活に適応させるためにノーマルに教育するのではなく，逆に，障害者の生活条件をノーマルにしていく環境を提供することです。

　また，ニィリエは，ノーマルな社会生活の条件をノーマライゼーションの8つの原理にまとめています。

ヴォルフェンスベルガーのノーマライゼーション論

　ヴォルフェンスベルガーは，「障害者を社会から逸脱している人として考え，逸脱としてとらえる社会意識のあり方」を問題視しました。障害者を逸脱者としてとらえることは社会から価値を低められた人としてみなすことであり，いかにその価値を高めていくか，社会的な役割を実現していくかにノーマライゼーションの意味を見いだしています。

　したがって，障害者の社会的役割の価値付与をノーマライゼーションに代わる考えとして重視しました。

❷ リハビリテーション

リハビリテーションとは

　リハビリテーションという言葉を聞けば，一般的には高齢者の歩行能力を回復させたり，障害者の ADL[11]（➡ p. 449 参照）を回復させたりする機能訓練と理解されています。

　しかし，中世では「身分，地位，資格の回復や破門の取り消し」という意味に用いられ，近代に入って，公民権の回復，名誉の回復などの意味に使われるようになってきました。

リハビリテーションの定義

　1969 年，世界保健機関（WHO）は，「リハビリテーションとは，医学的，社会的，教育的，職業的手段を組み合わせ，かつ，相互に調整して，訓練あるいは再訓練することによって，障害者の機能的能力を可能な最高レベルに達せしめることである」と定義しました。

　つまり，障害のある人の機能を可能な限り最高レベルまで回復させるために，各分野の連携をはかりながら，訓練あるいは再訓練を行うことをさしています。

　このWHOの定義によって，リハビリテーションは，理論的に，医学的リハビリテーション，社会的リハビリテーション，教育的リハビリテーション，職業的リハビリテーションの専門的な分野に明確に分類されました。したがって，これらの分野のチームアプローチによって，障害のある人に対して専門的な訓練プログラムが策定されることになります。

　その後，1982 年に，国際連合は，障害者に関する世界行動計画のなかでリハビリテーションを定義しています。その定義は，「リハビリテーションとは，身体的，精神的，かつまた社会的にもっとも適した機能水準の達成を可能とすることによって，各個人がみずからの人生を変革していくための手段を提供していくことをめざし，かつ，時間を限定したプロセスである」とされています。

　この定義は，現在，国際的な共通認識にいたっているので，もっとも新しいリハビリテーションの定義といえます。この定義の特徴は，障害のある人みずからがもっとも適した機能水準を決定する自己決定の原理が盛りこまれていることです。そのため，専門家は支援する立場として援助や支援を行うとともに，情報を提供します。

❸ インクルージョン

インクルーシブな教育

　インクルージョンは，まず教育分野を中心に注目されました。

　たとえば，外国からの移民が多いオーストラリアなどでは，母国語の通訳をつけるなどの配慮をして，ともに学ぶ場を保障することも行われています。障害児だけでなくさまざまな人種，虐待を受けた子どもまで，特別なニーズをもつあらゆる子どもに必要な支援が提供されることが前提です。そして，地域の学校に包みこまれ，ともに学ぶという，**インクルーシブな教育**（Inclusive Education）が進展していきます。

　1994 年，**国際連合教育科学文化機関（UNESCO）** 12（➡ p. 449 参照）がサラマンカ宣言（声明）を採択し，「すべての者への教育を（Education for All）」という方針を打ち出したことにより，この考え方が世界に広まっていきます。障害児だけでなく，人種・文化的なマイノリティ（少数派）なども含め，「特別なニーズをもつ子ども」ととらえることが提唱されました。日本でも 1990 年代には，フィリピンやイランからの労働者が増えてきたこともあり，障害のある子も外国籍の子も，すべての子どもを包みこむ教育という視点から，「インクルーシブな教育」という言葉が注目されはじめます。

障害者福祉とソーシャル・インクルージョン

　日本では，1997（平成 9）年からの社会福祉基礎構造改革において，「措置から契約へ」が強調されるなかで，厚生労働省は**ソーシャル・インクルージョン** 13（➡ p. 450 参照）（Social Inclusion）という言葉に注目しました。高齢者や障害者，ホームレスや外国籍の人など，あらゆる人が包みこまれて生きる地域のあり方を提言したのです。

　そのような流れを受けて，教育のみならず，就労，地域生活など障害者にかかわる広範囲の領域で，インクルージョンが強調されています。とくに，2006 年に国際連合で採択された「障害者の権利に関する条約」では，第 19 条で示されるインクルージョン（「包容」と訳されている）が中心的な理念になりました。この条約では，障害者を社会や環境に適応させるのではなく，社会や環境が障害者の多様性に合わせていく「社会モデル」の障害者観を強調し，政策の柱としての「多様性の尊重」が提唱されています。2022 年 9 月，条約の実施状況について日本に勧告が出されました。多くの課題のなかで，強く改善を求められたことが 2 つあります。1 つが，障害児を分離する教育ではなく，ともに学ぶインクルーシブな教育の推進です。もう 1 つは，入所施設や精神科病院からの地域移行，すなわち，ソーシャル・インクルージョンの実現です。あらためて，インクルージョンが注目されています。

障害の医学的側面，生活障害などの基礎知識

学習のポイント 👨‍🏫

- 障害の原因となるおもな疾患を理解する
- 障害にともなう心理的影響，障害の受容を理解する
- 障害のある人の生活を理解し，介護上の留意点について学ぶ

1 身体障害 ::

❶ 視覚障害

視覚機能

　視覚機能のなかで，よく知られているのは視力です。視覚機能には視力以外にも，視野，色覚，光覚，屈折，調節，両眼視などの機能があります。ここでは，視覚障害の指標として用いられている視力と視野について解説します。

視力

　視力とは，物の形や存在を認識する能力をさします。視力を測定する視標は，ランドルト環を用います。

　視力は，裸眼視力，矯正視力，片眼視力，両眼視力，遠方視力，近見視力など，いくつかの呼び方で区別することもあります。

　裸眼視力は，屈折異常を矯正しない状態での視力をいい，矯正視力は眼鏡やコンタクトレンズなどによって矯正した視力をさします。一般的に視力を測定するときは，右眼・左眼と別々に測定しますが，その場合を片眼視力といい，両眼を開放して測定した場合を両眼視力と

■図 8-2-1　ランドルト環

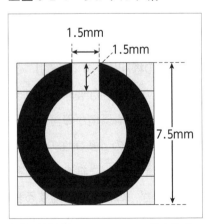

出典：丸尾敏夫『エッセンシャル眼科学 第7版』医歯薬出版，p.29，2000年

いいます。遠方視力は検査距離5mで測定したもので，近見視力は検査距離約30cmで測定したものです。

視野

視野とは，目を動かさないで同時に見える範囲のことです。視野は，見るものの明るさや大きさによって異なってきます。

視覚障害を引き起こすおもな眼疾患

視覚障害を引き起こすおもな眼疾患としては，白内障，緑内障，網膜色素変性，視神経萎縮，糖尿病性網膜症，ベーチェット病などがあげられます。

白内障

白内障は，水晶体（➡第2巻pp. 46-47参照）が白くにごっている状態にあるものです。老人性白内障や，先天的に水晶体が白くにごっている先天性白内障という眼疾患もあります。先天性白内障の人は，眼鏡またはコンタクトレンズにより屈折異常を矯正し，視距離に応じた眼鏡などの視覚補助具を用いることが大切です。白内障が重度になると水晶体を摘出しなければならない場合もあります。

緑内障

眼球は，一定の眼内の圧力（眼圧）によって維持されています。緑内障は，何らかの原因で眼圧が上昇する病気です。また，視神経（➡第2巻p. 46参照）が萎縮し，視力障害や視野障害を引き起こすこともあります。突発性緑内障は，完全に失明する危険性があります。

網膜色素変性

網膜色素変性は，遺伝性疾患で幼児期に夜盲がみられ，成長するにしたがって視野が周辺部から障害を受け，中心部に向かって視野の障害が進展します。中心の視野が残る場合もありますが，完全に失明してしまうこともあります。

視神経萎縮

視神経萎縮は，先天性で出生直後から視力が低下しているケース，頭部外傷や脳腫瘍によるものなどがあります。視神経萎縮では，中心暗点があり，中心部が見えないために，読書や細かい作業をすることが不自由になることがあります。また，薄暗く見えて，色の区別がはっきりしないので，色に配慮した支援も大切です。

糖尿病性網膜症

　糖尿病性網膜症（➡第1巻 p.323 参照）は，網膜（➡第2巻 pp.46-47 参照）の血管に異常をきたし，視力の低下を引き起こします。血糖値のコントロール状態によっては，低血糖や過血糖を引き起こし，生命の危険をともなうこともあるので，支援する場合，医療機関との連携を必要とすることもあります。

ベーチェット病

　ベーチェット病は原因不明で，法律に指定されている難病です。ぶどう膜炎を頻繁に起こし，口内炎，陰部潰瘍などの主症状をもっています。このほかに，皮膚の紅斑，関節痛，消化器症状，発熱などの症状をくり返すこともあります。網膜の出血や浮腫があらわれて，網膜剥離を引き起こして失明することもあります。

中途視覚障害のある人の心理的理解

　中途視覚障害[14]（➡ p.450 参照）のある人の多くは，精神的に大きな打撃を受けます。介護にあたっては，中途視覚障害のある人がどのような心理的プロセスの段階かを把握する必要があります。その心理的プロセスは，大きく5つの時期に分けられます。

① **失明恐怖の時期**

　眼の症状が治るかどうか，このまま失明してしまうのではないかなど，失明に対する恐怖を抱き，しかも生活への不安をもってしまう時期です。

② **葛藤の時期**

　将来の生活設計に見通しを立てられず，失明による精神的な打撃がもっとも強い時期です。失明直後の時期でもあり，視覚障害という衝撃から自分を守ろうとするために，感情の表出がなくなり，自分を取り巻く周囲の刺激から逃れようとします。

③ **生活適応の時期**

　見えないという現実を直視し，生きる意欲を見いだそうとする段階です。視覚障害から派生する日常生活の不自由さを克服するために，生活訓練を受けて，移動能力や日常生活技術，コミュニケーション能力などを獲得する段階でもあります。

④ **職業決定の時期**

　果たして職業について経済的に安定した生活を取り戻せるかどうかなど，将来の生活を具体的にどのようにするか悩む段階です。

⑤ **職業獲得の時期**

　職業についてから，現実のさまざまな困難を克服しながら，自分の経済的な基盤を確保す

る時期です。見えないことからくる自分に対するいらだちや社会の対応への不満を抱くこともあります。

移動の介助

視覚障害のある人の移動手段は，手引きによる歩行，白杖による歩行，盲導犬による歩行，電子機器を用いた歩行，電子機器と白杖を併用した歩行，残存視覚による歩行などがあります。

介護職が習得しておくべき介護技術として，手引き歩行があります。手引き歩行は，手引きする介護職と視覚障害のある人がいっしょに歩行する方法です。

移動の介助を行うときには，安全を優先させます。目的地に近道で行きたいと思っていても，そこが危険をともなう道順であれば，その道順を避けて安全な道順を選びます。また，室内の様子や物の位置を知らせる介護もあります。たとえば，「ドアを背にして右手に本箱があります」などと起点を明確にして室内の様子を知らせます。

コミュニケーションの介護

視覚障害のある人のコミュニケーション手段には，点字⑮（➡ p. 450 参照），音声言語，テープレコーダー，ハンドライティング，弱視眼鏡の利用，拡大鏡の利用，拡大読書器の利用，パソコンの利用などがあります。

なかでも，点字は，文章の読み書きのためだけでなく，衣類や書類の整理のためのたんす・書棚等の点字ラベルの作成などにも用いられます。

日常生活の介護

日常生活において，視覚障害のある人に対する介護は，身辺，家事，情報収集など，広範囲に及びます。視覚障害のある人が何に困っているか，どのような援助を求めているかをたずねながら介護しましょう。具体的には，身のまわりの物の位置の情報提供，食事場面，入浴場面，清掃後の物の位置の情報提供，衣類の収納，情報収集，買い物，冷蔵庫内の食べ物の位置の情報提供，調理，洗濯などがあります。

❷ 聴覚・言語障害

聴覚障害とは

　音は，外耳道から入り，鼓膜（➡第2巻 p. 47 参照）を振動させ，中耳（➡第2巻 pp. 47-48 参照）にある耳小骨（ツチ骨→キヌタ骨→アブミ骨）に伝わり，内耳の蝸牛で電気信号に変換されます。そして，聴神経を経て，大脳の皮質で音を認識し，さらに，言葉の意味が理解されます。聴覚障害は，この経路のいずれかに障害が起きることで生じます。外耳（➡第2巻 pp. 47-48 参照）と中耳である伝音部の障害は，伝音性難聴と呼ばれます。内耳から大脳皮質までの経路は感音部であり，その障害は感音性難聴と呼ばれます。さらに，感音性難聴は，内耳の障害である内耳性難聴とそれ以降の聞こえの経路の障害である後迷路性難聴に分類されます。

伝音性難聴

　伝音性難聴になると，今まで聞こえていた音が，聞こえなくなったり，聞こえにくくなったりします（聴力レベルの低下）。一方で，本人が聞こえる音まで大きくすると，今までどおり正確に聞きとることができます。この難聴を引き起こす原因としては，中耳炎や耳小骨奇形，耳垢栓塞などがあります。

感音性難聴

　感音性難聴になると，聴力レベルの低下を示すとともに，正確に聞きとる能力も低下します。とくに後迷路性難聴では聞きとる能力がいちじるしく低下します。そのため，単に音を大きくしたとしても，必ずしも聞きとりがよくなる訳ではありません。さらに，内耳性難聴では，大きい音ではかえって聞きとりにくくなることがあります。

　感音性難聴に該当する疾患として，加齢性難聴があげられます。加齢性難聴は，加齢にともない聴力が低下するもので，一般的に高い音（周波数）から聞きとりがむずかしくなります。そのため，人の声は聞こえていても聞き誤る，意識を向けないと聞きとれないといったことがあるので，周囲からは聞こえないふりをしているなど誤解されることがあります。

　伝音部と感音部の両方が障害された場合は，混合性難聴と呼ばれます。

言語障害とは

　言語障害を音声言語によるコミュニケーションの過程から整理します。コミュニケーション場面において，話し手の大脳では，自分が伝えたい内容を考え，単語や文を用いた言語表現を

つくり（言語機能レベル），それを声帯や舌や口唇など発声発話器官を適切に動かすことで音声言語（話し言葉）として出し（発声発話運動レベル），相手（聞き手）に伝わります。話し手の音声は，聞き手の耳から入って大脳に伝わり（聴覚レベル），伝えられた内容を理解します（言語機能レベル）。この過程のいずれかが障害された場合，言語障害が生じることになります。

言語機能の障害

言語機能レベルの障害では，言語発達障害や失語症があげられます。失語症とは，大脳の言語の理解と表現にかかわる部位が障害を受けることで，いったん獲得された言語機能に障害が生じた状態をさします。症状は個人差がありますが，聞く，話す，読む，書くの4つの言語様式すべてに障害が生じます。

発声発話の障害

発声発話運動レベルの障害には，音声障害，がんなどにより舌を切除した場合などに起こる構音障害（器質性構音障害）や，発声発話に関連する器官の麻痺や筋力低下により起こる構音障害（運動障害性構音障害）があります。そのほか，吃音も発話の流暢性の問題として，このレベルの障害に含めることができます。発声発話運動レベルの障害は，言語機能レベルの障害と比較すると，聞く，読む，書く能力には障害がありません。また，話す側面の問題としても，単語や文を用いた言語表現の問題ではなく，音声言語の明瞭度や流暢性が問題となります。さらに，構音障害では，食べ物を食べたり飲んだりする機能（摂食・嚥下機能）にも障害が起こることが多くあります。

聴覚障害のある人の心理的理解

聴覚障害のある人は，音声だけでなく周囲の物音を認識し理解することがむずかしくなります。さらに，身体的特徴がないこともあり，本人の聞こえの困難さに対して周囲の理解が得られにくいといったことがあります。そのため，音声を用いた会話や状況の把握に制限が生じ，周囲から疎外されていると感じることがあります。このような状況が続くと，人とのかかわりに対する不安が高まり，心理的な疲弊につながります。また，聴覚障害が言語習得前に出現した場合，適切な支援がなされないと，乳幼児期からの愛着形成や言語習得，学童期の教科学習，その後の就労などにさまざまな課題が出てきます。一方，成人後に聴覚障害になった場合，言語習得に問題はないものの，聞こえることが当然の生活からの変化にとまどい，その変化に適応できない場合は，家族や職場での関係性に影響をきたすことになります。

聴覚障害のある人の生活の理解

　聴覚障害のある人は，音声や周囲の物音が聞こえにくくなるだけでなく，音声が聞こえても何を言っているかわからない，音声を聞き誤るといったことが起こります。それぞれの能力は，前者が聴力レベル（dB），後二者が語音明瞭度（％）で表現されます。

　聴力レベルは，その人が聞こえる最小の音の強さであり，聴力に問題がない場合は 0 dB 程度の音から聞くことができます。難聴が軽度（25 dB 以上）の場合は，小さな声や騒音下での会話の聞き間違いや聞きとりのむずかしさがみられ，中等度（40 dB 以上）では，ふつうの大きさの声での会話の聞き間違いや聞きとり困難が生まれます。さらに高度（70 dB 以上）では，非常に大きい声か補聴器を用いないと会話が聞こえず，重度（90 dB 以上）になると，補聴器でも，聞きとれないことが多く，人工内耳を装用している人もいます。

　語音明瞭度は，その人が音声を正確に聞きとれている割合を示すものであり，通常，十分に聞きとりやすい音の大きさにすれば，ほぼ 100 ％になります。しかし，聴覚障害のある人では，音声は聞こえていても語音明瞭度が低下していることが多く，語音明瞭度が 60 ％未満になると，音声情報のみでのやりとりはむずかしくなります。

　さらに，聴覚障害のある人の聞こえの特徴として，補聴器や人工内耳を使用していても，騒がしい環境や集団での会話では聞きとりがむずかしくなります。また，大きすぎる音は，かえって聞きとりにくくなります。

　そのため，聴覚障害のある人は，自身の聴覚障害の特徴や会話の相手や内容に応じて，手話や指文字，筆談を使用する，相手の表情や口の動きを読みとるなど，視覚的な手段を用いることが多くあります。

コミュニケーションのはかり方

　聴覚障害によるコミュニケーションのむずかしさへの対応として，補聴器，人工内耳の使用による聞こえにくさの軽減があります。補聴器は，マイクから入った音を増幅器で大きくしてイヤホンから出す機器です。補聴器はその形によりタイプが分類できます（図 8-2-2）。人工内耳は，手術が必要で，おもに高度以上の難聴で補聴器の装用効果が少ない人が適応になります。

■**図 8-2-2　補聴器の種類**

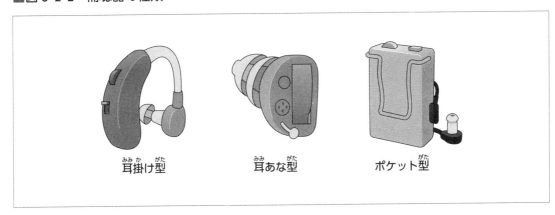

耳掛け型　　　　　　耳あな型　　　　　　ポケット型

　そのほか，コミュニケーションの成立を援助する手段として，スマートフォンやパソコンでの音声を文字化するアプリケーションを使用したり，板書や身ぶりの使用のほか，要約筆記者や手話通訳者を要請することが必要な場合もあります。

　会話の場面で求められる具体的な工夫を表 8-2-1 に示しています。また，手話を使う人に支援を行う場合は，支援者が日常生活に使う手話をおぼえて使えるようになることがよい支援につながっていきます。会話の方法や求められる支援は，聴覚障害のある人それぞれに違いますので，本人に確認してから行うようにします。

■**表 8-2-1　会話場面での主たる工夫**

① 会話を急かさない。
② 自然さを損なわない程度に，ゆっくり，はっきりと話す。
③ 表情がわかるように正面から話す。
④ 表情を豊かに，身ぶりを交える。
⑤ 口の動きが読みとりやすいように，マスクははずす。
⑥ 静かな場所で話す。
⑦ 複数の人がいる場合は，1 人ずつ話す。
⑧ 内容を推測しやすいように，話題を教える。
⑨ 文字にしながら会話をする。
⑩ 補聴器や人工内耳を使用している場合は，正しく装用できているか確認をする。

言語障害のある人の心理的理解

　言語障害が生じた場合，対人的なコミュニケーションの問題のみではなく，学校生活や職業生活を含めた生活全般に何らかの支障が生じます。言語障害の 1 つである失語症のある人で

は，会話場面で，相手の伝えてくる内容が理解できなかったり，自分の伝えたいことを音声や文字で表現することができなくなります。また，ラジオや新聞などからの情報を理解することがむずかしくなります。その結果，本人はあせりや不安を感じるとともに，周囲の理解が得られなければ，疎外感が高まります。

このような疎外感は，本人自身の仕事や社会への関心をより低下させます。その結果，失語症のある人は，自分に対して否定的な認識をもち，ひっこみ思案になることもあります。

言語障害のある人の生活の理解

言語障害は，発音にかかわる機能または言語の理解と表現にかかわる機能の障害と考えられます。そのため，言語障害には，発音の障害（構音障害），音声障害，失語症や聴覚障害による障害が含まれます。

言語障害のある人は，家族や友人，仕事上のつきあいのある人とのコミュニケーションがむずかしく，発症前の関係性を維持することに支障が出ることがあります。また，新聞やテレビ，地域のタウン誌などさまざまな媒体を通じての情報の理解に制限が生じることがあります。

小児期に言語障害を発症した場合，言語獲得前もしくは途上であることから，言語獲得の問題とともに対人的なコミュニケーションの経験の制限，教科学習，さらに進学や就職など成長過程で生じる問題は多岐にわたります。

① 構音障害，音声障害

構音障害または音声障害のある人では，言語の理解に問題はなく，表現に障害がみられます。さらに，言語表現のなかでも，書く能力は障害されず，発話の明瞭度の低下など話す能力に障害を示します。そのため，周囲が伝えてくる内容や情報は正しく理解できているのに，自分の考えや気持ちが伝わりにくい，もしくは伝わらないというコミュニケーションの問題が起こります。

② 失語症

失語症は，状況の理解力は保たれているものの，言語表現（話す，書く）と言語理解（聞く，読む）において障害が出現します。そのため，周囲とのコミュニケーションや，テレビや新聞などから情報を得ることがむずかしくなります。さらに，交通機関や公共機関の利用においても，表示内容や書類が読めないことなどから利用がむずかしくなることがあります。このような日常生活の問題の解決のために，2018（平成 30）年度より，都道府県が主体となり，失語症者向け意思疎通支援者の養成事業が始まっています。

コミュニケーションのはかり方

　言語障害のある人とのコミュニケーションで重要なポイントは，まず，年齢相応に尊厳をもって接することです。成人になってから言語障害が生じると，今までなかった言い間違いや聞き間違いがみられるようになります。その際，支援者は決して，本人を子ども扱いすることなく，1人の成人した人として接することが大切です。

　次に，会話は，急かすことなく，落ち着いた雰囲気で行えるよう心がけます。言語障害が生じると会話は以前に比べ時間を要するようになります。支援者が急かすような声かけや態度を示すと，本人はさらにあせり，うまく理解や表現ができなくなります。そのような場合，聞き手は言語以外の情報伝達手段を活用します。会話では，音声言語とともに，表情や身ぶり，時には文字や絵を使いながら，お互いの意思疎通をはかります。このように音声言語以外の手段をお互いが意識的に活用することは，効率的なコミュニケーションにつながります。

　その他，音声や文字を用いた表現をすることを補助，代替する方法として，道具や機器を使用する方法もあります。紙と筆記用具，写真や文字・単語を配置したコミュニケーションノート（➡第1巻 p. 243 参照）や，パソコンやタブレットなどによるアプリケーションの利用があげられます（図 8-2-3）。

　機器を使用した方法は，さまざまな入力方法ができ，支援者の介入を減らすことができる反面，高価であり，機器がなければ意思疎通がはかれなくなります。このように，各方法とも長所と短所があり，使用する場面や相手を想定してさまざまな方法を組み合わせることが大切です。

■図 8-2-3　道具や機器を使用した方法の例

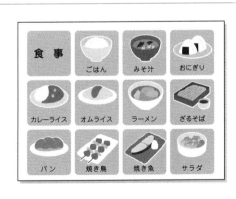

コミュニケーションノート

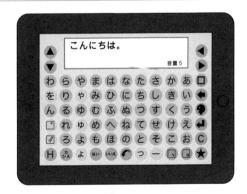

タブレット用トーキングエイド

❸ 肢体不自由（運動機能障害）

肢体不自由とは

　肢体不自由とは，上肢や下肢，体幹の永続的な運動機能障害をさし，その程度は身体障害者福祉法[16]（➡ p.450 参照）などに規定されています。手脚指の切断などのほか，脳性麻痺や脳血管障害，あるいは外傷による脳損傷，脊髄損傷などの中枢神経損傷および筋肉や骨自体の疾患などによって生じる筋力低下，関節可動域制限，運動コントロール困難などの運動機能障害があります。

　2016（平成 28）年の実態調査（厚生労働省）によれば，全国の身体障害者手帳所持者数は，428 万 7000 人と推計されており，そのうち 4 割以上の 193 万 1000 人が肢体不自由であると推計されています（図 8-2-4）。年齢構成では，65 歳以上が約 68 ％となっており，高齢化が進んでいることがわかります（図 8-2-5）。

■図 8-2-4　肢体不自由のある人の数（推計値）

聴覚・言語障害
341,000人（8.0%）

障害種別不詳
462,000人（10.8%）

視覚障害
312,000人（7.3%）

肢体不自由
1,931,000人
（45.0%）

総　数
4,287,000人

内部障害
1,241,000人
（28.9%）

出典：厚生労働省「平成28年 生活のしづらさなどに関する調査
（全国在宅障害児・者等実態調査）」

■図 8-2-5　肢体不自由のある人の年齢別構成

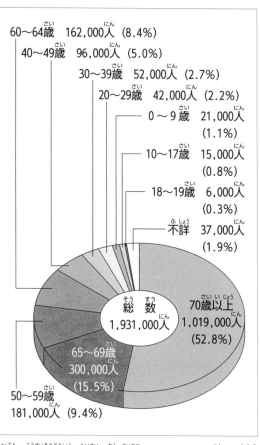

60〜64歳　162,000人（8.4%）

40〜49歳　96,000人（5.0%）

30〜39歳　52,000人（2.7%）

20〜29歳　42,000人（2.2%）

0 〜 9 歳　21,000人
（1.1%）

10〜17歳　15,000人
（0.8%）

18〜19歳　6,000人
（0.3%）

不詳　37,000人
（1.9%）

総　数
1,931,000人

70歳以上
1,019,000人
（52.8%）

65〜69歳
300,000人
（15.5%）

50〜59歳
181,000人（9.4%）

出典：厚生労働省「平成28年 生活のしづらさなどに関する調査
（全国在宅障害児・者等実態調査）」

上肢，下肢の機能障害

　肢体不自由の形態には，四肢切断による運動機能の喪失，関節の拘縮，変形による可動域制限，糖尿病による末梢神経麻痺や凍傷，あるいは細菌感染による細胞壊死などがあります。

　また麻痺には，**随意運動**[17]（➡ p. 450 参照）が困難となる運動麻痺と，触覚，痛覚，温冷覚などの感覚消失がある感覚麻痺，知覚麻痺があり，部位によって分類できます（**表 8-2-2**）。

■表 8-2-2　麻痺の種類

❶ 片　麻　痺：右側または左側の半身のどちらかに麻痺があり，脳の損傷部位によって，音声・言語障害が生じることがある。

❷ 対　麻　痺：両下肢に麻痺があるもので，脊髄損傷などによるものが多く，損傷のレベルによっては，排泄障害などをともなう。

❸ 四肢麻痺：両上下肢に麻痺があり，多くは脳性麻痺や頸髄損傷によるもので，頸髄損傷等の場合には損傷部位や損傷の仕方によって異なるが，四肢のほか，体幹の麻痺をともない，排泄障害，感覚麻痺，発汗困難，心肺機能低下などの合併症を有する。また，脳性麻痺や脳血管障害，筋ジストロフィーなどでは，誤嚥や咀嚼機能の課題もあわせてもつことがある。

脳性麻痺による麻痺

　脳性麻痺[18]（➡ p. 444 参照）による麻痺には，**表 8-2-3** のような種類があります。また，脳性麻痺の場合には，音声・言語に関係する筋肉などにも麻痺があるため，言葉が出にくい，不明瞭な発音などの音声・言語障害をともなうことがあります。

■表 8-2-3　脳性麻痺による麻痺の種類

❶ 痙　直　型：強い筋緊張から，四肢の突っ張りが強い。
❷ アテトーゼ型：運動コントロールが困難となり不随意運動が生じる。
❸ 強　直　型：関節可動域の制限をともなう。
❹ 失　調　型：運動バランスが悪く，歩行のふらつきなどを生じる。
❺ 混　合　型：さまざまな形が混じっている。

体幹機能の障害

　上下肢の機能障害と同様に，脳性麻痺，脊髄・頸髄損傷などの場合には，腹筋や背筋などの筋肉の麻痺などによって，身体を支えたり，起こしたり，バランスを保ったりすることが困難

になります。これを，体幹機能障害といいます。車いすに座る，ベッドで起き上がる，入浴，排泄など，さまざまな日常生活活動に支障をきたすことがあります。たとえば，脊髄損傷の場合，図 8-2-6 のように，損傷部位によって，可能な動作，介助方法が異なります。

肢体不自由に合併するその他の障害

肢体不自由は，四肢や体幹の運動機能制限や喪失といった運動機能障害が状態像の特徴ですが，肢体不自由の原因によっては，その他の障害を重複することがあります。

運動機能障害とともに生じる障害としては，感覚機能障害，自律神経機能障害，知的障害（➡第 1 巻 p. 426 参照），高次脳機能障害などがあげられます。

運動機能障害のある人の心理的理解

肢体不自由による運動機能障害では，入浴，排泄，食事，着替えなどについて，他者に介助してもらう必要が生じますが，これらの動作は通常，他者に見られたりすることがない大変個人的な動作であって，介助してもらうことによって，プライバシーを見せることになります。

また，移動についても介助が必要になれば，常に介助者の確保のため，そのスケジュールやペースに自分の行動を合わせざるを得ないことも多くなります。その結果，好きなときに好きなところに行くことができないといった状況も生まれ，大きなストレスとなる場合があります。

また，仕事や学校など，さまざまな社会活動への参加に制限を受けることも多く，今までになってきた役割を果たせなくなる場合もあり，自信の喪失や自己概念（➡第 2 巻 p. 16 参照）（自分とは何か）の変化など，さまざまな心理的影響を受けることになります。

しかし，肢体不自由のある人すべてが社会生活を行ううえで支障となるような，あるいは，障害のない人とは違う特別な心理的課題を永続的にもつということでは決してありません。本人を取り巻く環境によってその影響の程度や内容は異なります。

介護上の留意点

介護職は一方的に何かを介助する，支援するというのではなく，その人に寄り添い，いっしょに悩んだり考えたりする人であることが重要です。その人が望むごくあたりまえの生活の実現を支援したり，可能性に気づいたりするためには，障害ありきではなく，1 人の生活者として接する視点をもち，生活上の課題に目を向けることが重要です。また，介助を行う際には，単にできない動作を代わって行うだけでなく，その人のもっている力を引き出す，自信をもってもらう視点での支援が大切です。

加えて，運動機能障害のある人のなかには，自信を失い，自分のもつ力に気づけていない人も多くいます。その場合，本人のもつ力や可能性に気づいてもらえるような支援が必要です。

■**図** 8-2-6　損傷レベル別にみた可能な動作，介助方法

脊髄が損傷すると損傷部位より下位の神経領域の感覚と運動機能が失われる。

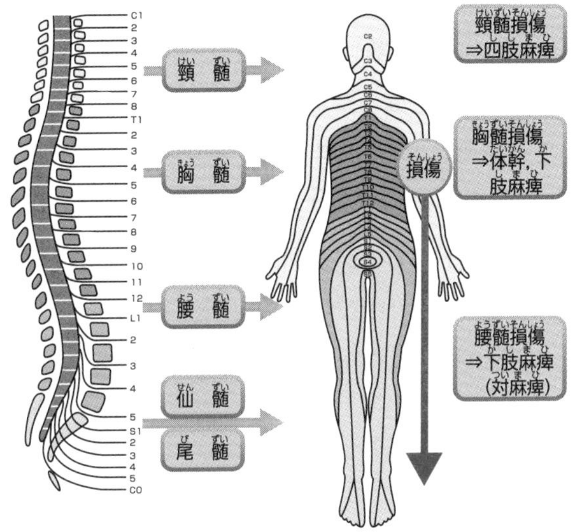

	症状・障害の説明	損傷レベル	可能な動作と介助方法
脊髄損傷		C₁₋₃	呼吸障害・四肢麻痺等の重度な障害のため全面介助。
		C₄	自発呼吸は可能だが援助が必要。頸と肩甲骨の一部を動かせる程度のため全面介助。
		C₅	肩と肘の一部を動かせる程度で寝返りや起き上がり動作は全面介助。座位保持も介助が必要。
		C₆	肩はまだ十分な力はない。肘は伸ばす力はないが，曲げる力はあるのでロープ等で腕をからませて起きることができるが介助が必要。
		C₇	肘を伸ばす力（プッシュアップ）があるので寝返り，起き上がり，座位移動が可能。介助は必要に応じて行う。
		C₈-T₁	上肢全体を使える。介助は必要に応じて行う。
脊髄損傷者の症状・介護	**運動・知覚障害**　同じ体位による同じ部位の皮膚圧迫が続くと，褥瘡を生じやすくなる。一定時間ごとの体位変換が必要。	T₂₋₆	座位バランスはやや安定する。耐久力はある。介助は必要に応じて行う。
	排便・排尿障害　尿意・便意がなくなり，排泄のコントロールができなくなる。排尿，排便の管理が必要。	T₇₋₁₂	座位バランスはほぼ安定する。耐久力は増加する。介助は必要に応じて行う。
	発汗障害　麻痺部分の皮膚からの発汗が障害され，からだからの熱の放散が減少し，うつ熱の状態になりやすい。室温調節が必要。	L₁₋₂	座位バランスは安定。長下肢装具をつけ，杖などを使えば歩行可能であるが，実用性は車いす使用。
	起立性低血圧　臥位から座位になると血圧が下がり貧血状態となる。急に起こさないなどの対応が必要。	L₃₋₄	座位バランスは安定。短下肢装具と杖により，立ち上がりも行え実用的な歩行が可能。
	自律神経過反射　麻痺した膀胱に一定以上の尿がたまると自律神経過反射が起こり，血圧が上昇する。	L₅-S₃	足関節の動きが十分ではない。おおむね介助は必要としない。

（図中）

頸髄 / 胸髄 / 腰髄 / 仙髄 / 尾髄

頸髄損傷 ⇒ 四肢麻痺

胸髄損傷 ⇒ 体幹，下肢麻痺

損傷

腰髄損傷 ⇒ 下肢麻痺（対麻痺）

注1：受傷者は，交通事故，転倒，転落などにより男性，若年層に多い傾向があるが，近年は尻もちや作業中の事故等による高齢者の受傷者が増加傾向にある。

　2：C₅とは C₅の機能が残存する意味である。

心臓機能障害の医学的理解
しんぞう き のうしょうがい　　い がくてき り かい

　心臓機能障害にはいくつかの原因があります。それぞれの原因疾患をよく理解するととも
に，疾患の重症度も考慮に入れ，利用者の介護にあたることが必要です。

　日常よく遭遇する疾患には，虚血性心疾患（心筋梗塞（➡第1巻 p. 307 参照），狭心症）と
心不全（➡第1巻 p. 318 参照）があります。心不全は1つの疾患として独立しているもので
なく，心機能が低下することによって起こる病態なので，さまざまな原因疾患が考えられます。

　心臓自体の機能障害のほかに，循環器系の疾患として，大動脈疾患（大動脈瘤，大動脈解
離）や末梢動脈疾患（閉塞性動脈硬化症（➡第1巻 p. 324 参照）），静脈瘤などが高齢者に特
徴的な疾患として知られています。さらに，循環器疾患を複数かかえることがあることや，高
齢になればなるほど他疾患（たとえば脳血管疾患や糖尿病）を合併していることが多くなると
いうことは知っておく必要があります。

ペースメーカの理解
り かい

　今日ペースメーカ[19]（➡ p. 450 参照）機器の発達は目を見張るものがあります。さらに，ペー
スメーカのほかに**植えこみ型除細動器（ICD）**[20]（➡ p. 450 参照）はもとより，心臓再同期療
法（CRT）の両心室ペーシングや CRT に ICD 機能を取り入れた両室ペーシング機能付き植え
こみ型除細動器（CRT-D）も日本に導入されてきています。

　ICD を植えこんだ患者に対しては，ICD が作動する心拍数を熟知しておく必要があります。
運動強度が強く，心拍上昇にともない，ICD 作動の危険性がある場合は医師の判断で強度
を下げます。ペースメーカ本体が挿入されている部位（鎖骨下の前胸部）には衝撃が加わらな
いように注意します。

　リード断線や心筋電極がはずれる可能性から，極端に上肢や肩の運動をともなう日常活動も
好ましくありません。さらに，電磁波により誤作動を起こすことが知られているために，強い
電磁波を発生する可能性のある機器類を近づけることは避けましょう。

心臓機能障害のある人の心理的理解

　虚血性心疾患や心不全の背景の1つとして，うつ病（➡第1巻 p. 345 参照）が大きく関与しているといわれています。心疾患の発症後はうつ病を合併しやすく，また，うつ病を合併すると予後が悪化することが知られています。抑うつ状態におちいると，食事や運動に注意を払わなくなり，飲酒と喫煙の機会が増え，社会的に孤立していくことが考えられます。

　心不全患者は入退院をくり返すことでも，精神的ストレスを受けていますが，その他の社会的要因でも抑うつ症状が悪化することがあります。抑うつ症状とともに不安症状を訴えることもまれではないので，本人の訴えに共感し，傾聴するという態度が必要です。

心臓機能障害のある人の生活の理解

　心疾患のある高齢者の多くは，生活習慣病といわれる高血圧，糖尿病，脂質異常症などが複数みられるほかに，腎臓病や脳血管疾患，慢性の膝関節疾患や脊椎症，前立腺肥大や難聴や白内障，不眠症や認知症，う歯（虫歯）や白癬にいたるまで複数の診療科に及ぶさまざまな疾患が重なり合っています。これらの疾患が慢性的に経過して臓器障害を引き起こし，利用者のQOL[21]（➡ p. 451 参照）を低下させ，生活障害を引き起こすのです。

　管理困難な病態に加え，高齢者の一人暮らしや高齢者夫婦世帯の増加，認知機能・身体機能の低下がからみ合って，高齢者の在宅管理をむずかしくしているのが現状です。

心臓機能障害のある人の介護上の留意点

　心疾患のある高齢者は再入院が多く，いったん入院すると入院が長期化するという特徴があります。また，認知機能障害という問題が隠されていることが多く，外来指導のみでは限界があり，患者を取り巻く環境を視野に入れた包括的なケアが必要となります。

　医師，看護師，管理栄養士，薬剤師，理学療法士などによる疾患の重症度や合併症などの評価に加え，生活活動状況や介護の問題点の評価，服薬に対するコンプライアンス（服薬遵守）の評価，服薬指導，栄養状態の評価，リハビリテーションの必要性などの評価と調整を行い，疾病の発症や増悪を予防することを目的とした医療マネジメントシステムの構築が必要とされています。

腎臓機能障害の医学的理解

　腎臓機能障害とは，腎臓の機能が低下し，日常生活に支障をきたした状態をいいます。腎臓機能障害により，生体の恒常性が維持できなくなった状態を腎不全といいます。腎不全が急速に生じた場合を急性腎不全，長期間かけて持続的な機能障害におちいったものを慢性腎不全といいます。慢性腎不全では，腎機能の改善は望めません。近年では，慢性に経過するすべての腎臓病を慢性腎臓病（CKD）としています。CKDは生活習慣病とも関連しており，腎臓以外でも動脈硬化が進行し，とくに心血管疾患を引き起こす危険性が高いことも明らかになっています。腎臓機能障害はある程度進行するまでは無症状です。高血圧や浮腫が目立つころには，腎機能はかなり低下しています。腎臓が行っている電解質の調整などが障害されるので，血液中の電解質の異常や腎性貧血が起こります。末期の腎不全になると，本来尿中に排泄される物質が排泄されず体内にとどまることから，**尿毒症**[22]（➡ p. 451 参照）の症状がみられたり，体液量が増加するために心臓に負担がかかり，心不全を引き起こしたりします。腎臓機能障害の管理は，正しい服薬，食事・水分制限，運動制限による病状の維持が中心となります。

血液透析

　血液透析（HD）は，半透膜を介して血液浄化をはかります。血液を体外に導き出すために，動脈と静脈を手術でつなぎ合わせ**シャント**[23]（➡ p. 451 参照）を造設します。

腹膜透析

　腹膜透析（PD）は自分の腹膜を半透膜として使用します。腹腔内に挿入した腹膜透析カテーテルに，腹膜透析液の入ったバッグをつなぎ，定期的に腹腔内に貯留した腹膜透析液を交換します。自動腹膜透析装置を用いて夜間就寝中に透析液の交換を行う夜間間欠式腹膜透析（NIPD）や，持続可動式腹膜透析（CAPD）など，生活のなかに治療を組みこむことが可能なものもあります。

腎移植

　末期腎不全の根本的な治療法としては，腎移植があります。腎移植後は健康時と同様の生活ができるので，小児や青年期の人には，腎移植が望ましいといえます。

腎臓機能障害のある人の心理的理解

腎臓機能障害は無症状で進行することが多く，自覚症状があらわれたころにはすでに重度の障害になっているということもあります。また，慢性腎不全では，腎機能が改善することはありません。

腎臓機能障害の管理は，正しい服薬，食事・水分制限，運動制限による病状の維持が中心となります。自己管理の継続をするためには，障害のある本人が自分の生活習慣を見直し，自分に合った管理方法を見いだすことが必要になります。自己管理に努めていても思うような成果が出ず，精神的ストレスとなり，生活管理を続ける意欲の低下から症状を悪化させる危険性もあります。

さらに，ライフサイクルに応じて，さまざまな影響が予測されます。幼児期では社会性や対人関係などの発達の遅れ，学童期では治療による入院等で学習面での遅れが劣等感につながることもあります。青壮年期では就労等の社会的活動の問題がともないます。老年期では身体機能の低下や，ほかの疾病との合併，認知機能や老人性うつなどの心理状態，また家族関係や一人暮らしなどの社会的背景によっても生活管理は大きく影響を受けます。

腎臓機能障害のある人は，障害を受容していたとしても，生活全般を自己管理しつづけるといった大きな心理的負担をかかえています。介護職との信頼関係ができていたとしても，その時々のその人の不安や希望に寄り添う姿勢を忘れずに，生活管理の意欲を支えるかかわりをしていくようにします。

腎臓機能障害のある人の介護上の留意点

生活面では，食事制限が長期間にわたって必要になります。制限のあるなかで，いかにおいしく食事をとることができるか，調味料や調理の仕方の工夫が求められます。

また，腎臓機能障害のある人は，腎性貧血，低栄養，免疫力の低下，易疲労感，活動性の低下などが起こってきます。感染予防に注意しながら，日常生活の活動と休息のバランスに注意し，腎臓の負担を減らすことが重要です。個別の状況に応じて，医師，看護師，管理栄養士，薬剤師，リハビリテーション専門職に加え，医療ソーシャルワーカー，介護支援専門員（ケアマネジャー），介護保険事業担当者等と生活を支援していくようにします。

介護職は本人の健康状態を適切に観察できるようにしておくこと，医療職との連携のもとに，個別の利用者の日常生活上の留意事項を把握し，適切な自己管理が行われているのか観察できるようにしておくことが必要です。また，本人が障害についてどのように理解しているのか，どんな生活を望んでいるのかなどについても把握し支援していくことが求められます。

呼吸器機能障害の医学的理解

　呼吸器機能障害には，おもに酸素と二酸化炭素を交換する肺胞のガス交換に障害がある場合や，胸郭や横隔膜の動きによって肺を膨張させたり収縮させたりする「空気を吸う・吐く」といった動作や，空気の通り道である気道などがせばまる換気の障害があるものがあります。

　その基礎疾患には，①肺自体がおかされガス交換がしにくくなる慢性閉塞性肺疾患 (COPD) (➡第 1 巻 pp. 312-313 参照) や肺結核後遺症，②脳の障害によって換気が困難になる脳出血や脳梗塞，③気道がせばめられ換気が困難になる喘息，④神経や筋肉の障害により換気が困難になる筋萎縮性側索硬化症 (ALS) (➡第 1 巻 p. 322 参照) や筋ジストロフィーなどがあります。

　おもな症状は，呼吸困難感 (息苦しさ，息切れ)，咳・痰の増加，喘鳴 (呼吸時に「ゼイゼイ，ヒューヒュー」といった音が聞かれる)，などがあります。治療法として，薬物療法，酸素療法，気管切開による気道確保，人工呼吸療法などがあります。

在宅酸素療法 (HOT)

　慢性閉塞性肺疾患などの肺胞のガス交換に障害がある場合には，室内の空気よりも高濃度の酸素を含む空気を吸う治療が行われ，高濃度酸素を得るため酸素濃縮器 (➡第 1 巻 p. 312 参照)，酸素ボンベ (➡第 1 巻 p. 312 参照)，液化酸素装置を置き，そこから酸素を含んだ空気をチューブで本人の鼻元まで流し，本人は鼻カニューレ[24] (➡ p. 451 参照) から吸いながら生活を送っています。

気管切開

　鼻腔，咽頭を通しての換気が困難であったり，胸郭をふくらませる力が弱く換気量が少なかったりする場合は，気管部を切開し (気管切開)，気管カニューレを挿入し，そこから空気を取りこみます。自力で痰を吐き出すことが困難になるので吸引器を使用することもあります。

在宅人工呼吸療法

　自力での換気が困難な人には，機械的に空気を肺に送りこむため，人工呼吸器を装着します。人工呼吸器装着には，気管切開をする場合としない場合があります。気管切開をしない場合には鼻マスクを使用して，鼻から空気を送りこみ，換気します。

呼吸器機能障害のある人の心理的理解

呼吸器機能障害のある人で，呼吸の苦しさから生活を制限したり，鼻カニューレを外出時に装着することに躊躇したり，呼吸が苦しくなったらどうしようという恐怖感や不安感をもったりして生活している人もいます。先の生活が想像できず，うつや悲しみの状態にあることもあります。呼吸器機能障害のある人は，このような大きなストレスを受けています。外見からはわかりにくい呼吸器機能障害を理解し，本人主体の安楽な生活方法を支援することが重要です。

呼吸器機能障害のある人の介護上の留意点

支援方法として，①効率的に呼吸をするための協力，②呼吸困難（➡第1巻 pp. 312-313 参照）を起こさないための予防的な行動，があります（表8-2-4）。

また，身体に障害があっても，家族と生活したり，仕事をしたり，旅行をしたりするなど，自宅を出て社会生活を楽しむことは重要です。呼吸器機能障害のある人の外出を支援するための注意点は，①医師に指示されている活動量を守ること，②清浄な空気を吸うこと，③外出先での呼吸器感染を予防すること，があげられます。

■表8-2-4 呼吸器機能障害のある人の支援方法

入浴の工夫	・入浴は，清潔を保ち，血液の流れをよくし，リラックスできる点でよいものだが，酸素消費量が多く，息切れが強くなることがある。家族にからだを洗ってもらったり，湯船に入る時間を短くしたりする。
食事の工夫	・食事をして胃がふくれると，横隔膜が圧迫されて呼吸がしにくくなる。また，消化のため胃腸に血液が集中するので，呼吸器系の血液が少なくなり，ガス交換機能が低下する。食事は少量ずつ何回かに分けてゆっくり食べたり，胃がふくれるような繊維質の多いもの，ガスが発生しやすいものは避けるようにしたりする。 ・痰は，たんぱく質と水分を多く含んでいるため，喀痰量が多い人は，魚や脂身を除いた肉などの良質のたんぱく質，水分を多く含む食品を摂取する必要がある。水分の補給は喀痰しやすくするためにも必要である。喀痰のための咳は，体力を消耗させるので，カロリーの高い食事が必要になる。
歩行の工夫	・歩行は，酸素消費量が大きく，息切れが起きやすいので，ゆっくりと呼吸を整えながら休み休み歩くようにする。
気道の感染予防の工夫	・感冒は，呼吸器機能を低下させるので，呼吸器機能障害のある人は極度の注意を払う。マスクをしたり，人混みを避けるために外出をひかえたり，うがいをしたりするなど，予防策を講じるようにする。体調が悪いときには，早めに対応し，治療する。

膀胱機能障害の医学的理解と支援の実際

膀胱機能障害の原因となる先天性の疾患は，二分脊椎症があり，自己導尿を永久的に行います。後天性の疾患は，膀胱がんがあり，膀胱を摘出することで尿路変向（更）術が行われ，腎ろう・腎盂ろう・尿管皮膚ろう・膀胱ろう・回腸（結腸）導管などの多様な種類のなかから，カテーテル管理を行うか尿路ストーマを造設して長期にわたりストーマ用装具の装着を続けます（図8-2-7）。ほかにも骨盤内の手術による神経障害や，自然排尿型代用膀胱の手術を受けたあとに排尿障害になることがあります。対処としては，バルーンカテーテルの膀胱内留置や，間欠導尿の施行，完全尿失禁による失禁用具の継続使用などがあります。

膀胱にたまった尿が排出できない場合に**膀胱留置カテーテル法**[25]（➡ p. 451 参照）を用いますが，尿道を経由する尿道留置カテーテルと，経腹的に膀胱ろうを造設する場合があります。

尿道留置カテーテルの合併症として，結石や尿路感染を生じることがあり，男性では陰茎の亀頭部からの裂傷があります。留置カテーテルの合併症を防ぐには，間欠導尿を行います。合併症を考慮し，長期の留置カテーテルの使用は避けて，膀胱ろうを造設することを医療職と検討します。定期交換は医療職が実施します。

■図 8-2-7　尿路ストーマ（尿路変向（更）術）

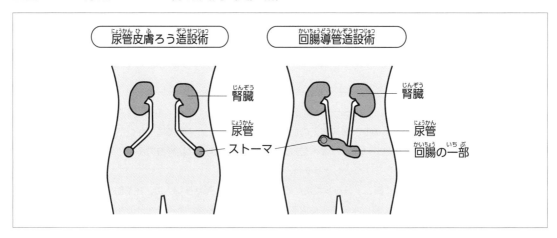

直腸機能障害の医学的理解と支援の実際

　直腸機能障害の原因となる先天性の疾患は，二分脊椎症に起因する神経障害や，先天性鎖肛（肛門や直腸が閉鎖している）です。肛門形成術，小腸肛門吻合術などのあとに高度な排便機能障害が生じることがあり，支援としては摘便や浣腸や洗腸を行います。成人期以降は，腸のがんにより腸管にストーマ㉖（→ p. 451 参照）を造設すると，空腸・回腸ストーマや上行・横行結腸ストーマ，下行・Ｓ状結腸ストーマとなり，管理が必要です。

　尿や便を腹部から直接出すため，便意や尿意を感じることがなくなり，腹部に採便袋や採尿袋を貼り，排泄物を受けとめて管理します。膀胱がんの手術後は尿路ストーマ，回腸導管（腸で膀胱をつくる）を造設して経腹部に開かれた排出口から尿を出します（図 8-2-7）。消化器のがんの場合は，がんの発生した部位によりストーマをつくる位置が変わります。小腸を用いたイレオストミー，大腸を用いたコロストミーがあります（図 8-2-8）。ストーマをつくるときには，腹部のどの位置が生活のさまたげにならない場所であるか個別に検討してストーマを造設しています。慣れることで徐々にストーマ袋を自分で交換することができるようになり多くは自分で交換しますが，高齢になり要介護になると生活スタイルが変わり，自己管理や家族での管理が困難になることがあります。

■図 8-2-8　消化管ストーマの種類

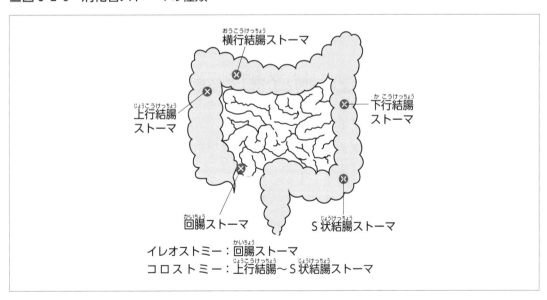

膀胱・直腸機能障害のある人の心理的理解

　排泄のコントロールがつかなくなると，人間の尊厳がそこなわれたと感じ，排泄が絶えず気になり，日常生活に大きな影響を及ぼします。このため膀胱や直腸の障害に対して強い否定的な感情をもち，障害を受け入れられないことがあります。また，排泄の障害を人に話すことは羞恥心をともなうため，困っていても受診や相談ができない人が多い現状があります。身体を動かすことで排泄物がもれる不安により活動性が低下したり，トイレの場所がわからないところには出かけられず，社会性がおびやかされることがあります。以上のような本人の気持ちを理解して，排泄の介護や排泄物を扱う際の態度や言動に注意しなければなりません。排泄物からの感染の予防は必要ですが，介護者が排泄物に対する不快感や嫌悪感を表出することは，本人に屈辱感を与え，心理的な虐待になることを理解しておきましょう。

膀胱機能障害のある人の生活上の理解と介護上の留意点

　適切な飲水量は必要ですが，過剰な飲水は尿量が増えすぎて導尿の回数や，ストーマ袋からの排出処理回数が増えます。動くときには，留置カテーテルが抜ける危険や屈曲が起こらないよう注意します。入浴・シャワー浴ではカテーテルの挿入部周囲の皮膚を，刺激の少ない石けんを泡立ててやさしく洗い，ぬるま湯でよく洗い流します。また，尿は元来は無菌ですが，留置カテーテルを挿入しつづけることで細菌感染を起こすことがあります。そのため，膀胱炎をくり返す場合には，根本的な原因を取り除くため，看護師や医師と相談してカテーテルを留置せず間欠導尿に切り替えます。

直腸機能障害のある人の生活上の理解と介護上の留意点

　食事制限はありませんが，腸が短いため消化吸収のよい食事をとります。下痢や便秘を防ぐ適量の繊維質を摂取し，ビフィズス菌や乳酸菌などで腸内環境を整えます。腹部に貼っているストーマ袋は，過度の伸展や屈曲運動，身体の回旋を行う動きや，多量の発汗により，接着面が剥がれ，排泄物がもれるおそれがあるため，用具の選択が大切です。ストーマ袋は装着したままで入浴します。入浴の最後にストーマ袋を剥がして，面板が接着していた皮膚を刺激の少ない石けんをよく泡立ててやさしく洗い，ぬるま湯で洗い流し，乾いた布で水分をふき皮膚を乾燥させて，新しいストーマ袋に交換します。便には大腸菌などが含まれるため，介護職は便に直接触れないように手袋をつけて扱い，交換後には必ず手指を洗浄します。

　手術や神経損傷により性機能障害が生じる場合があります。

ヒト免疫不全ウイルスによる免疫機能障害の医学的理解

ヒト免疫不全ウイルスは，Human Immunodeficiency Virus の日本語訳で，この頭文字をとって一般に HIV と略されます。感染者の精液，膣分泌液，血液，母乳に含まれており，これらに含まれる HIV が粘膜や傷口からからだの中に入ることで感染が起こる可能性があります。代表的な感染経路は，性交渉，注射針の共用，母子感染です。

HIV 感染症は，1980 年代前半に台頭してきた新興感染症で，全世界的には 2020 年時点で 3770 万人程度の人が HIV に感染していると推定されています。日本では 2020（令和 2）年末時点で約 3 万人の感染（エイズ患者含む）が報告されています。

HIV 感染者が何も治療を受けなければ，免疫力は徐々に低下していきます。そして，通常は取るに足らないような弱い菌やウイルスなどが活性化して感染症（日和見感染症）が起こることがあります。

最近では HIV 感染症に対する治療はきわめて進歩しています。何も治療を受けなければ 10 年程度でエイズを発症しやすくなりますが，適切な治療を受ければ発症を大幅に遅らせ，感染していない場合とほぼ同じ寿命をまっとうすることができます。他者への感染リスクも大きく減らせます。

後天性免疫不全症候群（エイズ：AIDS）

エイズ（AIDS）は HIV とは異なります。

エイズは，Acquired Immune Deficiency Syndrome（後天性免疫不全症候群）の略称であり，HIV に感染して，免疫機能が低下し，厚生労働省が定めた 23 の合併症のいずれかを発症した場合，エイズ発症と診断されることになります。したがって，HIV に感染したからといってエイズになったわけではありません。

合併症のなかには，ニューモシスチス肺炎，難治性の単純ヘルペスウイルス感染症，子宮頸がん，活動性結核などが含まれ，どの合併症を起こしたのかにより症状はまったく異なります。

感染症の予防及び感染症の患者に対する医療に関する法律（感染症法）では，エイズは 5 類に分類されます。

肝臓機能障害の医学的理解

　肝臓機能障害は，ウイルス性肝炎，自己免疫性肝炎などによって，肝機能の低下が起こり，日常生活に支障をきたした状態です。肝臓は糖やたんぱく質，脂質の代謝や，アルコールや薬剤，老廃物などの有害な物質の分解（解毒），胆汁の生成・分泌と，多くの役割をになっています。

　ウイルス性肝炎（➡第1巻 p. 317 参照）には，いくつかのタイプがありますが，B型肝炎・C型肝炎の一部が慢性肝炎となり，肝硬変や肝がんへと進行することがあります。いずれもウイルスに感染している人の血液・体液を介して感染します。急性肝炎を発症すると全身倦怠感や食欲不振，吐き気，黄疸が出現することがありますが，慢性肝炎になるとはっきりとした自覚症状はありません。ウイルス性肝炎の診断を受けた場合は，慢性化させないために治療の継続が必要です。現代では，抗ウイルス療法で完治が可能です。

　肝硬変（➡第1巻 pp. 316-317 参照）は，慢性肝炎などによって肝細胞の破壊と再生がくり返された結果，肝臓が線維化し，組織がかたくなって本来の機能を十分に果たせなくなった状態をいいます。あらゆる肝疾患の終末像ともいえます。肝硬変が進むと，黄疸や腹水，肝性脳症などのさまざまな症状や食道静脈瘤などの合併症があらわれます。初期のうちに悪化を食いとめること，肝硬変を予防することが重要です。

　肝がん（肝細胞がん）は，肝硬変と関係の深いがんです。C型肝炎では，適切な治療が行われなかった場合，ウイルスに感染してから慢性肝炎，肝硬変を経て約30年後に肝細胞がんにいたるということが知られています。

肝臓機能障害の支援の実際

　肝臓機能障害のある人は，医師による治療や症状のコントロールが重要です。原因となる疾患だけでなく，症状に対する治療により生活のしやすさは変わります。たとえば，浮腫や腹水に対しては利尿剤，肝性脳症に対してはラクツロースという薬の使用などです。

　さらに，症状のコントロールのためには食事にも注意します。浮腫や腹水は，過剰な塩分摂取をすると悪化するため，塩分をひかえることが重要です。また，たんぱく質をうまく代謝できなくなるため，たんぱく質の摂取についても注意します。さらに，便秘があると症状が悪化するため，生活習慣や食事への配慮が重要です。

　近年，適応条件に合致した場合には，肝臓移植が行われる例が増えてきています。肝臓移植により，肝臓の機能は回復します。

肝臓機能障害のある人の心理的理解

　肝臓機能障害が起こる背景にはさまざまな原因がありますが，なかでもウイルス性肝炎がある人では，他者へ感染させてしまうかもしれないという不安や，周囲の理解が不十分であれば誤解と偏見の目にさらされてしまうかもしれないという不安から病気や障害のことを隠して日常生活を送っている人もいるかもしれません。

　肝臓機能障害によって引き起こされる全身倦怠感や，浮腫，腹水の貯留による呼吸困難感，皮膚のかゆみや食欲不振は，本人の QOL を低下させます。身体的苦痛が他者に十分理解されないこと，症状コントロールのためにも定期的な受診や検査が欠かせないことなどから，治療継続の意欲が低下したり，就労や社会生活に支障が生じたりします。

　本人の状況によって，さまざまな苦痛や負担を感じながら生活しているということを理解し，治療の継続と生活への意欲を支えるようなかかわりをすることが必要です。

肝臓機能障害のある人の介護上の留意点

　介護によってウイルス性肝炎の感染が起こることはまれだと考えられますが，血液や体液に触れるときは必ず手袋をするなど，基本的な感染予防対策をとることは重要です。介護職が感染に対する正しい知識をもち，適切な対応ができることは，障害のある本人にとっても安心につながり，信頼関係を築く第一歩になります。

　肝臓機能障害のある人にあらわれる全身倦怠感，浮腫，腹水の貯留などには，十分な休息が必要です。筋肉量の減少も起こるので，安静と活動のバランスについて医療職と連携しながら日常生活を支えます。食欲不振に加え食事制限がある場合は，管理栄養士と連携しながら，おいしく，かつ必要な栄養が摂取できる支援が重要になります。皮膚のかゆみや黄疸については，清潔保持や衣類の素材の検討をし，皮膚への刺激を避け，保湿に努め傷を防ぐことが必要です。

■表 8-2-5　肝臓機能障害のある人の介護上，注意を要すると考えられる場面

・糖尿病でインスリン治療を行っている人の注射針，血糖検査器具，採血針，消毒綿などの扱い
・褥瘡，傷からの血液や滲出液，それらを含んだガーゼの扱い
・嘔吐物，吐血，喀血，喀痰，鼻出血の扱い
・歯肉出血など口腔内出血時の口腔ケア
・出血，滲出部位があり，介護職にも傷がある場合の清拭，フットケア，入浴介助
・おむつの扱い

出典：黒澤貞夫・石橋真二・是枝祥子・上原千寿子・白井孝子編『介護福祉士実務者研修テキスト 第4巻 こころとからだのしくみ』
　　　中央法規出版，p. 219，2015年を一部改変

2 知的障害

❶ 知的障害の心理学的概念

国際疾病分類にもとづく知能区分

国際疾病分類（ICD-10）では，知能テストにもとづいて測定した知能の状態によって，知的障害を，軽度（おおよそIQ27（➡ p. 451 参照）69〜50）・中度（IQ 49〜35）・重度（IQ 34〜20）・最重度（IQ 19 以下）に分けています。

また，身辺自立の状態をみると，軽度の場合は自立でき，中度の場合はおおむね自立可能，重度の場合は部分的に自立可能，最重度の場合は自立できない，とされています。

スウェーデンで用いられている知能区分

ここでは，スウェーデンで用いられている知能区分にもとづいて，知的障害の状態によって身のまわりのことがどのように認識されているのかをみてみます（表 8-2-6〜表 8-2-9）。スウェーデンにおける知能区分の特徴は，その人にとってどのような支援が必要かという観点から知能をみている点にあります。

知的障害の状態をとらえるときには，「何ができないか」だけではなく，その人にとって身のまわりの世界が「どのように認識されているか」「何ができるか」に注目することが大切です。

■表 8-2-6　精神発達年齢［0 か月〜1 歳半くらい］（IQ10 以下に相当）

・「今いるところ」で，見る・聞く・触れるなどの感覚体験ができるもの（手の届く範囲にあるもの）だけを認識している。そのため，目の前にあれば，それが好きか嫌いかを判断できるが，目の前にないものを思い浮かべることはできない。
・くり返し経験していることであれば，次に何が起こるかを予想することができる（例：食卓に食器が並ぶとご飯の時間だ）。
・写真の理解はむずかしく，色と模様のついたきれいな紙として認識されている。
・話し言葉の理解はむずかしいが，身ぶりや何かの合図（特定の音声など）を使って意思や感情を表示したり，自分の欲求を伝えたりすることができる。
・体験すれば，それが心地よいか否かを表現できる。

■表 8-2-7　**精神発達年齢［1 歳半〜 4 歳くらい］**（IQ25 〜 10 くらいに相当）

- 理解できるものは，自分で使ったり触ったりした経験のあるものに限られる。
- 量の多い少ない，大きい小さい，「1」の概念がわかるようになる。
- 過去に起きたこと，これから起こることを考えられるようになる。
- 絵や写真が理解できるようになり，絵・写真・言葉・サイン言語28（➡ p. 452参照）・身ぶり言語をコミュニケーションのなかで使えることがわかるようになる。
　　例：「ジュース」「行く」「仕事」などが理解できる。
- いろいろな因果関係を理解できるようになり，経験にもとづいて問題解決を試みるようになる。

■表 8-2-8　**精神発達年齢［4 〜 7 歳くらい］**（IQ45 〜 25 くらいに相当）

- 物の性質が，前段階よりもさらにわかるようになる。ただし，理解できるものは実際に体験したもののみ。
- お金の理解が始まり，それぞれの紙幣，硬貨で買えるものの範囲がわかる。
- 腕時計が何に使われるのかがわかる。
- 平日と休日の区別がつくようになる。
- 経験のあることなら，2 つの出来事を，原因と結果として結びつけられる。経験のない因果関係は，実際に試さなければわからない。

■表 8-2-9　**精神発達年齢［7 〜 11 歳くらい］**（IQ70 〜 45 くらいに相当）

- 経験したことがなくても，想像することによって，同じ性質をもつものを分類でき，属性の理解が進む（ただし，具体的なものに限られる）。
- お金が使えるが，計画的な使用はむずかしい。
- ことわざや慣用句の意味の理解はむずかしい。
- 因果関係の一般的な理解ができ，「〜なら〜だろう」という推論が可能になる。原因の説明ができるようになるが，具体的で単純なものに限られる。
- 書き言葉の理解が始まり，読み書きが可能になる。

❷ 知的障害の原因

生理医学的要因とその他の要因

　知的障害の原因は多岐にわたっており，米国知的・発達障害協会（AAIDD）による知的障害の危険因子には，①染色体異常・遺伝子疾患・代謝異常・分娩時の外傷・栄養不足・髄膜脳炎等の明らかな病理作用によって脳の発達に支障が生じる**生物医学的要因**，②貧困・母親の栄養不良・出生前ケアの未実施・適切な養育環境の欠如等の社会や家族の状況による**社会的要因**，③親の薬物使用・親の喫煙や飲酒・養育拒否等といった親の行動問題と関連する**行動的要因**，④支援の欠如や不適切な育児等のような知的発達をうながす状況が阻害されることによる**教育的要因**があげられています。

　おもな症状としては，抽象的な物事についての理解に制限が生じることと，短期記憶（➡第1巻 p. 292 参照）に制限が生じることがあげられます。

　抽象的な物事とは，属性・時間・空間・数量・因果関係・コミュニケーション（言語の使用）の理解をさします。

ダウン症候群

　ダウン症候群はダウン症とも呼ばれる先天性の障害で，精子や卵子がつくられるときの染色体の分離がうまくいかないという突然変異が原因で，90〜95 ％は 21 番目の常染色体が 3 本（通常は 2 本）あるために生じます。発生率は出生 1000 人に対し 1 人の割合で，母親の年齢が高くなるほど染色体の分離がうまくいかなくなるため，高齢出産の場合には発生率が 100 人に 1 人といわれています。

　知能の状態は，重度から軽度まで幅が広いですが，社会生活能力は知能の程度よりも高い場合が多いといわれています。

　ダウン症には多くの合併症があることが知られています。先天的な心疾患，肺血管がかたくなる肺高血圧症，十二指腸閉鎖，鎖肛，頸椎の異常である環軸椎不安定症，難聴，眼科的な異常（近視・遠視などの屈折異常や白内障など）などがあり，とくに難聴や心疾患を合併している割合が高いことがわかっています。

　ダウン症の人とかかわるときには，「障害がある」という目で見るのではなく，何が得意で何が不得手なのか，何が好きで何が嫌いなのかというように「その人自身がどういう人であるか」を見るという姿勢をもつことも大切です。

❸ 介護上の留意点

「その人らしい」生活を支援する

　人には，人への思いやりや，人生を楽しむ力，音楽や芸術やスポーツのセンス，ねばり強さやあきっぽさ，ユーモアやセンスやきまじめさなど，さまざまな特徴があります。

　そのため，障害の特徴を知っただけでは，その人を理解したことにはなりません。なぜなら，障害はその人の一部であってすべてではなく，知的障害があるからといって，人間としてすべての面において障害があるわけではないからです。

　その人らしい生活とは何かを考え，支援するためには，本人の心身機能の状態に目を向けつつ，本人にとって，身のまわりのことがどのように認識されているかを把握することやその人自身がどういう人であるかをみるなどといったことが必要です。

「参加する」ことを支援する

　さまざまな物事にチャレンジしてこそ，自分らしさが自分でわかってくるという点は，障害のあるなしにかかわらずすべての人にとって共通のことです。

　たとえば，自分に合う洋服のスタイルがわかるようになるまでに，買ってはみたもののあまり着なかったという経験を何度もしたとか，嫌いだと思っていたけれど試してみたら思いのほか気に入った食べ物があるなど…。それが「ふつうのあたりまえの生活」なのです。

　介護職は，つい「完璧な生活」を支援することを計画してしまいがちです。しかし，そうなると，本人が自分で決めたい，試してみたいと思えるように意欲や主体的な行動を育てるという視点が薄くなり，介護職が利用者の生活のすべてをリードし，管理してしまうという事態も生じかねません。

　障害のある人の立場に立って，その人らしい生活をつくりあげ維持していくことを支えるためには，利用者が試行錯誤を通して体験を豊かにしていく（参加する）ことを支えることが大切です。

3 精神障害 ::

❶ 精神障害（疾患）の理解

代表的な精神疾患

　代表的な精神疾患として，統合失調症と気分障害（うつ病・双極性障害）があげられます。これらは生物学的な精神疾患へのなりやすさといわれる「脳の脆弱性（身体的要因）」と，人生上の出来事や環境の変化に由来するストレスなどの「心理社会的要因」と，ストレスへの対処技能や周囲の支援体制（社会的要因）といった「防御能力」の要素がからみ，そのバランスがくずれて発病や再発が起こるという考え方が支持されています。

　また，出現する症状は精神の障害ですが，脳や脳血管のほか，さまざまな身体的異常が原因の精神疾患（認知症など）や，アルコールや薬物使用などの原因が明確な精神疾患もあります。いずれも身体的要因と心理的要因と社会的要因を包括的にとらえて，治療や支援を行う必要があります。

統合失調症

　発病後の経過や病気のタイプにより多様で個別的な症状を引き起こし，再発や安定の波をくり返すことがあります。病気の症状が精神状態に強くあらわれているにもかかわらず，それが病気によるものであると自分で認識できないときがしばしばみられます。治療の基本は継続的な薬物療法による症状の軽減のほか，本人や家族などへの心理教育や社会生活面のリハビリテーションなど包括的な支援が必要です。

■表8-2-10　統合失調症の症状

❶ 陽性症状：幻覚，妄想，支離滅裂な言動，興奮　など
❷ 陰性症状：感情の鈍麻，思考の貧困，意欲・発動性の低下　など
❸ 認知機能障害：記憶や作業能力の減退，集中力・注意力の低下　など
❹ 抑うつ・不安：うつ症状や絶望感など極度の場合は自殺念慮をいだくこと　など

気分障害（うつ病・双極性障害）

気分障害は，生活環境上の変化やストレスが発症の契機となることが多いとされています。

うつ病は，気分が沈み，意欲が低下し，行動や動作がとてもゆっくりとなり，疲れやすく食欲低下や不眠や頭痛などの身体症状もあらわれ，日常生活が立ちゆかなくなります。不安や悲観的感情，自責感，自殺をしたいという思いをめぐらせる自殺念慮も生じてきます。自殺のリスクが高まるのは，うつ病の初期と回復期です。うつ状態の人への安易なはげましは，負担感やまわりの人に理解されていない感覚をもたらし，回復の手助けにならないので注意が必要です。

双極性障害（躁うつ病）は，躁状態とうつ状態をくり返すものです。躁状態は考えが次々とわいて気分が高揚し，いらいらしたり，誇大妄想を呈したり，疲れをみせず不眠不休で活動できたりします。

いずれも治療は，薬物療法のほか，家族療法や精神療法が用いられ，とくにうつ病の場合は心身の休養が重要です。

アルコール依存症・アルコール使用障害

アルコール依存症は，アルコールの習慣的・長期的摂取によって，精神依存，身体依存を示し，日常・社会生活，健康面で深刻な問題を引き起こします。おもな症状は，急激な中断による離脱症状で，からだのふるえとせん妄（意識混濁，幻視，錯視，精神運動興奮，不眠），幻聴や妄想，アルコール性コルサコフ症候群（記銘力障害，健忘，今いる場所や日付，季節を正しく認識できない見当識障害，作話）があります。

回復のためには断酒が不可欠です。入院や抗酒薬（嫌酒薬）などの医療的治療のほかに，家族を含めた支援や，断酒会などの自助グループへの参加が断酒・回復に有効であるといわれています。

その他（神経症性障害・パーソナリティ障害など）

神経症性障害（パニック障害，不安障害，強迫性障害など，ストレス関連障害や適応障害）は，生活上のイベントや急激かつ強烈な状況の体験などのストレスによって発症するものです。

治療は，それぞれ不安感や不眠，抑うつ症状に対する薬物療法，カウンセリングや行動療法，自律訓練法などが用いられます。

パーソナリティ障害とは，その人が属している社会・文化において期待されることと，その人特有の思考様式や行動様式に大きくへだたりがみられ，自分自身や周囲の人々とのあいだに苦痛が生じ，対人関係などの社会的な機能が障害されることです。

❷ おもな精神症状とその対応

幻覚や幻聴

　幻覚とは実際には感覚刺激がないのに知覚することで，幻聴とはあるはずのない声が聞こえてくる体験です。幻聴そのものより，それによる影響で集中力の低下や，不愉快な気持ちや恐怖感，不安感，混乱などのつらさを体験します。場合によっては，それが被害妄想につながります。そのような場面で介護職は，本人の聞こえる内容を肯定するのではなく，その影響で苦しんでいることに対して落ち着いた態度で受けとめます。自分にはその声が聞こえていないという事実をやんわりと伝えることも，本人の混乱している気持ちを整理するのに役立つこともあります。あまりしつこく内容を聞き出すことはしないほうがよいでしょう。

不安感

　精神障害のある人の場合は，不安が強くなるとその疾患特有の症状や行動面での悪化，再発につながることがあります。不安を直接訴えるほかに，不安に由来したさまざまな身体的症状や心理的反応，不適切な行動，あるいは，精神疾患の症状の悪化などがみられることがあります。

　とくに，周囲の人からの非難や批判，過度の干渉や孤独感など人間関係に由来するもの，あるいは金銭面の心配などのストレッサーからストレス状態にいたり，不安を感じることもあります。また，さしたるストレッサーが思いあたらないのに，精神症状が悪化し，再発が疑われるような場合は，服薬の中断などが考えられます。

身体的症状の訴えなど

　身体的症状の訴えの原因やその背景には，薬の副作用によるもの，精神症状に関連した身体症状のあらわれ，精神疾患とは別の新たな身体疾患が考えられます。話をじっくり聞いただけでそれらの原因や背景を判断してしまうことは，誤った対処になる可能性もあるので，安易に判断しないようにします。また，身体的変調を的確に訴えることができない人もいます。なかにはすぐに対応しなければ，生命に危険が起こる場合もあります。とくに薬の副作用による**悪性症候群**29（➡ p. 452 参照）や**水中毒**30（➡ p. 452 参照）による意識障害などに注意が必要です。

❸ 精神障害のある人の生活の特徴と介護の留意点

精神障害のある人の生活の特徴

　精神障害のある人にとって，社会参加や日常・社会活動の制限をきたすものは，①病状や症状そのもの，②症状による機能障害，③薬の副作用，④社会環境の影響が考えられます。たとえば，家事が苦手で自立した生活を送れない，活動意欲の低下，薬の副作用で身体が重だるく生活を楽しめない，対人関係がうまくいかず孤立してストレスがたまることなどがあります。そして，これらの困りごとへの助けを積極的に求められず状態を悪化させてしまうこともあります。

　精神障害に対する社会の偏見が心理面に，また，就職や余暇活動，住居の選択における制限に影響を与えていることがしばしばあります。

生活支援

　基本的な日常生活の状況をつかみ，支援の必要性を見さだめていきます。病気と生活はともに影響しあっています。そのため，病気，医療の分野の専門機関や支援者と連携をとって対応する必要があります。

　また，生活支援でめざすべきは，障害の克服ではなく，生活者としての回復です。障害にばかり着目するのではなく，全体を見わたして，健康な部分，隠れた能力や長所をいかすような生活支援が望まれます。

関係づくり

　かかわる側の緊張感や不安感は，そのまま相手に伝わり，双方で緊張したままになってしまいます。援助関係をじっくりと構築し，あせらずに相手の立場や気持ちを思いやりながら，ごくふつうに日常会話を楽しむようにしましょう。守秘義務を厳守し，指導的な態度や命令口調はつつしみ，相手を1人の人として尊重してかかわります。

当事者主体を尊重する

　本人のこれまでの生活スタイルやこだわりや考え方を認め，受けとめたところが支援のスタート地点です。

　一方で，強いこだわりを利用者に主張されて，援助のしにくさを感じることもあるかもしれません。実行不可能なことを要求されたら，それがなぜできないのかを理解してもらう機会をもつことも支援のなかでは大切です。

4 発達障害

<ruby>発達障害<rt>はったつしょうがい</rt></ruby>

❶ 発達障害の理解

自閉症（関連：広汎性発達障害，自閉スペクトラム症，アスペルガー症候群）

　広汎性発達障害に含まれる自閉症やアスペルガー症候群などは，①視線が合わない，仲間をつくることが困難などの社会性の障害，②言葉が出ない，会話が続かないなどのコミュニケーションの障害，③同じことをくり返す，こだわりがあるなどの想像力の障害，という 3 つにより特徴づけられる障害です。

学習障害

　学習障害[31]（➡ p. 452 参照）は，医学的な立場からの定義としては，「読む」「書く」「計算する」ことに困難さをもつ障害とされています。その原因として中枢神経系における機能障害があげられており，社会性，運動，情緒面の困難さもかかえている場合が多い障害です。

注意欠陥多動性障害

　注意欠陥多動性障害[32]（➡ p. 452 参照）は，不注意（集中力を保つのが苦手），多動性（じっとしているのが苦手），衝動性（順番を待つのが苦手）という 3 つを特徴とした障害です。

■図 8-2-9　それぞれの発達障害の特性

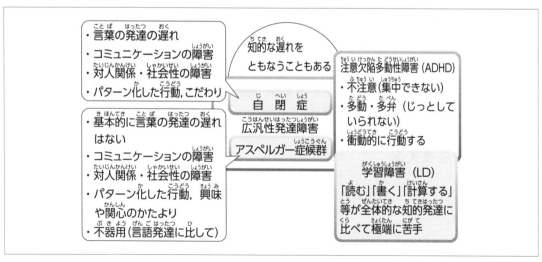

資料：厚生労働省のパンフレットを一部修正

❷ 発達障害の特性・支援のポイント

　発達障害は，ほかの障害のような「見えやすい障害」とは異なった「生活のしづらさ」，あるいは，「生きにくさ」がある障害といわれています。いわば，この社会の当然とされているルールがわからなくて，生活に困難をかかえているともいえます。このような発達障害のある人への支援のポイントは，表8-2-11のとおり，できるだけ彼らが生きやすい環境をつくっていくことです。

■表8-2-11　発達障害の特性と支援のポイント

❶　多くの情報を同時に処理することに困難がある場合が多いので，できるだけ情報量を減らし，同時に2つ以上の情報を出さない。

❷　まわりの環境を視覚的に理解しやすいものに変える。色彩や騒音など不必要な刺激を減らし，見てもらいたいものに注意がいくようにする。耳からの情報や，概念的・抽象的な情報は苦手なので，絵を見せるなどの手段を用いて説明をおぎなうこと。また，情報の提供においては，何を，どのように，どれくらいやるのか具体的な指示を出すことが必要である。

❸　時間概念の理解ができず，予定の見通しをもつことが困難で不安になりやすい場合には，いつ，どこで，どこまで，何をするかなど，活動を見通せるよう，予定を直線的に並べて行ったことにはチェックしていくなど視覚的なスケジュール化が効果的な場合がある。

❹　予期しない事態に直面し混乱する，あるいは変化への抵抗がある場合には，生活の流れをできるだけ一定にし，変化はできるだけ避けるとともに，予定を変えるような場合にはあらかじめ明示しておくことが考えられる。できるだけ特定の介護職に固定化する。

❺　感覚過敏への対策が必要である。スムーズな生活のさまたげとなる雑音，光や色，においなどの環境の調整が必要な場合がある。

　支援に共通することは，本人が安心できる条件として，視覚を中心に，具体的に，おだやかに伝えることが重要です。減らしたい行動についても，禁止ではなくどうすればよいのか，具体的に伝えることになります。そのためには，その場限りの支援ではなく，本人の行動や心理特性をアセスメントし，そのニーズを明らかにして計画的に介護していくことが重要です。

❸ 発達障害のある人の生活ニーズ

　発達障害のある人の生活のしづらさは，その人の内面や体験，世界のとらえ方がわれわれと異なるからであるといわれています。発達障害のある人が，自立して幸福な生活を送っていくためのニーズとして，われわれが日常生活や社会生活を送っていくうえで，当然のように身につけてきたさまざまなスキルの獲得について，支援が必要といえるでしょう。

コミュニケーションのニーズ

　発達障害のある人は，一般的に人の話を聞いて会話を行うことが苦手です。一方的に話したり，意味を取り違えて会話する場合もあります。また，相手の言葉も字義どおりに受けとりやすく，比喩や言葉の裏にある意味を理解できないこともあります。発達障害のある人は，その人に合った方法で，自分の意見や望みなどを他者に適切に伝えていく技術を身につけるニーズがあるといえます。

対人関係のニーズ

　人と仲良くしたり，他者と適切な関係をつくるスキルが，日常生活や社会生活を送るうえで必要です。発達障害のある人は，他者の感情や思考を理解することが困難なため，他者と適切な関係をつくることができない場合があります。とくに，他者と協力していっしょに活動して１つのものをつくり上げていくことに困難があります。適切な対人関係を構築していくスキルを身につけるニーズがあるといえるでしょう。

自己認識のニーズ

　日常生活や社会生活において力を発揮するためには，自分が「できること」や「できないこと」など自分の能力を適切に把握することが重要です。発達障害のある人はこのような自己認識のスキルを身につけることに困難をかかえ，能力以上の事柄に挑戦し，挫折感を味わったりする場合があります。自分自身を客観的に認識できるスキルを身につけることは，発達障害のある人にとって重要なニーズといえます。

❹ 発達障害のある人の生活の理解と支援上の留意点

自閉症のある人の生活の理解

　発達障害のある人の生活の理解については，基本的には私たちと同じですが，異なるところもあります。自閉症（関連：広汎性発達障害，自閉スペクトラム症，アスペルガー症候群）を例に説明します。

　自閉症は，表 8-2-12 のとおり，さまざまな「生活のしづらさ」をもたらすものです。

■表 8-2-12　自閉症の 3 つの障害

> ❶ **社会性の障害**
> 　人と人との基本的なつながりに生まれつきの苦手さがあるので，本人は，他者とよい関係をつくろうとしても，他者にとっては自分のことしか考えていない人と誤解を受けて，のけもの扱いされたりいじめの対象になったりする場合がある。これは，本人の体験と，他者の体験が重なり合わないことから生じていると考えられる。
>
> ❷ **コミュニケーションの障害**
> 　言葉が出ない，会話が続かないなどのコミュニケーションの障害は，始語が遅れたり，オウム返しが続いたりするふるまいにあらわれる。しかし，この言葉の遅れは単なる遅れではなく，他者との体験が重ならないことにより，体験を共有できないことが原因と考えられる。
>
> ❸ **想像力の障害**
> 　同じことをくり返す，こだわりがあるなどは想像力の障害といわれる。こだわりがあるのはそれが好きだからというより，他者と体験を共有できないために，発展的な行動を形成しづらく不安になり，同じ行動に固執するからではないかと考えられている。

自閉症のある人の支援上の留意点

　ICF（➡第 1 巻 p. 52 参照）によれば，これら発達障害の特徴は，その人が生来もっているもの（属性）ととらえるのではなく，障害を環境とのあいだに生じているもの（関係性）としてとらえるものとしています。また，本来その人がもっている障害（一次的障害）とは別に，周囲の無理解や差別などの環境による二次的障害が生じている場合も多いといえます。このように発達障害のある人は，周囲の理解不足により「生活のしづらさ」が増幅します。安心した生活のためには，何よりも発達障害のある人を正しく理解し，彼らとの関係を調整したり環境を整えるなどの適切な支援をしていくことが重要です。

5 難病 ::

❶ 難病とは

　難病の患者に対する医療等に関する法律（難病法）が2015（平成27）年1月に施行されました。この法律のなかで，難病の定義は「発病の機構が明らかでなく，かつ，治療方法が確立していない希少な疾病であって，当該疾病にかかることにより長期にわたり療養を必要とすることとなるもの」と規定されています（図8-2-10）。

❷ 難病の種類

　医療費助成の対象となる難病は，指定難病として規定されています。具体的な要件は，①患者数が日本において一定の人数（人口の0.1％程度以下）に達しないこと，②客観的な診断基準（またはそれに準ずるもの）が確立していることです。2015（平成27）年1月に110疾病が指定され，2021（令和3）年11月からは338疾病となりました。難病は，疾患群に分類され，筋萎縮性側索硬化症（ALS），パーキンソン病，筋ジストロフィーなどは神経・筋系疾患に，悪性関節リウマチは免疫系疾患に分類されます。

① 筋萎縮性側索硬化症（ALS）

　脳や末梢神経からの命令を筋肉に伝える運動ニューロン（運動神経細胞）が散発性・進行性に変形脱落する「神経変性疾患」です。

② パーキンソン病

　脳幹にある黒質線条体の神経細胞が減少し，運動を調整するはたらきをになうドーパミンが減少することにより生じる「神経変性疾患」です。

③ 筋ジストロフィー

　筋線維の変性・壊死を主病変とし，進行性の筋力低下をみる「遺伝性筋疾患」です。筋ジストロフィーは多種類あり，症状なども異なります。発症頻度が高いのはデュシェンヌ型筋ジストロフィーで，転びやすかったり，不安定な歩行などがみられるようになります。

④ 悪性関節リウマチ

　関節痛や変形等を生じる関

図8-2-10　難病と指定難病の定義（難病法）

【難病】
・発病の機構（原因）が明らかでない　・治療方法が確立していない
・希少な疾病である　・長期の療養を必要とする

医療費助成の対象

【指定難病】
＊良質かつ適切な医療の確保をはかる必要性が高いもの
・患者数が一定の基準（国の人口の0.1％程度）よりも少ない
・客観的な診断基準が確立している

節リウマチに血管炎，内臓障害などの関節外症状を認め，難治性または重症な臨床病態をともなう疾患です。

■表8-2-13　おもな難病の特徴

疾病名	症状	治療
筋萎縮性側索硬化症（ALS）	・箸が持ちにくいなど上下肢の筋力低下がみられることが多い。 ・進行にともない舌などの筋萎縮により嚥下障害や構音障害，呼吸筋の萎縮により呼吸困難を生じる。 ・感覚障害や排尿障害はあらわれにくく，視力や聴力，内臓機能なども正常であることが多い。	・治療の基本は，筋肉や関節痛に対する対症療法や症状の進行を遅らせる薬物療法，リハビリテーションなどが中心となる。
パーキンソン病	・パーキンソン病の4大症状は①安静時振戦，②筋強剛（固縮），③姿勢反射障害，④無動・寡動である。 ・初発症状は手足がふるえる安静時振戦がもっとも多くみられる。 ・姿勢反射障害や無動・寡動にともない，歩行中に前方に重心が傾き止まりにくくなる加速歩行，小股で歩行する小刻み歩行，歩きはじめにすくんでしまうすくみ足がみられやすい。 ・無動・寡動により，表情の変化がとぼしくなる仮面様顔貌などがみられる。	・減少したドーパミンを補充，受容，分解抑制するなどの薬物療法が中心となる。近年，効果的な治療方法も開発されている。 ・進行をゆるやかにするために，前向きな気持ちで生活することも効果的である。
筋ジストロフィー	・おもな症状は筋力低下による運動機能障害である。 ・歩行，嚥下，呼吸，血液循環などの機能に影響する場合がある。 ・進行すると，20歳前後で呼吸機能が低下する場合もある。	・根本的な治療法はないが，症状の進行を少しでも遅くすることが治療の基本である。 ・症状に応じた薬物療法，嚥下訓練などのリハビリテーションを行う。
悪性関節リウマチ	・関節リウマチの初期症状は起床時に手指などの関節が動きにくくなる「朝のこわばり」がみられる。そのあと，関節の腫脹（腫れ）や疼痛（痛み）を生じやすい。 ・関節は破壊とともに筋肉も萎縮することにより変形し，関節可動域が制限される。 ・悪性関節リウマチは，血管炎や皮下結節などの関節外症状や臓器症状として間質性肺炎を生じる場合もある。	・リウマチ症状の緩和，関節外症状を抑制するために，ステロイドなどの薬物療法，血漿交換療法などがある。 ・症状に応じたリハビリテーションも行う。

❸ 難病による心理・行動の特徴

難病の特性の理解

難病は根本的な治療がむずかしく，慢性的な経過をたどる疾患です。そのため，今後症状が悪化したり，長期にわたって療養したりすることへの不安が生じやすくなります。

症状が進行すると，ベッド上での生活や喀痰吸引などのケアが必要になる場合もあります。それによって，学校や職場などの社会生活への参加や役割に制約が生まれ，経済的な負担も加わることがあります。

しかし，適切な治療を受け，痛みや活動などをコントロールすることで，日常生活や社会参加を継続することもできます。

長期にわたる療養生活は，本人とともに家族の生活にも影響を及ぼすことが考えられます。そのため，難病のある人一人ひとりの身体的側面，心理的側面および生活面，それぞれの側面からアセスメントすることが必要です（表8-2-14）。

■表 8-2-14　難病のある人を理解するときの側面

身体的側面の理解	❶根本的な治療は困難であり，慢性的な経過をたどる ❷痛みなどの症状により活動への影響がある ❸症状に変化がみられる（日によって症状の変化に差があることがある）
心理的側面の理解	❶原因が不明で，治療法が確立していないことへの不安 ❷長期にわたり療養することへの不安 ❸痛みなどの症状に対する苦痛
生活面の理解	❶痛みなどの症状から生まれる生活への影響 ❷学校，職場などへの社会生活への参加制約 ❸QOL への影響 ❹治療費などの経済的負担 ❺家族介護者への負担

❹ 難病のある人の生活の理解と介護上の留意点

介護職は，難病のある人が症状をコントロールしながら，安心して生活が送れるように QOL の向上をめざして支援します。難病によって活動が制限されたり，役割を失ったりすると，本人の身体的・心理的な負担も大きいため，現状と向き合い受容できるように支援します。

中途障害の場合，障害を受容するにいたる過程は年齢や環境にも影響されるといわれています。介護職は，一人ひとりの生活状況を理解し，状況に応じて本人や家族の日常生活を再構築できるように支援します。

■図 8-2-11　おもな難病対策・支援

【難病の理解と促進に向けた普及啓発】

<難病情報センター>公益財団法人　難病医学研究財団
・難病の解説　・国の難病対策の説明　・各種制度，サービスの概要　・患者会の情報など支援に関する情報提供　等

【難病医療支援】

<早期に正しく診断・適切な医療を提供する体制>
・都道府県が実施主体となり，難病医療連絡協議会を設置
・地域における難病の診断および治療にかかる医療提供体制の構築
・小児慢性特定疾病児童等の移行期医療

<難病に関する調査・研究>
・診療ガイドラインの作成
・指定難病患者データベースの構築　等

<医薬品および医療機器に関する研究開発>
・効果的な治療方法の開発　等

<難病の患者に対する医療に関する人材の養成>
・難病にたずさわる医療従事者の養成
・地域において適切な医療を提供する体制を整備
・喀痰吸引等に対応する事業者および介護職員等の育成　等

【患者・家族会】
・患者・家族の相互支援の推進　等
難病患者・家族

【療養生活の質向上・社会参加】

<難病の患者の療養生活の環境整備>
・住み慣れた地域において安心して暮らすことができるよう，難病の患者を多方面から支えるネットワークの構築
・難病相談支援センター
・難病対策地域協議会（難病患者への支援体制整備のため保健所を中心に設置）等

<福祉サービスに関する施策，就労の支援に関する施策その他の関連する施策との連携>
・地域で安心して療養しながら暮らせるよう，医療との連携を基本とし福祉サービスの充実などをはかる
・治療と就労を両立できる環境を整備
・ハローワークを中心とした安定的な就職に向けた支援および職場定着支援　等

【制度・サービス】

<医療費助成制度>
・難病法にもとづく特定医療費助成制度
・医療受給者証の交付（都道府県）　等

<福祉サービス>
・介護保険制度にもとづく介護サービス　等
・地域包括ケアシステムの構築をめざした体制整備
・障害者総合支援法にもとづく障害福祉サービス　等

家族の心理，かかわり支援の理解

- 家族支援は，家族介護の肩代わり支援だけではないことを学ぶ
- 日本に求められるレスパイトサービスの課題を学ぶ

1 家族の理解と障害の受容支援 ::::::::::::::::::::::::

❶ 家族支援の視点

家族自身の社会参加や自己実現に対する支援

　これまでの障害者福祉では，家族と同居している場合，ほとんどの家族は介護者として位置づけられてきました。そのため，これまでの障害者福祉で家族支援の意味するところは，家族介護の肩代わりの支援という意味で大きな位置を占めていました。

　しかしながら，家族介護の肩代わりをする支援だけではなく，家族自身の社会参加や自己実現に対する支援も必要で，その延長線上に障害のある本人の生活の継続支援があるということに着目していく必要があります。

障害者ケアマネジメントの重視

　これまでの障害者福祉施策では，在宅サービスや施設サービスを利用する目的として，家族の介護負担の軽減や介護からの解放がありました。他方，サービス利用した場合でも，自宅から遠い施設での短期入所（ショートステイ）や施設入所が行われ，障害のある人の生活の継続性に大きな問題を生み出してきました。

　このような制度の問題を克服するために，相談支援事業における**障害者ケアマネジメント** [33]（➡ p. 452 参照）が位置づけられ，そのなかでもとくに，サービス調整，ケアプラン（サービス等利用計画）の作成が重視されています。

❷ 障害の受容と家族

家族にも必要な「障害の受容」

障害の受容とは，どういうことを意味しているのでしょうか。

リハビリテーション分野においては，障害の受容の意味として，障害のある人自身の価値観の転換と積極的な生活態度の2点が強調されてきました。もちろんここでは，障害の受容の主体は「障害のある人」が考えられていますが，価値観の転換を考えるならば，障害の受容の主体には，家族や社会（環境）も含まれることが考えられます。

これまでどちらかといえば，家族や社会は，障害のある人自身の障害の受容をうながすための環境要因としてとらえられることが多かったと思いますが，家族にも障害の受容が必要なのです。

事例1 ▶ 家族のなかでの役割の喪失

Aさん（55歳，女性）は，脳卒中[34]（➡ p.453 参照）を発症したあとに長男夫婦と同居しました。発症前は専業主婦で家事の一切を取り仕切っていました。「家事がまったくできないので，嫁に迷惑をかけているのがつらい。一日も早くよくなりたいと思って家の中で体操をしているが，一向によくならないので困っている」と語りました。

事例1では，発症前までもっていた家族のなかでの役割（家事）を喪失したことによって，Aさんが家族に気兼ねをしている状況が示されています。脳卒中の発症にともなって生じた家族の負担が，Aさんに心理的な葛藤を生み出しているのではないかと考えられます。

介護職に求められる対応

事例1でのはたらきかけとしては，Aさんと家族に対する心理的な支援に加えて，家族の負担そのものを軽減させ，本人が家族に気兼ねしなくてすむような状況を生み出すことが重要です。

リハビリテーション心理学では，専門職の対応として，①家族の考えを明確につかんでおくこと，②利用者の背景として，経済的側面，環境的側面，心理的側面の3点を理解すること，③家族をリハビリテーションチームの一員として考え，家族とともに検討することが強調されています。まさに，家族とともに考える介護職の新たな専門性が必要とされています。

2 介護負担の軽減 ::

❶ 家族を取り巻く社会環境

ハード面の社会環境

　家族を取り巻く社会環境の問題は，公的なサービスや物理的な環境といったハード面の問題と，障害のある人の社会参加をはばむソフト面の問題の2点に分けて考察しましょう。

　ハード面の社会環境としては，表8-3-1を中心とした物理的な問題があげられます。これらは，介護負担や経済負担の軽減といった家族支援の問題にかかわっています。

　障害のある人では，家庭のなかでいくら機能訓練のための運動にはげんでも，近所の坂や段差を考えると外出する意欲を失ってしまうといったことがよくいわれます。このことから，機能訓練の意欲に対して，物理的な環境の及ぼしている影響の大きさが理解できます。

■表8-3-1　ハード面の社会環境

・介護にかかわる公的なサービスの提供	・住環境
・所得保障	・外出環境　など

ハード面の社会環境に関する介護職の対応の例

　介護にかかわる公的なサービスの利用として，ホームヘルプサービスを取り上げてみます。

　一般的に家族が同居していると，ホームヘルプサービスの利用率は低くなるといわれています。この背景には2つの問題があります。

　1つは，（とくに重度の障害のある人に対する）在宅支援におけるホームヘルパーの絶対量の不足と，そこから生じるサービスの質の悪さです。もう1つは，ホームヘルパーを利用することに対する家族の気兼ね（世間に迷惑をかけることになるという心情）です。

　この場合，介護職には，表8-3-2のような役割が求められます。

■表8-3-2　介護職に求められる対応

❶　障害の受容，または意欲的な生活の創出に，ホームヘルプサービスのような制度的な介護サービスの提供が必要であることを，行政やサービス事業者などに伝える役割
❷　サービスを利用することの重要性（権利性）を，障害のある人自身・家族に伝える役割

ソフト面の社会環境

　障害のある人の社会参加をはばむソフト面の環境の問題では，まわりの人の偏見に加えて，まわりの人の偏見に影響される障害のある人自身の意識も重要です。

事例2 ▶ 仲間とのふれあい

　Bさん（50歳，男性）は，脳卒中の発症によって失業しました。妻と2人で暮らしています。「発症前は仕事中心だったので，近所づきあいがほとんどありませんでした。人と話すことは好きですが，こんなからだでは相手にされません。そのなかにあって，今通っている地域活動支援センターはみんな同じ障害のある人なので話していても楽しいです。今は頻繁につきあっている仲間もできました」と語っています。

　事例2では，Bさんは，本人が意識をして，周囲との関係をなくしていますが，**地域活動支援センター**③5（➡ p. 453 参照）を通して同じような利用者と家族との関係が生じ，意欲的に生活しはじめている状況が理解できます。

　社会福祉実践のなかでは，**セルフヘルプグループ**③6（➡ p. 453 参照）の役割の重要性が認識されています。介護職は，障害のある人自身と家族の支援において，セルフヘルプグループの形成，発展を支えていくことを意識する必要があります。

　障害のある人と家族の意識の変容を中心とした「障害の受容」の考え方から，障害のある人，家族とともに考え，問題や課題を共有しながら支援を考えていく介護の専門性が求められています。

❷ 家族支援となるレスパイトサービス

レスパイトサービスの定義

　レスパイトサービスという言葉は，あまり聞いたことがないかもしれません。しかし，諸外国では，障害のある人とその家族を支えるサービスとして，この言葉がよく使用されています。日本では，1991（平成3）年から1994（平成6）年にかけて，当時の厚生省・心身障害者研究班が，表8-3-3のような定義づけを行いました。

　定義❶は，レスパイトの語源に忠実であり，日本でのレスパイトサービスという言葉の広がりとともに広まりました。ただし，この定義では，ショートステイ（短期入所）との違いや，保護者・家族の休息に重点がおかれているために障害のある人自身へのサービス提供の視点が明確でないなどの問題がありました。そのため，新たに❷のような定義づけがなされました。

　❷の定義づけの背景には，実際のサービス利用形態の分析と利用理由の分析の結果，家族の地域生活全体への支援効果の重要性が認識されたことがあります。その一方で，在宅の障害のある人に対する地域福祉サービスすべてがあてはまる可能性があり，レスパイトサービスの固有性を主張する根拠が薄くなるとの指摘もあります。

■表8-3-3　レスパイトサービスの定義

定義❶「レスパイトサービスとは，障害児・者をもつ親・家族を，一時的に，一定の期間，障害児・者の介護から解放することによって，日頃の心身の疲れを回復し，ホッと一息つけるようにする援助である」

定義❷「レスパイトサービスは，サービスの利用者（障害のある本人を含めた家族）が必要とする一時的な介護サービスを利用者中心に提供するサービスである」

レスパイトサービスに類似した取り組み

　2006（平成18）年の障害者自立支援法（現・障害者総合支援法）の施行により，地域生活支援事業のなかで，相談支援事業，移動支援事業，日中一時支援事業などのサービスが制度として定められました。これらのサービスを組み合わせて，システムとして一体的に運用することによって，制度の上でもレスパイトサービスに類似した取り組みをつくり出すことも可能になってきました。

日本とアメリカ，カナダ，イギリスとの違い

　ここでは，各国のレスパイトサービスの状況をふまえて，日本の家族支援の実践に何が必要なのか考えてみたいと思います。

　レスパイトサービスが発達しているアメリカ，カナダ，イギリスでは，表8-3-4のような2つの方法があり，自宅を開放するフォスター・ファミリーやグループホーム（レスパイトホーム）などがレスパイトサービスを提供する大きな社会資源になっています。入所施設がそれほど大きな役割をになっていない点で，日本との違いがあります。

　レスパイトサービスの具体的な実践としては，ホームヘルパーなどを派遣する在宅派遣型のサービスと，障害児・者を一時的に預かるショートステイ型のサービスの組み合わせを行っています。

　日本では，在宅派遣型のサービスはホームヘルプサービスとして利用されており，レスパイトサービスとは別になっています。そのため，ショートステイ型（短期入所）のサービスがレスパイトサービスの中心になっている点で，アメリカ，カナダ，イギリスとはかなり異なっています。

■表8-3-4　レスパイトサービスの方法

❶ アウト・オブ・ホーム・サービス
　障害児・者が施設に短期入所する方法，また，フォスター・ファミリー（里親）の家庭に短期滞在する方法

❷ イン・ホーム・サービス
　家庭にホームヘルパーなどの介護職を派遣する方法

地域を開発する手段としてのレスパイトサービス

　海外の事例では，関係機関，障害のある人自身，家族，一般市民の意識の変革に焦点をあてた地域づくり（コミュニティ・ビルディング）を究極の目的としている実践も多くみられます。そのような実践では，レスパイトサービスを地域開発のための手段として位置づけています。理念を明確にする実践のあり方，スタッフの意欲の向上や新しいサービス開発の推進の点で，日本の実践においても学ぶところが大きいといえます。

①世界保健機関（WHO）

せかいほけんきかん（ダブリューエイチオー）

➡ p. 393 参照

国際連合の専門機関の１つ。世界中の人々が最高水準の健康を維持することを目的に，感染症対策，衛生統計，基準づくり，研究開発などを行っている。

②国際障害分類（ICIDH）

こくさいしょうがいぶんるい（アイシーアイディーエイチ）

➡ p. 393 参照

1980 年に世界保健機関（WHO）が国際疾病分類の補助分類として発表したもの。障害を３つのレベルに分け，機能障害（impairment），能力障害（能力低下）（disability），社会的不利（handicap）とした。ICIDH とは，「International Classification of Impairments, Disabilities, and Handicaps」の略である。

③国際生活機能分類（ICF）

こくさいせいかつきのうぶんるい（アイシーエフ）

➡ p. 393 参照

ICF とは，「International Classification of Functioning, Disability and Health」の略である。2001 年に世界保健機関（WHO）が ICIDH に代わるものとして正式に決定したもの。障害を個人の問題とし

て固定的にとらえるのではなく，環境などとの関係でとらえ，積極的な活動によって相互に影響し合うモデルが提案されている。

④国際障害者年

こくさいしょうがいしゃねん

➡ p. 395 参照

国際連合は，障害者の権利宣言を単なる理念としてではなく，社会において実現するという考えのもとに，1976 年の総会において，1981 年を国際障害者年とすることを議決した。そのテーマは「完全参加と平等」である。

⑤エンパワメント

えんぱわめんと

➡ p. 395 参照

社会的に排除されたり，差別されたりしてきたために「能力のない人」とみなされ，自分自身もそう思ってきた人々が，みずからについての自信や信頼を回復し，みずからの問題をみずからが解決することの過程を通して，身体的・心理的・社会的な力を主体的に獲得していくこと。

⑥医学モデル

いがくもでる

➡ p. 396 参照

個人に障害の主たる原因があるという見

方。

7 社会モデル

しゃかいもでる

→ p.396 参照

社会との相互作用によって障害が生じるという見方。

8 バンク - ミケルセン

(Bank-Mikkelsen, N. E.)

ばんく-みけるせん

→ p.397 参照

デンマークの社会運動家，行政官。知的障害者の親の会の運動にかかわり，世界ではじめてノーマライゼーションの原理を取り入れた法律の制定につながったことから，「ノーマライゼーションの父」と呼ばれている。

9 ニィリエ（Nirje, B.）

にぃりえ

→ p.397 参照

スウェーデンの人で，知的障害問題の理論的指導者。バンク - ミケルセンにより提唱されたノーマライゼーションの理念を原理として普及させた。具体的には，①1日のノーマルなリズム，②1週間のノーマルなリズム，③1年間のノーマルなリズムなどをあげている。

10 ヴォルフェンスベルガー

(Wolfensberger, W.)

うぉるふぇんすべるがー

→ p.397 参照

カナダ，アメリカにおける知的障害者福祉分野の研究者。ノーマライゼーションの理念をアメリカに導入したのち，「社会的役割の価値付与」という概念を用いて，障害のある人たちの人間としての固有の大切さを主張した。

11 ADL

エーディーエル

→ p.398 参照

Activities of Daily Living の略。「日常生活動作」「日常生活活動」などと訳される。人間が毎日の生活を送るための基本的動作群のことで，食事，更衣，整容，排泄，入浴，移乗，移動などがある。

12 国際連合教育科学文化機関（UNESCO）

こくさいれんごうきょういくかがくぶんかきかん

（ユネスコ）

→ p.399 参照

国際連合の専門機関の1つ。教育，科学，文化，情報流通などの面での協力を推進することにより，世界平和の確立に寄与することを目的とする国際機関。識字教育，文化財保護，生物圏保全，人権推進，平和教育など，数多くの計画を立て，活動している。

13 ソーシャル・インクルージョン

そーしゃる・いんくるーじょん

➡ p. 399 参照

社会的つながりから疎外された人々を社会的に包摂する施策。もともとは，1980 年代にヨーロッパで社会的問題となった外国籍労働者への社会的排除（ソーシャル・エクスクルージョン）に対する施策として導入された概念であった。

14 中途視覚障害

ちゅうとしかくしょうがい

➡ p. 402 参照

視覚経験を有する者が，何らかの原因により人生の中途で視覚に障害を受けた場合をいう。中途障害のある人のリハビリテーションには，精神面の支えが重要なポイントとなる。

15 点字

てんじ

➡ p. 403 参照

指先で触読できるよう，凸点 6 つの組み合わせで音を表記する。五十音に対応した標準点字，また数字，アルファベットに対応した表記もそろっている。

16 身体障害者福祉法

しんたいしょうがいしゃふくしほう

➡ p. 410 参照

障害者総合支援法と相まって，身体障害者の自立と社会経済活動への参加を促進するため，身体障害者を援助し，必要に応じて保護し，身体障害者の福祉の増進をはかることを目的とする法律。

17 随意運動

ずいいうんどう

➡ p. 411 参照

意識的あるいはある意図のもとに行う正常の運動。随意運動を行うためには，命令信号の伝達系としての中枢神経，末梢神経，効果器としての筋肉，骨などが正常にはたらくことが前提となる。

18 脳性麻痺

のうせいまひ

➡ p. 411 参照

胎生期，出産時あるいは出生直後に生じた非可逆的な脳障害による運動障害の総称。

19 ペースメーカ

ぺーすめーか

➡ p. 414 参照

心臓本来がもっている自動能が障害されたとき，正常なリズムをつくり，電気を流す装置。

20 植えこみ型除細動器（ICD）

うえこみがたじょさいどうき（アイシーディー）

➡ p. 414 参照

心室頻拍や心室細動などの致死的不整脈を

止め，心臓のはたらきを回復する装置。

21 QOL

キューオーエル
→ p. 415 参照

Quality of Life の略。「生活の質」「人生の質」「生命の質」などと訳される。一般的な考えは，生活者の満足感・安定感・幸福感を規定している諸要因の質のこと。諸要因の一方に生活者自身の意識構造，もう一方に生活の場の諸環境があると考えられる。

22 尿毒症

にょうどくしょう
→ p. 416 参照

糸球体腎炎等の腎疾患により腎の濾過機能が障害され，体液の恒常性も維持できなくなるために心不全，呼吸不全，胃腸症状，神経症状，貧血等の症状がみられる状態のこと。

23 シャント

しゃんと
→ p. 416 参照

主として腕の皮下で，橈骨動脈と橈骨静脈を吻合して静脈側に動脈血が流れるようにした部分のこと。

24 鼻カニューレ

はなかにゅーれ
→ p. 418 参照

酸素吸入に用いる器具。両鼻腔に短いチューブを挿入して耳にかけ固定し，酸素を送る。家庭での酸素療法にも用いられる。多くは使い捨てであり，分泌物でよごれやすいので定期的に交換する。

25 膀胱留置カテーテル法

ぼうこうりゅうちかてーてるほう
→ p. 420 参照

バルーンカテーテルを用いて膀胱内から尿を排出する方法で，尿道口から挿入する尿道留置が多く用いられる。カテーテル挿入は医療行為となっている。

26 ストーマ

すとーま
→ p. 421 参照

身体の排泄経路でなく人工的につくられた排泄口のことで，消化管や尿路の病気のためにつくられた消化管ストーマ（人工肛門），尿路ストーマ（人工膀胱）がある。

27 IQ

アイキュー
→ p. 426 参照

知能指数ともいい，知能程度を精神年齢と生活年齢の比によって示す知能検査結果の表示法の１つ。知能指数（IQ）＝精神年

齢（MA）／生活年齢（CA）×100で示される。精神年齢が10歳で生活年齢も10歳であれば知能指数は100である。

28 サイン言語

さいんげんご
➡ p. 427 参照

コミュニケーション方法の1つで，言葉の代わりに，手指の動作によって意思や用事（出来事）を伝えるもの。コミュニケーションは言語だけで行うものではないため，さまざまな絵・図や音声代替装置（会話器）を補助・代替手段として使うAAC（Augmentative and Alternative Communication）を導入し，本人の意思や意欲を育てることが近年重視されてきている。

29 悪性症候群

あくせいしょうこうぐん
➡ p. 432 参照

抗精神病薬による副作用で，高熱，筋肉のこわばりやふるえ，常同的な不随意運動（ジスキネジア），自律神経症状（発汗，頻脈），精神症状（無動，昏迷），肝機能障害や血清CPK値の上昇などをともない，死にいたることもある。

30 水中毒

みずちゅうどく
➡ p. 432 参照

統合失調症の患者に多く，過剰の水分摂取により生じる低ナトリウム血症を起こす中毒症状である。神経の伝達が阻害され，呼吸困難などを引き起こし死亡することがある。

31 学習障害

がくしゅうしょうがい
➡ p. 434 参照

LD（Learning Disabilities）ともいう。

32 注意欠陥多動性障害

ちゅういけっかんたどうせいしょうがい
➡ p. 434 参照

ADHD（Attention-Deficit Hyperactivity Disorder）ともいう。

33 障害者ケアマネジメント

しょうがいしゃけあまねじめんと
➡ p. 442 参照

どのような人生・生活を送りたいかを本人とケアマネジャー（障害者ケアマネジメント従事者，相談支援専門員）が十分に話し合い，ケアプラン（サービス等利用計画）を立案して，総合的なサービスを提供する方法のこと。その際，本人がもっている生きる力や可能性の視点から，福祉・保健・医療・教育・就労などのサービスを提供す

る必要がある。

34 脳卒中

のうそっちゅう

➡ p. 443 参照

脳の循環不全による急激な反応で，突然倒れ，意識障害を生じ，片麻痺を合併する症候群のこと。

35 地域活動支援センター

ちいきかつどうしえんせんたー

➡ p. 445 参照

障害者総合支援法にもとづく障害者を対象とする通所施設の1つ。地域の実情に応じ，創作的な活動や生産活動の機会の提供，社会との交流促進などの便宜を供与し，障害者の自立した地域生活を支援する場のこと。

36 セルフヘルプグループ

せるふへるぷぐるーぷ

➡ p. 445 参照

同じ障害や疾病のある者同士が情報交換したり，助け合うことを目的として結成し，活動を行うグループや団体のこと。

索引
（さく　いん）

岡 京子（おか・きょうこ）……………………………… 第8章第2節1❹（腎臓機能障害・肝臓機能障害）
●新見公立大学健康科学部教授

小澤 温（おざわ・あつし）………… 第2章第1節4，第8章第1節1❶・❸・2❶・第3節
●筑波大学人間系教授

加藤 貴行（かとう・たかゆき）………………………………… 第6章第2節3❾
●東京都健康長寿医療センターリハビリテーション科専門部長

川原 奨二（かわはら・しょうじ）……………………………… 第1章第2節1❸
●株式会社ゆず代表取締役

北村 世都（きたむら・せつ）…………………………………… 第6章第1節1
●聖徳大学心理・福祉学部准教授

木下典子（きのした・のりこ）………………………………… 第1章第2節1❷
●社会福祉法人せんねん村矢曽根施設長

久保田 トミ子（くぼた・とみこ）………………… 第1章第2節2・3❶，第4章第2節1❹
●広島国際大学名誉教授

髙良 麻子（こうら・あさこ）…………………………… 第5章第1節3❶・❷・❹
●法政大学現代福祉学部教授

是枝 祥子（これえだ・さちこ）………………………… 第3章第1節2❶～❹・❻
●大妻女子大学名誉教授

齋藤 七七重（さいとう・ななえ）……………………………… 第1章第2節1❽
●障害者支援施設かえで寮施設長

坂本 毅啓（さかもと・たけはる）………………………………… 第1章第1節2・3
●北九州市立大学地域創生学群准教授

坂本 洋一（さかもと・よういち）………… 第8章第1節1❷・2❷・第2節1❶
●元和洋女子大学教授

櫻井 恵美（さくらい・えみ）…………………………… 第2章第1節1❹・❺
●東京福祉大学社会福祉学部専任講師

佐々木 千寿（ささき・ちひろ）………………………………… 第4章第2節4
●訪問看護ステーションナース花きりん船堀作業療法士

澤 宣夫（さわ・のりお）………………………… 第2章第1節1❶～❸・5❶・❸
●長崎純心大学人文学部教授

塩見 洋介（しおみ・ようすけ）………………………………… 第4章第3節2
●特定非営利活動法人大阪障害者センター事務局長

柴田 範子（しばた・のりこ）…………………………………… 第1章第2節1❹
●特定非営利活動法人楽理事長

柴山 志穂美（しばやま・しおみ）‥‥‥‥‥‥‥‥‥‥‥‥‥‥‥‥‥ 第4章第2節2・3
●神奈川県立保健福祉大学保健福祉学部准教授

清水 由香（しみず・ゆか）‥‥‥‥‥‥‥‥‥‥‥‥‥‥‥‥‥‥‥‥ 第8章第2節3
●武庫川女子大学文学部専任講師

杉原 優子（すぎはら・ゆうこ）‥‥‥‥‥‥‥‥‥‥‥‥‥‥ 第3章第3節1・2❶
●地域密着型総合ケアセンターきたおおじ統括施設長

杉山 弘卓（すぎやま・ひろたか）‥‥‥‥‥‥‥‥‥‥‥‥‥‥ 第1章第2節1❻
●シーアンドシー福祉会地域密着型特別養護老人ホーム万寿の杜施設長

助川 未枝保（すけがわ・みしほ）‥‥‥‥‥‥‥‥‥‥‥‥‥‥‥ 第7章第3節2
●地域密着型サービス事業所リーベン鎌ケ谷主任介護支援専門員

添田 正揮（そえた・まさき）‥‥‥‥‥‥ 第2章第1節5❷・❹，第4章第3節3
●日本福祉大学社会福祉学部准教授

埖田 和史（たおだ・かずし）‥‥‥‥‥‥‥‥‥‥‥‥‥‥‥‥‥ 第3章第4節1
●びわこリハビリテーション専門職大学リハビリテーション学部教授

駄賀 健治（だが・けんじ）‥‥‥‥‥‥‥‥‥‥‥‥‥‥‥‥‥ 第1章第2節1❼
●医療法人社団中川会法人本部経営企画課長

高野 龍昭（たかの・たつあき）‥‥‥‥‥‥‥‥‥‥‥‥‥‥‥‥‥ 第4章第1節
●東洋大学ライフデザイン学部准教授

髙橋 誠一（たかはし・せいいち）‥‥‥‥‥‥‥‥‥‥‥‥‥‥‥‥ 第7章第1節
●東北福祉大学総合マネジメント学部教授

高橋 龍太郎（たかはし・りゅうたろう）‥‥‥‥‥ 第6章第2節1・2・3❶～❽・❿
●元東京都健康長寿医療センター研究所副所長

武田 啓子（たけだ・けいこ）‥‥‥‥‥‥‥‥‥‥‥‥‥‥‥‥‥ 第8章第2節5
●日本福祉大学健康科学部教授

谷口 珠実（たにぐち・たまみ）‥‥‥‥‥‥‥‥‥‥ 第8章第2節1❹（膀胱・直腸機能障害）
●山梨大学大学院総合研究部医学域看護学系教授

内藤 佳津雄（ないとう・かつお）‥‥‥‥‥‥‥‥‥‥‥‥ 第6章第1節2・3❿
●日本大学文理学部教授

中村 裕子（なかむら・ひろこ）‥‥‥‥‥‥‥‥‥‥‥‥‥‥ 第5章第1節4❸・❹
●日本ヒューマンヘルスケア研究所所長

野原 信（のはら・あきら）‥‥‥‥‥‥‥‥‥‥‥‥‥‥‥‥‥ 第8章第2節1❷
●帝京平成大学健康メディカル学部講師

野村 豊子（のむら・とよこ）‥‥‥‥‥‥‥ 第5章第1節1・2・3❸・❺・❻
●スーパービジョン研究センター研究フェロー

畠山 仁美（はたけやま・ひとみ）‥‥‥‥‥‥‥‥‥‥‥‥‥‥‥ 第1章第1節1
●信州スポーツ医療福祉専門学校介護福祉学科副学科長

平野 方紹（ひらの・まさあき） ……………………………………………… 第4章第3節1
●元立教大学教授

藤井 智（ふじい・さとし） ……………………………………………… 第2章第2節2
●横浜市総合リハビリテーションセンター機能訓練課課長

古田 伸夫（ふるた・のぶを） ……………………………………………… 第7章第2節
●社会福祉法人浴風会浴風会病院精神科医長・認知症疾患医療センター長

牧田 茂（まきた・しげる） ……………………………… 第8章第2節1❹（心臓機能障害）
●埼玉医科大学医学部教授

松下 祥子（まつした・さちこ） ……………………………… 第8章第2節1❹（呼吸機能障害）
●東京家政大学健康科学部准教授

松本 一生（まつもと・いっしょう） ………………………… 第7章第3節1❶・❷
●松本診療所（ものわすれクリニック）院長

村田 麻起子（むらた・まきこ） ……………………………… 第3章第3節2❷～❹
●社会福祉法人リガーレ暮らしの架け橋総括マネージャー

森 繁樹（もり・しげき） …… 第2章第1節2・3・第2節1❺，第3章第1節2❺・第2節1
●社会福祉法人みその　みその台ケアセンター所長

森下 幸子（もりした・さちこ） ……………………………… 第3章第3節3・第4節2
●公益社団法人日本看護協会看護研修学校認定看護師教育課程課長

八木 裕子（やぎ・ゆうこ） ……………………………… 第2章第2節1❶～❹
●東洋大学ライフデザイン学部准教授

矢吹 知之（やぶき・ともゆき） …………………………………………… 第7章第4節
●東北福祉大学総合福祉学部准教授

山谷 里希子（やまや・りきこ） ………………… 第5章第2節1，第6章第1節3❺～❾・⓫
●元福祉生協イリス参与

山村 武尊（やまむら・たける） ………………………………………… 第1章第2節1❶
●株式会社プロエイド統括責任者

吉川 かおり（よしかわ・かおり） …………………………………………… 第8章第2節2
●明星大学人文学部教授

渡辺 裕美（わたなべ・ひろみ） …… 第1章第2節3❷，第3章第1節3，第5章第2節2・3
●東洋大学ライフデザイン学部教授

介護職員初任者研修テキスト

【第1巻】介護のしごとの基礎 第4版

2016年1月10日	初版発行	
2018年3月20日	第2版発行	
2020年9月10日	第3版発行	
2023年2月20日	第4版発行	
2023年10月10日	第4版第2刷発行	

編　集…………………太田貞司・上原千寿子・白井孝子
発行者…………………荘村明彦
発行所…………………中央法規出版株式会社
　　　　　　　　　　〒110-0016　東京都台東区台東3-29-1　中央法規ビル
　　　　　　　　　　TEL 03-6387-3196
　　　　　　　　　　https://www.chuohoki.co.jp/
印刷・製本……………株式会社太洋社
装幀・本文デザイン…ケイ・アイ・エス
本文イラスト…………川本満・小牧良次・土田圭介

定価はカバーに表示してあります。

ISBN978-4-8058-8781-3